MÉLANGES

ET

DOCUMENTS

PUBLIÉS A L'OCCASION DU

2ᵉ Centenaire de la Mort de Mabillon

LIGUGÉ	PARIS
ABBAYE DE SAINT-MARTIN	LIBRAIRIE VEUVE POUSSIELGUE
CHEVETOGNE (PAR LEIGNON, BELGIQUE)	15, RUE CASSETTE, 15

1908

MÉLANGES ET DOCUMENTS

DOM JEAN MABILLON
(1632-1707.)

MÉLANGES

ET

DOCUMENTS

PUBLIÉS A L'OCCASION DU

2ᵉ Centenaire de la Mort de Mabillon

LIGUGÉ	PARIS
ABBAYE DE SAINT-MARTIN	LIBRAIRIE VEUVE POUSSIELGUE
CHEVETOGNE (PAR LEIGNON, BELGIQUE)	15, RUE CASSETTE, 15

—

1908

MEMORIAE
D. IOANNIS MABILLON
PRESBYTERI . MONACHI
ORDINIS . S . BENEDICTI
ACADEMIAE . INSCRIPTIONUM
HUMANIORUMQ . LITTERARUM
SOCII

PIETATE . DOCTRINA . MODESTIA
CLARI .
BIBLIOTHECARUM
TUM . NOSTRATIUM . TUM . EXTERARUM
DILIGENTISSIMI . INDAGATORIS
IN . DIPLOMATUM . SINCERITATE
DIIUDICANDA
FACILE . PRINCIPIS
ACTORUM . ANNALIUMQ .
ORDINIS . SUI
COLLECTORIS . CONDITORIS

INTRODUCTION

PANÉGYRIQUE DE MABILLON

PRONONCÉ EN L'ÉGLISE SAINT-GERMAIN-DES-PRÉS

LE 27 DÉCEMBRE 1907

PAR

Le Rᵐᵉ P. Dom CABROL

ABBÉ DE SAINT-MICHEL DE FARNBOROUGH

Laudent eum opera ejus.

Il y a deux siècles, jour pour jour, le 27 décembre 1707, s'éteignait doucement, à l'âge de soixante-quinze ans, un moine qui avait été une gloire du XVIIe siècle, et que la postérité considère comme un des princes de l'érudition.

Quels changements en deux siècles !

L'église de Saint-Germain-des-Prés, dans laquelle je suis appelé à prononcer l'éloge funèbre de Dom Jean Mabillon, était l'église d'une grande et célèbre abbaye ; ce chœur était peuplé de moines.

Tout autour, ces places et ces rues si animées, dont plusieurs nous rappellent par leur nom les anciens bénédictins, rue de l'Abbaye, rue Saint-Benoît, place Saint-Germain-des-Prés, rue Mabillon, rue Montfaucon, le boulevard Saint-Germain, devenues l'un des quartiers de Paris les plus populeux et les plus fameux, étaient autrefois couvertes de jardins tranquilles dans un quartier alors désert et peu habité de Paris, dont le centre était l'abbaye de Saint-Germain-des-Prés, l'une des plus célèbres de l'Ordre bénédictin en France.

Parmi ces savants qui formaient ce que l'on a si bien appelé « la Société de l'Abbaye », Baluze, du Cange, d'Herbelot, les deux Valois, Cotelier, le Père Pagi, Renaudot, parmi ces hommes habitués à lire dans le passé, et à compulser les Annales des siècles, lequel, en regardant l'avenir, eût pronostiqué les révolutions qui allaient emporter, comme quelques brins de paille dans un tourbillon, toute cette société de l'abbaye, en jeter la poussière aux quatre vents du ciel, détruire pierre à pierre ce monastère contemporain de la monarchie française; couper ses jardins de rues tapageuses; construire de vulgaires habitations bourgeoises sur les cloîtres et les promenades silencieuses; mettre la vie affairée et banale à la place de la sereine vie des moines; anéantir la congrégation des Bénédictins de Saint-Maur, et avec elle tous les Ordres religieux; jeter à bas cette société où les moines s'étaient créé une place honorable et assurée; en bouleverser les rangs, en faire éclater les cadres; ducs, marquis, premiers présidents, princes du sang, abbés commendataires, rois et fils de rois, les soumettre tous au niveau égalitaire?

En deux siècles quels changements!

Et pourtant tout ne meurt pas. Je n'en veux d'autre preuve que ce centenaire de la mort de Mabillon célébré, après deux siècles, dans cette même église de Saint-Germain où il priait, et cet éloge funèbre prononcé par un humble confrère appartenant à la même famille bénédictine.

Il y a donc des choses qui survivent à toutes les révolutions, qui sont immortelles, le génie, la science, la religion, la vie monastique.

Vous n'attendez pas, mes frères, que je vous donne par le détail la vie du grand moine, et une étude de ses œuvres.

J'essaierai de vous dire, aussi brièvement qu'il me sera possible, la place qu'avec sa science il tient dans l'Église.

Monseigneur[1], je suis heureux et fier de vous remercier au nom de tout l'Ordre bénédictin d'avoir bien voulu représenter, et représenter si dignement, au milieu de nous en cette circonstance, la plus haute autorité du diocèse de Paris.

Je remercie le vénéré pasteur de cette paroisse de s'être souvenu si opportunément de l'une des gloires de Saint-Germain-des-Prés et de s'être dépensé avec tant de zèle pour la célébration de cet anniversaire.

Cette assemblée nombreuse et choisie, réunie autour de vous, vous prouve que vous n'avez pas en vain fait appel aux grands souvenirs qu'évoque dans cette église le nom de saint Benoît et celui de son grand disciple.

L'Église honore la science. Il est parmi ses saints toute une classe, et non pas la moins honorée, de ceux qui se distinguèrent par leur amour pour la science, et par la vigueur, l'étendue ou la pénétration de leur intelligence. Parmi eux je lis les grands noms de saint Athanase, de saint Cyrille, de saint Jean Chrysostome, de saint Basile, de saint Augustin, de saint Jérôme, de saint Léon, de saint Bernard, de saint Thomas d'Aquin, que l'on peut appeler des étoiles de première grandeur dans le ciel de la théologie; et, presque sur le même rang, un saint Justin, un saint Irénée, un saint Hilaire, un saint Anselme, un saint François de Sales, un saint Alphonse de Ligori.

C'est la grande lignée des docteurs de l'Église. Tous ne brillent pas du même éclat; il y a parmi eux des théologiens, des philosophes, des exégètes, des prédicateurs, des controversistes, des apologistes. Les uns ont scruté les mystères de Dieu, d'autres ont cherché le sens mystique des Écritures, quelques-uns ont voulu démontrer l'accord de la science et de la foi;

---

1. S. G. Mgr Amette, Coadjuteur de Paris.

certains ont été les maîtres de la vie spirituelle, ou des casuistes de grand renom.

Celui dont je me propose de vous parler aujourd'hui n'eût pas permis, dans son humilité, qu'on l'eût placé parmi les docteurs de l'Église. Avec cette modestie qui est l'un des caractères les plus attachants de sa personne, il eût protesté qu'il n'avait pas, comme les grands docteurs, interprété l'Écriture sainte, ni prêché l'Évangile, ni défendu ou éclairé quelques-uns des dogmes fondamentaux du christianisme.

Surtout il se fût écrié que l'Eglise ne donne le titre officiel de docteur qu'à ceux qui, à une doctrine éminente, ont joint la pratique de la sainteté. En cela il eût eu raison ; car l'Église ne considère pas que la science seule soit suffisante, fût-elle la science d'un Origène, d'un Tertullien ou d'un Bossuet, pour mériter le titre de docteur, si cette science n'a pas été un flambeau qui échauffe en même temps qu'il éclaire, et si elle n'a pas produit dans l'homme ce travail intérieur qui purifie, qui élève, et qui fait le saint.

Sur tous ces points, nous ne contredirons pas notre humble maître ; nous n'aurons pas la prétention de dicter à l'Église ses jugements, ni de dresser à Mabillon une statue sur le piédestal des docteurs.

Nous nous efforcerons seulement de prouver que, dans un labeur de plus d'un demi-siècle, ce moine a bien mérité de de la science catholique, et, secondement, que sa science ne fut pas une vaine culture de l'esprit, un dilettantisme de l'intelligence, un tour de force de la mémoire, un prodige d'érudition, mais qu'elle fut une lumière éclairant sa voie, élevant son âme dans une marche ascendante vers Dieu, et que, loin de l'enfler, elle le maintint dans l'humilité chrétienne et dans la pratique de toutes les vertus.

Par là même cet humble moine peut nous être à tous une leçon, dans les temps obscurs et troublés que nous traversons, de tenir ferme à notre foi au milieu des conquêtes de notre pensée, ou des recherches de notre critique, de garder l'humilité, la simplicité chrétienne, de chercher dans l'étude un appui à notre piété.

I

La science historique et critique venait d'ouvrir des voies nouvelles. L'humanisme, en ramenant parmi nous l'étude de l'antiquité classique, avait bouleversé les notions courantes, inauguré des méthodes nouvelles, reculé les perspectives, étendu la portée du regard historique.

De son côté, le protestantisme, dans ses négations radicales, au lieu d'attaquer tel ou tel dogme de l'Église, contestait le principe même de son autorité, et, remontant à l'étude des sources, s'efforçait de prouver que l'Église du XVIe siècle n'était pas l'héritière légitime de l'Église des origines.

La science ecclésiastique, sans abandonner les positions métaphysiques déjà occupées et défendues avec l'éclat que l'on sait, devait changer son front de bataille, et suivre l'armée ennemie dans ses retranchements pour en constater la force, et, si possible, l'en débusquer. L'Église, avec cette souplesse de tactique, cette habileté de stratégie que ses ennemis lui reconnaissent et qui l'ont rendue toujours si redoutable, retrouva promptement ses avantages sur ce terrain si nouveau pour elle; de hardis pionniers se lancèrent en éclaireurs, reconnurent les positions de l'ennemi, et, sur plus d'un point, le forcèrent à reculer.

C'est à ce moment de son histoire que Mabillon apportait au service de l'Église, avec sa jeunesse et la fraîcheur de ses vingt ans, la vigueur d'un tempérament intellectuel bien équilibré, une intelligence sûre et prompte, une ténacité que rien ne lasse, la précision et la clarté d'un esprit méthodique.

Né en 1632, à Pierremont, d'une forte et saine race de paysans de la Champagne, il hérita de ses parents un tempérament sobre, un caractère simple, ferme et doux, avec la foi solide de ces temps-là. Mais avec une rare perspicacité chez des laboureurs, comprenant sans doute ce que valait ce fils, ils voulurent qu'il reçût une éducation littéraire.

Ils le confièrent à un curé qui lui enseigna les éléments des lettres, puis il compléta ses études à Reims, où il devint élève de l'Université. Il allait penser et écrire pour tous ses ancêtres. Déjà ses goûts le portaient vers la méditation et vers l'étude du passé. Il y avait un chêne dans la forêt voisine de Pierremont, à l'ombre duquel le jeune homme passait des heures à méditer; l'endroit porte encore le nom de *chêne de Mabillon*. Il visitait entre temps les abbayes si nombreuses alors dans cette terre de Champagne, et déjà il s'intéressait aux manuscrits qu'elles conservaient et aux traditions qu'elles représentaient.

Quand il eut acquis le titre de maître ès arts, qui répondait à peu près à notre titre de bachelier, mais qui supposait une certaine connaissance du latin, du grec et des humanités, il entra au séminaire de Reims. C'était un premier pas dans la carrière ecclésiastique. Bientôt il était attiré par une vocation plus austère.

La ville de Reims possédait alors une des abbayes bénédictines les plus anciennes et les plus florissantes, Saint-Remy. C'est dans les murs de cette belle église romane, qui existe encore aujourd'hui, que naquit la vocation bénédictine de celui qui devait porter si haut la gloire de ce nom.

L'abbaye était à cette date de 1653 dans toute la ferveur d'une récente réforme. En 1627 elle s'était rattachée à la congrégation dite de Saint-Maur. C'était une forme nouvelle de la vie bénédictine, inaugurée en France au commencement du XVIIe siècle, qui s'efforçait de rendre à la règle de saint Benoît son antique austérité, de rétablir dans le cloître la régularité, l'amour du travail, de rallumer le zèle de la prière et de la liturgie. Rejeton nouveau, et non le moins illustre, poussé sur ce vieux tronc bénédictin, qui, dans les siècles de son existence, avait produit déjà sur notre sol tant de puissantes ramifications.

Nous reviendrons plus tard sur cette période de la vie du jeune moine, où il se distingua surtout par son humilité, son obéissance, son austérité, son zèle pour les observances monastiques. Dans ces premières années, il remplit tour à tour les emplois de maître des novices, de portier, de dépositaire, de cellérier ou économe, de trésorier ou gardien des reliques.

Sa vocation pour l'étude ne s'était pas encore affirmée. D'une santé qui ne fut jamais bien solide, et que les premières austérités de la vie monastique avaient encore ébranlée, il ne paraissait pas destiné à fournir une longue carrière de savant.

Je remarquerai seulement que ses premiers pas dans la vie religieuse l'avaient mis en contact avec les origines de notre histoire. Reims est, à cette époque reculée, la capitale religieuse du royaume mérovingien. Plus tard l'axe de la monarchie franque, qui passait par cette ville et par Aix-la-Chapelle, se déplacera pour être reporté plus à l'ouest, vers Paris, qui tend à devenir le centre de la France, à mesure que nous nous débarrassons de ces provinces du Nord-Est, et que nous rentrons dans nos limites géographiques naturelles, rejetant ainsi l'élément germain.

Après son ordination sacerdotale, il était envoyé à Corbie, autre centre monastique, où les pierres mêmes disaient une histoire du IXe siècle, un long passé de gloire, et dont la bibliothèque contenait quelques-uns des trésors de la science des âges anciens.

Il quitta bientôt Corbie pour Saint-Denis.

Ainsi la vie de ce moine, qui devait débrouiller les origines de notre monarchie, en suivait les étapes en terre française. De Reims, capitale religieuse de Clovis, il venait à Corbie, gloire des temps carolingiens; de Corbie, il passait à Saint-Denis, tombeau des rois de la troisième race.

Chacune de ces abbayes disait son histoire à ce moine épris d'archéologie. A Saint-Denis, il était chargé de montrer le trésor des reliques. Au nombre de ces dernières, on raconte que figurait un miroir qui aurait appartenu à Virgile. Mabillon, ne pouvant croire à son authenticité, l'aurait laissé choir et brisé à dessein. Ce n'est là, je le crains, qu'une légende ; ce zèle iconoclaste me paraît peu d'accord avec la mansuétude qui faisait le fond de son caractère. Mais la légende est parfois plus vraie que l'histoire ; ici je vois le symbole de la piété de ce moine fervent, qui n'estimera les reliques qu'autant qu'elles sont authentiques.

Au milieu de ces occupations diverses, ses supérieurs avaient enfin remarqué des aptitudes extraordinaires pour l'érudition, dans ce moine modeste ; une probité, une application à l'étude qui promettaient un savant de forte trempe. En 1664, Dom Luc d'Achery, un des savants bénédictins les plus en renom, l'appelait à l'abbaye Saint-Germain-des-Prés, pour l'aider dans ses travaux.

Comme l'abbaye de Saint-Denis, celle de Saint-Germain se confondait avec les origines de la monarchie française. Construite dans ce quartier, qui était alors un peu en dehors des murs de Lutèce, l'abbaye exerçait au temps de la féodalité tous les droits de la suzeraineté : l'abbé battait monnaie, il avait droit de haute et basse justice, et luttait de puissance avec les archevêques de Paris. L'abbaye fut de bonne heure réduite en commende. Parmi les abus de l'ancien régime, il n'en est guère de plus odieux, au moins en matière ecclésiastique. D'après la règle bénédictine, l'abbé, qui est le chef et le père du monastère, doit être élu par la communauté. Par un étrange renversement, quand l'abbaye était en commende, c'était le roi qui désignait l'abbé. Celui-ci, le plus souvent un favori, que ne recommandait aucun titre, sans partager aucune des charges des moines, les réduisait à la portion congrue, se contentant de toucher les gros revenus de l'abbaye ;

personnage décoratif et inutile, souvent parasite dangereux.

L'abbaye de Saint-Germain, qui était des mieux rentées (un revenu de 172 mille écus par an), eut pour abbés, au XVII° siècle, Henri de Bourbon, duc de Verneuil, fils légitimé de Henri IV, Jean Casimir, roi de Pologne, Guillaume, cardinal de Furstemberg, évêque de Strasbourg, et le cardinal d'Estrées, ambassadeur de France à Rome (1704-1714).

Heureusement pour l'abbaye, ses abbés, satisfaits de leur titre et de leurs revenus, ne s'immisçaient en rien dans la conduite du monastère. La vie, comme à Saint-Remy, à Corbie, à Saint-Denis, y était des plus régulières, et, rapporte un guide de Paris de 1698 (G. Brice), « on peut dire qu'il n'est point en Europe de maison religieuse d'où l'oisiveté soit plus soigneusement bannie et où la règle soit plus exactement observée ».

Au point de vue des études, Saint-Germain était à ce moment la capitale intellectuelle et scientifique de la Congrégation de Saint-Maur. Elle possédait une riche bibliothèque de manuscrits; sous la conduite de Dom d'Achery, le travail y était organisé méthodiquement.

C'est là que Mabillon allait se révéler un maître; c'est là qu'à son tour il deviendra l'oracle des générations plus jeunes, l'ancêtre; là qu'il mourra après une carrière de quarante-trois ans d'un labeur sans trêve.

Sa première œuvre fut l'édition des écrits de saint Bernard. La Congrégation de Saint-Maur s'était assigné comme tâche de nous donner des éditions plus scientifiques des Pères de l'Église et des premiers écrivains ecclésiastiques. Les érudits du XVI° siècle avaient fait œuvre de tirailleurs, chacun poussant une pointe hardie dans sa direction, sans se soucier du travail d'ensemble, ou s'emparant de positions avancées qu'il fallait ensuite abandonner. Dès le lendemain de l'invention de l'imprimerie, les chercheurs s'étaient mis en quête d'inédit; tout manuscrit était imprimé; chaque année, presque chaque mois, voyait une résurrection littéraire. Térence,

Plaute, Cicéron, Tacite, Salluste, puis les chrétiens, Tertullien, Cyprien, Justin, combien d'autres à leur suite! sortirent tour à tour de la tombe, et vinrent reprendre avec les humanistes une conversation interrompue depuis des siècles.

Mais la méthode, l'esprit de suite ne présidaient pas toujours à ce travail. Une fois calmée cette première fureur de l'inédit, il fallut revenir en arrière. La critique survenait; impitoyable, elle revisait les titres; plus d'une tête tomba; plus d'un auteur rentra dans l'ombre; il fallut obtenir son laissez-passer.

Ce fut à cette seconde période de l'histoire de l'érudition que les bénédictins parurent. Il s'agissait de reviser les textes anciens, presque tous trop précipitamment édités; de faire le départ entre l'apocryphe et l'authentique; peut-être de trouver encore sous la poussière des bibliothèques des auteurs et des documents inconnus.

Mabillon s'attacha donc à saint Bernard; en trois ans il avait étudié ses manuscrits, et mis sur pied, en deux volumes in-folio, les œuvres d'un des écrivains les plus féconds du moyen âge.

Ce qu'est cette édition, je ne puis l'exposer en détail; je me contenterai de dire que si, aujourd'hui, elle ne satisferait peut-être pas pleinement nos exigences critiques, elle était pour l'époque un vrai chef-d'œuvre; les ouvrages du grand abbé de Clairvaux étaient donnés dans un texte plus pur, la chronologie de ses œuvres était établie rigoureusement, un bon nombre de lettres ou de sermons perdus revoyaient le jour. Les notes et les commentaires étaient de tous points remarquables; ils révélaient un érudit sagace, au coup d'œil sûr et pénétrant; c'était, pour un coup d'essai, un coup de maître.

Il n'est pas jusqu'au latin qui n'ait attiré l'attention des lettrés de son temps et fait dire que Mabillon écrit en latin, comme Monsieur de Meaux en français. Ce n'est pas tout à fait exact; Bossuet est inimitable, même en latin, et le style de

Mabillon me paraît moins rappeler celui de Bossuet, avec ses grandes allures, l'imprévu de ses éclats et son parfait dédain de la rhétorique, que la phrase claire, méthodique, au tour didactique, de tel dialogue de Cicéron. Dans tous les cas, sous sa forme simple et sans apprêts, son latin est digne d'être mis sur le même rang que celui des humanistes. C'était alors un mérite.

Cependant il ne continua pas dans cette direction et laissa de côté le travail un peu fastidieux de l'éditeur, pour marcher dans des voies plus originales.

D'Achery, son maître, avait rêvé d'écrire l'histoire des saints de l'Ordre bénédictin ; pendant vingt ans et plus, il avait amassé pour cette œuvre de riches matériaux, mais il était de ces hommes qui compilent plus qu'ils ne composent. Je doute qu'il eût jamais mis en œuvre ces documents ; il lui fallait un collaborateur plus jeune, plus ardent, plus actif, d'un génie plus souple et plus pratique. Mabillon publia le premier volume en 1668. C'était un ouvrage monumental que notre savant complétera plus tard par les *Annales de l'Ordre bénédictin*, en tout, quinze volumes in-folio.

Il existe une magnifique gravure du XVIIe siècle qui nous peint au milieu d'une pompe peut-être excessive, mais non sans grandeur, le triomphe de saint Benoît. Le législateur des moines d'Occident occupe le centre ; il est monté sur un char, traîné par quatre animaux symboliques qui représentent l'Orient et l'Occident : un cheval d'Europe, l'éléphant et le dromadaire de l'Afrique, le tigre d'Asie ; ses fils, les bénédictins des quatre parties du monde, avec les grands représentants des Ordres religieux, lui font cortège, missionnaires qui ont porté la lumière de l'Évangile dans toutes les contrées de l'univers, baptisé les barbares d'Europe, et les sauvages des nouveaux continents, évêques, cardinaux et papes, abbés et abbesses, qui ont terrassé les hérésies, écrit de savants ouvrages, ou raconté les Annales des peuples.

On dirait un de ces triomphes dans lesquels se complurent la vanité et la munificence des vainqueurs du monde et que la Rome des dernières années de la République vit se dérouler dans ses rues.

Mais c'est un triomphe pacifique. C'est, en un raccourci puissant, le poème de dix siècles d'histoire bénédictine. L'Abraham chrétien s'avance suivi d'une postérité, nombreuse comme les étoiles du firmament ou le sable de la mer.

Cette épopée, Mabillon allait la dire, preuves en main, dans ses *Actes* et dans ses *Annales*, déroulant, suivant un bel ordre chronologique, la vie des saints bénédictins et l'histoire des conquêtes de notre Ordre.

C'était le grand regret de Dom Guéranger et de Montalembert, que cette admirable histoire fût si peu connue, non seulement des profanes, mais même des prétendus historiens et de tous les faiseurs de manuels, pour qui ces gros in-folio demeurent fermés, mieux défendus contre toute curiosité par leur masse imposante, que s'ils étaient scellés des sept sceaux. Montalembert n'eut guère qu'à les parcourir pour y trouver préparés et classés les matériaux qui ont fait ce beau livre, si incomplet et inégal, que l'on appelle les *Moines d'Occident*.

Qui dira ce qu'une pareille histoire suppose de recherches, de manuscrits et de pièces résumés ou copiés, de discussions historiques et chronologiques, de patience, de précision, de persévérance? Dans l'état surtout où se trouvait alors la science historique, il fallait le plus souvent bâtir de toutes pièces, rétablir la chronologie, refaire, en un mot, le travail historique des devanciers.

D'aucuns trouveront peut-être regrettable que ses supérieurs aient enseveli, durant de si longues années, dans les catacombes de l'histoire bénédictine un savant de cette envergure. Avec cette puissance de travail, et ce talent d'exposition, il aurait pu écrire cette *histoire de l'Église de France* que nous attendrons sans doute encore longtemps; ou bien même une *histoire générale de l'Église*, qui aurait sans doute laissé loin derrière elle l'œuvre imposante de Baronius.

Fils de saint Benoît, j'aurais mauvaise grâce à accepter ces critiques et à ne pas me réjouir plutôt que l'histoire de nos saints et de nos grands hommes ait été écrite par cette plume. Je ferai même remarquer que, du VIIe au XIIe siècle, l'histoire bénédictine résume l'histoire de l'Église et de la civilisation en Occident ; il semble que la vie et l'activité intellectuelle, à certaines époques, se soient réfugiées dans ces grands monastères du Cassin, de Fulda, de Fleury-sur-Loire, de Corbie, de Cluny, de Lindisfarne, de Yarrow, qui brillent comme des phares au milieu de cette longue nuit.

Du reste, en tête de chacun des siècles bénédictins, Mabillon a écrit des préfaces d'histoire générale, où il étudie les controverses dogmatiques, les mœurs, les coutumes, la discipline ecclésiastique. Ce sont de purs chefs-d'œuvre et des modèles de dissertation historique.

Voltaire a dit quelque part : « Les infatigables et pesants bénédictins composent en dix volumes in-folio une histoire littéraire de la France, que je ne lirai pas[1]. » Voltaire avait raison de redouter ces œuvres d'érudition solide et patiente, et d'essayer de les discréditer par ses railleries. Les lourds in-folio des bénédictins ont fini par avoir raison des pamphlets et des frivoles histoires de Voltaire, où l'esprit tient lieu de documents et de recherches. L'opinion des bénédictins sur le moyen âge a prévalu, leurs thèses ont triomphé de la prose de celui que Dom Rivet appelait encore « le sieur Arouet » et qu'il annonçait à ses contemporains comme « un jeune poëte d'une grande espérance ».

En matière d'histoire, la grande difficulté n'est pas tant de trouver des documents que d'en établir l'autorité. Qui ne sait que le chercheur d'or, dans ses fouilles, ramène souvent

---

1. Lettre à Cideville, 6 mai 1733.

de la boue ou des scories qu'il rejette dédaigneusement ? Il en est de même pour l'histoire.

Parmi ces documents recueillis avec tant de peine, quelques-uns sont un vil métal. Nous avons vu de nos jours même des savants, trompés sur la provenance de certaines pièces, payer d'un prix élevé des manuscrits fabriqués par de hardis faussaires. Elle est longue la liste des supercheries dont les historiens ont été victimes.

Le cas s'est présenté souvent au moyen âge. Mabillon avait eu à examiner bien des chartes et des diplômes, à discuter bien des légendes ; son goût s'était affiné ; il avait acquis ce flair délicat qui fait discerner le vrai du faux ; dans l'historien le critique s'était éveillé.

Ici Mabillon se révéla un maître et un initiateur: Sa longue patience avait atteint au génie. Il discerna des règles, établit des principes, fixa des lois, les lois de l'authenticité des documents, en un mot il créa une science nouvelle, la *diplomatique*, l'art de distinguer les vieilles chartes et les diplômes, la critique des anciens titres.

L'année 1681, qui vit paraître le *De re diplomatica*, est une date dans l'histoire de la science historique ; Mabillon devenait ce jour-là le Père de la critique moderne.

Vous voyez ce qu'il faut penser de cette assertion : « La critique est née de nos jours. » C'est la rajeunir de deux siècles. Il y a chez un trop grand nombre de savants la tendance à croire qu'ils ont tout inventé, et que nos ancêtres n'ont rien vu, ni rien compris. Plût au ciel que l'on apportât dans l'étude le soin, la probité, le scrupule, dont Mabillon donna toujours l'exemple ! Il n'y aurait pas tant de mécomptes dans l'histoire de l'érudition contemporaine. Puis ce serait simple honnêteté de reconnaître tout ce que nous devons à ces travaux de nos aînés, que l'on voit piller souvent sans scrupules par nos contemporains.

Vus de loin, ces énormes in-folio, rangés sur les rayons de

nos bibliothèques, semblent nous raconter une longue vie tranquille au fond d'un cloître ou dans le silence du cabinet de travail. Et cependant combien de ces pages évoquent le souvenir de batailles, combien sentent la poudre ! combien de ces volumes sont des projectiles jetés à la tête d'un ennemi !

Les combats de plume, pour être moins sanglants, n'en sont que plus meurtriers. Plus l'arme est légère, moins il semble que l'on ait de scrupule à en blesser son rival. Aussi quels coups portés ! quelle cruauté froide dans l'ironie ! Quelle férocité dans l'épithète ! et combien de ces blessures sont plus cuisantes, plus difficiles à cicatriser que ne serait un coup d'épée !

Le XVIe siècle est célèbre par ces joutes littéraires qui dégénérèrent souvent en bataille. Le *genus irritabile vatum* s'était donné carrière. Le XVIIe siècle ne le céda guère sur ce point à son aîné.

Mabillon, le plus doux des érudits, n'échappa point à cette destinée, et plus d'une page chez lui est une polémique. Déjà dans ses *Actes* et dans ses *Annales*, il avait éveillé des susceptibilités, blessé des prétentions, détruit des légendes qui tenaient au cœur de certaines gens. Il avait dû se défendre, à plus d'une reprise, devant ses supérieurs, d'avoir préféré les droits de la vérité à des intérêts de clocher. Sa *Diplomatique* le mit aux prises avec un savant bollandiste, Papebroch, dont les vues en fait de critique étaient plus radicales. Mais dans cette discussion, comme dans toutes les polémiques auxquelles il se trouva exposé, il garda toujours le ton de courtoisie et de charité chrétienne auquel ses adversaires rendirent eux-mêmes justice. Nous en verrons un autre exemple avec l'abbé de Rancé.

Quand Mabillon fut présenté à Louis XIV, le grand roi n'y vit qu'une chose, c'est que l'auteur de tant d'in-folio était « le plus savant homme de son royaume ». Le plus savant homme du royaume, cela devint comme une de ces épithètes homériques qui suivent un homme jusqu'à la tombe et au delà. C'est un peu l'impression que font sur les profanes ces grands travailleurs ; on ne réalise pas bien ce que ces livres ont coûté de peine, ce qu'ils supposent d'habileté, d'énergie, de talents variés. Que d'années d'études solitaires dans sa cellule représentaient les *Actes des Saints* et les *Annales de l'Ordre de Saint-Benoît*! Cependant il n'en faudrait pas conclure que toute la carrière de Mabillon fut renfermée, pour ce reclus de la science, dans les murs étroits et nus de sa cellule.

A plus d'une reprise il lui en fallut sortir. Le moine devenait alors missionnaire de la science, explorateur des bibliothèques dont il visitait les manuscrits. Ce que furent ces pèlerinages scientifiques, je ne le dirai pas ici ; ils ont été racontés plus d'une fois. Il y a quelques années, ils ont tenté une plume habile qui en a tracé un récit plein de charme, auquel je dois plus d'un détail, et qui a fait revivre sous nos yeux la *Société de l'abbaye de Saint-Germain*[1].

C'est dans ces voyages que Mabillon fit quelques-unes de ses plus belles découvertes. Le résultat en est consigné dans les quatre volumes de ses *Analecta Vetera*, dans son *Museum Italicum*, dans sa *Liturgia Gallicana*. Je ne citerai que ses beaux travaux sur la liturgie romaine et sur la liturgie gallicane, qui auraient suffi à la gloire d'un autre érudit. Plus d'un qui s'est fait un nom en notre siècle n'a pas à son actif un pareil bagage littéraire!

La vieille liturgie, qui fut celle de nos ancêtres du VIe au IXe siècle, était à peine connue. On ne nous en avait révélé que quelques précieux mais trop incomplets formulaires. Mabillon eut le bonheur de découvrir, dans un de ses voyages littéraires, un des livres les plus importants de la liturgie gallicane, le lectionnaire de Luxeuil.

---

1. *Mabillon et la Société de Saint-Germain, 1664-1707*, par Emm. de Broglie, 2 vol. in-8°, Paris, Plon, 1888.

Il faut lire dans son récit avec quelle joie il retrouva ces vénérables restes d'une liturgie morte. Sa plume, d'ordinaire si mesurée, tremble d'émotion dans ses doigts. Ce n'était qu'un débris, mais c'en était assez dans les mains d'un érudit de sa trempe, pour recontituer l'ordre entier de l'office divin en Gaule, au VIe et au VIIe siècle. Ses dissertations sur la liturgie gallicane sont une résurrection et restent l'une de ses plus belles œuvres.

Une autre de ces aubaines que le hasard intelligent semble ne réserver qu'aux habiles, fut la découverte d'un missel antique, du VIIe ou du VIIIe siècle, celui de l'abbaye celtique de Bobbio, dans la Haute-Italie, document de première valeur qui attire en ce moment l'attention des liturgistes, et qui nous aidera peut-être à déterminer la ligne du partage des eaux entre la liturgie romaine et les liturgies gallicanes.

Quant à ses *Ordres romains*, découverts, comme le missel de Bobbio, dans ce fameux voyage d'Italie, ils jetaient un faisceau de lumière sur l'histoire du culte chrétien à Rome, à la cour des papes, ce centre liturgique du VIIe au XIIIe siècle.

Par ces découvertes, Mabillon, déjà proclamé maître comme historien, comme hagiographe et comme critique, s'inscrivait parmi les princes de la liturgie.

II

Je devrais m'excuser, mes frères, de m'être arrêté si longtemps, dans cette première partie, à vous décrire l'œuvre de Mabillon. Pourtant j'ai conscience d'avoir été bien incomplet, bien au-dessous de ma tâche, et je crains que les admirateurs du savant ne me pardonnent pas d'avoir jugé si sommairement cinquante ans d'un admirable travail d'érudition.

Mais, d'un autre côté, il me semble que vous n'aurez pas pu ne pas voir quelle édification on peut retirer de ce spectacle. Toutes ces œuvres ne furent-elles pas inspirées par le dévouement pour son Ordre, l'obéissance à ses supérieurs, le zèle pour la gloire de Dieu et de l'Église ?

Et cependant ce qui faisait l'âme de cette vie, devait être un jour incriminé. On allait faire un reproche aux bénédictins de leur travail : on voulait essayer de prouver que cette vie d'étude est *incompatible* avec la vraie piété; que le détachement, qui fait le fond de l'ascétisme, n'admet pas le partage, qu'il demande que l'on abandonne l'étude aux gens du monde, pour chercher l'unique nécessaire. L'étude, disait-on, bannit l'humilité, la prière, la piété, le recueillement, la solitude, la simplicité, la pureté. Elle ne convient donc pas aux moines. Aussi les solitaires de la Thébaïde s'en sont-ils bien passés !

L'attaque était spécieuse ; d'autant plus redoutable que celui qui parlait ainsi, après avoir étonné le grand siècle par une de ces conversions subites, qui affirment aux yeux des plus frivoles la puissance de la grâce, l'avait édifié par une vie de pénitence digne des premiers ascètes. Armand le Bouthillier de Rancé avait imposé à la Trappe dont il était abbé une réforme austère qui rappelait la vie mortifiée des pères du désert.

Mais sa conversion n'avait pas changé son caractère impétueux, ardent et, on peut le dire, parfois excessif. Son livre, à côté de pages éloquentes, inspirées par l'ascétisme chrétien le plus pur, dépasse quelquefois la mesure, en proscrivant l'étude dans les cloîtres.

Et Leibnitz, exagérant sans doute la pensée de Rancé, disait que, « sous couleur de dévotion, on cherche souvent à excuser et à nourrir l'oisiveté ».

Les Bénédictins de Saint-Maur, qui semblaient visés, ne pouvaient rester sous le coup de cette attaque. Mabillon parut l'homme le mieux placé pour relever le gant, moins peut-être à cause de sa science, que parce que chez lui l'érudition n'avait pas étouffé la piété.

Après quelques mois de recueillement, il publiait son *Traité des études monastiques*[1]. C'était un livre digne du savant consciencieux que nous connaissons. Il ne s'abaissait pas à une polémique mesquine ; son ouvrage est un exposé large, intelligent, de la question. Il démontre, avec les ressources de sa science historique, qu'à toutes les époques, dans les plus saints monastères, l'étude a été en honneur, et son abandon a marqué les siècles de décadence ; l'étude, par son objet même, n'est pas incompatible avec l'observance de la vie religieuse.

Plus tard, Rancé ayant essayé une réplique, Mabillon y répondit par des *Réflexions* qui complétaient sa première étude.

Je ne suivrai pas en détail cette polémique qui dura longtemps et se termina comme la plupart des polémiques, chacun des deux adversaires couchant sur ses positions.

Je serais presque tenté de dire que Mabillon, dans cette controverse, nous paraît n'avoir pas usé de tous les avantages de sa situation. Peut-être était-il intimidé par la grande réputation de Rancé, et par l'opinion d'hommes qui, comme Bossuet, s'étaient déclarés en sa faveur. Son livre est solide, comme on pouvait l'attendre de lui ; mais il s'est trop tenu, selon nous, sur la défensive.

Il est vrai que l'Apôtre a dit : *Scientia inflat*. La science a, auprès de certains, une réputation douteuse. L'étude dessèche ; la critique tarit les sources de l'enthousiasme ; elle arrête l'élan du cœur. Elle discute avec le prophète ; elle demande au poète la raison de ses émotions ; avant de se laisser toucher, elle veut être convaincue, et, pour admirer, elle attend qu'on lui démontre les motifs d'admirer.

Mais ne savons-nous pas aussi que Dieu est la source de toute science ? La vraie science anoblit la vie, elle purifie, elle élève, elle sanctifie. En nous faisant toucher les limites de nos

---

[1]. Un vol. in-8° carré ; Bruxelles, 1692.

connaissances, elle nous maintient dans l'humilité ; au bout de toutes nos recherches, elle nous montre Dieu, dont la connaissance seule résout nos problèmes humains, sans nous donner la clef des mystères qui dépassent notre intelligence. Comme la charité, elle est patiente, elle est bienveillante ; elle n'est pas envieuse, ni inconsidérée ; elle ne s'enfle point d'orgueil ; elle n'est pas ambitieuse, elle ne cherche point son intérêt, elle ne s'irrite point, elle ne condamne pas, elle ne prend pas plaisir au mal, mais elle se réjouit de la vérité (I Cor. XIII, 4).

Mabillon aurait pu montrer que la vraie piété trouve Dieu dans les révolutions de l'histoire aussi bien que dans le spectacle des merveilles de la nature, ou dans les mystères de la théologie.

C'est pourquoi l'amour de la science est dans les traditions du véritable ascétisme chrétien, et la piété qui n'est pas éclairée par elle, tombe, comme on l'a vu mille fois, dans les erreurs d'un mysticisme dangereux ou dans l'illuminisme.

Mais au lieu de signaler des lacunes dans ce traité de Mabillon, il faut le lire et admirer le plan d'études et la méthode que, d'une main si ferme, il a tracés pour les monastères bénédictins.

Quoi qu'il en soit de cette polémique, je crois bien que la postérité a donné raison à Mabillon, et que la cause de l'ignorance est perdue sans retour. Si notre siècle est tenté de se scandaliser d'une chose, c'est bien moins de voir des moines studieux et savants, que de les rencontrer ignorants et sots.

L'Église de plus en plus se prononce en ce sens. Elle crée des écoles, des universités ; elle y convie ceux-là mêmes que Rancé condamnait à l'isolement ; elle consacre leurs efforts par les titres qu'elle confère ; elle s'intéresse aux progrès des études ; Pie X crée une société générale des sciences, et confie à des successeurs de Mabillon le soin de reviser la Vulgate.

Par une singulière ironie du sort, les deux adversaires donnaient par leur attitude, chacun à sa façon, un argument à la cause des études. L'abbé de Rancé se blessait avec ses propres armes ; plus il déployait de talent, d'érudition, de ressources pour défendre sa thèse, plus on voyait qu'il ne semblait avoir tant de raison, que parce que lui-même était un humaniste distingué, un théologien disert, un rhéteur subtil, formé dans les bonnes écoles.

Et tout au contraire, Mabillon aurait pu, avant d'entrer en lice, jeter, comme le guerrier antique, son ceste et ses armes. Il n'avait qu'à laisser voir sa vie ; cet homme de tant de livres était le plus humble, le plus doux, le plus charitable des hommes, le religieux le plus exemplaire. Rancé lui-même lui rendait ce témoignage, et sa vie achèvera de nous le démontrer.

Nous l'avons vu tout jeune entrer dans cette Congrégation de Saint-Maur, qui se distinguait par son austérité : lever de nuit abstinence perpétuelle de viande, jeûnes multipliés ; pauvreté des cellules, travail, prières prolongées, telles étaient quelques-unes des prescriptions de la règle.

L'étude, quand elle est entreprise dans certaines conditions, est un agréable passe-temps, un délassement noble et délicat. Etudier à ses heures, choisir son sujet, l'abandonner et le et le reprendre selon son caprice, et suivant l'inspiration du moment ; essayer sa fantaisie dans l'article de journal ou la Revue à la mode ; aller jusqu'à l'élégant in-12 ; il est peu d'occupation plus divertissante ; c'est un dilettantisme des plus distingués.

Mabillon et les bénédictins de Saint-Maur ne l'entendaient pas ainsi. L'étude était pour eux la tâche quotidienne, le travail poursuivi sans trêve ni merci, à travers les longues heures de la journée et de la nuit.

C'est Sainte-Beuve, je crois, qui oppose quelque part le travail des savants laïques d'aujourd'hui, dans un appartement bien chauffé, entourés du confort de la vie moderne, au travail de ces bénédictins dans leur pauvre cellule sans feu et sans aucune de ses distractions que nous nous accordons si facilement aujourd'hui ; il cite le trait de l'un de ces héros obscurs allant faire fondre l'encre gelée dans son encrier, au foyer de l'infirmerie, pour pouvoir continuer à écrire.

Le titre seul des ouvrages de Mabillon, *Annales Ordinis Sancti Benedicti, Acta Sanctorum, Annalecta Vetera, De re diplomatica*, sont faits pour effrayer les plus intrépides. La plupart de ces travaux ne furent pas choisis par lui ; ils lui furent imposés par l'obéissance ; mais il les poursuivit avec autant d'ardeur que s'ils eussent été le rêve de son ambition.

La science enfle d'orgueil, a dit l'Apôtre ; l'abbé de Rancé écrivait : « La chose la plus rare, c'est de voir un homme savant qui soit vraiment humble. » Mabillon était de ceux-là. Si jamais savant eut des tentations de vanité, ce fut lui. Les évêques, les princes, les cardinaux sont ses amis ; Louis XIV demande qu'il lui soit présenté, et paie ses voyages sur sa cassette. Les papes, Innocent XI, Alexandre VIII, Clément XI, le traitent avec considération. Vers la fin de sa carrière, il était devenu dans l'Église de France un personnage que l'on consultait, et dont l'avis faisait loi. Ses voyages scientifiques en Lorraine, en Allemagne, en Italie, ont pu être comparés à des marches triomphales. Les ambassadeurs lui envoient leur carrosse, les savants saluent en lui leur maître, les cardinaux de l'Index demandent respectueusement son sentiment.

Au milieu de tous ces témoignages, il restait le plus humble des moines. Il n'accepta jamais d'exception dans son monastère ; il voulait être traité comme le dernier de ses frères : à la table, au chapitre, au chœur, rien qui le distinguât des autres. Il garda jusqu'à la fin sa pauvre cellule.

Attaqué plus d'une fois au sujet de ses ouvrages, il refusa de se défendre, et avec sa bonhomie coutumière, il disait : « Il est plus à propos que Dieu permette qu'il nous arrive de petites humiliations pour contrebalancer les louanges que les hommes nous prodiguent. » Quand Louis XIV l'avait appelé le plus savant homme de son royaume, Bossuet avait ajouté : et le plus humble.

Son humilité avait ses racines profondes dans la crainte de Dieu, que son maître saint Benoît donne comme la base de cette vertu. Il a composé cette prière que je veux citer ici :

« Si les anges, tout saints qu'ils sont, tremblent en votre résence, Seigneur, de quels sentiments ne devrais-je pas être touché, en me considérant devant vous, moi qui vous ai tant de fois offensé !

« Est-il possible que je puisse avoir aucun sentiment de vanité, moi qui n'ai jamais fait aucun bien, mais une infinité de péchés, et faut-il que je recherche l'estime des hommes après m'être rendu si souvent digne de la dernière confusion ? Que suis-je en comparaison d'une infinité de personnes qui sont incomparablement meilleures que moi ?...

« Hélas ! les plus saintes âmes s'estiment criminelles devant vous, et moi, misérable que je suis, je crois être quelque chose... Mon Dieu, faites en sorte que je n'estime que vous, et que je ne sois sensible qu'au sentiment que vous aurez de moi, lorsque je serai jugé de vous au dernier moment de ma vie[1] ! »

On se prend même à regretter que ce vigoureux et infatigable bûcheron ne soit pas sorti quelquefois de cette épaisse et sombre forêt où il abattait de grands chênes et traçait des routes nouvelles à l'érudition française, et qu'il ne soit pas venu se montrer plus souvent à la lumière du soleil. Que de choses il eût pu apprendre à la foule, s'il eût consenti à écrire en français et mettre à la portée du public les résultats de ses travaux. Le jour où ses chères études furent attaquées, il sut être éloquent, vif, pressant, et son style parut si pur et si élégant, qu'on en attribua, bien à tort, la rédaction à Nicole.

---

1. Mabillon, *Correspondance*, Bibl. Nat. fonds français 19649, f° 478.

Mais cette popularité ne le tenta pas ; il revint, pour ne plus les quitter, à son latin et à ses in-folio.

Jusqu'au bout il resta un homme simple, accueillant, plein de charité et de mansuétude. Dans ses polémiques, il est toujours réservé, courtois, modeste. Il eût pu écraser ses contradicteurs du poids de son érudition ; d'autres, moins savants, ont regardé leurs adversaires de la hauteur de leur dédain. Lui semblait s'excuser d'avoir raison.

Une seule fois, une accusation eut le don de le faire sortir de son calme. On ne sait comment le bruit se répandit tout à coup que Mabillon s'était enfui en Hollande et avait abjuré la foi catholique. La calomnie semble s'être propagée d'abord dans les Universités allemandes ; elle passa de là en Hollande et en Angleterre, où les protestants se réjouissaient déjà d'une telle recrue. Mabillon protesta avec indignation. Il écrivait aux catholiques anglais, parmi lesquels il comptait beaucoup d'amis : « Ce qui me console est que je ne suis pas le premier à qui de semblables calomnies sont arrivées. Saint Étienne, le premier des martyrs, fut accusé d'avoir blasphémé contre Moïse et contre la foi, lui qui avait parlé avec tant d'avantage de l'un et de l'autre. C'est la pensée qui me vint lorsque, le jour de la fête de ce premier des martyrs, on me rapporta une pareille chose de moi ; mais j'espère que je mourrai comme lui dans la défense de Moïse, de la nouvelle alliance et de la foi que l'Eglise catholique enseigne... Pour vous, mes très chers frères, je vous prie de prier Dieu pour moi comme je le prie pour vous ; je vous conjure au nom de Jésus-Christ, pour l'amour duquel vous souffrez, de demeurer toujours fermes et constants dans la foi que vous avez soutenue jusqu'à présent avec tant de fidélité, et quand un ange du ciel voudrait vous inspirer d'autre sentiment, de lui dire anathème avec l'Apôtre[1]. »

---

1. Ruinart, p. 222 ; de Broglie, *loc. cit.*, t. III, p. 237.

Fidèle à son Dieu, loyal envers l'Église, il le fut jusqu'au bout. Bien loin de gêner sa foi, sa science ne servit qu'à l'alimenter. Ce n'est pas lui qui eût inventé la théorie de la cloison étanche, qui permettrait au savant de professer les théories les plus radicales, comme savant, tout en gardant, comme chrétien, la foi du charbonnier.

Certes, ce n'est pas qu'il fût un naïf ce moine qui, par la pénétration de son esprit, l'étendue de son information, la rigueur de sa méthode, a créé une science qui est un des plus précieux auxiliaires de la critique historique. Il est peu de discussions mieux conduites que celles où il examine l'authenticité d'un document, où il étudie les titres d'une tradition. C'était un critique à l'esprit sagace et ouvert.

« Quoi, s'écrie-t-il, on voudrait séparer la piété d'avec la vérité ! Peut-il donc y avoir contre la vérité une piété véritable et sincère ? Ou est-il permis d'en proposer une qui ne soit pas véritable ? ... Les religieux doivent faire plus particulièrement profession que les autres de l'amour de la vérité en suivant et aimant Jésus-Christ qui est la vérité même[1]. »

Il se souvint de ces principes dans ce petit traité sur le *Culte des Saints inconnus* qu'il publia sous forme de lettre, et qui eut un si grand retentissement. Il s'était aperçu, durant son séjour à Rome, qu'en dépit des prescriptions des papes et des Congrégations, on s'y livrait au commerce des reliques, et qu'on envoyait en France ou dans les autres pays, des corps trouvés dans les Catacombes, qui n'avaient droit à aucun culte. Dans sa lettre, il signalait ces abus, et posait les règles que l'on devait suivre avant de procéder au culte d'un saint ou à la vénération de ses reliques[2]. L'écrit, tombant d'une plume si autorisée, fit du bruit. L'éternel malentendu entre la piété aveugle et la piété éclairée se renouvela. Il ne manqua pas de

---

1. *Vie de Mabillon* par Dom Th. Ruinart, p. 63.
2. Imprimée en 1698.

gens qui crièrent au scandale. L'affaire fut portée à Rome et y souleva de vives polémiques.

Mabillon ne s'émut pas. Il publia une nouvelle édition où il expliquait sa pensée, et finalement le pape et les Congrégations se déclarèrent satisfaits.

Mais précisément parce que Mabillon est un vrai critique, s'il sait démolir, il sait aussi édifier, et marquer à la critique ses limites. Quand le Père Hardouin déclarait apocryphes, d'un seul coup, la plupart des œuvres de l'antiquité classique, quand Papebroch ébranlait la solidité des documents du moyen âge, Mabillon protestait en établissant les règles sur lesquelles repose notre édifice historique. Quand, plus tard, le P. Germon renouvelait ces assauts de la critique radicale, ce fut un disciple de Mabillon, Dom Coustant, qui, sous son inspiration, rappela les vrais principes de l'authenticité des manuscrits, principes que la philologie moderne n'a fait que confirmer et fortifier. Contre un savant de province, J.-B. Thiers, curé au diocèse du Mans, et connu pour son esprit caustique, Mabillon défendait la tradition des moines de Vendôme sur la sainte larme.

Si donc ce savant moine a déniché quelques faux saints, sa piété n'y perdait rien ; il savait aimer et honorer les vrais saints et les reliques authentiques. Il faut lire ce récit d'un disciple qui fut pour lui un ami, et qui l'accompagna dans quelques-unes de ses expéditions scientifiques : « Dom Jean Mabillon avait coutume dans ses voyages, lorsqu'il commençait à entrer dans quelque pays, d'en saluer aussitôt les saints tutélaires par quelques prières qu'il récitait à ce sujet. Mais lorsque, approchant de quelque lieu, il apercevait l'église du principal patron ou du saint, à qui il allait rendre ses vœux, il descendait ordinairement de cheval, et il se mettait à genoux, pour s'acquitter plus religieusement de cet exercice de piété, qu'il s'était prescrit à lui-même dès ses premières années... »

Ce fut bien mieux quand il vint visiter les reliques de saint

Bernard dont il avait édité les ouvrages avec un soin si jaloux et si éclairé !

« Comme nous approchions de Clairvaux, dit ce même compagnon, il ne fit autre chose, pendant tout le chemin, que de chanter et de réciter des hymnes et des cantiques, tant il était pénétré de joie de pouvoir encore une fois visiter cette solitude que saint Bernard et tant de ses illustres disciples avaient sanctifiée. Mais quand, à la sortie du bois, nous arrivâmes à la vue de cette sainte maison, il se sentit transporté d'une dévotion si extraordinaire, que j'en fus tout surpris. Il descendit de cheval et il se prosterna à terre pour faire l'oraison à son ordinaire. Ensuite se relevant sans discontinuer ses prière, il se mit à marcher à pied pour achever ainsi le reste du chemin[1]. »

Que de traces de cette piété simple et vive on rencontrerait dans sa vie !

Il déclare quelque part que, « bien loin de savoir mauvais gré à ceux qui l'avertiront des erreurs qui ont pu lui échapper dans ses ouvrages, il regardera au contraire cela comme une faveur, dont il se croira leur être obligé, pourvu qu'on le fasse dans un esprit de charité. Mais il veut surtout qu'on ne lui pardonne pas s'il se trouvait dans ses livres quelque chose de désobligeant à l'égard du prochain[2]. »

Mais ce que je dois noter dans un contemporain de Bossuet qui dut entendre si souvent revendiquer l'indépendance de l'Église Gallicane, c'est son respect et sa soumission pour l'Église de Rome.

Il désavoue tout ce qui dans ses écrits aurait pu être, « si peu que ce fût, contre le respect ou l'obéissance que l'on doit à l'Église romaine : il proteste que si cela lui est échappé, ç'a toujours été contre son gré[3]. »

1. Ruinart, *loc. cit.*, p. 294.
2. Ibid., p. 322.
3. Ibid., p. 322.

« Qu'à Dieu ne plaise, écrit-il encore dans la préface d'un de ses ouvrages, que je me départe jamais en rien de cette règle de la vérité, je veux dire de l'Église notre Mère, au jugement et à la censure de laquelle je soumets de tout mon cœur tout ce que j'ai jamais écrit, et tout ce que je pourrais écrire dans la suite, ayant toujours vécu dans son sein et dans la foi, et souhaitant ardemment, avec la grâce de Notre-Seigneur, d'y finir mes jours[1]. »

Voilà l'acte de foi du savant chrétien qui sait que sa science a des limites, et qui ne met pas son infaillibilité au-dessus de celle de l'Église.

Ces paroles pourraient lui servir de testament. Quand il les écrivit, il était à la veille de sa mort. Il venait de composer, pour s'y préparer, un petit *Traité de la Mort chrétienne*, où il a réuni, pour les méditer, des exemples de mort chrétienne, depuis celle de Notre-Seigneur, jusqu'à celle du bienheureux Justinien. Il pouvait en leur compagnie se présenter devant Dieu, lui dont la vie tout entière avait été faite d'abnégation, de pénitence, de solitude, de recueillement et de prière.

Et maintenant, ô grand, pieux et savant moine, dormez en paix en attendant la glorieuse résurrection dans cette église de Saint-Germain-des-Prés, où nous venons célébrer votre deuxième centenaire.

Ces moines, qui ont fait la France avec les évêques, comme les abeilles font leur ruche, ces bénédictins dont vous avez raconté la glorieuse histoire, sont bannis de la France ; les frelons sont en train de prendre leur place. Mais cette impie et folle politique qui exile les vivants, ne songe pas encore à chasser les morts ; elle se contente de les dépouiller. Nous aimons à croire que vos cendres ne seront pas troublées.

Mais, quoi qu'il arrive, votre exemple restera. Vous nous avez appris que la science peut s'allier à la foi, que l'on peut

---

[1]. *Annales O. S. B.*, t. VI.

être admirablement sincère avec sa conscience d'historien, sans perdre une parcelle de l'héritage de son baptême.

Votre labeur n'aura pas été stérile. La science historique a fait de nouvelles conquêtes; mais c'est en partie parce que vous et vos confrères aviez déblayé le terrain, que d'autres progrès ont été possibles. Les principes et les règles posés par vous guident encore nos érudits dans leurs recherches.

Les Annales de l'Ordre de Saint-Benoît et les Actes de ses Saints sont une des plus belles pages de l'histoire du moyen âge. C'est une mine trop peu exploitée encore, où viendra puiser l'historien de l'Église, du monachisme et de la civilisation latine durant cette période. Les documents mis à jour par vous éclairent des points obscurs de l'histoire ou de la littérature chrétienne.

Mais de quel poids pèsent aujourd'hui pour vous ces considérations de gloire humaine que vous avez tant dédaignées! A ceux qui vous parlaient de gloire, sur la fin de votre vie, vous criiez: humilité, humilité, humilité!

Quand le Père de famille vous appela à son tribunal, vous aviez mieux à présenter que ces in-folio, qui témoignaient cependant si hautement de votre rude labeur. Vous aviez derrière vous une longue vie d'austérité, de charité, de désintéressement.

J'aime à me figurer qu'à cette heure suprême, les saints dont vous avez écrit la vie, seront venus au devant de vous pour vous faire cortège, et saint Benoît, à leur tête, aura reconnu en vous un vrai fils et un disciple.

Vous finissiez un de vos grands ouvrages, la *Diplomatique*, par ces mots: *Christus veritas esto principium et finis. O Christ, vérité, soyez le commencement et la fin.* Ayant ainsi fixé toujours votre regard sur le Christ, votre lumière et votre modèle, vous avez mérité sans doute de jouir au sein de Dieu de cette vérité infinie, dont sur la terre vous n'aviez pu découvrir que quelques faibles rayons.

Puissent ces grands exemples de votre vie porter leur fruit. Qu'elle soit pour tous les chrétiens une leçon d'énergie, d'action patiente, modeste, silencieuse, et continue.

Puissent surtout les savants chrétiens, dont vous méritez d'être le patron, après avoir admiré en vous la probité scientifique et l'application au travail, apprendre à votre école qu'il n'y a pas deux consciences, celle du savant et celle du chrétien et que l'on ne peut opérer dans son intelligence cette séparation, connue sous le nom barbare de laïcisation.

Contre les scrupules d'un ascétisme intransigeant, vous avez revendiqué les droits de la science. Si l'homme spirituel ne gagnerait rien à se confiner dans l'étroite prison de ses méditations, le savant chrétien aurait plus à perdre encore à fermer toutes les fenêtres qui ouvrent sur le ciel.

Enfin à tous ceux qui cherchent la vérité, dans toute la sincérité de leur effort, apprenez à trouver le Christ, le Christ vérité, qui est, comme vous aimiez à le dire, *le commencement et la fin de tout*. AMEN.

BIBLIOGRAPHIE CHRONOLOGIQUE

DES OUVRAGES RELATIFS A

MABILLON

(1707-1907)

Par M. Henri STEIN

BIBLIOGRAPHIE CHRONOLOGIQUE

DES OUVRAGES RELATIFS A

MABILLON[1]

(1707-1907)

Par M. Henri STEIN

I. — *Histoire des contestations sur la Diplomatique, avec l'analyse de cet ouvrage composé par Mabillon*, par G.-B. RAGUET. Paris, 1708, in-12.

    Une nouvelle édition in-8 parut en 1767.

II. — *Éloge de Dom Mabillon*, prononcé le 17 avril 1708 dans l'assemblée publique de l'Académie royale des Inscriptions, par M. GROS DE BOZE, secrétaire (*Histoire de l'Académie Royale des Inscriptions et Belles-Lettres*, I, Paris, 1717, in-4, pp. 355-368).

    Avait paru pour la première fois en brochure à part, in-4 (Paris, Cot, 1708). — Il a été en outre traduit en latin par Dom Jean Hervin.

III. — *Abrégé de la vie de Dom Jean Mabillon, Prêtre et Religieux Bénédictin de la Congrégation de Saint-Maur*, par Dom THIERRY RUINART, religieux de la même Congrégation. Paris, V⁽ᵉ⁾ François Muguet et Charles Robustel, 1709 ; in-12 de 436 p. avec portrait gravé par Fr. Giffart.

    Contient la nomenclature des ouvrages imprimés de Mabillon. Il a été traduit avec quelques additions sous le titre qui suit.

---

[1]. Les ouvrages contemporains de Mabillon ne sont pas indiqués. Il faut ajouter à cette bibliographie les travaux insérés dans le présent volume des *Mélanges Mabillon*.

IV. — *Vita Joannis Mabillonii Presbyteri et monachi Ordinis Sancti Benedicti Congregationis S. Mauri*, a Theodorico Ruinarto ejus socio, olim gallice scripta, nunc vero ab alio ejusdem Congregationis monacho in latinum sermonem translata rerumque nova accessione aucta. Patavii, apud Joannem Manfré, 1714 ; in-8 de 240 p. et portrait.

La traduction a été faite à Rome par Dom Claude de Vic, bénédictin, et dédiée au futur cardinal Alessandro Albani.

V. — *Annales Ordinis Sancti Benedicti* ; tom. V. Parisiis, 1713, in-folio.

En tête du volume, 40 pages sont consacrées à la biographie abrégée de Dom Mabillon et de Dom Ruinart (Vitæ synopsis).

VI. — *Ouvrages posthumes de Dom Mabillon et de Dom Thierri Ruinart, Bénédictins de la Congrégation de Saint-Maur*, par D. Vincent Thuillier, Bénédictin de la même Congrégation. Paris, François Babuty, J.-Fr. Josse et Jombert le jeune, 1734 ; 3 vol. in-4.

VII. — *Mémoires pour servir à l'histoire des hommes illustres dans la République des lettres*, avec un catalogue raisonné de leurs ouvrages [par Pierre Niceron]. Paris, Briasson, 1724-1745 ; 44 vol. in-12.

Les pages 336 à 371 du tome VII (1729) sont consacrées à Mabillon.

VIII. — *Histoire de la nouvelle édition de saint Augustin donnée par les PP. Bénédictins de la Congrégation de Saint-Maur* [par Dom V. Thuillier]. En France, 1736 ; in-4 de VI-34 p.

IX. — *Histoire littéraire de la Congrégation de Saint-Maur où l'on trouve la vie et les travaux des Auteurs qu'elle a produits depuis son origine jusqu'à présent* [par Dom Tassin]. Bruxelles et Paris, Humblot, 1770 ; in-4 de XXVIII-860 p.

Voir au pp. 205-270 de ce recueil.

X. — *Il collegio Mabilloniano sostenuto nelle sue vere regole diplomatiche e garantito da' sofismi de' Pirronici Germoniani* [per P. Rosini]. Napoli, 1773, in-4.

XI. — *Brevis Introductio in rem diplomaticam*, per Fr. X. Courtin. Heidelbergae, 1776, in-4 de xi-139 p.

XII. — *Disquisitio utrum Germon temeritatis in simulari jure possit, quod celeberrimum opus Mabillonii De Re diplomatica ad examen vocaverit?* per Joan. Schwab. Heidelbergae, 1777, in-4.

> Le travail de Germon, paru en 1703, a eu différentes éditions successives.

XIII. — *Disquisitio quibus ex causis Germon a Mabillonio speciminum quibus tota ejus ars diplomatica nititur, probationem postulaverit*, per Joan. Schwab. Heidelbergae, 1777, in-4.

XIV. — *Description historique et chronologique des Monuments de sculpture réunis au Musée des Monumens français*, par Alexandre Lenoir. 7ᵉ édition. Paris, Levrault, an XI [1803]; in-8 de [iv-]xvi-315 p.

> N° 512 (p. 296) : « Urne sépulcrale de Mabillon ». Cf. : « Musée des Monumens français, par le même, t. V, p. 195, et t. VIII, p. 169 ; — « Inscriptions de la France du Vᵉ siècle au XVIIIᵉ ; Ancien diocèse de Paris », par le baron F. de Guilhermy (Paris, 1873, in-8), t. I, p. 352 ; — « Histoire Générale de Paris ; Topographie historique », t. I, par A. Berty et L. Tisserand (Paris, 1876, in-4), pp. 359-361 ; — « Archives du Musée des Monuments français » [Inventaire général des Richesses d'Art de la France], t. III (Paris, 1897, in-8), pp. 238-241 et 259-262.

XV. — *Mémoires pour servir à l'histoire ecclésiastique pendant le XVIIIᵉ siècle*. 2ᵉ éd. par l'abbé Picot. Paris, 1815, 4 vol. in-12.

> Au tome I, p. xxxiii, quelques détails sur les relations de Mabillon avec le cardinal Colloredo.

XVI. — *Œuvres de Bossuet* ; édition Deforis. Versailles, Lebel, 1815-1819 ; 44 vol. in-8.

> Quelques lettres échangées avec Mabillon.

XVII. — *Notice historique sur Dom Mabillon*, par Jean Laboudenie, Paris, [1825,] in-8.

XVIII. — *Biographie Ardennaise, ou Histoire des Ardennais qui se sont fait remarquer par leurs écrits, leurs actions, leurs vertus ou leurs erreurs*, par M. l'abbé BOUILLOT. Paris, Ledoyen, 1830 ; 2 vol. in-8.

<small>L'article relatif à Mabillon occupe aussi les pp. 150 à 164 du tome II.</small>

XIX. — *Les gloires de la France : Histoire de D. Mabillon et de la Congrégation de Saint-Maur*, par M. EMILE CHAVIN DE MALAN. Paris, Debécourt, 1843 ; in-12 de 538 p.

<small>Voir, sur l'auteur, le n° XXVI ci-après.</small>

XX. — *Lettres de Mabillon (1703) relatives à la découverte du tombeau de Saint Calétric, évêque de Chartres*, publ. par M. DOUBLET DE BOISTHIBAULT (*Mémoires de la Société royale des Antiquaires de France*, XVII, 1844, pp. LXVI-LXX).

<small>Les originaux sont aux archives d'Eure-et-Loir.</small>

XXI. — *Lettres de Armand-Jean Le Bouthillier de Rancé*, publ. par M. B. GONOD. Paris, 1846, in-8.

<small>A consulter aussi tous les ouvrages relatifs à l'abbé de Rancé, pour ses rapports avec Mabillon, et notamment celui de l'abbé Dubois.</small>

XXII. — *Correspondance inédite de Mabillon et de Montfaucon avec l'Italie, contenant un grand nombre de faits sur l'histoire religieuse et littéraire du XVIIe siècle, accompagnée de notices, d'éclaircissements et d'une table analytique*, par M. VALERY. Paris, Guilbert, 1847 ; 3 vol. in-8 de LVI-355, 416 et 451 p.

<small>Recueil précieux et considérable.</small>

XXIII. — *Lettre inédite de Mabillon au cardinal de Bouillon* du 7 avril 1706, publ. par M. CH. DE CHÊNEDOLLÉ (*Bulletin du Bibliophile belge*, IX, 1852, p. 424).

XXIV. — *Rapports sur la correspondance inédite des bénédictins de Saint-Maur, adressés à S. Exc. le Ministre de l'Instruction Publique et des Cultes*, par M. ALPHONSE DANTIER. Paris, Imprimerie Impériale, 1857 ; in-8 de IV-262 p. (Extr. des *Archives des Missions scientifiques*, VI, pp. 241-502.)

<small>Parmi les pièces annexées à ces rapports, on trouve : la lettre circulaire écrite par d'Achery et Mabillon pour annoncer à leurs confrères la publication des « Acta Sanctorum Ordinis Sancti Benedicti »; — une</small>

lettre de Mabillon à la sœur de D. Germain (20 mars 1694) ; — une autre à la princesse de Guise (1ᵉʳ septembre 1592) et la réponse ; — une autre à D. Chr. Daubin, religieux à Saint-Wandrille (19 août 1700) ; — une autre à D. Martène (7 novembre 1707) ; — la réponse aux remarques que le R. P. Bastide a faites sur la préface du VIᵉ siècle bénédictin ; — son mémoire sur l'approbation de la règle bénédictine ; — sa correspondance avec Hermann Schenk, bibliothécaire de l'abbaye de Saint-Gall (1680-1688) ; — une lettre au Procureur Général de la Congrégation à Rome (21 août 1671) ; — une autre enfin à G. Geisser, prieur de l'abbaye de Saint-Georges en la Forêt-Noire (6 février 1682).

XXV. — Biographie générale du Dʳ HOEFER [Biographie Didot]. Paris, 1860, in-8.

> Importante notice de B. HAURÉAU au tome XXXII, pp. 437-449.

XXVI. — *De la revendication des livres, estampes et autographes appartenant à la Bibliothèque impériale et à la Bibliothèque Sainte-Geneviève*, par CH. RACINET. Paris, Bonaventure et Ducessois, 1858 ; in-8 de 86 p.

> Voir pp. 59-72 au sujet des nombreuses lettres de bénédictins provenant du fonds de Saint-Germain-des-Prés, qui firent l'objet d'une saisie après le décès de Em. Chavin de Malan (cf. *La Correspondance littéraire*, 5 nov. 1858 ; et la *Gazette des Tribunaux*, nᵒˢ des 18 et 25 décembre 1858 et 15 janvier 1859).

XXVII. — *Le cardinal de Bouillon, Baluze, Mabillon et Th. Ruinart dans l'affaire de l'« Histoire générale de la Maison d'Auvergne »*, par M. CHARLES LORIQUET (*Travaux de l'Académie impériale de Reims*, XLVII, 1867, pp. 265-308).

> Contient une lettre de Mabillon à Baluze (10 juillet 1685), puis le procès-verbal signé par Baluze, Mabillon et Ruinart le 23 juillet 1695 au sujet de l'affaire du cartulaire de Brioude, ainsi qu'une lettre du 14 octobre 1701 sur le même sujet ; cf. « Mémoires de Saint-Simon », édition A. de Boislisle, XIV (1899), pp. 538-539 ; — et *Revue des documents historiques*, I (1873-74), p. 21, avec fac-similé de la signature de Mabillon, reproduit dans : « Lettres autographes composant la collection de M. Alfred Bovet » (Paris, 1887, in-4), p. 248.

XXVIII. — *Lettre de Dom Serpe à Mabillon, relative à la fonte des reliquaires et ornements des églises du diocèse de Reims en 1690*, publ. par EDOUARD AUBERT (*Bulletin de la Société impériale des Antiquaires de France*, 1868, pp. 62-64).

XXIX. — *Lettre de Mabillon à M. de Pontchartrain, du 18 juillet 1701, et à M. de Gastinel, du 24 août 1701* (*L'Amateur d'autographes*, VII, 1868, pp. 121-122).

XXX. — *Lettre de Mabillon à Suzanne de Crussol d'Uzès, abbesse de Notre-Dame d'Yères, du 1ᵉʳ mai 1707, sur le cartulaire de cette abbaye* (*Musée des Archives nationales*, Paris, 1872, in-4, p. 558, avec fac-similé de quelques lignes d'écriture).

L'original est aux Archives nationales, relié en tête du cartulaire.

XXXI. — *Lettre de Mabillon à Mgr. de Noailles, évêque de Châlons, du 14 septembre 1702*, publ. par Édouard de Barthélemy (*Revue de Champagne et de Brie*, V, 1878, p. 236).

XXXII. — *Une querelle scientifique entre Jésuites et Bénédictins ; origine de la diplomatique*, par Ernest Babelon (*Le Contemporain*, 1878, I, pp. 297-320).

XXXIII. — *Dom Jean Mabillon (1632-1707) ; étude suivie de documents inédits sur sa vie, ses œuvres, sa mémoire*, par Henri Jadart. Reims, Deligne et Renard, 1879 ; in-8 de viii-276 p. avec portrait, pl. et fac-similé de signature. (Extr. à 300 exempl. des *Travaux de l'Académie de Reims*, LXIV, 1877-78, pp. 49-324.)

Ouvrage bien documenté sur les origines, la famille, les travaux et les historiens de Mabillon ; en appendice sont publiées plusieurs lettres de Rémois sur Mabillon, quelques épitaphes composées par lui, et divers actes d'état-civil.

XXXIV. — *Allocution prononcée le 16 novembre 1878*, par M. l'abbé V. Tourneur, *à la bénédiction du monument de Mabillon dans l'église de Saint-Pierremont* (*Travaux de l'Académie nationale de Reims*, LXIV, 1877-78, pp. 297-302).

Cf. *Revue de Champagne et de Brie*, V, pp. 497-498.

XXXV. — Correspondance historique des Bénédictins bretons et autres documents inédits relatifs à leurs travaux sur l'histoire de Bretagne, publiés avec notes et introduction par Arthur de la

Borderie. Paris, Champion, 1880 ; in-8 de [viii-]xliv-287 p.

<small>Renferme (pp. 85-87) deux lettres de Dom Lobineau à Mabillon, écrites les 16 août et 20 décembre 1702.</small>

XXXVI. — *Les relations de Dom Jean Mabillon avec le pays Laonnois*, par M. Henri Jadart. Laon, Cortilliot, 1880 ; in-8 de 16 p. (Extr. du *Bulletin de la Société académique de Laon*, XXIV, 1879-80, pp. 17-32).

XXXVII. — *Lettre de D. Claude Berras*, du 19 avril 1704, à Mabillon sur des reliques conservées à Tournemire en Auvergne, publ. par le Comte Riant (*Bulletin de la Société nationale des Antiquaires de France*, 1882, pp. 204-205).

XXXVIII. — *Dom Mabillon et quelques-uns de ses correspondants*, par Ed. de Barthélemy (*Cabinet historique*, XXIX, 1883, pp. 116-120).

<small>Sont publiées sous cette rubrique des lettres de l'abbé de Noailles (18 septembre 1688), de la duchesse de Guise (s. d. et 18 septembre 1692), de Louis-Antoine évêque de Châlons (24 novembre 1692), du maréchal duc de Noailles (28 juin 1694), de M. de Mailly archevêque d'Arles (1ᵉʳ avril 1701), et de M. de Muyson (s. d.) ; toutes sont adressées à Mabillon ou le concernent.</small>

XXXIX. — *Lettres de Mabillon*, de mars 1695 et du 19 juin 1705 (*Revue de Champagne et de Brie*, XVII, 1884, pp. 184-185).

<small>Ces deux lettres ont passé à cette époque (avril 1884) à la vente Dubrunfaut, dans le catalogue de laquelle elles étaient sommairement indiquées sous le n° 233.</small>

XL. — *Une lettre inédite de Mabillon*, par Mgr X. Barbier de Montault (*Bulletin de la Société des Antiquaires de l'Ouest*, 1884, pp. 293-296).

<small>Adressée à D. Jean Navières, prieur de l'abbaye de Nouaillé, le 29 avril 1700, et relative à l'histoire de cette abbaye.</small>

XLI. — *Notice sur l'ancienne abbaye de Saint-Remi de Reims*, par Henri Jadart (*Mémoires de la Société nationale des Antiquaires de France*, XLV, 1884, pp. 155-187).

<small>Se termine par la publication d'une lettre de Mabillon à D. Pierre Misson (et non Michon).</small>

XLII. — *Der Index der verbotenen Bücher*, von Fr. Heinrich Reusch. Bonn, Cohen, 1874 ; 2 vol. in-8.

<small>Au tome II, pp. 591-596, un paragraphe est consacré à Mabillon.</small>

XLIII. — *D. Mabillon et la réforme des prisons* ; étude historique et morale d'après la correspondance inédite de D. Mabillon avec M. Marquette, conseiller au Présidial de Laon (1689-1699), par Henri Jadart. Reims, Michaud ; Paris, Champion, 1885 ; in-8 de iv-20 p. et portrait. (Extr. à 50 exempl. de la *Revue de la Société des Études historiques*, juin 1885.)

XLIV. — *La maison natale de D. Mabillon et son monument commémoratif dans l'église de Saint-Pierremont* (Ardennes), avec vue de la maison et de la cheminée, par Henri Jadart. Caen, Le Blanc-Hardel, 1885 ; in-8 de 18 p. et fig. (Extr. du *Bulletin Monumental*, LI, 1885, pp. 487-501).

XLV. — *Lettre où le P. Mabillon explique quelques difficultés sur deux chartes de l'abbaye de Nouaillé* (17 août 1701), publ. par Mgr X. Barbier de Montault (*Revue de Champagne et de Brie*, XX, 1886, pp. 316-318).

<small>Ce document avait déjà paru une première fois dans le *Bulletin de la Société de l'histoire de France*, 1839, n° 9, pp. 6-7 ; l'éditeur l'ignorait.</small>

XLVI. — *Dom Thierry Ruinart (1657-1709)* ; notice suivie de documents inédits sur sa famille, sa vie, ses œuvres, ses relations avec D. Mabillon, par Henri Jadart. Paris, Champion ; Reims, Michaud, 1886 ; in-8 de viii-190 p. et pl. (Extr. à 112 exempl. des *Travaux de l'Académie nationale de Reims*, LXXVII, 1884-85.)

<small>Contient la notice du Nécrologe de Saint-Germain-des-Prés sur Mabillon (cf. ci-dessus n° LX), dix lettres écrites par Mabillon (1672-1704) et huit à lui adressées (1668-1702), ainsi que d'autres correspondances relatives aux travaux de Mabillon ou à son décès.</small>

XLVII. — *Correspondance de Richard-Augustin de La Haye, religieux écossais, curé de Saint-Pierremont, avec D. Mabillon et D. Ruinart* (1697-1708) ; Documents inédits de la Bibliothèque Nationale relatifs aux abbayes d'Écosse et à la biographie des Bénédictins, publiés par Henri Jadart. Paris, Champion, 1877 ; in-8 de 16 p.

(Extr. de la *Revue de Champagne et de Brie*, XXII, pp. 321-334.)

Deux lettres adressées à Mabillon.

XLVIII. — *Mabillon et la Société de l'abbaye de Saint-Germain-des-Prés à la fin du dix-septième siècle (1664-1707)*, par Emmanuel de Broglie. Paris, Plon-Nourrit et Cⁱᵉ, 1888; 2 vol. in-8 de [iv]-xii-429 et iv-390 p.

Travail excellent où l'on trouve de nombreuses lettres et beaucoup d'extraits de lettres de Mabillon et de ses correspondants.

XLIX. — *Dom Jean Mabillons Briefe an Cardinal Leander Colloredo*, mitgetheilt von Dr Arthur Goldmann. Brünn, Druck der Raigerner Benedictiner Buchdruckerei, 1889; in-8 de 51 p. (Aus den *Studien und Mittheilungen a. d. Benedictiner und dem Cistercienser Orden*, X, h. 1-3, in C Exemplaren besonders abgedruckt.)

Correspondance en partie inédite.

L. — *Die Maurinerausgabe des Augustinus*, von Rich. Kukula (*Sitzungsberichte der Wiener Akademie der Wissenschaften*, phil.-hist. Klasse, CXXI, n° 5, et CXXII, in-8, 1890, in-8 de 106 et 66 p.).

A compléter par un travail du P. Rottmanner paru dans le même recueil en 1891.

LI. — *Notes sur quelques manuscrits d'Italie*, par L. G. Pélissier. Paris, Leclerc et Cornuau, 1891; in-8 de iv-38 p. (Extr. du *Bulletin du Bibliophile et du bibliothécaire*, 1890.)

Publie p. 4, en note, une lettre de Mabillon à Magliabecchi, du 29 septembre 1687, conservée à Florence, et restée inconnue à Valery.

LII. — *Catalogue of the Collection of autograf Letters and historical Documents formed by Alfred Morrison*. Part IV. London, 1890, in-4.

Renferme, pp. 1-3, une lettre de Mabillon à François Le Dieu (6 août 1700), et une autre au cardinal de Bouillon (3 avril 1703).

LIII. — *Beitraege zum Mauriner Briefwechsel*, mitgetheilt von Dr Arthur Goldmann. Wien, 1891; in-8 de 16 p. (Separat-Abdruck aus den *Studien und Mittheilungen a. d. Benedictiner-und Cistercienser-Orden*, 1890, pp. 597-612).

Contient des lettres de Mabillon à Colloredo (6 septembre 1697), à Giov-

Ciampini (15 mars 1686), à G. B. Frescobaldi (2 juin 1687), à Ant.-M. Salvini (23 mars 1696), au P. Jacob Laderchi (3 décembre 1703), au grand-duc Cosme III de Toscane (8 septembre 1692, 14 mars 1702, 14 novembre 1704 et 30 décembre 1705); toutes sont empruntées à des bibliothèques italiennes.

LIV. — *Johannes Mabillon ; ein Lebens-und Literaturbild aus dem XVII und XVIII Jahrhundert*, von P. SUIBERT BAEUMER. Augsburg, M. Huttler, 1892 ; in-8 de XII-272 p. et pl.

Bon résumé des travaux antérieurs.

LV. — *La querelle de Mabillon et de l'abbé de Rancé*, par le chanoine H. DIDIO. Lille, Berger, 1892 ; in-8 de 61 p. (Extr. de la *Revue des Sciences ecclésiastiques*.)

LVI. — *Lettres des Bénédictins de la Congrégation de Saint-Maur (1652-1741)*, publiées d'après les originaux conservés à la Bibliothèque royale de Copenhague, par ÉMILE GIGAS. Copenhague, G. E. C. Gad ; Paris, Alph. Picard, 1892 ; in-8 de VIII-383 et VIII-383 p.

Mabillon est représenté dans ce recueil par de nombreuses lettres échelonnées entre 1679 et 1707.

LVII. — *Der Augustinismus ; eine dogmengeschichtliche Studie*, von P. O. ROTTMANNER. München, Lentner, 1892 ; in-8.

LVIII. — *Les Bénédictins de Saint-Germain-des-Prés et les savants lyonnais d'après leur correspondance inédite*, par M. l'abbé JEAN-BAPTISTE VANEL. Paris, Alph. Picard ; Lyon, Emm. Vitte, 1894 ; in-8 de X-379 p. (Extr. de la *Revue du Lyonnais*.)

Débute par une lettre de Mabillon à l'archevêque Claude de Saint-Georges (29 mars 1707) sur l'histoire du diocèse de Lyon. On y rencontre aussi des détails sur ses relations avec les libraires lyonnais Anisson (pp. 115 ss.), une lettre de Drouet de Maupertuy à Mabillon, du 15 avril 1705 (p. 90), une de l'archevêque de Vienne au même, du 15 janvier 1702 (74 p.), une de Dom Jean Barré au même, du 26 mai 1686 (131), une de Mabillon à D. Ruinart, du 15 mars 1686 (p. 134), trois de l'archevêque de Reims à Mabillon, des 16 juin, 25 septembre et 1ᵉʳ octobre 1686 (pp. 135, 146, 148), une de Mabillon à D. Estiennot, de 1686 (p. 156), une autre de Mabillon à D. Martène, du 25 novembre 1694 (p. 157), une du même à à D. Durban, du 30 octobre 1672 (p. 168), plusieurs de D. Estiennot et une de D. Navières à Mabillon (pp. 196-221), une de D. Montfaucon et une de D. Laparre au même (pp. 230-232).

LIX. — *Manuel de diplomatique*, par A. Giry. Paris, Hachette, 1894; in-8 de xvi-944 p.

> Résume l'histoire de la diplomatique, insistant aux pp. 61-67 sur l'érudition et les travaux de Mabillon. — Il paraît inutile de signaler tous les ouvrages généraux sur la diplomatique, parus en France et à l'étranger; ce serait sortir des limites qui sont assignées à cette bibliographie. Je ferai une exception seulement pour le *Nouveau traité de diplomatique* publié par les Bénédictins [Paris, 1750-1765, 6 vol. in-4), et pour le livre de H. Bresslau, *Handbuch der Urkundenlehre* (Leipzig, 1889, in-8; t. I, pp. 24-26).

LX. — *Miscellanea Alsatica*, par A. M. P. Ingold. Colmar, H. Hüffel; Paris, Alph. Picard, 1894; in-16 de vi-115 p.

> Sous le paragraphe IX, une lettre inédite de Mabillon (de l'année 1695?) relative à l'Alsace (pp. 101-106).

LXI. — *Les Bénédictins de Saint-Maur à Saint-Germain-des-Prés (1630-1792)*; Nécrologe des religieux de la Congrégation de Saint-Maur décédés à l'Abbaye de Saint-Germain-des-Prés, publié avec introduction, suppléments et appendices par M. l'abbé J. B. Vanel. Paris, Champion, 1896; in-4 de lxiv-412 p.

> La notice consacrée à Mabillon occupe les pp. 68-78.

LXII. — *Römische Briefe der Mauriner*, von Rich Kukula (*Studien und Mittheilungen a. d. Benedictiner und dem Cistercienser Orden*, XVII, 1896, pp. 651-669).

> Publie quelques lettres de ou à Mabillon (correspondance avec D. Laparre) de l'année 1699.

LXIII. — *Die Fortschritte der Diplomatik seit Mabillon vornehmlich in Deutschland-Oesterreich*, von Rich. Rosenmund. München, Oldenbourg, 1897, in-8 de x-125 p.

LXIV. — *Mabillon et l'opportunité d'une édition des œuvres de saint Augustin*, par le chanoine H. Didio (*Revue des Sciences ecclésiastiques*, 8ᵉ série, VI, 1898, pp. 5-32 et 192-212).

> Travail inachevé et repris un peu plus tard par l'abbé Ingold (voir n° LXXII).

LXV. — *Mélanges d'Histoire bénédictine*, par le R. P. Dom Ursmer Berlière, O. S. B. Deuxième série. Abbaye de Maredsous

[Imprimerie Saint-Augustin, Desclée, De Brouwer et C¹ᵉ], 1899 ; in-8 de IV-221 p. (Extr. de la *Revue Bénédictine*.)

<small>Renferme, pp. 189-193, trois lettres de Mabillon à D. Estiennot (8 octobre 1691), et à D. Alliot (mars 1695 et 15 décembre 1698).</small>

LXVI. — *Bossuet et l'édition bénédictine de saint Augustin*, par A. M. P. INGOLD (*Revue Bossuet*, I, 1900, pp. 159-177).

<small>Démontre que Bossuet a collaboré à la préface de Mabillon. Cette étude a été réimprimée dans l'ouvrage du même auteur : *Bossuet et le Jansénisme*.</small>

LXVII. — *Les études ecclésiastiques d'après la méthode de Mabillon*, par Dom J.-M. BESSE. Paris, Bloud et Barral, 1900 ; in-18 de XIV-191 p.

<small>Cf. *Revue critique*, LI (1901), pp. 397-399.</small>

LXVIII. — *Mélanges d'Histoire bénédictine*, par le R. P. Dom URSMER BERLIÈRE, O. S. B. Troisième série. Abbaye de Maredsous [Imprimerie Saint-Augustin, Desclée, De Brouwer et C¹ᵉ], 1901 ; in-8 de IV-207 p. (Extr. de la *Revue bénédictine*.)

<small>Contient, pp. 74-95 et 199-201, de nouvelles lettres de Mabillon : à l'évêque de Paderborn (21 décembre 1674 et 1ᵉʳ juin 1679) ; — à l'abbé Schelstrate (29 août 1676) ; — à Thomas Gale (9 avril 1677 et 28 novembre 1687) ; — à D. Benoît Bacchini (15 mars 1686) ; — à D. Alliot (21 novembre 1696) ; — au cardinal de Bouillon (1696) ; — à l'abbé de Moyenmoutier (?) (16 mars 1697) ; — à D. Pierre Misson (s. d.) ; — à Bossuet (1703) ; — à Jean Schilter (22 août 1701) ; — à J. Fontanini (20 mai et 27 octobre 1704, 31 mars et 3 octobre 1705, 27 août 1707) ; — à D. Martène (7 juillet 1696). Les originaux sont un peu partout, en Angleterre, en Allemagne, en Autriche, et dans des collections particulières. J'omets à dessein les lettres relatives à la découverte du tombeau de saint Caletric, considérées à tort par l'éditeur comme inédites (voir plus haut, n° XX).</small>

LXIX. — *Mabillon en Alsace*, par A. M. P. INGOLD (*Revue catholique d'Alsace*, XX, 1901, pp. 484-486, 721-732, 801-806, 875-880 ; XXI, 1902, pp. 114-119, 214-230, 277-287) ; et à part : Colmar, 1901, in-8.

LXX. — *Quelques hommes illustres de l'Église de France ; Mabillon*, par J. TURMEL (*Revue du Clergé*, XXX, 1902, pp. 468-492 et 617-633).

LXXI. — *Recherches sur les portraits de Dom Mabillon*, par HENRI

Menu (*Revue d'Ardenne et d'Argonne*, X, 1902-03, pp. 61-74).

Du même auteur avait paru un travail préliminaire sur le même sujet dans l'*Almanach-Annuaire de la Marne, de l'Aisne et des Ardennes* (Matot-Braine), 1873, pp. 101-105. — La liste des portraits de Mabillon, publiée dès 1856 par S. Lieutaud, est reproduite dans la publication ci-dessous indiquée de Henri Jadart.

LXXII. — *Histoire de l'édition bénédictine de saint Augustin*, par A. M. P. INGOLD, avec le Journal inédit de Dom Ruinart. Paris, A. Picard et fils, 1902 ; in-8 de xii-202 p.

LXXIII. — *Bossuet et les Bénédictins de Saint-Maur, à propos de Rebais*, par l'abbé J.-B. VANEL (*Revue Bossuet*, IV, 1903, pp. 28-38 et 235-242 ; V, 1904, pp. 209-226).

Publie des lettres de Mabillon à D. Estiennot. — Le Journal de Ledieu doit être aussi consulté pour les rapports de Mabillon avec Bossuet.

LXXIV. — *Studien zu Mabillons römischen Ordines*, von Jos. KÖSTERS. Münster, Schöningh, 1905 ; in-8 de viii-100 p.

LXXV. — *Correspondance inédite échangée entre deux Mauristes et Charles de Visch, prieur des Dunes*, publ. par Dom DONATIEN DE BRUYNE. Bruges, 1905 ; in-8 de 20 p. (Extr. des *Annales de la Société d'émulation de la Flandre*.)

Contient onze lettres de d'Achery et de Mabillon (1664-1665).

LXXVI. — *Lettre du P. Germon à Dom Thierry Ruinart sur la mort de Mabillon, du 22 janvier 1708* (*Bibliothèque de l'École des Chartes*, LXVII, 1906, pp. 588-589).

LXXVII. — *Album d'autographes de savants et érudits des XVIe-XVIIIe siècles*, publié par HENRI STEIN. Premier fascicule. Paris, Société française de Bibliographie, 1907 ; 31 pl. in-4.

Renferme la reproduction de deux autographes de Mabillon : l'un est emprunté à sa correspondance, conservée à la Bibliothèque nationale ; l'autre, d'une écriture tremblée et d'une date très rapprochée de l'époque de son décès (1707), à un manuscrit de la Bibliothèque de l'Arsenal. — Rappelons, à ce propos, qu'il avait déjà paru un fac-similé de l'écriture de Mabillon dans l'« Isographie des hommes célèbres » de Th. Delarue, III (1843) ; cette dernière lettre, empruntée à une collection particulière, est datée du 23 mai 1698.

HENRI STEIN.

L'ORIGINE DE D. MABILLON A SAINT-PIERREMONT

Sa jeunesse, ses études et sa profession religieuse à Reims

(1632-1656)

Sa liaison avec D. Thierry Ruinart (1682-1707)

Par M. Henri JADART

Conservateur de la Bibliothèque de Reims

L'origine de D. Mabillon à Saint-Pierremont

Sa jeunesse, ses études et sa profession religieuse à Reims

(1632-1656)

SA LIAISON AVEC D. THIERRY RUINART (1682-1707)

Par M. Henri JADART

Conservateur de la Bibliothèque de Reims

L'un des historiens rémois les mieux instruits des traditions de sa patrie au XVIIe et au XVIIIe siècle, a précisé ainsi les liens qui rattachent Dom Mabillon à l'histoire rémoise, et l'on ne pouvait mieux dire :

« Si l'église et la ville de Reims, écrivait le chanoine Jean Lacourt, ont pris part à la gloire que se sont acquise les grands hommes qu'elles ont donnés de temps en temps à l'État et à la religion, elles peuvent avec autant de justice s'intéresser à la réputation de ces rares génies qu'elles ont formés dans leur sein, en leur donnant les premiers éléments de la science et de la vertu.

« Dom Jean Mabillon, né à Saint-Pierre-Mont, lieu situé sur les frontières de Champagne, entre Mouzon et la Chartreuse du Mont-Dieu, le 23 de nov. 1632, commença fort jeune ses études à Reims dans l'université. Sa tendre piété et ses dispositions pour les sciences lui firent obtenir une des places destinées par les libéralités des fondateurs à élever ceux d'entre les jeunes gens que leur vocation appelle à l'état ecclésiastique. Il y passa trois années, attaché au service de l'Église métropolitaine, et de cette retraite cléricale il passa dans l'abbaïe de Saint-Remy pour y embrasser l'état religieux.

« Les Actes des saints et les Annales de l'Ordre de Saint-Benoist, qui sont le fruit de ses travaux, ont cette utilité particulière pour l'église de Reims, qu'on y trouve un nombre considérable de faits importants qui en enrichissent l'histoire, ou des circonstances intéressantes qui répandent une nouvelle lumière sur ce qui en étoit alors déjà connu. On s'aperçoit en ces endroits que cette douce inclination qu'il a toujours conservée pour sa patrie, agissoit en lui, et qu'occupé des grandes vues de son dessein principal, il recueilloit avec quelque sorte de préférence ce qui pouvoit illustrer les annales d'une métropole qui avoit accordé sa protection à ses premières études. »

Puis, Lacourt ajoute, à propos de Dom Thierry Ruinart, ce paragraphe qui n'est pas moins typique pour le maître que pour le disciple :

« Le choix de Dom Mabillon fait en partie l'éloge de Dom Thierry Ruinart ; à l'érudition du disciple on reconnoit la main habile du maître qu'il l'a dirigé. Une parfaite conformité des mêmes vertus et de même goût forma une liaison que la sympathie naturelle entre ceux qui sont originaires du même païs, ne fait que fortifier. Dom Mabillon l'associa à ses recherches en lui communiquant ses lumières ; il le mit en état d'en répandre lui-même sur les autheurs dont il nous a donné de nouvelles éditions[1]. »

Ainsi Dom Mabillon resta fidèle à sa patrie et perpétua pour ainsi dire sa tâche entre les mains d'un disciple qui reste inséparable de sa mémoire.

C'est à Dom Ruinart, biographe de son maître, que nous devons les renseignements que nous allons résumer sur la famille de celui-ci, sur ses premières études et son séjour à Reims[2].

CHAPITRE I

Famille et naissance de Dom Mabillon, son enfance à Saint-Pierremont, l'église et la maison natale (1632-1644).

Le village de Saint-Pierremont est situé sur les confins de l'Argonne

---

1. *Bibliothèque de Reims*, Recueils manuscrits du chanoine Jean Lacourt, voir le *Catalogue*, 1906, t. II, 2ᵉ partie.

2. *Bibliothèque nationale*, Manuscrits, fonds français, n° 19.039, *Lettres sur Mabillon* 301 ff., et *Pièces en vers et en prose à sa mémoire*, 408 ff.

et de la Champagne[1] ; c'est un pays simple et agreste, qui offre encore l'aspect ancien de la localité au temps des parents de Mabillon, gens simples et agrestes eux aussi, laboureurs et marchands, alliés cependant aux seigneurs du pays, race vigoureuse et forte qui donna à la France et au siècle de Louis XIV son plus illustre érudit.

L'église du moyen âge subsiste avec son clocher roman au chevet, sa forte tour défensive qui s'élève, sur le déclin du coteau, au milieu des habitations parmi lesquelles un étroit et bien modeste logis, avec façade en pierre sur la rue, s'honore d'être le berceau du grand bénédictin. Elle porte son nom au fronton du linteau de l'entrée : JEAN MABILLON, NÉ LE 23 NOV^{bre} 1632[2]. Le foyer de la première pièce conserve sa grande cheminée rustique avec ses colonnes gothiques et sa taque armoriée; les deux pièces qui suivent, avant le jardinet, sont également exiguës, l'ensemble est bien délabré, et cependant cette maison, avec ses souvenirs, reste pour nous un véritable monument historique, une vénérable demeure sur le sort de laquelle nous reviendrons plus loin[3].

Voilà les témoins de la naissance et de l'enfance de Jean Mabillon, qu'un soin pieux, s'inspirant de la tradition universellement respectée dans la contrée, a maintenus debout, et que notre génération doit également transmettre intacts à nos successeurs. Il en sera ainsi, nous l'espérons, avec l'aide de ceux que touche encore le seul nom de Mabillon dans la région où il naquit, dans la France qu'il servit et aima, dans l'Europe et le monde entier, où ses œuvres entretiennent sa réputation avec tout le prestige de sa vertu et de sa profonde sincérité[4].

Il rentre bien dans le cadre de cette étude de grouper en tête, et en leur texte original, sept actes du XVIIe siècle, concernant les membres

---

1. Commune de 406 habitants, canton de Buzancy, arrondissement de Vouziers, département des Ardennes, diocèse de Reims. Sa paroisse relevait autrefois de l'abbaye de Saint-Denis de Reims et du prieuré de Saint-Médard-de-Grandpré (*Dom Mabillon*, 1879, p. 237-39. Ext. des *Travaux de l'Académie de Reims*, t. LXIV, p. 49).

2. Petite plaque de marbre noir, posée en 1879 sur cette façade.

3. *Bulletin monumental*, 51e volume, année 1885, article sur la maison natale de Dom Mabillon, p. 487 à 501, avec vue de la façade et de la cheminée.

4. Nous signalons, comme témoignage de la vénération qu'inspira Dom Mabillon aux étrangers, la relation de la visite que lui fit en 1698 le médecin anglais Lister, publiée dans le *Voyage de Lister à Paris en MDCXCVIII...*, Paris, Lahure, 1873, p. 114 et 115.

de la famille de Dom Mabillon, recueillis dans les registres paroissiaux de Saint-Pierremont, tant à la mairie de cette commune qu'au greffe du tribunal de Vouzeirs. Les voici par ordre chronologique :

1663

« Perette Louppot, fille de dame Louppot et d'Elizabeth la Tour, fut baptisé le treiziesme mars 1663, ses parin et marine sont Estienne Mabillon et Perette Drouet, sa femme[1]. »

1668

« Jean Bailly, fils de Noé (?) Bailly et de Nicolle Bernyer, a esté nay le 23me apvril et baptisé le 25e dudit mois et an 1668, son parin est Jean Mabillon[2] et sa marine est Marie Debeille (?) fils et fille. »

1669

« Jean le Febvre, cy devant veuf de deffuncte Marie Gouret, d'une part, et Franzoise Haudecœur, fille de Gérard Haudecœur et de Nicolle Castran (?), tous deux de ceste paroisse, ont estez espousés en face de Ste Eglise le neufiesme juillet 1669, en la presence de Estienne Mabillon[3], Jean Chambeau (?) et de Jesson Rousselin[4] qui ont tous seignés le jour et an que dessus. (Signé) De Villers. Rousselin. Jean le febvre. Françoise Haudecœur. Bollot (?). Mabillon. »

1672

« Jean Petitaux, fils de Aymon Petitaux et de Nicolle Raviaux, a esté né le 25me jour du mois de mars 1672 et a esté baptisée le 27me dudit mois, son parin et sa marinne se sont Jean Mabillon et Marye Bourbon[5], qui ont signée le jour comme susdit. (Signé) J. Mabillon. Marie Bourbon, De Villers. »

1692

« Lan de grace 1692, le vingt quatriesme may, je soubsigné certiffie avoir ensepulturé Estienne Mabillon[6], de cette paroisse, aagé de cenquatre à six année, assisté Jean Mabillon[7], son fils, et autres ses parens et amis quy ont signez avec moy le jour et an susdit. (Signé) J. Mabillon, F. le Chesne. »

1. Père de Dom Mabillon qui épousa en secondes noces Perette Drouet.
2. Frère puiné de Dom Mabillon.
3. Père de Dom Mabillon.
4. Maître d'école de Saint-Pierremont, lequel instruisit Dom Mabillon.
5. Frère et belle-sœur de Dom Mabillon.
6. Père de Dom Mabillon.
7. Frère de Dom Mabillon.

1693

« Cejourd'huy 17 mars 1693 a esté baptisé un enfant de Nicolas Gueulin et de Françoise Toupet, ses père et mère mariés ensemble, de cette paroisse, auquel on a imposé le nom de Jean, le parin a esté Jean Mabillon et la mareine Marie Bourbon, sa femme[1], de cette paroisse. *(Signé)* Fr. de la Haye. J. Mabillon. Marie Bourbon. »

1700

« Le 21 juin 1700, est décédé en ceste paroisse Jean Mabillon[2], Marchand, aagé de cinquante huit ans, après avoir reçu ses sacrements, et a esté inhumé dans le cimetière de céans, le jour suivant par le R. P. Faudel, prieur de Verpel, en présence des tesmoins soussignés et autres. *(Signé)* J. Gerardin. F. Gérard. Fr. de la Haye. »

Le nom de Mabillon fut porté, on le voit, à Saint-Pierremont, durant tout le XVIIᵉ siècle, et il l'était aussi dans toute la contrée avoisinant Saint-Pierremont, à Sy, à Buzancy, à Beaumont-en-Argonne, etc., comme nous en avons donné de nombreuses preuves et des citations qu'il serait trop long de reproduire ici[3]. Mais il convient de rééditer la généalogie de la branche des Mabillon à laquelle appartient la seule illustration de la famille[4]. Autour du bénédictin se groupent des laboureurs, des marchands, des gens de métier, des ecclésiastiques, des membres des justices locales ; toutefois aucun des siens ne l'a suivi, et il n'en a du reste attiré aucun dans la carrière littéraire qu'il embrassa en obéissant à sa nature, à ses qualités propres, en un mot à sa vocation personnelle.

Le père et le grand-père d'un si prodigieux érudit, Claude et Etienne Mabillon, vécurent des biens qu'ils acquirent et de leur modeste patrimoine ; ils vécurent cependant l'un et l'autre plus que centenaires transmettant à leur héritier une santé et une vigueur morale que les fatigues intellectuelles usèrent à la longue, bien plus tôt que les travaux des champs n'avaient épuisé ses auteurs.

---

1. Frère et belle-sœur de Dom Mabillon.
2. Frère de Dom Mabillon.
3. *Travaux de l'Académie de Reims*, 1877-78, t. LXIV, aux pages 192 et 199 du tirage à part de ce tome : *Dom Jean Mabillon*, vol. in-8, Reims, 1879, auquel nous renvoyons pour de nombreux détails.
4. Tableau placé ci-contre.

La mère de D. Mabillon s'appelait Jeanne Guérin¹ ; elle mourut assez jeune, après avoir mis au monde cinq fils, dont deux seulement arrivèrent à l'adolescence, et une fille probablement morte sans avoir été mariée.

Le seul frère du bénédictin qui vécut assez pour se marier et fut successivement soldat, puis marchand dans son village natal, mourut aussi sans postérité. Sa veuve, avec laquelle Dom Ruinart correspondit, reçut de lui des secours ainsi que sa mère. Quant au père du bénédictin, il convola en secondes noces, et sa seconde femme, Perrette Drouet, probablement beaucoup plus jeune que lui, mourut également plus que centenaire en 1707, d'après la correspondance de Richard de la Haye, curé de Saint-Pierremont².

C'est encore aux lettres qu'écrivit ce curé à Dom Ruinart, après le décès de Dom Mabillon, que nous devons de connaître quelques particularités de l'enfance du futur bénédictin³. Il en est une que l'on répète encore dans le pays, sorte de légende comme on en trouve au berceau de plusieurs savants. Voici en quels termes le prieur-curé de Saint-Pierremont mêlait cette légende à beaucoup d'autres détails naïfs qui, réunis, ne manquent ni de charmes, ni de couleur locale dans la biographie d'un grand homme :

« Le père du P. Mabilion se nomoit Estienne, il a esté inhumé, suivant mes registres en 1692, le 24 may, à l'aage de 104 à 106 ans, dans le cimetière de Saint-Pierremont ; je vous envoye les dispenses à lui données pour épouser Jeanne Guérin. Le grand père du P. Mabilion se nomoit Claude Mabilion qui est mort à Sy aagé de 116 ans ; il avoit épousé Etiennette Le Febvre, d'une famille distinguée du village de Saint-Pierremont. J'ay ouï dire à des gens aagez, qui ont esté icy à

---

1. Etienne Mabillon était sans doute parent de sa femme, car il lui fallut une dispense du pape pour l'épouser. C'était cette digne mère de Dom Mabillon qui descendait par sa mère, Ideline Le Roy, de Guillaume Le Roy, parent des seigneurs de Saint-Pierremont, ainsi que l'a reconnu un de leurs descendants actuels, fort expert en généalogies, M. le baron de Finfe de Saint-Pierremont. Cfr. *Ibidem*, p. 177 et 195-96.
2. *Revue de Champagne et de Brie*, 1ʳᵉ série, mai 1887, brochure tirée à part, p. 12.
3. Richard-Augustin de la Haye était originaire d'Écosse et genovéfain, profès de l'abbaye de Sainte-Geneviève de Paris. Il avait correspondu avec Dom Mabillon pour l'étude des monastères d'Écosse et il se complaisait dans les recherches historiques. *Ibidem*, p. 14 à 16.

GÉNÉALOGIE DE LA FAMILLE MABILLON

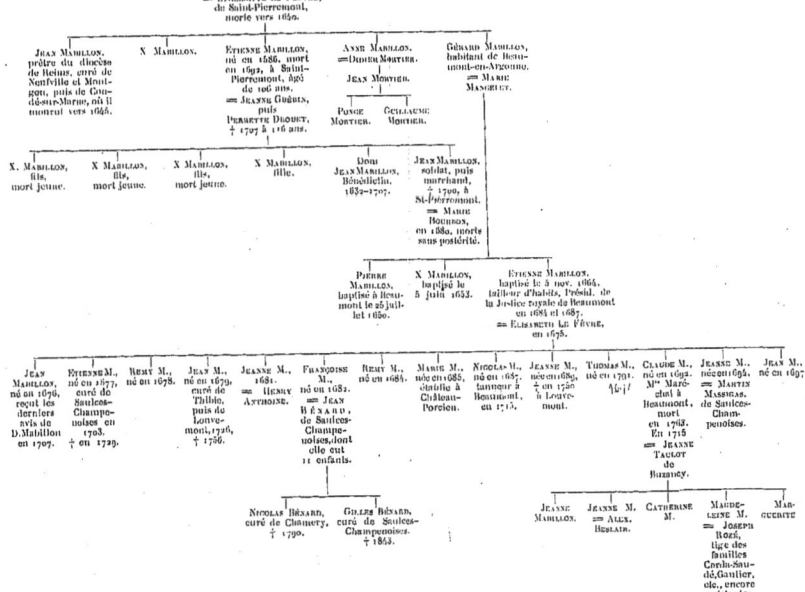

l'école avec le P. Mabillon, qu'il avoit parlé au bout de deux mois, faisant voir à sa mère un pigeon, et qu'il lui avoit dit : Voy, maman, un beau pijon. Il fut deux ans après sans parler[1]. Dans les écolles, il surpassoit ses compagnons, et aprenoit les leçons avec beaucoup de facilité. Son maître à Saint-Pierremont estoit Gesson Rousselin, habile homme pour les Ecolles. Estant un peu plus avancé en aage, il fut envoyé chez son oncle Jean Mabillon, qui estoit curé de Neufville et Mongon, et est mort à Condé sur Marne, où il estoit curé[2]. » C'était la première séparation qui préludait à bien d'autres.

Mais avant de suivre au dehors Jean Mabillon, qui était né le 23 novembre 1632 à Saint-Pierremont, et y fut baptisé le 25 du même mois d'après Dom Ruinart[3], interrogeons encore le curé du lieu, retraçant la chronique de sa tendre enfance qui s'écoula au logis paternel, à l'église et à l'école du village :

« Pendant qu'il estoit aux écoles de Saint Pierremont, il estoit fort assidu à l'église ; il y servoit d'ordinaire la messe, et, dans la maison de son père, il prenoit plaisir à y faire l'office. Il y disoit la messe avec d'autres petits enfants, se couvroit de serviettes au lieu de chasubles ; il faisoit des bannières et la procession avec son clergé et ne pouvoit se resoudre à quitter son office pour solliciter les bêtes au retour de la charüe. On voit encore chez sa sœur un coffre où il célébroit la messe, et on voit dans le lambris des trous où il attachoit les cierges. J'ay un petit livre où il y a des vers ; je ne scay s'ils sont de luy ou de son oncle le curé, ils viennent de l'un ou de l'autre. »

Ce passage offre un tableau délicieux de l'existence enfantine de celui qui devait approfondir plus tard les rites antiques de son Église. Il préférait d'instinct la liturgie aux soins à donner aux animaux que son père, harassé de fatigue, ramenait des champs sur le soir pendant qu'il s'adonnait à ces jeux innocents. Combien de fois l'on dut regar-

---

1. Le même correspondant répète le fait dans une autre lettre : « Le P. Mabillon a parlé à deux mois d'abord, depuis il a gardé le silence jusqu'à l'aage de deux ans. » Ibidem, p. 11 et 14.

2. *Neuville-Day* et *Montgon*, villages peu éloignés de Saint-Pierremont, ainsi que *Sy*, dont il est question plus haut. *Condé-sur-Marne* est situé dans l'arrondissement de Châlons.

3. *Abrégé de la vie de Dom Jean Mabillon*, 1709, p. 7 à 9, récit très attachant dans sa

der, plus tard, avec intérêt ce coffre rustique où il célébrait les cérémonies et qu'il illuminait à la tombée de la nuit ! Et ce petit livre où il écrivit quelques cantiques et versets, quelle relique ce devait être pour ses parents !

L'âge du jeune Mabillon avançait ainsi sous les auspices les plus favorables; une donation en sa faveur fut consentie par l'oncle qui l'avait déjà pris chez lui et qui voulait faciliter un jour et plus loin la suite de ses études.

« J'ay un contract de ce bon oncle, poursuit Richard de la Haye, où il se qualifie Messire Jean Mabillon, curé de Day, y demeurant, par lequel il donne à Jean Mabillon, notre relligieux, filz d'Estienne Mabillon, son frère, et à Jean Mortier, fils de Didier Mortier et d'Anne Mabillon, sa sœur, ses biens immeubles, sis au finage de Saint Pieremont, à partager entre ledits enfants également, à luy escheus par le décès de feue Etiennette Le Febvre, vivant mère desdits Estienne et Anne, suivant les lots de partage que Claude Mabilion, leur père, leur en avoit fait à la charge de donner à Claude Mabilion leur père la pension, si aucune estoit deüe, voulant que lesdits Jean en jouissent dès à présent, durant leur bas aage, comme de leur naissant, pour les avancer dans leurs études, et la donation est faite à Saint Pieremont le 3e aoust 1641.[1] »

Le futur religieux n'avait pas encore dix ans lorsqu'il reçut cette libéralité qui était comme une réserve dont ses parents useraient lorsqu'il faudrait l'envoyer à Reims quelques années plus tard et pourvoir à son entretien. En attendant il étudiait les éléments de la grammaire, tant à Saint-Pierremont qu'à Neuville et Day, où son oncle et peut-être son parrain, Jean Mabillon, exerçait le ministère[2]. Mais cet oncle bienfaisant et prévoyant quitta la paroisse qu'il desservait, assez voisine de Saint-Pierremont, pour prendre, vers 1643, celle de Condé-sur-Marne, fort éloignée du lieu natal de son élève.

---

1. *Correspondance de Richard-Augustin de la Haye*, p. 15.
2. En reconnaissance de ce bienfait, Dom Mabillon estima et aima profondément toute sa vie le clergé rural, ainsi que le relate Dom Ruinart (*Abrégé...*, p. 139, 215 et 231), et il lui manifesta toujours son attachement, de même qu'il se plut à favoriser les églises rurales, comme il le fit pour celle de Beaumont-en-Argonne que l'on reconstruisait de son temps; il obtint des subsides du roi en sa faveur. (*Bulletin monumental*, t. LI, 1885, p. 493.)

C'est à ce moment, vers 1644 environ, que Jean Mabillon, âgé de douze à treize ans, quitta le foyer paternel et prit définitivement sa place dans le courant des études à l'Université de Reims. Cette époque décisive dans sa vie, fut aussi celle d'un triste scandale qui vint, sans nul doute, l'abreuver de chagrin. Son oncle, son bienfaiteur pour ainsi dire au berceau, son éducateur, celui qui lui avait enseigné les ébauches du rudiment et des sciences, termina sa vie dans les plus navrantes circonstances qui se puissent rencontrer pour un ecclésiastique. C'est encore au Frère Richard-Augustin de la Haye, instruit plus tard par Dom Mabillon de ces faits douloureux, que nous devons le récit de cette fin tragique, dont la plume de Dom Ruinart hésitait à reproduire le désolant tableau et qu'il passa absolument sous silence. Nous croyons qu'il faut aujourd'hui dévoiler cet épisode, si pénible soit-il, parce qu'il exerça sur le jeune Mabillon une impression profonde, sans le décourager, en l'encourageant, au contraire, dans la plus haute vertu.

« L'oncle, continuait le prieur-curé de Saint-Pierremont, estoit un homme très déréglé dans sa conduite, beaucoup adonné au sexe; il entretenoit chez lui une damoiselle du pays et en usoit comme s'il avoit esté son mary, ce qui lui attira quelques coups de bâtons de la part des frères qui estoient des gentilshommes qualifiés et officiers dans les armées. Ils le firent attacher par les doits du pied dans sa chambre, et le bastonnèrent tout nud si rudement qu'il en mourut peu de jours après des mauvais traitements qu'on luy fit. La damoiselle fut pareillement étrillée rudement[1]. Le P. Mabillon en fut touché et voua dès lors qu'il ne seroit jamais prestre séculier; ce fut cette action qui le détermina à se jetter dans la suite parmi vous en 1653. Voilà ce que jay appris de notre illustre religieux[2]. »

Ce détail domestique, jusqu'ici laissé dans l'ombre, doit être maintenant invoqué à l'honneur de Dom Mabillon, en ce qu'il rehausse encore, s'il est possible, son sacrifice et sa vertu. Il vit là une obligation d'embrasser la vie monastique, c'est-à-dire de suivre une voie plus

---

1. Ce correspondant sincère, qui ne reculait devant aucun détail répugnant, ajou-

étroite de perfection, afin de racheter cette faute et de s'éviter à lui-même de pareilles embûches. C'est pourquoi il renonça d'avance à entrer dans les rangs du clergé séculier, et adopta la Règle de saint Benoît avec une ferveur qui ne se démentit pas jusqu'à son dernier souffle. Nous n'insisterons pas davantage sur cet épisode, remarquant toutefois que ce malheur ne détacha pas le bénédictin de sa famille, à laquelle il resta étroitement uni malgré l'absence de son village désormais fatale et les conditions si différentes de sa vie d'érudit. Il y revint de temps en temps. Sa correspondance, publiée par Valery, indique les voyages qu'il fit à la « frontière de Champagne » ou dans la « Champagne rémoise », et l'on a trace de ses séjours au pays natal en 1686, 1690, 1693, 1699 et 1703[1]. Une lettre à Segardi, en 1690, indique ce qu'il éprouva de joie à Saint-Pierremont en y retrouvant « son vieux père fort âgé et presque centenaire[2] ».

On signale dans les bois de Sommauthe un chêne portant son nom « Le Chesne Mabillon », parce qu'il était revenu souvent, dit-on, s'asseoir à son ombre[3]. On montrait dans la bibliothèque de l'abbaye des Prémontrés de Belval, voisine de son berceau, une Bible précieuse annotée de sa main : *Biblia sacra infiniti valoris et servatu dignissima*, aujourd'hui déposée à la Bibliothèque de Charleville[4].

Quelques descendants de la famille conservent aussi, les uns des ouvrages, et d'autres des portraits de Dom Mabillon dans les environs de son lieu natal.

Mieux encore, il y eut, dans le cimetière de Saint-Pierremont, une épitaphe rédigée et envoyée de Paris par Dom Mabillon à la mémoire du frère de son père décédé en 1700, et dont Richard de la Haye parle en ces termes :

« Le P. Mabillon avoit 4 frères et une sœur, il n'y en a eu qu'un qui soit parvenu à un âge de maturité, nomé Jean Mabillon, qui a servi longtemps dans le régiment de Longmarre (?), se maria il y a

---

1. Revenant de Flandre en 1692, il déplorait de n'avoir pu s'y rendre. *Bibl. nat., ms. fr.* 19.659, f° 124.

2. « Reversus Campania Remensi, quo patrem meum grandævum et fere Centenarium visurus perexeram. » *Correspondance inédite de Mabillon*, par Valery, 1847, t. II, p. 300. — Cfr. *Ibidem*, lettre du 30 juillet 1686.

3. *Bulletin du diocèse de Reims*, article de l'abbé Gainet, novembre 1869. — *Statistique agronomique de l'arrondissement de Vouziers*, 1873, p. 378.

4. *Catalogue des manuscrits...*, par Haenel, 1830, p. 119.

28 ans, c'est-à-dire en 1680, à la sainte Elisabeth[1], à Marie Bourbon, qui a l'honneur d'estre connu de vous, et est mort à Saint Pierremont le 2ᵉ juin 1700, du pourpre. J'ay fait élever sur sa fosse une croix de pierre, et attacher une épitaphe en marbre que son frère nous a envoyé de Paris; l'épitaphe est en françois, et le P. Mabilion en est l'auteur; comme il ne contient rien de particulier, je n'ai pas cru vous le devoir envoyer[2]. » Le prieur-curé eut grand tort de ne pas nous transmettre ce texte, car toute trace du monument funéraire a disparu de longue date du modeste cimetière.

L'église, du moins, reste comme un témoin permanent de l'enfance

ÉGLISE DE SAINT-PIERREMONT

1. C'est-à-dire le jour de la fête de cette sainte, le 19 novembre 1680.
2. Même lettre déjà citée à Dom Ruinart, du 24 juin 1708, publiée en 1887, br. in-8°, p. 16.

de Mabillon, seulement le chevet et la tour, car la nef a été reconstruite entièrement à neuf en 1764[1]. La masse imposante de cette tour nous garantit sa conservation assurée pour quelque temps, malgré tant de risques et d'incertitudes d'entretien qui menacent désormais nos églises rurales. Ne devrait-on pas laisser des ressources suffisantes aux édifices qui ont, comme celui-ci, des souvenirs historiques à préserver et à faire revivre pour l'honneur de notre pays ?

On lit, en effet, dans l'église de Saint-Pierremont, depuis bientôt trente ans, deux inscriptions posées à la mémoire de Dom Mabillon par les soins et sur l'initiative de l'Académie de Reims, à la suite d'une souscription recueillie en grande partie dans le pays pour subvenir aux frais de ces modestes monuments commémoratifs. Depuis longtemps déjà il en était question, et une simple plaque, portant le nom de l'illustre enfant du pays et la date de sa naissance, rappelait depuis 1869 ce souvenir à l'étranger et au visiteur, mais trop sommairement[2]. On convint, en 1877, d'y ajouter sur une inscription en français les autres dates de sa vie, ses titres ou qualités principales, ses mérites et ses vertus, tandis qu'en face une inscription latine célébrait plus particulièrement la grande leçon morale qui ressort de sa noble existence[3].

Voici le texte français, fixé au pilier à gauche, à l'entrée du chœur :

---

[1]. Lire la description sommaire de l'église dans le *Bulletin monumental*, 51° volume, année 1885, p. 489. — Autre description, par Jean Hubert, dans les *Travaux de l'Académie de Reims*, t. LXIV, p. 49 à 51. — Enfin voir le texte des inscriptions qu'elle contient à la mémoire de Dom Mabillon, dans *Les inscriptions anciennes de l'arrondissement de Vouziers*, par le Dr Vincent, 1890, p. 336.

[2]. Cette plaque a été reportée au seuil de la maison natale en 1879.

[3]. M. Natalis de Wailly, membre de l'Institut, né à Mézières (Ardennes), voulut bien s'intéresser à cet hommage rendu à Dom Mabillon et reviser ces textes. Il contribua pour 100 fr. à la dépense du monument ; pareille somme fut donnée par l'Académie de Reims et par la Fabrique de l'église ; M. le curé et les habitants apportèrent 135 fr. et MM. les curés du canton 65 fr. La Société française d'Archéologie souscrivit pour 50 fr., ainsi que le légataire de Mgr Landriot. Douze autres souscripteurs permirent d'arriver à 810 fr. pour couvrir tous les frais.

> A LA MÉMOIRE DE
> Dom Jean MABILLON
> RELIGIEUX BÉNÉDICTIN DE LA CONGRÉGATION DE SAINT-MAUR,
> MEMBRE DE L'ACADÉMIE ROYALE DES INSCRIPTIONS,
> NÉ A SAINT-PIERREMONT LE 23 NOVEMBRE 1632,
> MORT A SAINT-GERMAIN-DES-PRÉS LE 27 DÉCEMBRE 1707.
>
> IL ÉTUDIA DANS L'UNIVERSITÉ DE REIMS
> ET FIT PROFESSION DANS L'ABBAYE DE SAINT-REMY EN 1654.
> ERUDIT, PALÉOGRAPHE, HISTORIEN,
> IL PORTA LA LUMIÈRE
> DANS LES ANTIQUITÉS CHRÉTIENNES
> ET DANS CELLES DE LA FRANCE ;
> MODÈLE DES RELIGIEUX
> PAR SA PIÉTÉ ET SES DOUCES VERTUS,
> DES SAVANTS PAR SES TRAVAUX,
> PLUS ENCORE PAR SA DROITURE,
> ET SA MODESTIE.

La plaque de marbre noir (hauteur d'un mètre, largeur o m. 70) est encadrée dans un entourage en pierre de style Louis XIII et fort simple, offrant au sommet un médaillon avec le profil en relief des traits de Dom Mabillon[1], et au bas l'emblème de la congrégation de Saint-Maur, la couronne d'épines, la devise : PAX.

Voici maintenant le texte latin, fixé au pilier à droite de l'entrée du chœur :

> D. JOANNES . MABILLON
> IN . HAC . AEDE
> SACRO . FONTE . RENATUS
> FIDEQ. EDUCATUS
> REMIS . AC . PARISIIS
> MONACHUS . S^{ti} . BENEDICTI
> PAUPER . CASTUS . HUMILIS
> ERUDITIONE . CLARUIT
> SIC . DOCET . JUVARE
> PIETATEM . SCIENTIA
> SCIENTIAM . PIETATE
>
> Tanti . viri . memores
> hunc . titulum . posuere
> anno . Dni . M . DCCC . LXXVIII

1. Sur les portraits peints et gravés de Dom Mabillon, voir une liste aux p. 133 à

La dimension du marbre est la même qu'à la plaque opposée, et l'entourage en pierre est décoré d'un cartouche au sommet, offrant les armoiries accolées des abbayes de Saint-Remi de Reims et de Saint-Germain-des-Prés, qui toutes deux se lient si intimement à la vie de Dom Mabillon [1].

Ces textes furent découverts et le monument commémoratif bénit dans une cérémonie intime, le 16 novembre 1878, en présence des habitants de Saint-Pierremont, de plusieurs souscripteurs et de quelques descendants de la famille de Dom Mabillon. La messe de saint Benoît fut chantée par le clergé des environs, et une allocution de M. l'abbé Tourneur, vicaire général de l'archevêque de Reims, rappela à l'assistance la gloire de l'érudit et les vertus du religieux. Ainsi se trouvait accompli le vœu des amis de l'histoire, formulé depuis longtemps par le biographe des Ardennes [2], et répété comme un souhait patriotique par tous les visiteurs du modeste sanctuaire où Jean Mabillon fut baptisé [3].

Il restait à assurer le berceau du grand homme contre les risques de transformation ou de destruction qui pouvaient le menacer. La maison natale de Dom Mabillon fut acquise en 1878, peu de temps après l'érection du monument, par le curé de la paroisse, M. l'abbé Lourdet, qui montra un zèle véritable dans toutes les circonstances relatées ici. Une somme de six cents francs suffit à l'achat de cette chétive demeure, qu'il fallait conserver simplement, sans l'embellir, ni même la restaurer en aucun sens. Son entretien fut assuré de la sorte, sans rien modifier dans la disposition de la façade, du foyer rustique, des trois pièces du rez-de-chaussée et du jardinet. Un vieillard y fut logé gratuitement, sous la réserve d'un usufruit par le dernier propriétaire, et les choses restèrent en l'état jusqu'au décès de M. l'abbé Lourdet en

---

138 de l'ouvrage déjà cité, et une nouvelle liste donnée par H. Menu dans la *Revue d'Ardennes et d'Argonne*, publiée à Sedan, année 1903, t. X, p. 61, tirée à part en brochure, gr. in-8 avec planches.

1. La somme recueillie dans la contrée fut de 810 francs, consacrée à la dépense des inscriptions et à la sculpture de leurs accessoires, médaillons et armoiries. L'exécution en fut confiée à la maison Bulteau de Reims.

2. *Biographie ardennaise*, par l'abbé Boulliot, 1830, t. II, p. 150 à 164.

3. *Bulletin monumental*, 51ᵉ vol., 1885, p. 487 à 501. — Cfr. pour tous les détails de l'inauguration le volume sur *Dom Mabillon*, cité plus haut, p. 242 à 256.

1896[1]. En vertu du testament de ce digne prêtre, la maison des Mabillon était léguée à la mense de l'archevêché de Reims, qui fut autorisée

MAISON NATALE DE D. MABILLON

à l'accepter, mais sous la condition d'une vente lors de l'extinction de l'usufruit dont nous parlions plus haut.

Cette extinction ne s'étant pas encore produite, la maison était restée comprise dans les biens de la mense, toujours occupée par un vieillard en souvenir des parents de Dom Mabillon, et n'ayant subi aucun changement qui pût en modifier le caractère. C'est ce qui fut constaté offi-

1. Sa nécrologie dans le *Bulletin du diocèse de Reims* du 21 novembre 1896.

ciellement après le décès du cardinal Langénieux, archevêque de Reims, au mois de janvier 1905. Deux architectes de cette ville, MM. E. Lamy et Léon Margotin, vinrent en lever le plan lorsqu'on fit la visite de tous les biens dépendant de la mense, et ce plan, dont une copie nous fut très obligeamment communiquée, montre bien l'état des lieux dans leur simplicité primitive (11 mars 1905).

Mais, depuis lors, une grave modification s'est produite, celle de la suppression de la mense archiépiscopale en vertu de la loi de Séparation de l'Église et de l'État, et de la mise sous séquestre de ses biens par défaut de formation d'association pour lui succéder au mois de décembre 1906. La maison natale de Dom Mabillon reste donc sous le coup des risques possibles d'attribution ou de vente, selon les mesures qui seront prises au sujet de la liquidation de la mense, mesures que nous ne pouvons en rien prévoir, ni conjecturer en ce moment. Ce qui empêche, actuellement du moins, toute aliénation, c'est la durée de l'usufruit existant toujours au profit d'une personne habitant les environs de Saint-Pierremont.

Tous nos vœux pour le maintien de la maison natale dans son état actuel se trouvent donc comme suspendus par l'effet de circonstances indépendantes de la meilleure volonté de ceux qui s'y intéressent. Raison de plus cependant pour affirmer ces vœux de conservation auprès des pouvoirs publics, auprès des habitants de Saint-Pierremont, auprès de tous ceux qui viennent et viendront visiter le pays où s'écoula l'enfance de Jean Mabillon.

CHAPITRE II

Études de Dom Mabillon au collège de l'Université de Reims, son entrée en l'abbaye de Saint-Remi et sa profession religieuse (1644-1656).

Ce fut en l'année 1644, à la rentrée d'automne probablement, nous l'avons déjà dit plus haut, que Jean Mabillon quitta le tranquille foyer de Saint-Pierremont et son père qui en restait le seul gardien, car sa mère était sans doute déjà morte, et son frère allait entamer une carrière militaire. Le jeune étudiant rencontrait un asile providentiel à

Reims, où, sans compter le subside que lui avait ménagé la donation de son oncle, il trouvait un protecteur éclairé et constant en la personne de Clément Boucher[1], chanoine de la cathédrale de Reims et auparavant de la collégiale de Montfaucon-en-Argonne[2]. Ce personnage avait pu connaître le talent naissant et la bonne réputation d'un écolier sortant d'un village de la région où il possédait son premier bénéfice, puisque Saint-Pierremont est situé aux confins de l'Argonne. Instruit de son mérite précoce, il le reçut et l'entretint chez lui, à Reims, pendant le cours des études qu'il suivit au collège des Bons-Enfants de l'Université, situé près de son logis[3].

Les témoignages recueillis à Reims par Dom Ruinart ne laissent aucun doute sur l'action bienveillante de ce protecteur vis-à-vis du futur bénédictin, dès son arrivée dans la ville universitaire. L'un des chanoines, M. Gillot, écrivait, en 1708, ces détails très précis : « Le R. P. Mabillon a été recueilli à Reims tout jeune par M. Clément Boucher, oncle de notre dernier prévôt de ce nom..., il était chanoine de notre église et abbé de Tenailles, de l'ordre de Prémontré, au diocèse de Laon, proche Vervins. C'était un grand aumônier... MM. Favart et Bouton se souviennent aussi très distinctement de cette demeure du R. P. Mabillon chez M. l'abbé de Tenailles, qui tiroit peu de services de lui[4], l'a fait étudier depuis la sixième jusqu'en rhétorique inclusivement, et de suite lui a procuré une place gratuite au séminaire...[5] »

---

1. Clément Boucher, sous-diacre du diocèse de Laon, déjà chanoine de Montfaucon, chanoine de Reims en 1605, mort chanoine vétéran en 1666, chapelain de Louis XIII en 1627, abbé de Thenailles en 1634, fondateur d'une bourse au séminaire de Reims en 1643.

2. *Montfaucon-en-Argonne* (Meuse), alors du diocèse de Reims, où existait un chapitre sous le vocable de Saint-Germain qui jouissait dans la contrée d'une certaine célébrité.

3. « Clément Boucher logeoit dans la maison qu'occupe à présent M. de Martigni, écolâtre. » (*Lettre de M. Gillot à Dom Ruinart.*) Il s'agit de l'hôtel de la Pourcelette, qui était situé entre la rue d'Anjou et la rue actuelle du Cardinal-de-Lorraine. La grande porte d'entrée de cet hôtel subsiste seule au milieu de la rue d'Anjou. Nous reviendrons plus loin sur cet hôtel, qui fut le témoin du séjour de Jean Mabillon à Reims.

4. Les chanoines prenaient souvent chez eux de tout jeunes gens, qui leur servaient de petits domestiques, de *commis* selon le langage du temps, et qu'ils faisaient étudier en dehors du temps consacré à la besogne matérielle.

5. Lettre de M. Gillot à Dom Ruinart du 21 janvier 1708, publiée dans l'ouvrage : *Dom Jean Mabillon*, 1879, p. 179-80.

Le même correspondant ajoute plus loin que M. Favart, qui a étudié avec Jean Mabillon, en quatrième et en troisième, et M. Bouton, qui « ne l'a point quitté durant les neuf années d'études qu'il a faites à Reims », assurent « qu'il étoit aimé chèrement de ses régens et honoré de ses condisciples, et qu'il a toujours été sur ce pied là, même avec beaucoup de distinction, parce qu'il ne s'en faisoit pas à croire et qu'il y avoit à profiter de sa compagnie ».

Richard de la Haye, qui puisait ses renseignements à une autre source, écrivait de son côté et avec sa naïveté habituelle à Dom Ruinart : « Il avoit l'esprit le plus vif de ses écolles, il estoit fort pieux, sobre, obéissant à ses maîtres et leur rendoit des services sans rétribution, par humilité ; il estoit sans malice, gaillard, respectueux à tout le monde et avoit toujours de bons mots latins en sa bouche ; il étoit bon orateur et éloquent ; il composait fort bien des vers en 2e et Rhétorique... Voilà de quoy j'ay appris de M. Noyville, curé de Sauville près de Louvergny, dans notre voisinage, qui a fait ses classes avec luy[1]. »

Ajoutons encore un détail qui peint au vif le jeune écolier : « Les jour de congé, écrivait M. Gillot, étoient pour lui des promenades qu'il faisoit souvent avec M. Bouton, et jamais sans y porter quelque livre dont on lisoit quelque chose[2]. » On devine, à cette habitude, l'activité d'esprit d'un débutant qui ne cessa de lire avant de composer lui-même d'immortels ouvrages.

Beaucoup d'autres traits seraient intéressants à citer dans ces lettres écrites à Dom Ruinart, lettres que nous conseillons de lire intégralement pour juger de la méthode et du soin qu'apporta Jean Mabillon au cours de ses études classiques. Dom Ruinart a résumé ses impressions à leur lecture en disant : « On remarquoit dès ce temps-là en luy ce que l'on y a depuis tant admiré, c'est-à-dire un élévation d'esprit extraordinaire, jointe à une singulière modestie : ce qui le faisoit en même temps aimer de ses maîtres et honorer de ses compagnons. Ceux-ci n'eurent jamais de jalousie contre lui, tant ils étoient pénétrez de son mérite et charmez de sa douceur. Et ses maîtres, dont j'ay

---

1. Lettre de M. Guillot à Dom Ruinart du 21 janvier 1708, publiée dans l'ouvrage : *Dom Jean Mabillon*, p. 177-78.
2. *Ibidem*, p. 181.

connu plusieurs, n'avoient pas moins de joye de voir les grands progrez de ce disciple dans les études. Ils ont souvent assuré qu'ils avoient coûtume de proposer le jeune Mabillon aux autres écoliers comme un véritable modèle pour devenir habile et vertueux[1]. »

Après ce jugement ferme et concis, plein de ressemblance et d'exactitude sur le mérite de Mabillon dans sa jeunesse, nous n'avons pas à insister, mais nous voudrions préciser plusieurs autres points, à savoir : l'ordre des classes qu'il suivit, les noms des maîtres qu'il eut successivement, enfin les principales circonstances et les succès publics de ses études au collège de l'Université de Reims[2].

Un premier point acquis, c'est que Jean Mabillon fit à Reims neuf années d'études, tant au collège des Bons-Enfants qu'au séminaire diocésain, de 1644 à 1653, en commençant par la sixième et en suivant toutes les classes sans en redoubler aucune. Nous pouvons donc dresser le tableau suivant de chacune des classes, en y ajoutant les noms des professeurs connus :

Collège des Bons-Enfants

Classe de sixième, année 1644-45, professeur inconnu.
Classe de cinquième, année 1645-46, professeur inconnu.
Classe de quatrième, année 1646-47, professeur Thomas Lefrique.
Classe de troisième, année 1647-48, professeur Thomas Lefrique.
Classe de seconde, année 1648-49, professeur Paul Taillet.
Classe de rhétorique, année 1649-50, professeur Paul Taillet.
Continuation au séminaire, entrée en 1650, après le mois de juillet.
Philosophie, année 1650-51, professeur Paul Taillet.
Théologie, année 1651-53, professeurs Jean Lallemant et Robert le Large.
Sortie de Jean Mabillon du Séminaire, 30 juillet 1653.
Réception comme maître ès-arts, 1er août 1653.

Durant ces classes régulièrement suivies, les correspondants de Dom Ruinart ont noté quelques succès particuliers de Jean Mabillon et la part qu'il prit aux joutes oratoires ou poétiques en usage chez les écoliers : « Dès la 3ᵉ, écrivait M. Gillot, il composa une harangue qu'il

---

1. Lettre de M. Gillot à Dom Ruinart du 21 janvier 1708, publiée dans l'ouvrage : *Dom Jean Mabillon*, p. 14.
2. Cf. *Histoire du Collège des Bons-Enfants de l'Université de Reims*, par l'abbé E. Cauly, 1885, p. 367.

déclama dans la chaire du professeur. » L'année suivante, il obtint des lettres d'encouragement[1]. Jean Mabillon affectionnait comme professeur Thomas Lefrique, qui était en même temps médecin, et il aurait voulu rester une seconde année sous sa direction, d'après les souvenirs de son condisciple Gérard Bouton. C'est avec ce dernier qu'il fit, en rhétorique, quelques pièces de latin en prose ou en vers, dont il composa le programme sous ce titre : *Io. Mabillon, Gerardus Bouton, bacchanalia celebrabunt*[2].

Enfin, en philosophie, rapporte Dom Ruinart, il fut chargé de faire le compliment au jeune prince Henri de Nemours, qui venait d'être pourvu par le roi de l'archevêché de Reims, à l'âge de vingt-six ans, et « il s'acquitta de cette commission d'une manière dont ce prince, aussi bien que tous ceux qui l'accompagnoient, parurent extrêmement satisfaits[3] ».

Un professeur se distingua par ses affections pour Jean Mabillon, bien qu'il ne paraisse pas l'avoir eu pour élève, si ce n'est peut-être en sixième ou en cinquième ; c'était « M. François Duchemin, professeur de Collège de l'Université, raconte M. Gillot, qui est mort en 1648, étant recteur de l'Université, docteur et professeur en droit ; il a été le protecteur du R. P. Mabillon durant ses premières études par les caresses qu'il lui faisoit et les conseils qu'il lui donnoit ; il l'autorisa pour porter un billet dans les classes inférieures par lequel il s'offroit de revoir et corriger les thèmes des écoliers[4]. »

Ainsi Jean Mabillon servit de répétiteur, de maître auxiliaire, sur la recommandation du recteur, dès qu'il parvint aux classes supérieures, et l'un de ses professeurs, Thomas Lefrique, toujours au rapport de M. Gillot, « proposoit le jeune Mabillon aux autres écoliers comme le modèle qu'ils devoient suivre pour devenir vertueux et habiles ». Il en fut de même, lorsqu'ayant quitté, en 1650, le logis de Clément Boucher[5], il habita au séminaire pendant ses études de philosophie et de

---

1. *Io. Mabillon obtinuit litteras juvamenti an. 1649, die 20 maii, in humilitate audiens, Taillet professore, rectore Gerardo Andry, primario Henrico Malot*. (Schèdes du greffier de l'Université.)
2. *Dom Jean Mabillon*, p. 182 et 183.
3. *Ibidem*, p. 14 et 15.
4. *Ibidem*, p. 182.
5. Clément Boucher est cité avec éloge comme le bienfaiteur de Dom Mabillon, dans les *Annales Præmonstr.*, t. II, p. 959 et dans la *Gallia Christiana*, t. IX, p. 687.

théologie. Durant cet intervalle, le 7 janvier 1651, il devint clerc, c'est-à-dire qu'il « reçut la tonsure des mains de M. George d'Aubusson, relate Dom Ruinart, dans l'Église des Religieuses bénédictines de l'Abbaye de Saint-Pierre [1]. »

Appartenant par conséquent dès ce moment d'une façon effective au clergé diocésain, il sortit néanmoins du séminaire en 1653, et « retourna écrivait M. Gillot, chez son ancien Mécènes (Clément Boucher), où M. Caillet lui succéda bientôt ». Si Jean Mabillon n'y resta pas longtemps, c'est que sa vocation religieuse prenait le dessus, l'éloignait du clergé diocésain et de la vie séculière, par suite de scrupules d'une délicatesse infinie dont nous avons vu plus haut l'un des mobiles, et qui s'accentuèrent à son retour chez Clément Boucher [2]. Il s'inquiétait des attentions trop vives qu'on lui témoignait; il se sentait sûrement appelé à une vie commune et en dehors des contacts mondains. La Providence l'appelait à ce genre de vie monastique et régulier pour lui permettre de donner plus librement à ses facultés laborieuses le merveilleux essor que l'avenir leur réservait.

Ceux qui, de nos jours, jugent des choses sur les circonstances extérieures et matérielles, ne comprendront pas la pensée intime, la pureté d'intention, la grandeur de la résolution que prit Jean Mabillon à la fleur de son âge, dans tout l'épanouissement de sa jeunesse et de son talent. Il atteignait alors sa vingt et unième année, après avoir accompli au collège de fortes études en pleine émulation et avec des condisciples destinés à vivre dans le monde. Il avait ensuite passé quelque temps sous la direction de maîtres experts dans la philosophie et dans la théologie, qui avaient ouvert à son esprit des voies nouvelles [3]. On enseignait à Reims cette dernière science selon les principes et avec les traités mêmes des professeurs de la Sorbonne [4]. Par conséquent, il y avait

---

1. *Abrégé de la vie...*, p. 12 et 13. — L'église Saint-Pierre-les-Dames a été démolie entièrement à la Révolution.

2. C'est ce que M. Gillot exposait à Dom Ruinart en lui écrivant que le Père Mabillon avait quitté le logis de Clément Boucher en 1653 et s'était retiré chez les bénédictins « à l'occasion d'une servante qui le caressoit trop ». *Dom Jean Mabillon*, p. 181.

3. « Il prit des écrits, relate Dom Ruinart, dans les écoles de Saint-Patrice et dans celle de l'abbaye de Saint-Denis. » Cfr. *Dom Jean Mabillon*, p. 17 et 237.

4. « M. Robert le Large, chanoine et doyen de Notre-Dame, dicta cette année (1652) le traité de la grâce, dicté par M. de Sainte-Beuve en Sorbonne. » *Lettre de M. Gillot déjà citée*, p. 180.

un équilibre dans son intelligence, une maturité dans sa raison, qui le rendaient apte à choisir sa carrière et à se rendre compte des responsabilités qui l'attendaient sous le cloître.

Un attrait particulier l'attirait vers celui de l'abbaye de Saint-Remi, dans ce quartier des basiliques rémoises, au milieu des souvenirs de l'Apôtre des Francs, et dans la ferveur d'une communauté renouvelée en 1627 par la réforme de la congrégation de Saint-Maur. « Il s'éprouva néanmoins quelque temps, raconte Dom Ruinart, et on éprouva aussi sa vocation pour s'en assurer, avant qu'il eut déclaré son dessein. Mais il témoigna tant d'empressement pour être religieux, que le Prieur de Saint-Remy, à qui il s'en ouvrit, ne put résister longtemps aux instances de ce jeune postulant. » Il faut lire tout le récit du biographe, qui fut le confident de l'impression qu'avait gardée Dom Mabillon de son entrée dans cette célèbre abbaye et du doux souvenir qu'il en exprimait chaque fois qu'il y retournait plus tard[1].

Résumons simplement ici les étapes du jeune novice, qui était sorti du séminaire le 30 juillet 1653, et qui franchissait le seuil de Saint-Remi, comme postulant, le 29 août suivant, c'est-à-dire à peine un mois après[2]. Rien n'indique que l'on ait cherché à le conserver dans les rangs du clergé rémois, et il subit les épreuves du cloître avec une rapidité qui prouve le caractère absolu de sa résolution. Huit jours après son entrée, le 5 septembre 1653, il reçut l'habit de bénédictin des mains de Dom Mommole Geoffroy, grand prieur et homme d'une vertu éprouvée. L'année du noviciat écoulée, le 6 septembre 1654, il fit sa profession religieuse entre les mains de Dom Vincent Marsolle, qui avait été fait grand prieur quelque temps auparavant. Tous les degrés avaient été franchis, et, devenu profès de sa congrégation, Dom Mabillon n'avait plus de grade à conquérir, pas de supériorité à convoiter, il restait jusqu'à son dernier soupir le simple religieux qu'il était devenu sous les voûtes de Saint-Remi[3].

Un vif attachement le retenait dans l'abbaye où il avait émis ses

1. *Abrégé de la vie*, p. 15 à 29.
2. Il habitait, rapporte M. Gillot, dans la rue du Barbâtre, du côté du rempart, durant cet intervalle et après sa sortie du logis de Clément Boucher; il avait ainsi appartenu un instant à la paroisse de Saint-Timothée. *Dom Jean Mabillon*, p. 182.
3. Ce fut à Soissons qu'il reçut, en 1657 et 1658, les ordres mineurs, le sous-diaconat et le diaconat; il fut ordonné prêtre à Amiens en 1660. (*Dom Jean Mabillon*, p. 23 et 24.)

vœux ; son cœur se dilatait au lieu de sa vocation ; son esprit se mûrissait dans l'étude des antiquités locales, et dans l'instruction des novices qu'on lui confia presque aussitôt sa profession. Cette fonction occasionna la prolongation de son séjour à Reims pendant plusieurs années, et nous savons qu'il y résidait encore en 1655 [1], mais Dom Ruinart ne fixe pas avec précision la date de son départ pour le prieuré de Nogent-sous-Coucy [2], entre Soissons et Laon, où on l'envoya pour rétablir dans cette solitude sa santé éprouvée par des maux de tête très violents et et que l'on désespérait de guérir à Reims. Nous pensons que ce départ eut lieu dans le cours de l'année 1656 [3], et ce ne fut pas sans larmes, ni une profonde douleur, que Dom Mabillon quitta la majestueuse abbaye qui avait abrité sa première ferveur monastique.

Le séjour à Nogent offrit cependant quelques charmes à l'érudit qui signait *Frère Jean de Nogent*, en écrivant à ses amis [4]. Il y resta donc patiemment occupé à des recherches d'archéologie. Il en sortit au mois de juillet 1658, pour aller au monastère de Corbie, où la pleine santé lui revint, et qu'il quitta, en 1663, pour devenir un instant trésorier de la grande abbaye de Saint-Denis. C'est de là, en 1664, qu'il fut appelé à Saint-Germain-des-Prés, qu'il ne quitta plus et où il dort son dernier sommeil.

Notre tâche est terminée en ce qui concerne l'enfance et la jeunesse de l'immortel bénédictin, dont nous pouvons résumer ainsi la vie : il vécut douze ans dans son lieu natal, Saint-Pierremont et aux environs (1632-1644) ; il passa ses douze années d'études, de noviciat et de début à Reims (1644-1656) ; il séjourna à Nogent, à Corbie et à Saint-Denis, pendant les huit années suivantes (1656-1664), et enfin il consuma ses forces dans les plus studieuses recherches et dans la pratique des plus hautes vertus à Paris, pendant les quarante-trois années qui

---

1. Acte de constitution de rente, mai 1655, où figure la signature : *f. Jean Mabillon*, minute de Viscot, notaire à Reims, pièce des Archives de Reims.

2. *Nogent*, dépendance de la commune d'Auffrique, canton de Coucy-le-Château (Aisne), de l'ancien diocèse de Laon.

3. La date exacte ne put en être retrouvée à Saint-Remi, car Dom Alaydon écrivait à Dom Ruinart le 2 avril 1708 : « Je me serviray de cette occasion-là pour vous mander le temps où l'illustre Mabillon sortit de St Remy pour Nogent, je n'ay pu encore le découvrir. » (*Bibl. nat.*, Fr. mss. 1965, f° 97.)

4. *Les relations de Dom Jean Mabillon avec le pays laonnois*, 1880, p. 5 à 7. (Extr. du t. XXIV du *Bulletin de la Société académique de Laon*, 1879-80, p. 17 à 33.)

lui restaient à vivre (1664-1707)[1]. Admirable existence, féconde en œuvres et exemplaire du commencement à la fin !

Mais avant de clore ce chapitre, il ne sera pas hors de propos de rappeler les liens qui subsistent entre Reims et Mabillon, ni de rechercher les moyens propres à y perpétuer sa mémoire en inscrivant son nom sur la maison où il vécut durant ses études.

Les renseignements sur la ville de Reims et sur les abbayes du diocèse abondent dans les *Actes des Saints de l'Ordre de Saint-Benoît* et dans les *Annales bénédictines*, car chaque fois que Dom Mabillon touchait un point relatif à l'histoire de son pays natal, il y apportait un soin particulier et un développement en rapport avec ses souvenirs et son affection. Plusieurs de ces dissertations ont été déjà indiquées [2], et nous en rappellerons un détail seulement concernant la destruction d'une tour fort ancienne, la tour Saint-Rigobert, qui était située près de l'enceinte du palais archiépiscopal de Reims. Dom Mabillon en signale la démolition totale, qu'il vit opérer en 1647, alors, dit-il, qu'il vaquait à ses études au collège de l'Université de Reims [3]. Ce point est intéressant pour sa biographie, parce qu'il prouve l'attention qu'il apportait déjà aux faits qui s'accomplissaient autour de lui (il avait alors quinze ans), et qu'il met en relief toute la fidélité de sa mémoire. Il habitait d'ailleurs tout près de la demeure des archevêques à ce moment, dans l'hôtel de *La Pourcelette* que nous avons décrit naguère en relatant son histoire dans un ouvrage sur les monuments de Reims [4].

« De l'hôtel de *La Pourcelette* (n° 1, rue d'Anjou), il nous reste une

---

1. Dom Mabillon est mort le 27 décembre 1707, lorsqu'il commençait, depuis un mois et 4 jours, la 76ᵉ année de son âge. (*Dom Jean Mabillon*, p. 82.) — Nous reproduisons ci-contre le fac-similé du billet d'invitation à l'enterrement de ce grand homme.

2. *Dom Jean Mabillon*, p. 161 à 165.

3. Voici en quels termes il en rend compte : « Remis quum studiis darem operam, retecta destructaque, est cavea subterranea quadratis lapidibus solidissime camerata, quam Turrim S. Rigoberti appellabant, palatio archiepiscopali continua. » (*Acta SS. ordinis S. Benedicti*, t. III, p. 529.) — Cette tour fut détruite avec d'autres tours de l'enceinte du palais en 1647, d'après Dom Marlot qui dit, en parlant de la tour d'Eon : « Haec turris juxta portam palatii solo aequata est sub Leonorio Archiep., an. 1647. » (*Metropolis Remensis Historia*, t. II, p. 358.)

4. *Les monuments historiques de la ville de Reims*, par Eugène Leblan, architecte, ouvrage in-f°, illustré par Pfnor, Sulpis, etc., publié en 10 fascicules ; voir celui qui est intitulé : *Quartier de l'ancienne École de Médecine*, avec planche gravée de la porte Louis XIII, rue d'Anjou, 1, et plan de l'hôtel de la Pourcelette, p. 2.

†

M

VOUS eſtes prieᴢ d'aſſiſter à l'enterrement du R. P. D. Jean Mabillon Religieux de la Congregation de Saint Maur; qui ſe fera Mercredy vingt-huit Decembre à trois heures du ſoir, en l'Egliſe de l'Abbaye de Saint Germain des preᴢ, & au Service qui ſera celebré le lendemain dans la même Egliſe, à neuf heures du matin.

Requieſcat in pace.

BILLET D'INVITATION A L'ENTERREMENT DE DOM MABILLON.

porte monumentale de pur style Louis XIII, reproduite ici. Cette porte avait été primitivement bâtie près de la porte actuelle, à l'angle de cette rue (dans le pan coupé encore existant), et elle fut transférée sur le mur du jardin lors d'une reconstruction opérée vers 1857, sur les plans de M. A. Reimbeau, architecte à Reims. Ainsi fut sauvé le seul vestige d'un hôtel célèbre dans nos annales : domaine de l'abbaye de Trois-Fontaines au moyen âge, il portait, ainsi que le quaruel, puis la rue, le nom d'une enseigne ou plutôt celui de la locataire, *Sybilla dicta la pourcelette*, qui l'habitait en 1283 ; il servit en 1324, et en 1346, de lieu de réunion aux échevins convoqués par les gens du roi. Louée ensuite pour de longues périodes par les religieux qui y gardaient un simple refuge, la Pourcelette fut enfin vendue, en 1613, par l'abbé commendataire au prévôt Thomas Boucher, qui la donna au chapitre de Reims en 1624, avec réserve de jouissance au profit de son frère et de ses neveux. A la suite de l'acquisition, on en dressa le plan, qui donne la distribution d'une maison de maître à cette époque avec ses dépendances et son voisinage tel qu'il existait en 1614.

« On constata aussi à cette date la ruine de l'édifice et notamment de la porte « qui est si vieille et caducque, la massonnerie tant usé, qu'il est très nécessaire la desmolir ». Jean Pussot relatant, en 1624, la mort du riche et bienfaisant chanoine, ajoutait : « Et sy avoit commancé un bastyment enrichy d'une belle porte et devanture, prétendant faire belle sa maison qu'on appelle la Pourcelète (duquel il n'a veu le parachef). Ce qui me faict souvenir de ce qui est escrit au Deuteronome : Vous bastirez maisons et vous n'y habiterez point. » Ce fut le frère de Thomas, Clément Boucher, aussi abbé de Thenailles, qui habita l'hôtel de 1624 à son décès, en 1666, et y recueillit, en 1644, Jean Mabillon à l'âge de douze ans, pour l'envoyer aux classes du collège des Bons-Enfants depuis la sixième jusqu'en rhétorique, lui procurant le logis et le couvert sans en tirer aucun service. Admis au séminaire en 1650, le jeune étudiant revint à sa sortie, en 1653, loger encore chez son Mécène de la Pourcelette, mais il le quitta bientôt pour entrer à Saint-Remi. C'est donc à Reims, en ce quartier, que l'on forma à la science et à la vertu l'enfant qui devint le plus grand des Bénédictins de Saint-Maur et l'une des gloires de la France[1]. »

---

1. Ouvrage cité plus haut, y recourir pour les notes non reproduites ici.

PORTE DE LA MAISON OU LOGEA J. MABILLON PENDANT SES ÉTUDES
A L'UNIVERSITÉ DE REIMS.

Tel fut l'hôtel qui abrita six ans l'enfance de Mabillon, et dont la porte monumentale subsiste comme pour nous inviter à inscrire son nom fameux à son sommet. Il se trouve, en effet, au-dessus de la porte un cadre avec moulure rectangulaire, qui semble fait exprès pour recevoir un marbre, avec cette simple inscription commémorative, pleine d'enseignement pour le passant :

> JEAN MABILLON
> LOGEA DANS CETTE MAISON
> PENDANT SES ÉTUDES
> AU COLLÈGE DES BONS-ENFANTS
> DE L'UNIVERSITÉ DE REIMS
> 1644-1650

Le vœu relatif à la pose d'une plaque de ce genre vient d'être exprimé à la séance publique de l'Académie de Reims le 11 juillet 1907[1]. Puisse-t-il être bientôt exaucé !

CHAPITRE III.

Dom Mabillon et Dom Ruinart (1682-1707).

Nous ne pouvons quitter Dom Mabillon étudié au point de vue de son origine, sans le remettre au milieu de ses confrères bénédictins qui étaient en même temps ses compatriotes. Voici la liste des religieux de la Congrégation de Saint-Maur, nés à Reims dans le cours du XVIIe siècle et figurant dans l'*Histoire littéraire* de cette Congrégation par Dom Tassin[2], par conséquent les émules, les satellites en quelque sorte de Mabillon :

Dom Grégoire le Grand, en 1611.
Dom Victor Cotron, en 1615.

---

1. Compte rendu des Travaux pendant l'année 1906-1907, lu par le secrétaire général, t. CXXI des *Travaux de l'Académie*.
2. Les notices relatives à ces bénédictins rémois se trouvent dans l'*Histoire littéraire de la congrégation de Saint-Maur* par Dom Tassin, in-4°, 1770, et dans le *Supplément à l'Histoire littéraire de la congrégation de Saint-Maur*, par Ulysse Robert, in-8°,

Dom Nicolas de La Salle, en 1619.
Dom Simon Champenois, en 1644.
Dom Charles Henrion, en 1648.
Dom Jean Jessenet, en 1651.
Dom Pierre Misson, en 1653.
Dom Thierry Ruinart, en 1657.
Dom Élie Maillefer, en 1684.
Dom Simon Mopinot, en 1685.
Dom Nicolas Jalabert, en 1700.
Dom J.-B. Baussonnet, en 1700.

Si nous ajoutons quelques-uns de ceux qui naquirent à la même époque dans l'ancien diocèse de Reims, nous pourrons joindre encore à cette liste quelques noms fameux de l'ordre bénédictin :

Dom Bernard Planchette, né à Aubigy-les-Pothées en 1607.
Dom Jean Gelé, né au Chesne en 1645.
Dom J.-B. Alaydon, né à Rethel en 1671.
Dom Pierre Carpentier, né à Charleville en 1697.

C'est bien d'eux tous que l'on peut dire : *Ad quorum eruditionem omnis Israel sanctificabitur Domino*[1] ; — ou encore : *Filii, æmulatores estote patrum vestrorum et mementote operum quæ fecerunt in generationibus suis*[2].

Quoique né en dehors des limites de son diocèse d'origine, Dom Mabillon ne s'occupa pas moins d'un bénédictin, né à Laon en 1663, Dom Denis de la Campagne, qui fut victime des plus durs traitements, et qui donna lieu pour cela à toute une correspondance en sa faveur par son illustre confrère, lequel composa aussi à son sujet ses *Réflexions sur les prisons des ordres religieux*[3].

Mais, par-dessus tous les autres, ce sont deux bénédictins rémois que choisit et affectionna Dom Mabillon comme ses disciples, ses confi-

---

1881. — Cfr. *Bibliothèque des écrivains de la congrégation de Saint-Maur*, par Ch. de Lama, in-12, 1882. — *Influence des Bénédictins dans la province de Champagne*, par l'abbé Baudeville, in-8°, 1846. — *Les écrivains champenois de la congrégation de Saint-Maur*, dans la *Revue de Champagne et de Brie*, août 1878.

1. II Paral., 35.
2. I Mach., 2.
3. *Dom Mabillon et la réforme des prisons*, 1885, brochure gr. in-8° extraite de la *Revue de la Société des Études historiques*, juin 1885.

dents et ses intimes collaborateurs : le premier, Dom Jean Jessenet, qui mourut trop jeune et fut ravi en 1680 à l'affection de son maître[1], et le second, Thierry Ruinart, qui combla, au contraire, tous les vœux formés par Mabillon et lui survécut, devint son biographe et le continuateur de ses plus urgents travaux. Leur amitié garde tout son charme vis-à-vis de la postérité qui admire la paternelle sollicitude de l'un et la filiale piété de l'autre, leur essor commun vers les mêmes recherches, leur pareil culte pour la vérité et la sincérité sur le terrain d'une irréprochable érudition.

Leur origine et leurs études avaient une grande ressemblance. Thierry Ruinart naquit à Reims, dans le haut de la ville, sur la paroisse Saint-Timothée, en 1657, issu d'une famille de laboureurs et de marchands devenue célèbre depuis. Voici son acte de baptême :

« Le unziesme jour du moys de juing mil six cent cinq^{te} sept, a esté baptisé Thiery Ruinart, fils de Mathieu Ruinart, la mère, Catherine Bernart, le parin Thiery Gastenois, la marine Jacquette Gastenoys, le parin a seigné. Le marcq du dict Thiery Gastenoys[2]. »

Des études suivies à l'Université de Reims, continuées à l'abbaye de Saint-Remi, où il se retira en 1674, avaient mis Thierry Ruinart à même d'entreprendre des travaux historiques dès qu'il eut fait profession à Saint-Faron de Meaux en 1675. Après un séjour à Corbie, il entrait en 1682 à Saint-Germain-des-Prés, où s'écoula sa studieuse existence, qui se termina prématurément en terre champenoise, à l'abbaye d'Hautvillers, dont il était l'hôte passager, en cours d'exploration littéraire, durant l'année 1709.

Voilà un aperçu de la vie de ce savant consciencieux, qui devint à vingt-cinq ans le disciple et l'ami, comme l'*alter ego* de l'incomparable maître qui l'adopta, et avec lequel il vécut depuis dans une parfaite communauté de sentiments et d'activité littéraire. Pendant vingt-cinq ans, ils s'appuyèrent l'un sur l'autre, et la mort elle-même ne put rompre de tels liens de confiance et d'affection réciproques. Si touchant que soit ce spectacle, ce n'est cependant pas ici le lieu de remémorer tout ce qu'ils firent en commun : voyages à Tours, à Angers,

---

1. *Histoire littéraire*, par Dom Tassin, p. 794.
2. *Registre baptistaire de la paroisse Saint-Timothée de Reims*, 1649-1667, f° 65, aux Archives de Reims.

en Lorraine ; transcription de pièces ; composition des volumes des collections bénédictines ; rédaction des *Itinéraires*, parce que tous ces travaux ont été déjà étudiés ailleurs[1]. Mais il est un côté de leurs relations que l'on peut toujours compléter, c'est la mise au jour de leur correspondance par suite de la découverte de nouvelles lettres.

La Correspondance des Bénédictins, inaugurée en partie par M. Dantier, par M. Valery et par quelques érudits étrangers, n'a pas été l'objet d'une publication d'ensemble, bien qu'elle ait été décidée en principe par le Comité des Travaux historiques et scientifiques, et qu'on en ait remis le travail préparatoire à M. Henri Stein, si bien disposé pour cette besogne[2]. Aussi allons-nous tenter de signaler encore quelques pièces de la Bibliothèque de Reims intéressant Dom Mabillon et Dom Ruinart, et faisant pénétrer plus avant dans l'intimité de ces deux héros de l'érudition bénédictine[3].

Recherchons donc spécialement dans la Bibliothèque de la ville de Reims ce que possède son Cabinet de manuscrits parmi un nombre assez considérable de lettres originales et de copies modernes des lettres de Dom Mabillon, de Dom Ruinart et autres bénédictins. La plus grande partie de cette correspondance forme un article spécial, qui est inséré au nouveau catalogue[4]. Nous ne dépouillerons pas ici cette collection parce qu'elle a été l'objet d'une publication presque totale dans un ouvrage récent[5]. Le surplus des lettres de nos deux bénédictins a été classé dans le recueil des autographes, conservé également au Cabinet des manuscrits et détaillé au même catalogue[6].

La lettre unique de Dom Mabillon qui soit indiquée aux Autographes est datée de Rome le 10 juillet 1685, et adressée à Baluze. Elle est

1. *Dom Thierry Ruinart, notice suivie de documents inédits*, publiée dans les *Travaux de l'Académie de Reims*, 1884-85, t. LXXVII, et tirée à part avec une vue de la tombe de Dom Ruinart, le portrait de Dom Mabillon, etc., in-8° de 190 pages.
2. *Bulletin historique et philologique*, année 1886, n°° 1-2, p. 3.
3. Voir en appendice des indications sommaires sur l'existence en d'autres dépôts de pièces analogues.
4. Bibliothèque de Reims. Manuscrits « 1932, Correspondance de Jean Mabillon, de Thierry Ruinart et autres religieux bénédictins (1685-1723), relative à leurs études, — 51 pièces, papier, dans un portefeuille. » (*Catalogue des manuscrits*, t. II, deuxième partie, p. 992-93).
5. *Dom Thierry Ruinart*, ouvrage cité plus haut, qui contient, p. 83 à 177, une série de 62 lettres, dont 40 empruntées au dépôt de la Bibliothèque de Reims, et le reste à la Bibliothèque Nationale.
6. *Catalogue*, même tome, à la fin, p. 1092 et 1097.

publiée, nous n'avons pas à insister[1]. Mais une occasion favorable a procuré à notre dépôt une seconde lettre de Dom Mabillon, datée aussi de Rome le 15 août 1685, et adressée à Dom Ruinart[2]. Cette pièce, assez longue, est intéressante par les détails qu'elle donne sur les achats faits à Rome par Dom Mabillon et sur les travaux qu'il y poursuivait. Nous la donnerons en entier à la fin de cette notice comme un document intime et affectueux, dont le texte a échappé aux recherches de M. Valery et que nous croyons n'avoir pas été publié ailleurs.

Quant aux quatre lettres de Dom Ruinart, conservées parmi les Autographes de la Bibliothèque de Reims, il en est trois qui nous semblent pareillement inédites et mériter une attention spéciale, bien qu'elles ne soient pas adressées à Dom Mabillon. Nous en offrons l'analyse d'après la copie que nous en avons faite en 1887, trop tard pour avoir pu les comprendre dans les publications précédentes, mais nous les publions en appendice intégralement.

La première est adressée de Paris, par Dom Ruinart à Dom Martène, à Tours, le 19 juin 1693, relativement aux œuvres de Baluze, vendues par le libraire Muguet. Elle exprime aussi des regrets pour n'avoir pas accompagné Dom Mabillon dans son voyage à Tours : « Je ne manquois pas de bonne volonté, mais ces faveurs ne sont pas pour moi ». Elle indique l'impression prochaine de l'*Histoire de la persécution des Vandales*, et demande divers renseignements sur les actes des martyrs. Elle se termine ainsi : « Vous voulez bien que je vous fasse les recommandations de Dom J. Mabillon. »

La seconde lettre, datée de Paris le 3 juillet 1700, est adressée à un religieux dont le nom reste inconnu. Elle débute en ces termes : « Dom Jean Mabillon croyoit avoir l'honneur d'écrire aujourd'hui à Votre Révérence pour lui envoyer le décret du Saint-Office contre les ennemis de nostre édition de saint Augustin, mais on nous est venu enlever cette après-dinée... » Elle contient, en outre, des nouvelles sur la promotion de trois cardinaux et sur d'autres faits courants.

La troisième pièce, sans date, écrite vers 1708, est le brouillon d'une lettre en latin, que Dom Ruinart adressait à Fontanini : *Illustrissimo abbati Justo Fontanini*. Il y est question d'abord des ouvrages et des lettres attendues de ce savant italien, ensuite des polémiques suscitées par le

---

1. *Dom Thierry Ruinart*, p. 95-96.
2. Achat en mars 1907, sur un catalogue de vente de Noël Charavay, n° 59, 199.

Père Germon, jésuite, contre Dom Mabillon, et que Fontanini appréciait tout à l'honneur de ce dernier, alors décédé, et attaqué néanmoins avec une persistante et bien regrettable opiniâtreté. A raison de cette justification posthume des opinions de son maître défunt, cette missive de Dom Ruinart nous paraît doublement curieuse à publier, d'autant plus qu'il y est question de Renaudot et de Dom Bernard de Montfaucon, soutenant, d'accord avec Dom Ruinart, la mémoire et la cause de leur illustre confrère [1].

Nous terminerons ici ce qui concerne les lettres de Dom Mabillon et de Dom Ruinart à la Bibliothèque de Reims [2]. Nous ne parlerons pas de leur vie et de leurs travaux, mais nous transcrivons ce qui concerne leur mémoire, particulièrement celle de Dom Ruinart à Hautvillers et à Reims.

La notice du Nécrologe de Saint-Germain-des-Prés sur Dom Mabillon a été publiée en entier [3], et l'on connaît le texte de son épitaphe primitive qui succédait au pavé mentionnant seulement la date du décès dans la chapelle de la Vierge de l'abbaye : c'est le plus simple et le plus éloquent hommage rendu par ses confrères contemporains :

```
        †
    HIC JACET
    R. P. D.
    J'OANNES
    MABILLON
      OBIIT
  27 DECEMBRIS
       1707
```

[1]. Une lettre de ce grand érudit est conservée dans la collection d'Autographes de la Bibliothèque de Reims ; elle est datée du 20 juillet 1700 et adressée à Dom Mabillon, avec un *post-scriptum* destiné à Dom Ruinart, 3 pages in-4° de texte, cachet en bon état.

[2]. Indiquons encore que le conservateur de ce dépôt possède personnellement une lettre autographe de Dom Mabillon à l'abbé Claude Fleury, auteur de l'*Histoire ecclésiastique*, sans date ni nom de lieu, avec *post-scriptum* ainsi conçu : « Dom Thierry vous présente ses respects », deux feuillets écrits seulement au *recto*. Nous la donnons en appendice.

[3]. *Dom Thierry Ruinart*, ouvrage cité plus haut, p. 76 à 79. — Cfr. *Les Bénédictins de Saint-Maur à Saint-Germain-des-Prés, 1630-1692, Nécrologe des religieux décédés en cette abbaye*, par l'abbé J.-B. Vanel, Paris, 1896, in-4°.

Une plus complète et plus louangeuse épitaphe, composée par Petit-Radel, se lit maintenant sur un marbre noir au dessus de sa nouvelle sépulture dans la seconde chapelle absidale sud de l'église de Saint-Germain-des-Prés. Cette inscription est trop connue pour devoir être reproduite ici ; on la trouvera ailleurs avec tous les renseignements sur l'inhumation des restes de Dom Mabillon au jardin du Musée des Monuments français en 1799 et leur translation en 1819 dans l'ancienne abbatiale[1]. L'hommage qui va être rendu à Dom Mabillon à l'occasion du second centenaire de sa mort rappellera l'attention de tous et, on peut dire, la vénération publique sur ce monument de la reconnaissance des savants du XIXe siècle. Les érudits du commencement du XXe siècle n'ont qu'à reprendre et à continuer les glorieuses traditions, les plus dignes du passé, les plus recommandables pour l'avenir de la France.

Il ne faut point, pour cela, à cette heure, laisser dans l'ombre et dans l'oubli les textes qui font revivre le disciple de Dom Mabillon. La tombe de Dom Ruinart est encore de nos jours recouverte, dans la nef de l'église d'Hautvillers (Marne), de la modeste pierre sépulcrale où ses confrères ont gravé le tribut de leur admiration et de leurs regrets[2]. Voici cette inscription dont les caractères ont été ravivés par les soins d'un descendant de sa famille :

```
             HIC JACET
       D. THEODERICUS RUYNART
       REMENSIS PRESBITER ET
         MONACHVS S. GERMANI
       A PRATIS, PIETATE, MORUM
         LENITATE ET DOCTRINA
         CONSPICVVS, QVI IN HOC
           MONASTERIO HOSPES
          EXCEPTVS, GRAVI FEBRE
         DECVMBENS, OBIIT DIE 29
          SEPTEMBRIS ANNI 1709
            REQVIESCAT IN PACE

  RENOVAVIT THODORICUS RUINART DE BRIMONT
         REMUS ANNO CHRISTI 1823.
```

1. *Dom Jean Mabillon*, ouvrage déjà cité, p. 140 et 234.
2. Tout indique que cette sépulture n'a pas été violée à la Révolution. Cfr. *L'Abbaye d'Hautvillers, ses sépultures, la tombe de Dom Thierry Ruinart*, notice publiée dans le *Bulletin monumental*, 52e volume, 1886, tirée à part en brochure in-8°.

Ce n'était point assez pour l'honneur de notre province que le souvenir de Dom Ruinart fût perpétué sur sa tombe. Il fallait aussi inscrire son nom dans la grande abbaye rémoise, où il avait commencé son noviciat à deux pas de son berceau. Voici le texte de l'inscription commémorative posée dans l'église de Saint-Remi en 1886, sur l'initiative et par les soins de l'Académie de Reims [1] :

> À LA MÉMOIRE DE
> DOM THIERRY RUINART
> RELIGIEUX BÉNÉDICTIN DE LA CONGRÉGATION DE SAINT-MAUR,
> NÉ A REIMS DE MATHIEU RUINART ET DE CATHERINE BERNARD,
> BAPTISÉ A SAINT-TIMOTHÉE LE 11 JUIN 1657,
> MORT ET INHUMÉ EN L'ABBAYE D'HAUTVILLERS LE 29 SEPTEMBRE 1709
>
> IL ÉTUDIA DANS L'UNIVERSITÉ DE REIMS,
> PRIT L'HABIT RELIGIEUX A SAINT-REMY EN OCTOBRE 1674
> ET FIT PROFESSION EN 1675 A SAINT-FARON DE MEAUX ;
> DEVENU, A SAINT-GERMAIN-DES-PRÉS,
> LE DISCIPLE, LE CONTINUATEUR ET L'AMI DE
> DOM JEAN MABILLON,
> IL RETRAÇA FIDÈLEMENT SA VIE
> ET S'ILLUSTRA LUI-MÊME PAR SES TRAVAUX,
> NOTAMMENT SUR LES ACTES DES PREMIERS MARTYRS,
> DIGNE ÉMULE DE SON MAITRE POUR LA PIÉTÉ,
> LA DROITURE, LE SAVOIR
> ET LA MODESTIE.
>
> *Non est discipulus super magistrum : perfectus autem omnis erit, si sit sicut magister ejus.* (*Ev. sec. Lucam*, VI, 40.)
> Ses compatriotes lui ont élevé ce monument l'an 1886.

C'est ainsi que le double souvenir de l'auteur de la *Diplomatique* et de celui des *Actes sincères des martyrs* fut rappelé sur la muraille de la grande basilique bénédictine de Reims [2]. Ces deux illustres érudits nous redisent ainsi la leçon de leur vie : *Patres nostri annuntiaverunt*

---

1. *Dom Thierry Ruinart*, ouvrage déjà cité, 1886, p. 43 à 46. Il n'existe pas de portrait authentique de Dom Ruinart, p. 48.
2. En haut de la nef latérale du sud, plaque de marbre noir, portant au sommet l'emblème de la Congrégation de Saint-Maur, sur la muraille du déambulatoire.

nobis opus, in diebus eorum et in diebus antiquis [1]. Ils nous redisent en commun l'éternelle leçon des érudits de tous les temps, à savoir la charité unie à la science, la critique à la sincérité, la bonté à la justice [2].

Depuis trente ans que l'étude de leurs vies a mis en face de nous ces deux admirables modèles de la pratique des plus hautes vertus, unie au savoir le plus étendu, il nous est doux et consolant d'associer encore leurs noms, de raviver un simple aspect de leur mémoire et de leur amitié à l'occasion du second centenaire de la mort de Dom Jean Mabillon.

Henri Jadart.

Villers-devant-le-Thour (Ardennes), le 10 septembre 1907.

APPENDICE

LETTRES DE D. MABILLON ET DE D. RUINART

1. — *D. Jean Mabillon à D. Thierry Ruinart.*

P. C. †
A Rome ce 15 Aoust 1685.

Mon Révérend Père [3],

Je crois qu'il n'est à propos de parler davantage des trois tomes des Décrétales que Mgr de Reims [4] a retenus : nous tâcherons d'en recouvrer quel-

---

1. Psaume XLIII, 2.
2. C'est le propre sens de ce passage de saint Paul qui forme le plus merveilleux texte applicable à Dom Mabillon et à Dom Ruinart : *Et hoc oro, ut caritas vestra magis ac magis abundet in scientia, et in omni sensu : ut probetis potiora, ut sitis sinceri, et sine offensa in diem Christi, repleti fructu justitiæ per Jesum Christum in gloriam et laudem Dei.* (*Saint Paul aux Philippiens*, chap. I, 9 et 10.)
3. Au bas de la page, le nom du destinataire D. Thieri.
4. Charles-Maurice Le Tellier, archevêque de Reims, protecteur des bénédictins en ce voyage de Rome.

qu'autre exemplaire, Dom Michel[1] ajouta à ma lettre du dernier ord[re] le catalogue des livres qu'on vous a envoyez. Les 3 derniers articles ne doivent vous estre rendus que lorsque le fardeau de Venise pour le Roy sera arrivé. Ces livres sont le traité physicomedecin de Mr Brachi, le livre de Mr Patin touchant les inscriptions de Smyrne, et quelques feuilles touchant Mad[elle] Cornaro. Ce sont des présens. Lorsque nous envoyerons quelqu'autre chose, on y mettra ordre. Ne vous embarassez pas du passé. Mgr de Reims en doit estre le maitre.

Je vous remercie du soin que vous voulez bien prendre pour mon Frère[2]. Ne prenez pas la peine d'en parler à Mr Faure[3]. Cette bonne femme est trop empressante. Ne lui dites pas néanmoins, et si elle est encore à Paris, obligez moi de la saluer de ma part.

J'oubliois à vous dire que j'ai envoyé à Mgr de Reims, il y a six semaines, le mémoire des livres qui estoient ajoutez sans tiltre au ballot de Milan : c'estoit pour le Roy.

J'ay reçu par Mr Faure la thèse de Reims : elle est très bien faite et fort sage, mais toutefois assez forte[4].

Il y a icy bien des gens qui voudroient avoir l'histoire de M. de Cordemoy. Je voudrois en avoir une demie douzaine. Parlez en un peu, je vous prie, à Mr Coignard[5] et saluez-le de ma part. Mgr Sluse en fera venir un exemplaire, comme je crois, par la poste.

On a vû icy un exemplaire d'un petit livret contre la Procession de Luxembourg. On ne doute pas qu'il ne soit de M. Arnauld.

Je vous prie de sçavoir du P. D. Jean Prou, que je salue affectueusement, si le livre qu'on m'a envoyé d'icy de la part du P. Aguyre, Bénédictin Espagnol, est arrivé. Il traite des Propoôns[6] du Clergé. On a aussi imprimé un ouvrage du P. Sfondrat, de St Gal[7], sur le même sujet. Voila donc trois Bénédictins qui se sont signalez la dessus. J'aimerois bien mieux que quelqu'un des nôtres eut esté employé pour la conversion des Huguenots de Béarn.

Je vous prie de dire à D. Thomas que nous n'avons pu encore aller à Ste Croix en Jérusalem. Il faut prendre ses mesures pour cela, d'autant que les Religieux pendant l'esté ne demeurent pas dans cette Eglise, mais dans la ville de Rome. Cela est ordinaire à toutes les Eglises du voisinage de la ville, telles que sont celles de St Paul, de St Laurent et de Ste Agnès hors les murs,

---

1. Dom Michel Germain, qui se trouvait à Rome avec Dom Mabillon. — Il est question de divers érudits, entre autres Charles Patin, Lucrèce Cornaro, etc.
2. Jean Mabillon, mort en 1700.
3. Prévôt du chapitre de Reims et grand vicaire de l'archevêque.
4. Ici finit la 1re page, au bas de laquelle est écrit : *D. Thieri*, et début de la 2e page au paragraphe suivant.
5. *Libraire parisien*, éditeur des œuvres de saint Bernard par Dom Mabillon en 1690.
6. Propositions.
7. Abbaye de Saint-Gall, en Suisse.

où il ne reste que quelques serviteurs[1] pendant tout l'esté jusqu'au 10 ou 12° novembre. Aussitôt que nous pourrons aller à S¹ᵉ Croix, j'écriray à D. Thomas. Cependant je vous prie de luy faire mes civilités et à D. Pierre. Je voudrois bien pouvoir nommer tous nos confrères que j'aime et honore sincèrement en N. S.

Nous croyons hier prendre la bénédiction du Pape, mais il ne donna audience à personne[2]. J'oubliay de vous dire la dernière fois, qu'une des raisons pour laquelle l'abbaye de Prufening a esté supprimée, ou du moins le prétexte, a esté de ce que ny l'Abbé, ny les Religieux n'ont pas voulu s'aggréger à la nouvelle Congrégation. Les abbayes de Salzbourg[3] n'en seront pas. Le président est M' l'abbé de S¹ Emmeran de Ratisbone. Je suis,

Mon R. Père,

Votre très humble et très affectionné confrère,

f. JEAN MABILLON, M. B.

Je vous prie de dire au P. Sacristain qu'il peut conter au moins 30 messes que j'ay dites pour la conversion des Pécheurs. C'est pour dire que je pense à luy.

(*En suscription, sur la 4° page :*)

Pour le Révérend Père Dom Thierry Ruynard, à S¹ Germain des Prez.

(Lettre de quatre pages, qui a été pliée, non cachetée, sans marque de timbres de la poste, et a été par conséquent envoyée avec d'autres dans un paquet. Papier fort et solide, l'écriture fort lisible, pièce en très bon état, acquise, de Noël Charavay, pour la Bibliothèque de Reims, en mars 1907).

2. — *Dom Mabillon à l'abbé Claude Fleury.*

Monsieur,

J'ay achevé il y a quelques jours la lecture de votre 4° tome[4]. Je l'aurois achevée plus tôt si j'avois eu un peu plus de loisir, et si je n'avois pas été obligé de le prester à quelques personnes qui me l'ont emprunté pour le lire. On ne peut estre plus content que je le suis de cette lecture : je vous parle sans déguisement, et je vous prie de le croire. Je vous avoüe que je n'avois pas été si satisfait du 1ᵉʳ tome. Le stile m'en paroissoit un peu négligé pour M. l'abbé Fleury, les matières, peut être pour être plus connues, ne me sembloient pas si bien choisies. Mais il est vray que tout m'a extrê-

---

1. Début de la 3° page.
2. *Innocent XI*, vieillard infirme, n'accordait alors aucune audience, pour raison de santé et aussi de politique. Nos illustres bénédictins français ne purent le voir que dans une ou deux fonctions publiques (*Dom Jean Mabillon*, p. 39.)
3. *Saltzbourg*, dans la Haute-Autriche, capitale de l'État de ce nom.
4. Édition de l'*Histoire ecclésiastique*, publiée en 20 volumes, terminée en 1714.

moment plû dans celui-cy, le stile, la beauté des matières, l'arrangement, et enfin tout ce qui peut rendre une histoire agréable[1]. Je prie Dieu que vous ayez le tems d'assez de loisir pour achever cette noble entreprise. Je ne vous en diray pas davantage, Monsieur, quoique je pense beaucoup plus. Je vous diray simplement que j'ay remarqué deux endroits qui ne me paroissent pas tout à fait exacts, ou que je n'entens pas bien. L'un est à la page 240, ligne 5, *à quatre*[2] *milles d'Alexandrie, qui font environ treize lieues.* L'autre est page 277, ligne 7, *sculptures*, si je m'en souviens bien, il faut *peintures*[3]. Si je me trompe, vous me corrigerez.

Je prie Dieu qu'il vous conserve, et qu'il bénisse vos travaux pour l'Eglise et pour l'éducation des Princes[4], si avantageuse à l'Eglise et à l'état. Je suis avec respect,

Monsieur,

Votre très humble et obéissant,

f. Jean Mabillon m. b.

D. Thierry vous présente ses respects.

(Lettre, sans date, sur 2 pages in-4°, le *recto* seul est écrit, acquise du libraire E. Renart, à Paris, en mai 1887.)

3. — *D. Thierry Ruinart à Juste Fontanini.*

†

Illustrissimo abbati Justo Fontanino P. S. D. Fr. J. Theodericus Ruinart, m. b.

Quamquam me officium per singulos ferme dies stimularet, Abbas Illustrissime, ut ad humanissimas tuas litteras cito rescriberem, paullisper tamen differre visum est donec libri, quibus me beare voluisti, huc pervenerint; intellexeram enim ex Claudii Vicii litteris, me brevi eos accepturum. Et quidem spes mea non me fefellit, licet paullo tardius quam speraveram eos receperim. At quo ardore illos devoraverim, quantave animi suavitate in iis non semel sed iterum atque iterum persolvendis et perlegendis fuerim affectus dici non potest. Nec mirum, ecquis enim potissimum in libris de antiquitatibus Horstensibus non admiraretur tantum, et in rebus narrandis sermonis venustatem, et in sacris profanisque antiquitatibus eruderandis exponendisve sagacitatem summa cum eruditione conjunctam. Quid vero de Germoniana! In qua virorum præstantium qui te præeunte

---

1. Fin de la 1ʳᵉ page.
2. Au-dessus de ce mot, il y a 40 en chiffre, et en regard sur l'autre page : « Vitæ PP. c. 21. quarante. »
3. En regardant sur l'autre page : « Πλάσμασι picturis. mal. »
4. L'abbé Fleury fut précepteur des princes de Conty et du prince de Vermandois, puis sous-précepteur des ducs de Bourgogne, d'Anjou, et de Berri, en 1689.

ac instigante partes Mabillonianas tueri agressi sunt, elucubrationes ita vindicantur, ut adversarium jam puderet suorum ipsius scriptorum, si possibile esset ejusmodi homines aliquo verecundiæ aut pœnitentiæ sensu affici. Quamquam id solatii habeat, et quidem fallor nisi illud ipsum ejus audaciam accenderit, quod scilicet tam insignes tamque eruditi viri cum eo congredi dedignati non fuerint, neque enim sibi persuadere potest homo sui ipsius estimator non parcus, se non esse alicujus momenti athletam, adversus quem primi ordinis pugiles decertare non refugerunt. At decipitur miser, non intelligens haud devictum fuisse pugnando[1]... quo pacto aliqua laude dignus videretur, sed quod sane turpissimum est, veluti imperitum tyronem qui inconsulto in arenam descendere ausus fuit, temeritatis suæ pœnas solvisse. Tamen ita viluere in his partibus illius opuscula, ut ex hominum memoria plane excidisse videantur, et si clanculo nonnuli mussitent, id fit ab iis solummodo hominibus qui arbitrantur sui interesse ut ea, qualiacumque tandem illa sint, ab ipsi laudentur. Id tuæ in nos caritati debemus, vir præstantissime, nec umquam tanti beneficii memoria nostris mentibus excidet. Mihi vero multum dolet quod, ob temporum acerbitatem, nondum Libros de re diplomatica recens editos accepistis, certe quam primum id licebit, ad te perferri curabo; interim aliquot vitæ Mabillonianæ exemplaria muris et latronum periculis permittere visum est, ex quibus si vel unum incolume Romam perveniat, ut tibi consignetur, volo, idque Patri nostro procuratori generali significavi. Multum te salvere jubet clariss. abbas Renaudotus, qui jam ab uno aut altero mense apologiam edidit adversus infamem Calvinistam, qui suam hæresim temerariis et mendacibus scriptis defendere conatus fuerat. Gratias etiam permaximas reddit noster Monfauconius, potissimum ob navatam operam in ejus dimicatione consors; nec minores habet Constantius.

Tibi denique omnes incolumitatem et salutem apprecamur. Si qua vero tibi tuisque studiis utilis esse posset sive in conferendis codicibus, sive etiam in describendis opera, me semper paratum et ad tua exsequenda alacrem existimes velim tantum me tibi adictissimum favere ac amare pergas, Vir illustrissime[2].

(Sans date, vers 1709.)

(*Bibliothèque de Reims, collection d'autographes*, lettre entièrement de la main de Dom Ruinart, mais en brouillon, avec de nombreuses ratures et des corrections, 2 ff. papier, dont 3 pages pleines et la 4ᵉ blanche.)

1. A cet endroit, trois lignes et demie ont été raturées et sont complètement illisibles.
2. Copie faite le 10 mars 1887, et revision opérée avec l'aide obligeante d'un bénédictin de l'abbaye de Solesmes, Dom Cagin, je crois, de passage à Reims.

4. — *D. Ruinart à D. Martène.*

†

Pax Christi.

Mon Révérend père,

J'aurois satisfait plus tost à ce que vostre Révérence demande de moy par la lettre qu'elle m'a fait l'honneur de m'écrire, si cela avoit été en mon pouvoir, mais la chose étant impossible, je ne sçaurois faire autre que de vous en rendre compte. Il est vray que Mʳ Muguet[1], il y a deux ou trois mois, a vendu tous ses escrit (?) et ceux de Mʳ Baluze[2], entre autres, à très vil prix, de sorte qu'on en a mesme vendu à la raine, mais je ne sçay si vous sçavez comment les libraires font cela, ce n'est qu'entre eux et ordinairement ils en mettent grand nombre à la beurière, afin de pouvoir enchérir le reste. C'est le sort de Marca Hispanica et des autres livres de Mʳ Baluze, on ne les aura guères à meilleur marché qu'auparavant, et, si ce que l'on diminue du prix ordinaire en fait vendre quelque nombre, ce qui restera sera sans prix.

Fr. René m'a offert les 12 l. que vous m'aviez marqués à recevoir sur luy. Je luy ay laissé jusques à ce que vous me marquiez ce que vous jugez à propos qu'on en fasse.

Je vous suis bien obligé de l'amitié que vous me témoignez par vos souhaits, lorsque vous me reprochez de n'avoir pas accompagné d. Jean Mabillon à Tours. Je ne manquois pas de bonne volonté, mais ces faveurs ne sont pas pour moy. Je souhaitterois de faire ce voyage pour vous y embrasser et profiter des bibliotèques que je pourrois consulter dans les chemins, mais particulièrement pour rendre nos respects aux cendres de Sᵗ Martin, et y voir les cérémonies de cette ancienne église. Je dois commencer ces jours cy l'impression de l'histoire de la persécution des Vandales[3]. Je mettray Victor Vitensis à la teste avec quelques autres pièces. Si vous trouviez quelque chose qui eust du rapport avec ce dessein, vous aurez la bonté de m'en faire part. Vous pourriez peut estre en rencontrer quelque chose en chemin faisant. Les 3 cartes de Victor Vit. se trouvent dans quelques mss. parmi les vies des saints sous le titre de *Vita* ou *passio sancti Eugenii episcopi Carthaginensis*. Vous pourrez aussi rencontrer la *passio* de Sᵗᵉ Julie, vierge et martyr, qui fut enlevé à la prise de Carthage, vendu à des marchands, enfin martyrisée en l'isle de Corse. Si vous aviez mesme quelques histoires de Grégoire de Tours mss, il y a une lettre de ce Sᵗ évesque

---

1. Libraire parisien, éditeur des Bénédictins.
2. Le célèbre érudit Etienne Baluze, né en 1620, bibliothécaire de Colbert, mort en 1718.
3. *Historia persecutionis Vandalicæ...*, 1 vol. in-8, Paris, Muguet, 1694; réédition en 1732 et 1737.

de Carthage rapportée au commencement du 2ᵉ livre de cet historien, et j'ay vu la dite lettre avec quelque autre fragment de Grégoire de Tours dans un ms. de M. Colbert sous le titre de *passio Si Eugenii*. Enfin j'aurois besoin de conférer quelques endroits du catalogue des écrivains ecclésiastiques de Gennadius. Si vous en trouviez ms., comme l'article du mesme S. Eugène, celuy de Honoratus ou Antoninus, évesque de Constantine en Africque, Victor de Cartonne, et quelques autres auteurs africains. Je vous marque ceux cy pour vous rendre compte de mon dessein, et afin que si, en chemin faisant, vous trouviez quelque chose qui put me servir, vous ne laissiez pas échapper. Vous savez que M. de Tilmont a donné son 1. tome des Mémoires de l'histoire de l'Eglise, nous avons dû retrancher des présens. Je vous prie de présenter mes très humbles respects au R. P. prieur, de me continuer vostre amitié et le secours de vos prières, et croire que je suis avec une sincère estime,

Mon révérend père,

Votre très humble et affectueux confrère,

Fr. J. Thierry Ruinart, m. b.

A Paris le 19 Juin 1693.

Vous voulez bien que je vous fasse les recommandations de D. J. Mabillon.

(*Adresse au dos*) † Au révérend père, Dom Edmond Martenne, religieux bénédictin en l'abbaye de Marmoûtiers, à Tours.

(Cachet au bord, empreinte sur papier, rond de 0ᵐ012, avec une figure d'un cœur ailé sur une étoile, légende COVP SVR COVP autour.)

(*Bibliothèque de Reims*, collection des lettres des Bénédictins, pièce copiée le 6 mars 1887.)

5. — *D. Ruinard à l'un de ses confrères.*

†

Benedicite.

Mon très révérend Père,

Dom Jean Mabillon croyoit avoir aujourd'huy l'honneur d'écrire à V. R. pour lui envoyer ce décret du Sᵗ Office contre les ennemis de nostre édition de Sᵗ Augustin, mais on nous est venu enlever cette apresdiné et on nous a tenu si longtemps que je n'ay que le temps d'écrire ce billet à V. R. pour luy en demander excuse. Vous sçavez apparemment la promotion de 3 cardinaux, Mgr l'Archevesque de Paris, l'Evesque de Passau, et Mʳ Borgia, chanoine de Tolède. Le cardinal Maldachin est mort. Nous pensons aller prendre l'air cet automne ; je souhaiterois que ce fut vers vos cartiers, mais je ne scay comme cela tournera. Je me joins à D. J. Mabillon pour affirmer V. R. de mes très humbles respects et sincères reconnoissances, et l'assure que je suis entièrement,

Mon révérend Père,

Votre très humble et obéissant serviteur.

à Paris le 3 juillet 1700.   Fr. J. Thierry Ruinart, m. b.

Nous avons envoyé la lettre de V. R. à Rome, avec les conditions marquées.

(*Bibliothèque de Reims*, collection d'autographes.)

6. — *Indications diverses et sources nouvelles pour la correspondance de D. Mabillon et de D. Ruinart.*

Archives Nationales. — *Catalogue des manuscrits conservés aux Archives Nationales.* — Paris, Plon, 1892, gr. in-8, pages 242 à 245, indications de 50 dossiers, fascicules et pièces relatives à D. Mabillon ou à lui adressées.

Autographes (Collections d').
Vente Charron (1ᵉʳ avril 1844), Catalogue n° 158, lettre de D. Mabillon à D. Gabriel Flambart, procureur général de la Congrégation de Saint-Maur, à Rome (5 octobre 1682).
Vente E. Gourio de Refuge (12 mars 1904), Catalogue, pages 4 et 5, lettres de D. Mabillon à D. Martène (6 août 1696), au P. Eustache Besancenot (27 mars 1697), à Huet (?) (16 novembre).
Vente par Noël Charavay (24 novembre 1904), Catalogue, p. 23, n° 86, lettre de D. Mabillon à M. Marquette, conseiller au présidial de Laon (31 août 1701).

Bibliothèque Nationale. — Cabinet des manuscrits, fonds français, 19.651, f° 310, lettre de D. Victor Cotron à D. Mabillon, datée de Nogent le 23 septembre 1667 ; — 19.652, f° 36, lettre du Frère de la Haye à D. Mabillon, datée de Saint-Pierremont le 20 mai 1704 ; — 19.653, f° 126 à 130, deux lettres de M. Gillot à D. Mabillon, 1693 et 1698, avec copies d'inscriptions au crayon rouge ; 19.654, f° 29, lettre du Frère de la Haye à D. Mabillon, datée de Saint-Pierremont le 12 août 1697 ; — 19.665, f° 37, lettre de D. Ruinart à D. Mabillon, datée de Reims le 19 septembre 1699 ; — f° 219, lettre de D. Daret, datée de Saint-Nicaise le 26 novembre 1707 ; f° 265, lettre de Sœur M. Duval à son oncle, datée de Braine le 8 mai

1699; f° 297, lettre de M. Favart, chanoine de Reims, du 25 février 1707, remerciant D. Ruinart de son dernier ouvrage; f° 97, lettre de D. Alaydon à D. Ruinart, datée de Saint-Remi le 2 avril 1708; — 19.666, f° 6, lettre de D. Jean Gellé à D. Ruinart, datée de Saint-Quentin le 27 juillet 1688; f. 8, lettre de M. Gillot, remerciant de l'envoi des *Acta martyrum*; f° 10 à 22, sept autres lettres du même, aussi datées de Reims; f° 138, lettre de D. Misson à D. Ruinart, datée de Senlis le 26 de l'an 1699; f° 143, lettre du même au même, du 23 mars 1698, sollicitant un bénéfice pour le frère de D. Ruinart qui est à Prémontré; f° 292, lettre d'une nièce de D. Ruinart, datée de Sainte-Menehould en 1709.

Comité des Travaux historiques et scientifiques. — *Bulletin historique et philologique*, année 1892, p. 240-43, communication de M. l'abbé Poquet, avec une lettre de D. Mabillon à D. Mouly, prieur de Saint-Médard de Soissons, datée du 2 juin 1668, relative à Saint-Médard.

Fécamp (ancienne abbaye de). — Musée de la *Bénédictine*, établissement privé où se trouve un dossier de lettres autographes de Bénédictins de Saint-Maur, entre autres une lettre de D. Mabillon exposée sous vitrine, adressée à un religieux de ses confrères et relative à ses travaux (visité août 1881).

Mémoires de *l'Académie des Sciences, Belles-Lettres et Arts de Clermont-Ferrand*, 1884, t. XXXVI, p. 65 à 603, *Journal de Voyage de D. Jacques Boyer, religieux bénédictin de la congrégation de Saint-Maur*, 1710-1714, publié par François Boyer et Antoine Vernière, contenant des lettres et documents sur D. Mabillon et D. Ruinart, la *Galla christiana*, etc. (Tirage à part en volume de 540 pages, gr. in-8).

Mémoires et procès-verbaux de la *Société agricole et scientifique de la Haute-Loire*, 1886 et 1887, t. V (1re partie), Le Puy, 1890, volume contenant l'*Etude sur les vieilles histoires de Notre-Dame du Puy* par Charles Rocher, avec chapitre sur les Bénédictins de Saint-Maur, particulièrement sur D. Estiennot et D. Mabillon (p. lvii à cxxviii de l'Introduction).

Mémoires de la *Société des Sciences morales, des lettres et arts de Seine-et-Oise*, 1893, t. XVII, p. LXXXI, lettre de D. Ruinart relative au prieuré d'Argenteuil, communication par M. Dutilleux, membre titulaire.

Mont-Cassin (Abbaye du). — Bibliothèque du monastère possédant six lettres inédites de D. Ruinart : Cod. 781, *Epistolæ Theoderici Ruinart — Liceat mihi... 27 déc. 1700 (additament. ep. Mabil.); Ultimor. actorum... 11 sept. 1701; Miraberis forlasse... nonis feb. 1697; Grato animo... Kal. Jan. 1701;* — Cod. 780, *Nescio quo pacto... 20 maii 1704; Pudet me... 26 mart. 1708.* (Communication de l'archiviste de l'abbaye à D. Anselme, de Rome, et transmise par M. l'abbé Compant, 1887.)

Revue bénédictine *de l'abbaye de Maredsous* (Belgique), 1900, n° 2, D. U. Berlière, Lettres inédites de Mabillon, adressées notamment à Bossuet, à Fontanieu, à D. Martène, à D. Ruinart. (Cfr. *Revue historique*, juillet-août, 1900, p. 425.)

Revue critique *d'histoire et de littérature*, n° du 4 mars 1889, p. 171-76, compte rendu par A. Rébelliau de l'ouvrage du prince Emmanuel de Broglie : *Mabillon et la société de l'abbaye de Saint-Germain-des-Prés*, 2 vol., Paris, 1888, avec lettres et pièces inédites.

Revue Mabillon. — *Archives de la France monastique*, Revue trimestrielle (*Paris, Poussielgue*; *Chevetogne, Belgique*), 3° année, n° 10, août 1907, p. 97, 98, *Le deuxième anniversaire séculaire de la mort de Dom Jean Mabillon* (27 décembre 1907).

LE PREMIER SUPÉRIEUR GÉNÉRAL

DE LA

Congrégation de Saint-Maur

DOM GRÉGOIRE TARRISSE

(1575-1648)

Le premier Supérieur Général

DE LA

Congrégation de Saint-Maur

DOM GRÉGOIRE TARRISSE

(1575-1648)

Honorer la mémoire de Mabillon, c'est rendre hommage en même temps à toute la Congrégation de Saint-Maur, dont il fut l'un des membres les plus illustres.

Il ne paraîtra donc pas trop déplacé de parler, dans un recueil spécialement destiné à célébrer les mérites de Mabillon, de celui qui fut pour ainsi dire l'instigateur des travaux d'érudition auxquels les Bénédictins de Saint-Maur doivent leur universelle notoriété, qui a été, selon l'expression de son biographe, « le grand arc boutant de l'Ordre et comme le réparateur de ses ruines en France ».

Pour faire connaître ce premier Supérieur Général de la Congrégation restaurée, j'avais le choix entre la très importante biographie qu'a écrite D. François Mommole[1], la notice de Dom Calixte Adam dont un abrégé est imprimé dans l'*Histoire littéraire de la Congrégation de Saint-Maur*[2], et les souvenirs beaucoup plus personnels laissés sur sa vie par D. Luc d'Achery, qui l'a connu et apprécié tout particulièrement. Le choix a été vite fait : c'est le dernier des trois documents qui, de beaucoup supérieur comme intérêt, montre le plus intimement, le plus personnellement, ce qu'était Dom Grégoire Tarrisse.

---

1. Bibliothèque nationale, *ms. français* 19622.
2. Bruxelles, 1770, in-4 (pp. 37-57).

On y lira des détails curieux, non seulement sur les pensées qui guidaient le P. Tarrisse dans la direction de la Congrégation, mais aussi sur l'intérêt qu'il portait aux malades et sur la bonté qui régnait dans tous ses actes ; sur le caractère de D. Anselme Le Michel et sur les travaux dont il fut chargé ; sur la grande part que prit D. Tarrisse à la réfection de l'église abbatiale de Saint-Germain-des-Prés et à la création de la bibliothèque de l'abbaye, confiée aux soins de D. Luc d'Achery et bientôt célèbre. On conçoit que d'Achery ait volontiers rapporté tout ce qui a trait à ses chers livres. On sent d'ailleurs, dans ces pages, un tel accent de sincérité, que l'on ne songe pas un seul instant à taxer d'exagération les propos et les faits dont d'Achery se fait l'écho.

J'espère donc qu'on lira ces notes brèves et ces souvenirs sans ennui. On songera que D. Tarrisse a ainsi créé le milieu dans lequel devaient un peu plus tard se mouvoir Mabillon et ses disciples, et l'on comprendra la vénération qu'avaient les membres de la Congrégation pour le digne et intelligent restaurateur des études historiques parmi eux[1]. Faut-il rappeler ici que le plan général et l'idée première de la collection des *Acta Sanctorum* sont dus à D. Tarrisse ?

On conserve aussi quelques documents qui témoignent du rôle considérable que joua D. Tarrisse dans l'établissement de la Congrégation de Saint-Maur en diverses provinces, et dans les relations avec le roi, avec les évêques, avec ses confrères. Nous reproduisons quelques-uns de ces documents dans leur ordre chronologique.

DOM GRÉGOIRE TARRISSE A LA SUPÉRIEURE DE LA TRINITÉ DE POITIERS[2]

(Biblioth. de Poitiers, coll. D. Fonteneau, vol. XXVII, p. 627.)

De Paris, le 11 septembre 1633.

Madame et Révérende Mère, La paix en Notre Seigneur vous soit donnée pour salut. J'ai reçu votre lettre et appris par icelle la proposition qu'on a faite touchant l'union y mentionnée[3], qui m'a d'abord emporté l'affection

---

[1] La circulaire très importante dans laquelle le Supérieur Général donne à ses confrères ses instructions pour la conduite des recherches historiques sur l'ordre bénédictin est du 13 novembre 1647 et a été imprimée : on en trouvera un exemplaire dans le manuscrit français 22313 de la Bibliothèque nationale, f° 245.

2. Catherine Erreau de Sainte-Fare.

3. Il s'agit de l'union de cette abbaye de la Trinité à la Congrégation du Cal-

sans me donner tems d'y faire aucune réflexion, me semblant plutôt venir du ciel que de la pensée des hommes, comme un remède donné de la main de Dieu à tous les maux qui accueillent et menacent cette sainte famille, ce qui m'a apporté à l'instant une consolation sensible, et en ai béni le bon Dieu qui n'oublie les affligés qu'en tems opportun, et vous dirai que les raisons proposées au contraire ne me semblent nullement dignes d'être balancées avec celles qui la persuadent, que je ressens beaucoup plus efficaces dans mon esprit, que je ne les trouve même sur le papier. J'en ai conféré avec des personnes bien craignans Dieu, affectionnées à ce monastère d'une singulière affection, qui ont creu avec moi que Dieu était l'auteur de cet expédient sur la crise du mal que ce monastère souffre ; que c'est le moyen non seulement de l'en délivrer, mais de l'établir et affermir plus puissamment qu'il n'a jamais été, et Dieu a-t-il peut-être permis que cet accident soit arrivé pour en tirer un si grand bien et en donner le mérite et la gloire à celles qui y contribueront, étant à craindre que sans ce remède on verra avec douleur et sans ressource la ruine de ce qui a tant coûté pour relever ; car j'appréhende bien qu'on évitera jamais le coup de la perpétuité, et quand on le feroit, l'élection si fréquente sera encore peut-être pire, mêmement vu l'état présent, l'altération et division des esprits qui ne se soumettent jamais d'une parfaite soumission et charité à celles pour lesquelles elles n'ont maintenant d'affection. Ceux avec lesquels j'en ai communiqué ont écrit quelques raisons ; vous les montrerés, s'il vous plait, à ces personnes là, affin que, les ayant pesées devant Dieu avec un vrai détachement, elles suivent son inspiration, et reconnaissant la volonté de Dieu, ne laissent échapper l'occasion de peur de la regretter en vain. Pour moi, selon le sentiment que Dieu me donne à présent, je les souscris de très bon cœur et les embrasse pour le bien que je désire aux bonnes âmes qui sont là dedans, car je n'y ai aucun intérêt ni prétention. Je prie Dieu qu'il leur inspire à toutes ce qui sera le meilleur pour sa gloire et leur salut.

CLÉMENT DE BONSY, ÉVÊQUE DE BÉZIERS, A DOM GRÉGOIRE TARRISSE

(Ancienne Bibl. de l'abbaye de Solesmes : hist. ms. de la Congrégation de Saint-Maur.)

A Béziers, 18 avril 1635.

Révérendissime Père, le contentement que je reçois tous les jours des

vaire. — Le recueil de D. Fonteneau contient diverses autres lettres sur le même sujet et de la même année.

1. Les avis furent partagés ; voir l'acte du 9 février 1634 transcrit également par D. Fonteneau. L'évêque de Poitiers était favorable, et le Père Joseph est intervenu aussi dans cette affaire qui se termina par l'union en 1634, après avoir fait quelque bruit.

pères de votre Congrégation dans mon abbaye d'Anianne, et le fruit qu'ils y font est si grand que je croirais manquer bien fort si je ne vous témoignais par ces lignes, et particulièrement pour la personne de Dom Ambroise Tarbourier, lequel ayant prêché dans le dit lieu d'Anianne y a laissé une si bonne odeur de probité et de doctrine, que tous les habitants désirent avec passion de jouir de sa présence, et s'ils pouvaient l'avoir pour supérieur du monastère quand un nombre de pères s'y pourra loger, ils recevraient une extrême joie de l'élection que vous en feriez au chapitre général prochain. Je n'ai pu manquer de vous en supplier comme celui qui participera beaucoup à l'obligation que les autres nous en auront, et souhaiterai toujours avec passion les occasions pour faire paraître à votre Ordre mes volontés pour ses services, et à vous en particulier que je suis, Révérendissime Père, Votre très humble serviteur. (*Signé :*) CLÉMENT, évêque de Béziers.

LETTRE DE LOUIS XIII A DOM GRÉGOIRE TARRISSE

(Ancienne Bibl. de l'abbaye de Solesmes : hist. ms. de la Congrégation de Saint-Maur.)

Escrit à Saint-Germain-en-Laye, le 15 mars 1638.

Père général, mon intention estant qu'il soit establi des religieux de vostre congrégation dans l'abbaye Sainct Honorat de Lérins, ordre de sainct Benoist, située dans une des isles de ma province de Provence, je vous escris la présente pour vous dire que vous y envoiiez quelques membres avec vostre mission et obédience en bonne forme ; ils la présenteront au seigneur évesque de Grasse et au sieur Charron de Champigny, intendant de la justice en ma ditte province, que j'ay commis pour faire cet establissement, lesquels leur feront entendre plus amplement ma volonté sur iceluy. La présente n'estant à autre fin, je prie Dieu qu'il vous ait, Père général, en sa sainte garde. — (*Signé :*) LOUIS. — (*Contresigné :*) BOUTHILLIER.

DOM G. TARRISSE A MONSIEUR LE BARON DE MÉZIÈRES, A SEDAN

(Biblioth. nat^le, ms. latin 12694, f° 70.)

A Jumièges, le 27° aoust 1640.

Monsieur,

Celle qu'il vous a pleu de me faire l'honneur de m'escrire m'a esté renduë absent de Paris ; par icelle j'ay veu les soins qu'il vous plaist prendre avec tant d'affection de nos affaires, dont je vous rends mes très humbles remercimens. Mais parce que par la responce de Monseigneur de Reims il seroit difficile de terminer les différens des livres dont est question avec les bons Pères Capucins, j'ay pensé qu'il seroit mieux de dresser une remonstrance à mondit seigneur, par laquelle il verra les moiens qui nous semblent se pouvoir tenir pour mettre fin à cet affaire, sans exposer son nom en des poursuites qui ne donnent que trop de subject aux langues de parler. Le respect et l'honneur que nous portons à Sa Grandeur nous faict réduire à ceste condition, quoy qu'au desadvantage du monastère, et néantmoins l'accordant et faisant un acte de justice il n'en peut recevoir que de l'honneur et de la gloire, et nous obliger de plus en plus à luy continuer nos services et nos vœux et prières pour sa prospérité. Pour vous, Monsieur, vous aurez la plus grande partie du mérite, car estant un des principaux instrumens de ceste grâce que nous esperons recevoir par vostre entremise si vous daignez encor prendre la peine de vous y employer, car je vous en supplie très humblement et de croire que nous vous en aurons toute une très estroitte obligation, et moy en particulier qui désire rester toute ma vie, Monsieur, Vostre très humble serviteur.

Dom G. Tarrisse a Monseigneur l'archevêque d'Arles

(Minute corrigée. — Biblioth. nat^{le}, ms. latin 12086, f° 169.)

A Paris, ce 10° febvrier 1641.

Monseigneur,

Au retour d'un voiage que j'ay faict aux champs, ayant esté averty de vostre heureux retour en vostre ville d'Arles en assez bonne santé, je me suis recognu obligé de vous en témoigner la joye et contentement que nous en avons tous receu, et moy très sensiblement, car outre l'interest commun que nous avons avec tout le public en la conservation de vostre personne, nous l'avons fort particulier pour estre le plus ancien et plus favorable support de nostre petite Congrégation. Aussi vous puis-je asseurer, Monseigneur, que nous en conservons chèrement la mémoire, et la tendre affection comme de la personne qui nous est la plus chère du monde, et la recommandons incessamment à Dieu dans nos petites prières avec un soin très particulier.

Nos confrères vos humbles enfans et serviteurs, qui sont à Montmajour par vostre commandement, m'ont escrit les grâces et faveurs qu'il vous plaise leur continuer, ce qui m'a esté un nouveau motif de vous en rendre ces très humbles remercimens. Je croy en effect qu'ils ont besoin de vostre particullière affection et ont bien souspiré aprez vostre retour, ayans esté presque tous continuellement affligez de maladie et autres incommoditez depuis leur establissement et toujours abandonnez sans secours, ne pouvans sortir et ne sachans à qui avoir recours, dont deux en sont morts après des langueurs incroiables. Or comme plusieurs n'ont pas esté contens de ceste introduction, tant s'en faut qu'on soit porté à leur donner quelque consolation, au contraire la pluspart les voient à contrecœur et prennent toutes les occasions qu'ils peuvent pour les traverser et rendre odieux et mesprisables, mesurant toutes choses selon leurs interests et prétentions, tellement que s'ils n'estoient à l'abri de vostre paternelle protection, estans d'ailleurs si incommodez pour le temporel, il leur seroit impossible de pouvoir subsister. C'est pourquoy, Monseigneur, je vous supplie avec toute l'humilité possible que vostre piété qui ne deffaut à personne daigne les regarder d'un œil d'amour et continuer en la deffense qu'avez daigné toujours prendre de nostre petite mais toute vostre Congrégation, j'espère que, s'ils se peuvent un peu ravoir et leurs affaires se mettre en quelque bon train, Vostre Grandeur et le public en recevra de la satisfaction.

Dom Tarrisse au Père Cyprien Richard,
prieur de Saint-Vincent de Laon

(Archives départ^{les} de l'Aisne, H 5.)

De Saint-Denis, 2 octobre 1645.

Pax Christi. Mon Révérend Père, voilà le Père Dom Cyprien Le Clerc qui s'en va vous trouver pour voir le moyen de réparer ce que nostre conseil a trouvé désavantageux pour nostre Congrégation aux articles qu'avez faicts avec Messieurs de la ville touchant le collège de St-Jean[1]. Suivez son ordre et ses advis en toutes choses, s'il vous plaist, car nous l'envoyons pour cela.

Ces Messieurs n'ont pas tesmoigné beaucoup d'inclination pour nous : peut-estre ont-ils plus de confiance en d'autres. Cela estant, il vaudrait mieux qu'ils s'en servissent de peur de nous exposer au danger d'avoir tousjours des procez et différens. On s'estoit offert de les servir pour leur tesmoigner nostre affection et non pour aucun profit temporel qu'on espéroit d'eux ; ainsi, s'ilz trouvent une condition meilleure ailleurs, il leur sera loisible de l'accepter.

Le dit P. D. Cyprien suppléera le reste.

Dom Tarrisse au Père Cyprien Richard

(Archives départ^{les} de l'Aisne, H 5.)

A Paris, le 22 octobre 1645.

Pax Christi. Mon Révérend Père, depuis votre départ nous avons esté

---

1. La décision prise en 1630 d'introduire les Bénédictins réformés à Saint-Jean de Laon ne fut réalisée qu'en 1644. A cette date (1er décembre) fut conclu un traité, en dix-neuf articles, par Dom Cyprien Le Clerc comme procureur de Dom Tarrisse (*Archives nationales*, Q¹ 9). Cf. *L'abbaye de Saint-Jean de Laon*, par Taiée (*Bulletin de la Société académique de Laon*, XXI (1876), pp. 263-266). La présence de Dom Tarrisse à Laon est signalée par un document du 29 mai 1640 et un autre du 10 mars 1642, concernant l'abbaye de Saint-Vincent (*Archives dép. de l'Aisne*, H 127).

advertis que Messieurs de l'Université vont entreprendre puissamment de plaider contre nous si nous entreprenons d'enseigner, et nous vont mettre en butte de leurs langues et de leurs plumes pour nous peindre comme il faudra, et, au bout, s'ils ont arrest contre nous portant deffense, cela va faire conséquence contre la Congrégation, aussy bien pour nos petits séminaires que pour toute autre chose. Or les affaires que nous avons maintenant sur les bras ne permettent pas de nous exposer sur le théâtre avec danger d'une si grande conséquence. Je ne croy pas que Mgr de Laon, sachant tout cela, veüille exposer son auctorité au hazard d'un mauvais événement ; partant ne faictes rien davantage en ceste affaire, et que personne ne s'engage du tout à commencer aucunes leçons ny rien faire dans le collège. On attend de jour en jour en ceste ville Mgr de Laon, où estant, je me donneray l'honneur de luy parler. Si Messieurs de la ville vouloient attendre à une autre année, aussy bien le temps est extrèmement pressé et n'est pas possible que les personnes ny les lieux soient en estat : cependant dans ceste précipitation on nous constitue dans de grandes incommoditez et despenses, et au bout il est à craindre qu'on ne nous laisse là, et d'ailleurs que nous n'ayons pas mesme de suffisantes asseurances pour l'advenir. Ne vous engagez donc à rien, que n'ayez d'autres nouvelles, car Messieurs de la ville ne sauroient trouver mauvais que nous évitions la confusion et le danger auquel nous nous irions mettre si nous entreprenions telles affaires qu'on ne soit asseuré d'avoir la paix ; car de le faire sans des espérances il n'est pas juste.

Nous vous escrirons plus amplement ce qui sera à faire quand nous aurons plus de lumière. Escrivez-nous aussy ce qui se passe par delà au plus tost ; cependant, comme j'ay dict, n'avancez rien. Messieurs de la ville voyent bien qu'il ne tient pas à nous, puisque j'avois desjà envoié des religieux sur les lieux, mais, trouvans de si grands obstacles, ils doivent se payer de raison.

Si ces Messieurs attendoient à une autre année, les choses se fairoient beaucoup mieux au contentement de vous.

Dom Tarrisse au Père Cyprien Richard

(Archives départ^{les} de l'Aisne, H 5.)

A Paris, le 25 octobre 1645.

Pax Christi. Mon Révérend Père, depuis vous avoir escript, nous avons esté advertis de l'empeschement qu'on va apporter à l'exercice du collège, et nous estans informez de ce que nous avions à faire et ce qu'on pouvoit craindre de ceste opposition de personnes de créance et d'auctorité, on nous a asseuré et franchement dit de nous prendre bien garde de l'entreprendre, parce que, sur une simple requeste, on obtiendroit des deffenses contre nous, si desjà on ne l'a faict, pour ne nous mettre en une confusion qui seroit à craindre. Excusez-vous près de Monsieur le Grand Vicaire et Messieurs de la ville, et lez priez de se contenter d'avoir cogneu la volonté que nous avions de les servir, et des frais ausquels nous nous sommes mis pour faire desjà avancer les régents. Si on vous presse de savoir d'où vient cela, vous pourrez dire à Monsieur le Grand Vicaire que c'est Monsieur le premier Président, lequel il sçait bien estre intime amy de Mgr de Laon ; et s'il croit que l'affaire deut réussir à son contentement, il n'auroit pas manqué de seconder ses bonnes intentions. Mondit seigneur, passant icy, verra ledit sieur premier Président, et luy dira de vive voix ses sentimens. Il faudra donc arrester le dessein de ne faire aucunes despenses pour ce sujet, mais penser à ce qui sera à faire pour l'établissement de la communauté en son temps.

Faictes revenir icy D. Anselme et D. Hierome au plus tost.

Je suis bien marry que nous ne puissions donner le contentement à Messieurs de la ville qu'ils désiroient, mais nous avons faict tout ce que nous avons peu. Je salue nos confrères.

Il ne faut parler de ce que Monsieur le premier Président a dict qu'à Monsieur le Grand Vicaire et non à d'autres.

Dom André Liaboeuf à Dom Grégoire Tarrisse

(Biblioth. nat¹⁰, ms. français 19678, f° 2.)

De Bordeaux, ce 20ᵉ avril 1648.

Mon très Révérend Père, La lecture de la lettre qu'il pleust à Vostre Révérence m'escrire m'encouragea grandement à la poursuite du petit dessein que j'avois de travailler à l'histoire de l'Ordre ; mais ne l'ayant peu sitost advancer, comme j'eusse bien souhaitté, à cause des occupations esquelles l'obéissance m'a du depuis occupé, et voyant d'ailleurs que Vostre Révérence ordonnoit, dans sa lettre imprimée, d'envoyer au plus tost ce qu'on pourroit trouver touchant les vies des saincts de vostre Ordre, je me suis résolu d'envoyer à Vostre Révérence avec la présente tout ce que j'ay peu recueilly de la vie de sainct Mommolin, qui est le seul sainct qu'on sçache avoir esté dans ce monastère. Je l'avois au commencement escrite un peu au long en françois, mais du depuis j'ai creu estre plus à propos de vous l'envoyer tout de mesme que je l'ay trouvée dans les anciens bréviaires de Bourdeaux, sans luy rien adjouster du mien, si ce n'est à la fin quelques petites remarques en françois.

Je vous envoye aussy, dans un papier séparé ainsy que Vostre Révérence m'avoit commandé, les difficultés que j'ay rencontrées dans la dicte vie. Si Vostre Révérence donne le tout à quelqu'un de nos pères pour le pouvoir [examiner], je la voudrois très humblement supplier de donner ordre qu'on m'advertyt des fautes qui s'y rencontreront, afin que j'en puisse faire doresnavant mon profit. Je prétendois aussy d'envoyer à Vostre Révérence, avec la vie de sainct Mommolin, celle de sainct Gérard, abbé de la Seauve, et pour cest effect on avoit prié Monsieur le général de nous vouloir donner quelques mémoires, comme aussy de ce qui concernoit son monastère ; mais il fit response qu'il estoit sur le poinct de mettre en lumière l'histoire de la Seauve, ce dont je suis fort aise. Pour Guistres, il sera assés difficile de pouvoir trouver quelque chose, touts les tittres ayants esté bruslés avec le monastère par les hérétiques.

J'attends tous les jours response de Blaye ; j'employe cependant le plus de temps qu'il m'est possible à feuilleter les archives de ce monastère, où je n'ay pas peu de peines de les accorder avec les historiens.

Dom Tarrisse a attaché son nom à un petit volume de direction spirituelle, intitulé : *Avis aux RR. PP. Supérieurs de la Congrégation de Saint-Maur* (Paris, 1632, in-12)[1]. C'est à son initiative que sont dues la publication des *Constitutiones* imprimées en 1648, et la préparation d'autres ouvrages de liturgie et de constitution monastique[2].

Des religieux mécontents et « rebelles », désignés sous le nom de Faronites parce que la plupart résidaient à Saint-Faron de Meaux, ont suscité à Dom Tarrisse quelques difficultés ; et le souvenir de cette lutte n'était pas encore complètement effacé plus de cent ans après la mort du Supérieur Général, dont le nom reparut dans plusieurs écrits[3] imprimés en 1766. Depuis cette époque, l'*Histoire littéraire de la Congrégation de Saint-Maur* (1770) a été la seule à nous révéler les mérites particuliers de ce religieux qu'elle qualifie de « grand homme[4] ». La publication des notes de Dom Luc d'Achery aidera peut-être à le faire tardivement sortir d'un injuste oubli.

Henri Stein.

1. Cf. Dom Tassin, *Histoire littéraire de la Congrégation*, p. 54.
2. Cf. Ch. de Lama, *Bibliothèque des écrivains de la Congrégation de Saint-Maur* (Munich, 1882, in-12), p. 40.
3. *Défense de Dom Grégoire Tarrisse, Supérieur général de la Congrégation de Saint-Maur, contre les imputations des Faronites* (par Dom Claude Jourdain). S. l. n. d. ; in-4° de 55 p. — *Mémoire en réponse pour Dom Joseph Delrue, Supérieur général,... contre Dom Jean Faure et ses adhérans et appelans comme d'abus* (Toulouse, impr. J. Dalles, in-4° de 120 p.). — On y peut joindre : *Apparition de l'ombre de Dom Grégoire Tarrisse, 28 mars 1776* (Biblioth. nationale, ms. fr. 15787, ff. 68-77).
4. Sur la participation de D. Tarrisse à la réforme de Saint-Maur à l'abbaye d'Ambronay en Bugey, voir *Archives de l'Ain*, II 153.

*Remarques faictes de quelques actions et parolles
du R. P. Dom Grégoire Tarrisse, par D. Luc Dachery (1649).*

Ayant eu le bonheur pendant mes continuelles infirmités de la saincte conversation du R. P. Dom Grégoire Tarrisse, lorsqu'il estoit à l'infirmerie, ce qui arrivoit souvent à cause des fréquentes secousses dont N. S. esprouvoit son âme, pour la purifier et luy faire mériter une couronne plus brillante dans le ciel, j'ay creu estre obligé pour l'édification du prochain d'escrire ce que la mémoire me pourra fournir des religieuses parolles et vertueuses actions dudict R. Père.

J'ay reconneu en luy un esprit noble, capable de grandes choses, propre pour commander et gouverner, et qui se portoit tousjours aux choses bonnes et advantageuses pour la religion ; et c'est pourquoy il aimoit et portoit ceux qui avoient quelque inclination et aptitude soit aux sciences et aux arts, soit aux choses qui regardoient le restablissement de l'ordre Bénédictin, et le maintien de la discipline monastique, et le lustre et la gloire du mesme ordre. Comme son esprit estoit susceptible de toutes sortes de sciences et d'arts libéraulx, voire mesme méchaniques, il en estoit aussy imbue, des uns plus, des aultres moins, selon qu'il s'y estoit appliquéé. Et ce que je trouve de particulier en luy, c'est qu'ayant commencé à estudier fort aagé et esté employé en de grandes charges qui requéroient tout son temps, il ne laissoit de parler de toutes ces choses comme s'il en eust aultrefois faict un particulier exercice ; tellement qu'il entretenoit les Religieux et les aultres de la science ou de l'art auquel ils s'applicquoient, et les portoit à continuer et se perfectionner en tels exercices, car il avoit pour maxime qu'il falloit employer les religieux aux sciences ou arts ausquelles ils avoient plus d'inclination, pourveu que la chose fust bonne et honneste (quoyque peu utile) et que le Religieux n'en abusast point, tant il estoit ennemy de l'oisiveté et cherchant tout moyen pour occuper les Religieux, conformément à ce que a escrit N. B. P. S. Benoist, au chap. 48. Je l'ay veu tant de fois inciter les Religieux à l'estude, particulièrement de la saincte Escriture, à la lecture des Pères, mais surtouts ceux de l'ordre, et de l'histoire d'iceluy ; pour cet effect il cherchoit tous les moyens qu'il pouvoit s'imaginer pour les acheminer à cela, et à promouvoir les desseins d'un chacun, soit en escrivant aux supérieurs des monastères et les exhortant de vive voix, ou bien leurs donnant des livres aux despens de la Congrégation, lesquels il permettoit d'emporter, comme des nouveaux testaments grecs, bibles hébraïques et semblables. Il faisoit la mesme chose en faveur de ceux qui s'addonnoient à quelque art, tant des Religieux de chœur que des frères Convers, les regardants tous d'un mesme œil selon Dieu, comme un Père ses enfans. Il leurs procuroit des instruments pour travailler, approuvant et louant ce qu'un chacun faisoit, leurs escrivant et prescrivant souvent ce qu'ils devoient faire, en sorte qu'un chacun se portoit avec ferveur à bien employer le temps. Dans les affaires importantes cela ne l'empeschoit de penser aux plus petites choses extérieures, car il avoit l'œil partout, et particulièrement pour ce qui regarde la vesteté, et ce qui pouvoit édifier le prochain. Je laisse les particularitez de cecy à d'aultres, qui en ont plus de connoissance et qui ne manqueront point de les laisser à la postérité.

La bonté de son esprit luy fournissoit quantité de beaux desseins (c'est en continuant à parler des choses extérieures) qui estoient pour le bien et la gloire de l'ordre, dont il a effectué plusieurs, et d'aultres qui n'ont peu réussir tant à cause des troubles et grandes affaires qui estoient capables d'accabler un esprit moins fort que le sien, que pour ce que quelques religieux n'ont esté fidels à correspondre à ces intentions, et aux moyens qu'il leurs avoit donné.

Le premier estoit de faire estudier les Religieux à la sainte Escriture et les perfectionner en l'intelligence d'icelle, pour renouveler l'ancienne et sainte coustume de l'ordre, car il semble que nos anciens Pères faisoient aboutir toutes leurs estudes à bien enseigner et enseigner la sainte Escriture. C'est pourquoy afin de jetter des bons fondemens, il fit apprendre aux jeunes Religieux le grec et l'hébreux. C'est pourquoy il fit venir à Paris le bon Père D. Thomas du Four[1] pour l'hébreux, mais comme il le croyoit peu versé en cette langue, il pria M. du Muys, professeur royal en icelle[2], de venir prendre un repas à Saint-Germain, aprez lequel il le mena en la bibliothèque, le fit conférer avec D. Thomas, auquel il fit plusieures interrogations comme à un escolier, puis le fit interpréter quelque chapitre aysé de la Bible, et voyant qu'il respondoit pertinement à tout, il le mit sur les plus grandes difficulté de cette langue et de la sainte Escriture, et ayant satisfaict à tout pleinement, il prit à quartier le R. Père et luy dit que D. Thomas n'estoit pas un escolier, mais un maistre, et qu'il ne croyoit qu'il y eut personne dans Paris et peut estre en l'Église si capable que luy. Le R. P. estonné d'un tel tesmoignage creut qu'il luy disoit cela par complaisance ; c'est pourquoy il le supplia l'asseurer en conscience ce qui en estoit ; M. Muys luy répliqua : « Non, mon Père, je ne connois personne capable comme luy ; vous le pouvez mettre hardiment à enseigner vos Religieux ». Mais D. Thomas se cachoit tant qu'il pouvoit et ne se produisoit pas volontiers. Néantmoins quelques années aprez il composa une Grammaire hébraïque, laquelle il fit imprimer par exprez commandement du R. P., lequel incontinent aprez cette conférence de M. Muys, donna environ douze religieux audit Père D. Thomas, auxquels il enseigna la sainte langue ; dont quelques-uns se sont rendus capables d'enseigner aux aultres, tellement qu'à présent cette langue, grandement nécessaire pour acquérir une parfaite intelligence de l'Écriture sainte, s'est rendue familière

---

1. A publié en 1642, à Paris, une grammaire hébraïque, dont il est question plus loin.

2. Siméon de Muis (Cf. Abel Lefranc, *Histoire du Collège de France*, 1893, p. 383).

à plusieurs Religieux de la Congrégation. Le R. P. envoyant ledict D. Thomas demeurer à St-André de Villeneufve [1] afin qu'il peut conférer avec les Juifs, et qu'il se perfectionna d'autant plus en la langue sainte, il l'esloigna de Paris à cause qu'iceluy ayant esté député avec d'aultres par Monsr le Cardinal de Richelieu pour examiner l'hébreu de la grande Bible en sept langues, ceux qui l'avoient imprimé le poursuivoient par le moyen des plus grands amis de la Congrégation, pour donner son approbation à ladicte Bible, se souciant peu de celle des aultres députez, ainsi qu'ils ont protesté plusieurs fois : ce qu'il ne croyoit devoir faire à cause de quantité de faultes qu'il avoit remarqué en cette bible ; ainsi que je luy ay ouy dire. Estant de retour de ce pais, le R. Père l'invita de faire un commentaire sur les Pseaumes, ce qu'il entreprit par obéissance, mais ne voulans rien quitter de ses dévotions ordinaires (il ne se couchoit pas ordinairement aprez matines, passant ce temps en oraison) ny aussy des exercices de la Religion, il ne peut longtemps continuer, car estant au 9e ou 10e Pseaumes, sa maladie des poulmons le pressa si fort la semaine sainte de l'année 1647 qu'il ne fit plus que traisner, et estant allé demeurer à Jumièges, il y mourut au mois de   [2].

Le R. Père continuoit tousjour à exhorter les religieux à s'estudier à cette langue, et à la sainte Escriture, ainsi qu'il est comandé en la session 5e, chap. I de reformat. du Concile de Trente : *in monasteriis monachorum, ubi commode id fieri queat, etiam lectio sacræ scripturæ habeatur, qua in re si abbates negligentes fuerint, etc.;* et fit en sorte qu'au dernier Chapitre général de 1648 les RR. PP. ordonnèrent qu'on feroit tous les jours des conférences de la sainte Escriture dans les monastères où il n'y a point d'aultres exercices qui les en puissent empescher. Il avoit aussy un grand désir qu'en chacque chambre des monastères il y eut une bible, et qu'on ordonnast que les Religieux en leussent tous les jours quelques périodes, ainsi qu'on faict de la Règle ; mais cela n'a pas encore esté effectué à cause de la pauvreté des monastères.

Il avoit tousjour eu une affection très particulière pour l'histoire et les Autheurs de l'ordre, mais spécialement incontinent qu'il fut esleu Supérieur Général, c'est pourquoy il entretenoit volontiers les Religieux qui y avoient de l'inclination, et qui s'applicquoient tant à la lecture de cette histoire qu'à mettre en lumière ces mesmes autheurs. En suite de quoy il avoit dessein de mettre 5 ou 6 Religieux à St-Germain pour travailler à l'histoire, et pour donner au public les autheurs qui n'ont pas encore esté imprimez, mais le peu de commodité dudict monastère ne pouvant point tenir ce nombre de Religieux à cause qu'il les eust fallu exempter d'une

---

1. Près d'Avignon, sur la rive droite du Rhône.
2. D'après l'*Histoire de la Congrégation de Saint-Maur*, p. 34, sa mort advint le 2 février 1647. Cette date ne concorde pas avec ce que dit ici Dom Luc d'Achery, qui a laissé le mois en blanc.

partie des exercices communs, luy fit différer de mettre à chef un si louable dessein. Néantmoins il prit occassion d'y faire donner quelque commencement, sur ce que D. Anselme Le Michel enseignant la théologie en la mesme Abbaye de S*t*-Germain, il advança quelque proposition dans les prologomènes, qu'il estoit absolument nécessaire qu'un Supérieur fut Théologien, ce qui causa beaucoup de bruit, de riotes et mocqueries parmy les escholiers, quelques uns nommant tout hault avec mespris quelque Supérieur qui n'avait point estudié en Théologie, je dis Théologie Scholastique, laquelle n'est pas absolument nécessaire, comme il prétendoit prouver, mais seulement la Théologie positive. Cela fut cause qu'on ne voulut plus qu'il enseignat, et la bonté du R. P. vint jusques à ce point que de donner le choix audit D. Anselme de quel monastère il vouldroit pour sa demeure ; il choisit Corbie où il ne demeura guer, d'aultant que ne pouvant s'accorder avec le Supérieur il y eut un grand trouble dans la communauté. Le R. P. considérant l'humeur incompatible de D. Anselme, estoit bien en peine en quel lieu et exercice il le pourroit mettre, afin qu'il peut se maintenir et laisser les aultres en paix : il s'advisa d'un emploict très conforme au naturel et à la capacité dudict Père, et honorable pour iceluy et utile à l'ordre, qui est de l'envoyer par les monastères de la Congrégation, et en chemin faisant aux aultres de l'ordre, pour voir les chartriers, cartulaires, anciens livres manuscripts, et en faire des extraicts et mémoires pour servir à l'histoire, et faire un catalogue des manuscripts, et remarquer ceux qui ne seroient pas imprimez [1]. Il raisonnoit de la sorte ; on a employé D. Anselme en diverses occupations. On l'a mis à enseigner la philosophie, et la théologie par plusieures fois, et il n'a peu continuer ; il a eu quelque supériorité, et a esté par aprez religieux particulier sans emploict, et en tous ces estats il a tousjour causé du désordre et du trouble, ne pouvant vivre en subjection et en communauté ; or en cette occupation il ne despendra en quelque façon de personne que du Supérieur Général, auquel il rendra seulement compte de ce qu'il fera, et ainsi pourra facilement faire son salut, et s'employer à l'advantage de la religion. Il le fit donc venir à Paris, où il luy communicqua son dessein, luy prescrivit les ordres qu'il devoit garder, avec une lettre circulaire laquelle s'addressoit au Supérieur du monastère où il iroit. En voicy la teneur :

« Mon R. P., Ayant dessein de faire travailler à l'Histoire de nostre Ordre en France, j'ay creu qu'il estoit nécessaire de voir avant que commencer les antiquitez des monastères, et en tirer des extraicts par mémoires pour servir à la composition d'icelle. C'est pourquoy j'envoye le Père Dom. Anselme le Michel pour ce sujet, vous suppliant de luy faire voir tout ce qui est dans vostre chartrier et ailleurs avec une pleine liberté ; de l'assister de quelqu'un de vos Religieux (aultant que la commodité vous le

---

1. Il mourut en 1644, et composa une grande Histoire de l'abbaye de Marmoutier : ses notes et transcriptions sont nombreuses à la Bibliothèque nationale.

permettra) pour transcrire avec luy ce qu'il aura besoin ; et lorsqu'il aura achevé en vostre monastère, luy donner de l'argent et aultres nécessitez avec un garçon pour le conduire jusques au prochain monastère. »

Par sa letre on voit l'affection qu'il avoit pour D. Anselme, et le désir qui le poussoit pour faire bien commencer et continuer un si util travail : toutesfois ses intentions ne furent point secondées, car le Père Dom Anselme ne fut pas plustot entré dans le premier monastère qu'il y eut aussy tot des plaintes de luy, en sorte qu'aprez avoir veu petit nombre de monastères, le R. P. ennuyé d'icelles, il fut contraint de le redemander pour voir s'il pourroit faire quelque chose à Paris; estant retourné, on lui permit tout le temps à luy, ne l'obligeant à aucun exercice que les Festes et Dimanches. Il rapporta quelques mémoires de plusieurs monastères. Le R. P. voyant qu'il n'advançoit rien à Paris, il luy parla, mais il n'eust que des plainctes pour responses, et entre aultres choses qu'il luy dict, est qu'il estoit nécessaire de retourner visiter les monastères avec un compaignon. On lui accorda donc D. Philbert Oudin [1], lequel endura beaucoup avec luy dans tous leurs voyages, ainsi qu'il m'a raconté plusieurs fois ; et n'en pouvant plus supporter, il supplia le R. P. de le vouloir rappeler, ce qu'il fit aprez plusieurs lettres des supérieurs particuliers qui se plaignoient que Dom Anselme donnoit de mauvaises impressions aux Religieux. Estant à Saint-Germain des Prez, il se comporta comme la première fois, ne voulant rendre compte à personne de ses actions, se plaignant tousjour que les Supérieurs n'avoient point d'affection pour faire travailler de bonne sorte à l'histoire de l'ordre (contre la vérité) et prétextant qu'il ne pouvoit rien advancer qu'il n'eust quelque ayde pour voir les aultres monastères où il n'avoit pas encore esté : cela fut cause que le R. P. le renvoya encore pour la 3e fois, donnant ordre aux Visiteurs de luy trouver quelque jeune Religieux pour l'accompagner, pour voir s'il accommoderoit mieulx avec un jeune, ayant tout pouvoir sur luy. Enfin on luy en trouva un, lequel ne dura guer avec luy ; ce qui fut cause qu'il demeura seul, et après avoir visité quelques monastères et m'avoir addressé ses mémoires, le R. Père ne sçavoit plus quelles inventions trouver pour le contenter, entendant des plaintes de luy et craignant de le faire revenir à St-Germain des Prez pour plusieurs raisons, et dans l'appréhension de ce qui arriva par aprez, ainsi qu'il me le tesmoigna plusieures fois. L'affection que j'avois qu'on fit l'histoire de l'ordre me faisoient souhaiter son retour, et importuner le R. P. de le faire revenir ; ce qu'il fit enfin, et l'amour paternel qu'il luy portoit luy fit endurer avec une patience incroyable pendant plus de 3 ans ses déportements, lesquels les aultres Supérieurs ne pouvant plus supporter luy parloient souvent de le faire sortir et luy faire quitter les estudes de l'histoire et le mettre dans les exercices de la communauté, d'autant qu'il n'assistoit

---

1. Rentré dans la vie séculière en 1650 ; Cf. U. Robert, *Supplément à l'Histoire littéraire de la Congrégation de Saint-Maur.* (Paris, 1881, in-8), p. 70.

qu'à ce qu'il vouloit, recevoit et escrivoit des letres à qui il vouloit sans les faire voir. Le R. P. tesmoigna bien en ses rencontres sa débonnaireté, car Dom Anselme interprétant toutes ses actions en mauvaise part ne l'alloit jamais voir, quoy qu'il fut fort malade, et ne luy rendoit aucun compte de ses emploicts, et néantmoins ledict Dom Anselme estant tombé malade, il l'alloit voir tous les jours, et le recommandoit plus particulièrement aux Infirmiers. Et nonobstant tout cela il causa tant de troubles non seulement dans l'esprit de quelques religieux de St-Germain, mais aussy de plusieurs aultres monastères, qu'on ordonna à la diette de 1647 de l'envoyer demeurer ailleurs, et luy faire suivre tous les exercices, mais n'ayant pas voulu obéir, on fut contraint de l'arrester. Quelques jours aprez qu'il fut arresté, je luy conseillay de s'humilier et de n'attendre aucune assistance de ses amis externes, ains d'escrire au R. P. qui estoit encore à St-Denis, ce qu'il fit, et moy aussy à sa prière, et le R. P. ne luy rendit point response, mais à moy seulement (le jugeant à propos de la sorte), laquelle j'ay creu devoir icy insérer :

« A Dom Luc d'Achery. Mon Père, j'ay receu vostre lettre et celle de Dom Anselme. Vous savez bien combien j'ay eu de peine en l'honneur de D. Anselme, ce que j'ay faict pour l'occuper, et aurois faict davantage s'il eut esté d'une autre conversation et nonobstant tout ce qu'il a faict à St Germain et partout là où il a esté, et ceux qu'il a conversé, qu'il a tousjour tasché d'aliéner et de leur devoir et de leurs Supérieurs, encore qu'il aye veu quelle est la patience qu'on a eu en son endroict, et pour tout cela néantmoins on ne prétendoit autre chose que de luy donner moien de travailler pour soy. Cependant le voilà incontinent dans l'émotion et dans la rébellion pour un simple changement qui n'est que comme les fauxbourgs de Paris ; sans autre dessein vous pourrez l'asseurer qu'on ne demande de luy sinon qu'il se rende bon Religieux et donne aussy bon exemple à ses confrères qu'il les a mal édifiez, estant bien certain que la Religion et moy en particulier ne demande que le salut de son âme. Saluez le R. P. prieur et le sous prieur et le P. D. Anselme Des Rousseaux de ma part, et priez pour moy qui demeure, mon Père, Vostre très affectionné confrère en N. S., f. GRÉGOIRE TARRISSE. Ce 26 juin. »

Pendant sa détention on trouva plusieurs libels diffamatoires et des injures atroces et mensongers contre le R. P. particulièrement, et les aultres Supérieurs majeurs : ce qui fut cause qu'on procéda contre luy par les voyes de justice ; et eust pour pœnitence de se retirer à Landevenec[1], séparé de la communauté pour quelques années.

Quand quelques fois je luy parlois de D. Anselme et de ses ingratitudes en son endroict, il me respondoit en frappant sa poitrine, qu'il avoit esté trop indulgent à l'endroit de luy, et que Dieu le chastioit justement et permettoit qu'il parlast ainsy mal de luy. D'aultres fois il me disoit : « Dieu

---

1. Dans le département actuel du Finistère.

soit bénit, sa bonté me faict trop de graces qu'aprez avoir faict tout le bien que j'ay peu à cette personne, il permet que je n'en ay jamais receu que mescon[ten]tement, murmures et calomnies : Nostre Seigneur le veuille convertir et luy faire les graces de se reconnoistre, car il parle contre sa conscience; je suis coulpable à la vérité de beaucoup de pechez devant Dieu, dont sa miséricorde me veult chastier par ces voyes, mais pour ceux dont le Père D. Anselme m'accuse, il sçait mon innocence et parle contre sa conscience. » Il tesmoignoit une grande tranquilité et une satisfaction d'endurer telles injures, ne regrettant en cela que l'offense de Dieu. Sa charité s'estendit encore plus avant à l'endroict dudict Père, car il pria les Pères députez pour faire son procez de luy faire toutes les graces possibles, et d'avoir compassion de luy : il fist la mesme envers les Pères qui alloient au chapitre général, auquel il escrivit pour ce sujet. Enfin, pour conclure cette matière, Dom Anselme est cause qu'on a rien advancé pour l'histoire jusques à présent 1649, d'autant qu'il a mal employé le temps qu'on luy avoit donné, et que les Supérieurs n'ont osé luy donner aucun Religieux pour travailler conjoinctement à cause de ses entretiens, et des mauvaises impressions qu'il donnoit contre les maximes de soubmissions et d'obéissance.

Le R. P. ne désista point pour toutes ces troubles d'essayer tous les moyens possibles pour continuer à faire des mémoires par tous nos monastères touchant les choses remarquables de chacque monastère, afin qu'on peut travailler à l'histoire de bonne sorte : c'est pourquoy, poursuivant cette affaire à mon ordinaire dans les occasions, et lors mesme qu'il estoit environ né des plus urgentes et difficiles affaires, il ne m'esconduisoit jamais, ains faisant paroistre un très grand contentement des moyens que je luy proposois, entre aultre de faire une letre circulaire à tous les Supérieurs de la Congrégation, dans laquelle on feroit voir son dessein et les moyens pour faire les susdits mémoires, il me recommanda d'en dresser un project; ce que je fis, et luy la corrigea, l'augmenta de ce qu'il jugea à propos, et la mit en son stil, nonobstant ses infirmitez dont il estoit pour lors assailly; et je la fis par son ordre imprimer en son nom; elle est dattée du 13ᵉ de novembre 1647. En suite de quoy il escrivit au R. P. Visiteur de Tolose qu'aprez que Dom Claude Chantelou auroit achevé les mémoires de Sᵗ Guilem du Désert, Montmajour et aultres[1], qu'il l'envoyast à Paris pour avoir la conduicte de l'histoire de l'ordre : ce qui fut excécuté aprez Pasques de 1648. Il escrivit aussy la mesme chose au R. P. Visiteur de Bretaigne de Dom Jean Huynes pour aider à ce dessein; mais il n'arriva à Sᵗ Germain des Prez qu'au mois de décembre de la mesme année, parce que ledit D. Jean achevoit l'histoire des deux SS. Florens[2]. Il escrivit encor à

---

1. L'Histoire de l'abbaye de Montmajour d'après les manuscrits de Dom Chantelou a été publiée par F. Marin de Carraurais (Marseille, 1877 ; in-8 de 162 p.).

2. Elle est conservée à la Bibliothèque nationale. Des fragments en ont été publiés

d'aultres Religieux, spécialement à D. Noël Mars, et luy donna permission de voir quelques monastères de Bretaigne, et en tirer des mémoires[1]. Il représenta aussy par letres aux RR. PP. du Chapitre général de 1648, auquel il n'assista point à cause de sa grande maladie, la nécessité et le bien d'employer quelques Religieux à cette histoire (il me recommenda aussy d'escrire à cette mesme fin et de nommer les Religieux que je croyois estre propre à icelle, ce que je fis). Les RR. PP. intérinèrent sa demande, et ordonnèrent que 3 ou 4 Religieux seroient destinez à cela ; néantmoins la nécessité des monastères qui ne pouvoient point supporter nombre de Religieux fit qu'on changeat cette résolution, et qu'on mit les estudes de Philosophie à St Germain des Prez, qui estoit le lieu qu'on avoit ordonné pour l'histoire. On ne laissat pourtant point d'y employer D. Claude Chantelou, et obtint du très R. P. Supérieur que le R. P. D. Bernard Audebert[2], premier assistant, en auroit la conduicte, tant pour l'histoire que pour l'impression des manuscripts, et que les Religieux des monastères s'addresseroient à luy ; ce qui réussit assez bien, graces à N. S., ledict R. P. ayant beaucoup d'affection, de capacité et d'aptitude à telles estudes ; mais les guerres civiles mettent à présent (21 janvier 1649) un grand obstacle à cet exercice, en sorte mesme qu'on a esté contrain de faire sortir dudict St Germain les douze escholiers avec le maistre, et encore quelques aultres Religieux.

Il estoit fort porté que les Religieux fissent leurs estudes et lectures ordinaires dans les autheurs de l'ordre ; et luy ayant représenté qu'on pouvoit facillement faire rimprimer (s'en recontrant grand nombre de diverses sciences qui estoient très rares et chères), sçavoir en obligeant seulement chacque monastère d'en prendre un exemplaire, et qu'on trouveroit des libraires qui l'entreprendroient volontiers ; il tascha dans toutes les occasions d'effectuer ce dessein en incitant les Supérieurs à s'y porter. Ces malheurs du temps l'ont empesché jusques à présent. On en a pourtant imprimé quelques-uns par son ordre : *Concordia Regularum cum notis et observationibus R. P. Hugonis Menardi; Liber Sacramentorum D. Gregorii ab eodem Menardo; Opera B. Lanfranci* etc. *cum notis et observationibus N.*, lesquels n'avoient pas encore veu le jour ; et ceux icy réimprimez : *Diadema monachorum Smaragdi; Institutions spirituelles de Blosius;* et le *Miroir des Religieux de Dacryan* aultrement *Blosius*. Il a fort incité le sieur Chastelain,

par P. Marchegay et G. Port dans la *Revue de l'Anjou*, 1868 et 1877. — Voir une courte notice biographique sur Dom Huynes en tête de l'édition donnée de son *Histoire de l'abbaye du Mont-Saint-Michel*, éditée par la Société d'histoire de Normandie (Rouen, 1872, in-8).

1. Cf. le manuscrit 1174 de la Bibliothèque de Tours. (U. Robert, *op. cit.*, p. 70.) Aucune lettre de Dom Mars dans la *Correspondance des Bénédictins Bretons* qu'a publiée Arthur de La Borderie.

2. Devenu à son tour Supérieur général et décédé en 1675. Cf. Abbé Vanel, *Les Bénédictins de Saint-Maur à Saint-Germain-des-Prés* (Paris, 1896, in-4), p. 27.

libraire, à rimprimer (comme il a faict) les œuvres de Rupert et de S¹ Pierre Damian, l'asseurant qu'on en prendroit grand nombre en la Congrégation.

Comme il affectionnoit fort les livres et incitoit souvent de vive voix et par letres les Supérieurs à en achepter suivant la portée de leurs monastères, leur représentant qu'ils estoient autant nécessaire pour entretenir les esprits, que le bled dans le grenier ; car comme pour faire du pain et nourir le corps, il fault mouldre le bled, le paistrir, et le cuir et le manger ; de mesme il fault faire la lecture des livres, peser bien les mots et la substance, avoir une intention ardente de plaire à Dieu et mettre en praticque ce qui a esté enseigné. Il disoit aussy qu'ayant de bons livres dans les monastères, ce seroit un bon moyen que plusieurs se rendront indifférents de la demeure des monastères, trouvant partout de quoy s'entretenir. Ces exhortations ont de beaucoup servy et plusieurs monastères se trouvent à présent bien garnis de livres, et les Supérieurs se portent à en amasser selon la commodité de leurs monastères. On luy doit la restauration de la belle et célèbre bibliothèque de S¹ Germain des Prez, laquelle a causé une très bonne odeur de la Congrégation, plusieures personnes doctes et de probité, et d'aultres qui aimoient peu la réforme, m'ont confessé lorsqu'ils la sont venu voir, qu'ils estimoient bien que nous faisions estat de bien vivre et de bien chanter, mais que pour les sciences ils avoient creu jusques alors que nous ne les cultivions, et qu'à présent qu'ils expérimentoient le contraire : cela m'est arrivé quantité de fois. Et à l'exemple de la bibliothèque de S¹ Germain, plusieurs et Religieux et séculiers en ont dressé chez eux. Il ne sera point hors de propos de dire comme elle a esté restably. Le R. P. ayant esté esleu Supérieur Général en l'an 1630, arrivé qu'il fut aux Blancs Manteaulx, il s'apperceut que le P. Procureur général vendoit les livres qu'il avoit receu de ceux qui alloient au noviltiat, après qu'ils avoient faict profession. Le R. P. en sousriant luy dit : « Hé quoy ? n'avons-nous plus besoin de livres estant en charge ? Ne devons-nous plus nous addonner à la lecture ? Tant s'en fault. Nous en avons plus de nécessité que les aultres, puisque nous sommes constituez pour les enseigner : c'est pourquoy je vous prie (c'est ainsi qu'il parloient à ses confrères) de ne les plus vendre, ains au contraire d'en achepter. » Ces paroles eurent tant de force sur l'esprit dudict P. Procureur nommé D. Bernard Jevardac [1], que de là en avant il en achepta de très bons ; et estant Supérieur il en a garni les de bon nombre, particulièrement le Mont S¹ Michel. Quelque temps aprez celuy qui possédoit le bénéfice de Sesnon [2] rachepta la pension que le R. P. avoit dessus ; l'argent qui en provint fut employé aux nécessitez de la Congrégation, et le reste pour acheter des livres, lesquels il choisit luy mesme, comme en ayant une parfaicte connoissance ; et voilà d'où la bibliothecque

---

1. Cf. Eug. de Beaurepaire, *Les essais historiques des moines de la Congrégation de Saint-Maur au XVIII° siècle sur le Mont-Saint-Michel* (Caen, 1877, in-8°), p. 15.

2. Cessenon (Hérault), lieu de naissance de Dom Tarrisse.

commune de la Congrégation a pris son commencement : elle a esté augmenté de temps en temps, spécialement estant venu demeurer à S¹ Germain des Prez, où il les fit tous apporter, et accommoder de tablettes une chambre. Il fit rapporter en ce mesme temps les principaux manuscrits de Corbie[1] pour estre en plus grande seureté à S¹ Germain. Cependant tous les livres estoient en confusion, tant les manuscrits que les imprimez. Et n'y ayant pour lors personne ny au petit dortoir, qui eust le temps et le loisir de s'occuper à les mettre en ordre, le R. P. D. Firmin Rainssant[2] pour lors premier Assistent, voyant que j'estois à l'infirmerie relevée d'une flebvre tierce qui m'avoit repris par deux fois, il me demanda si je ne pourrois pas prendre le soin d'arranger les livres de la Congrégation ; moy qui estoit fort ennuyé de n'avoir aucune occupation (le R. P. Prieur considérant mes infirmitez et foiblesses ne trouvoit aucun office dans le monastère propre pour moy), quoy que je ne reconneusse aucune capacité en moy pour tel exercice, je l'acceptay très volontiers ; mais ce ne fut point sans difficulté, n'ayant jamais manié que les livres de classe : néantmoins il semble que N. S. me donnoit cette occupation pour me faire passer doucement le temps, et m'oster la pensée de mes infirmitez continuelles, ainsi que je l'ay reconneu sensiblement par aprez, dont je rend graces humblement à sa divine bonté. Le R. Père estant tous les jours à voir mon petit travail pour m'encourager, il en tesmoignoit une satisfaction extraordinaire et m'en loüoit en présence des supérieurs (quoy qu'il n'y eust rien digne de louange) ; ce qu'il faisoit afin de m'encourager, ainsi qu'il m'a asseuré par aprez ; car il avoit cette coustume de faire toujour paroistre une estime de ce que les Religieux faisoient, et par ce moyen il les portoit à l'aimer et à bien employer le temps avec contentement. Or il m'accordoit tout ce que je luy proposois pour l'ornement et perfection de cette petite Bibliothèque, soit pour relier les livres, soit pour en achepter des bons qui y estoient nécessaires selon les advis que je recevois des personnes capables. Il m'accorda aussy d'avoir un frère convers novice, relieur de son mestier, lequel par son ordre fit faire des instruments par les frères menuisiers ; et moy j'acheptay des lettres de cuivres et aultres marques pour dorer les dos des livres : ce qui servit beaucoup par aprez à raccommoder les livres de la grande Bibliothèque : laquelle Nostre R. P. tascha de réparer dez l'an 1635, à quoy il trouva de grands obstacles, par ce que le lieu de la bibliothèque du costé du cloistre joignant l'église, tombant en ruine, les architectes jugèrent qu'il le falloit démolir, crainte que venant à tomber les ruines attirassent d'aultres bastimens et blessassent quelqu'un. Il en communicqua à plusieures personnes, et cherchoit partout le monastère un aultre endroit pour y mettre les livres ; jusques à ce qu'un frère convers des anciens, habil homme en matière de bastimens, nommé F. Antoine Lopinau (lequel a

---

1. Voir l'*Histoire littéraire* de Dom Tassin, p. 58.
2. Voir l'*Histoire* de Dom Tassin, p. 776.

conduict l'ouvrage de l'église) se présenta, et y rémédia si bien que le lieu est demeuré stable, en sorte que le R. P. fit tant que le supérieur du monastère de l'an 1637, nommé D. Anselme Des Rousseaux[1], mit fin à la menuserie des armoires (ayant esté commencé, et délaissé avant ce temps), ce qu'estant faict, on nestoya les murs et le plancher, et fut le tout peint par un frère commis, et on y mis les livres. Au retour du chapitre, j'en eu la charge, et le R. P. ayant approuvé l'ordre que je mis aux livres, après l'avoir changé diverses fois, il me faisoit paroistre de plus en plus agréer mon petit travail, m'entretenant souvent sur le sujet de la bibliothèque, et me donnant de bons advis tant pour l'augmenter que pour entretenir avec édification ceux qui la viendroient voir; j'entrepris, m'ayant fort incité à cela, de faire le catalogue des livres, ce que je fis avec beaucoup de peine, l'un suivant l'ordre des matières, l'autre alphabétique, avec quelques advis au commencement de chacun. Je renoircy, doray et fit relier plusieurs livres gastez, par l'ordre du R. P., qui en fit achepter assez bon nombre par divers Prieurs, particulièrement pendant les RR. PP. Dom Anselme qui en fit achepter en une seule fois pour 900 livres, D. Benoist Brachet, lequel achepta les Conciles du Louvre, et D. Firmin Rainssant. On changea aussy de ceux qu'on avoit plusieures fois semblables, dont on en eut de très bons. Il prenoit un grand plaisir à s'y pourmener, et se desroboit tant qu'il pouvoit des affaires pour y passer quelque demy heure de temps en de bonnes lectures, l'ayant trouvé plusieures fois seul en icelle. Il agréa aussy qu'on donna l'après disner des mardy et jeudy aux externes pour y estudier; auxquels jours il y vient bon nombre de personnes doctes, mesme estrangers comme Anglois, Allemands et Hollandois, etc.; ce qui l'occasionna de permettre cela est que moy ne pouvant assister au service divin (à mon grand regret), je demeurois pendant ce temps en la bibliothèque. Il m'encouragea aussy grandement à continuer de mettre en lumier les œuvres du B. Lanfranc, lesquelles j'avois entrepris par son ordre, trouvant bonnes les notes que j'avois faict sur icelles[1].

Il n'avoit pas seulement soin de la bibliothèque de St Germain, mais aussy il incitoit les Prieurs des aultres monastères d'achepter de bons livres, ainsi que nous avons dit, et pour cet effect il me faisoit souvent faire des catalogues de livres choisis et utils aux Religieux; et me donna la veüe de remarquer tous les traictés ascétiques ou spirituels qui se trouvent dans les œuvres des Pères, et dans la Bibliothèque des Pères, et en faire un catague : ce que je fis dez l'année 1645 et l'envoyay au chapitre général de la mesme année; mais comme les RR. PP. estoient occupez dans de très fascheuses affaires des troubles que le diable suscita en la Congrégation, ils ne firent point beaucoup de réflexion sur iceluy; néantmoins en l'an 1648 le R. P. D. Bernard Audebert, pour lors Prieur de St Denis, l'ayant veu, il pria le R. P. de permettre qu'il fut imprimé, ce qu'il octroya volon-

1. Cette édition a paru en 1648.

tiers ; il a pour tiltre *Asceticorum, vulgo spiritualium opusculorum quæ inter Patrum opera reperiuntur Indiculus*, etc[1]. Il vouloit que je visse les mémoires des livres qu'on demandoit des monastères, et que je luy fisse raport des livres inutiles et curieux (ne permettant point tels livres), mais cet ordre fut en vigueur aprez le Chapitre général dernier de 1648, suppliant le très R. P. Supérieur de donner la charge au R. P. D. Bernard, premier assistent, comme ayant une particulière connoissance des bons livres, de voir avec moy les livres qu'on demanderoit des monastères, et deffense au libraire d'en envoyer aucun que le mémoire ne fut signé dudict R. Père; et cela cause un grand bien en la Congrégation, parce que les Religieux et Supérieurs prennent connoissance, et s'accoustument aux bons livres.

De tout temps il avoit esté fort addonné à l'estude avant mesme qu'estudier la langue latine et les aultres sciences, qui ne fut qu'à l'aage d'environ 28 [26] ans. Il avoit leu Senecque, Epictète, et les Moralles et les Vies des hommes illustres de Plutarch, en françois; ce qui luy a grandement servy (ainsi qu'il m'a dit plusieures fois) pour luy former le jugement, luy forti[fi]er l'esprist, et luy donner une grande prudence dans la conduicte des affaires et pour gouverner, estant supérieur : parce que la doctrine des philosophes sont comme un corps sans ame, n'estant utilles que pour les choses temporelles, pour former l'homme en ce qui regarde la conversation humaine, pour donner de la civilité et pour se modérer dans les choses corporelles et extérieures : mais venant à y mettre l'âme, c'est à dire unissant aux maximes purement morales les maximes de l'Évangile et du christianisme avec une droicte intention de plaire à Dieu, l'homme devient dans un estat agréable et paisible conversation, et se rend capable de bien gouverner; c'est pourquoy il conseilloit de lire tels autheurs pour apprendre la civilité, l'honneste conversation, et se fortifier dans les adversitez. Il avoit leu la plus grande partie des Poètes qui avoient esté traduicts, comme Virgile, Ovide, etc., et des poètes françois comme Desportes, Ronsard et aultres du temps, se plaisant en la poésie françoise : tellement qu'estudiant sa conversation estoit fort agréable à un chacun, et se faisoit admirer. Je l'ay entendu en plusieures rencontres réciter des vers fort à propos, et toutes les poésies de piété luy estoient très agréables, me recommandant souvent de faire achepter les belles pièces qui s'imprimoient. Il ne se plaisoit pas moins de voir les harangues en françois, les traductions en françois de quelques ouvrages des Pères comme de Tertulien, St Chrysostome, St Augustin et aultres, lorsqu'elles estoient fidellement traduictes et en bons termes, et conseilloit aux Supérieurs de les achepter, et aux religieux de les lire, au lieu de quantité de livres qui n'ont que des parolles ampoullez ; parce qu'on apprend deux ou trois choses en iceux, la piété, la doctrine, et les bons mots et termes choisis de la langue. Il en avoit tous-

---

1. Une 2e édition en a été donnée en 1671.

jour quelques uns, comme aussy de ceux qui regardent l'instruction des Supérieurs, sçavoir le Pastoral S¹ Grégoire, le Prelat de S¹ Grégoire de Nazianze, Stimulus Pastorum, Industria Aquaviva, lesquels il donnoit aux nouveaux Supérieurs des pauvres monastères.

Les lectures les plus ordinaires qu'il fit depuis qu'il fut Supérieur Général estoit la S¹ᵉ Escriture, et sur touts les livres d'icelle estoient les livres sapientiaulx desquels il puisoit de fort belles maximes et s'en servoit fort à propos pour instruire les Supérieurs et Religieux particuliers : et les Epistres de S¹ Paul, lesquelles il avoit faict relier avec les dicts livres Sapientiaulx. Entre les Pères S¹ Grégoire le Grand luy estoit familier, il avoit fort leu le Pastoral, les Moralles sur Job, et ses Epistres. Il lisoit aussy quand il avoit plus de loisir les livres monastiques, et qui concernent les règlemens de la Religion, comme les Constitutions et Règlemens de divers Ordres ; ce qu'il ramassoit de toutte part, et en avoit un grand nombre dans sa cellule. Surtout il lisoit les histoires et les choses qui concernoient nostre saint ordre, duquel il estoit si jaloux que tous ceux qui luy en tesmoignoient de l'affection estoient bien venus auprez de luy. Il s'addonnoit aussy à la lecture du droict canon, et portoit fort les Religieux à l'estude d'iceluy, comme science très nécessaire à tous les Religieux et Ecclésiastiques, spécialement à ceux qui sont en charge. Et pour en donner plus de goust, représentoit la nécessité de cette estude, et faisoit achepter le cours ou corps du droit Canon, le Décret, Décrétalles, etc., et les livres propres pour l'entendre. Il fit venir à S¹ Germain Mʳ Dartis, Doyen des Professeurs en droit Canon[1], pour l'enseigner et donner quelque introduction pour y pouvoir estudier seul.

Ses entretiens estoient toujours utiles et proffitables, et on ne se retiroit jamais de luy qu'on n'en fut édifié, et qu'on remporta quelque connoissance, et qu'on ne fut eschauffé à bien faire (si ce n'estoit ceux qui avoient des intentions sinistres). Pour moy, je confesse que j'ay plus appris en sa conversation qu'en toutes mes lectures et estudes particulières, estimant un très grand bonheur quand je pouvois jouir de son entretient, espiant les occasions de le rencontrer désoccupé, et m'estimant heureux en quelque façon dans mes infirmitez d'avoir si fréquemment ce bien, pouvant dire à proportion ce que dit S¹ Grégoire du péché qui a mérité un sauveur si digne que N. S. : *Felix infirmitas que talem cum tanto viro meruit habere conversationem.* Et à présent ses discours, ses maximes et ses actions se représentent si souvent en mon esprit que cela me sert de recollection et de retenu en l'infirmerie et dans la conversation.

Pendant le repas lorsqu'il estoit à l'infirmerie malade, il faisoit ce que dit le vénérable Bède de S¹ Benoist Biscop, *qui cum corporis infirmitate corriperetur, semper inter debitas gratiarum actiones, de monasteriorum quas didicerat docueratque regulis servandis, semper de ecclesiasticis observatio-*

---

1. Jean Dartis (cf. Abel Lefranc, *Histoire du Collège de France*, 1893, p. 383).

nibus, quas per omnes civitates et maxime Romae viderat, semper de locis sanctis quae se lustrasse juvenem meminit, loqui et iterare delectabile habebat. C'est ainsi qu'il parle de ce sainct en l'homélie qu'il a faicte de luy. De mesme nostre R. Père avançoit quelque question ou difficulté soit de la saincte Escriture, soit de cérémonies de la Messe, et du service divin, ou des Rubriques, soit de l'histoire Ecclésiastique et de l'Ordre, soit de la civilité et de la religieuse conversation et des faultes qu'on y commettoit ordinairement, soit de quelque chose indifférente et honneste suivant la capacité des personnes présentes, desquelles il n'avoit point d'acception, car il s'entretenoit aussy volontiers avec les frères convers comme avec les Supérieurs, voire j'ay souvent remarqué qu'il s'entretenoit plustot avec quelque bon frère (quoy qu'il y eut des supérieurs présents) et avec moy qu'avec d'aultres plus qualifiez, nous interrogeant et donnant la liberté de parler. Il prenoit pour lors occasion de reprendre des deffaults qu'on commettoit, en interrogeant quelqu'un de la compaignie s'il fault agir de la sorte, s'il fault faire de telle ou telle sorte, par exemple si en la saincte Messe ou en l'office divin il fault faire telle cérémonie, si à la table il fault se comporter de la sorte, en la despence ou en la cuisine ou au jardin, combien on achepte telle chose, combien il y a de valets et comment on se comporte en leur endroit; et ainsi des aultres; et puis il se reprenoit ou enseignoit ce qu'il jugeoit nécessaire, avec tant de prudence, d'industrie et de douceur qu'on ne s'appercevoit point qu'il eust dessein de reprendre, sinon ceux qui connoissoient sa façon d'agir. Aprez qu'on avoit disné il faisoit en sorte que la récréation estoit utile, parlant des affaires les moins importantes, faisant répéter la Messe à ceux qui n'estoient pas bien versez ès cérémonies, ou faisoit lire quelque livre comme de cartes géographiques. J'admirois quelquefois la vivacité et bonté de son esprit en ces rencontres, l'occupant dans une douce et sérieuse récréation : plusieures fois estant seul avec luy environ une demy heure aprez le repas, ne pouvant pas tousjour trouver de matière pour s'entretenir, et que la nature corrompüe panche tousjour vers les choses de la terre et du monde, il prenoit luy mesme le livre et lisoit, faisant par intervales des réflexions ; ou bien je luy communiquois mes petis desseins et mes occupations, et puis il me donnoit de bonnes veües et de bons enseignements ; ce qu'il faisoit aussy envers un chacun, estant bien aysé qu'on prit ce temps de récréation pour cela, quand il estoit à l'infirmerie, et que ses maladies ne le pressoient point trop, afin de bien occuper le temps et donner satisfaction aux Religieux.

Sa piété estoit grande envers ce qui concernoit les cérémonies et les ornements de l'Église : combien de fois l'a-t-on veu prendre le temps des récréations (ses affaires l'empêchant de le faire en un aultre heure) et aprez avoir faict assembler les religieux, se trouver luy mesme pour faire répéter les cérémonies de la Messe, du Diacre, etc.? Combien de matinées a-t-il passé pour dresser le cérémonial? il a employé à cela plus de 8 mois pendant diverses années. Avant les grandes solemnitez, comme de la semaine sainte, il ne manquoit pas de faire advertir le P. Prieur de faire prévoir ce qu'on devoit faire pendant ce saint temps. Il relevoit si hault toutes les cérémonies de l'Église, qu'il sembloit les préférer à toutes les choses extérieures, nous représentant souvent le soin, la diligence, l'attention et le respect qu'apportent ceux qui sont au service des Roys et des princes, avec quelle circonspection et avec combien de révérence on s'approche d'eux, on leur parle, et on dresse leur table. Rien ne luy estoit petit en ce qui touche le culte divin ; il recommandoit la netteté sur toute chose ès ornements de l'Église et de la Sacristie, et avoit coustume que si on n'a point les moyens d'avoir des ornements précieux et du linge bien deslié, il fault faire en sorte que le tout soit bien propre, bien nets et blancs. Il n'approuvoit point de si riches chappes et chasubles, spéciallement aux petis monastères qui sont pauvres ; il blasmoit les points coupés, grandes dentelles et entredeux aux aulbes des religieux ; il ne vouloit qu'une dentelle d'un bon pouce au bas des aulbes, une médiocre au colle et aux manches, et point du tout aux amicts. Il ne manquoit d'avertir des moindres manquements, particulièrement ès bonnes festes, soit les acolythes, soit les chantres, soit le célébrant, et envoyoit souvent des billets au P. Prieur des manquements qu'on commettoit au service divin.

On doit aussy à sa piété et affection aux choses ecclésiastiques une bonne partie du bien et de la gloire qui vient de la réparation de l'église de St Germain des Prez, pour avoir permis, apuyé et encouragé le R. P. D. Benoist Brachet[1], pour lors Prieur et à présent Assistent, à commencer et continuer un si digne ouvrage, lequel ce sembloit surpassoit les forces humaines, si on considère la misère du temps où on estoit, la pauvreté et nécessité du monastère, et néantmoins que le revenu du mesme monastère n'a point esté diminué, ains augmenté. Je confesse que quand je vis ledict P. Dom Benoist entreprendre cette réparation, j'avois diverses pensez que c'estoit une présomption, et en quelque façon une grande imprudence, et qui ne pouvoit réussir suivant le tesmoignage des plus habils architectes, lesquels ne voyent point à présent cette Église sans admiration, connoissant le misérable état d'icelle avant le restablissement, (car c'estoit l'église la plus chétive et délabrée qui fut non seulement dans Paris, mais mesme ès environs de Paris), et à présent c'est une des plus belles et claires qui se voyent, ainsi que me l'a tesmoigné l'Ingénieur de M^r le Duc de Longueville, habil mathématicien et bon Architecte, et me dict que la réparation de nostre église estoit la plus haulte entreprise, la plus digne d'amiration, et la mieulx conduicte qui eut esté depuis plusieurs siècles, et que celuy qui estoit autheur et promoteur d'une telle ouvrage estoit digne d'une éternelle mémoire et de louange immortelle. Cela a beaucoup servy (oultre la gloire de Dieu) pour mettre en estime la Congrégation et faire voir contre quelques faulx frères qui l'ont voulu diffamer, et tasché de faire croire

---

1. Devenu à son tour Supérieur général ; cf. Vanel, *op. cit.*, p. 42.

contre la vérité que les dicts Pères D. Grégoire, D. Benoist et aultres estoient des dissipateurs du bien des monastères de la Congrégation ; cette église, dis-je, faisoit voir le contraire.

S'il estoit porté avec tant d'affection et de zèle pour les choses extérieures, il l'estoit encore davantage pour ce qui regarde l'avancement des Religieux en la vertu, et le parfaict restablissement de la régularité dans les monastères de l'ordre. Incontinent qu'il fut Supérieur général, son premier soin estoit d'enseigner par ses actions la vraye observance de la Règle, sçachant très bien ce que dit le Poète :

. . . . Nec sic inflectere mentes
Humanas edicta valent, quam vita regentis.

C'estoit aussy de chercher les moyens de perfectionner les religieux en leur estat, mais comme il sçavoit que la santé du chef est la santé bien souvent de tout corps, *infirmitas enim praesidentium*, dit le Concil de Trente, sess. 6 (cap. 1 de Reformat.), et que quand celuy là est attaqué de quelque infirmité, tout le reste des membres s'en ressent ; de mesme *integritas praesidentium salus est infirmorum* (Concil. Trident., sess. 6, De Reformat. cap. 1), quand les Supérieurs ont de l'amour de Dieu dans le cœur, qu'ils ont de l'affection pour faire advancer leurs Religieux en la vertu, et qu'ils ont du zèle et de la discrétion pour maintenir et augmenter l'observance régulier, *et non plus gerat sollicitudinem de rebus transitoriis et terrenis atque caducis, sed semper cogit et quia animas suscepit regendas, etc.* Pour lors les communautez religieuses gardent leurs règles et les pratiques religieuses en leur vigueur, comme l'expérience le faict voir, et toutes les histoires en sont remplies d'exemples. Aussy le R. P. donna de très excellents advis aux Supérieurs de la Congrégation, qu'il fit imprimer en forme de lettre circulaire, dans lesquels spécialement il inculque aux Supérieurs d'éviter les procez tant qu'ils pourront : quand ils seront attaquez, de tenter toutes sortes de moyens pour accorder ; de mesme, quand ils seront contrains de commencer un procé, qu'ils envoyent ou aillent trouver les personnes qu'on attaque pour faire en sorte de trouver quelque voye d'accommodement, et leur dire le droit qu'on a, et les motifs qui obligent à plaider ; et ce par plusieurs fois protestant que c'est à regret qu'on les poursuit, leur proposant en fin de mettre l'affaire en arbitrage, aimant mieulx qu'on perdit quelque chose du sien.

Il y a environ 3 ou 4 ans qu'il trouva un bon expédient pour ne point entreprendre de procez mal à propos, et trouver les moyens d'accord ; il fit choisir les 3 ou 4 Avocatz des plus fameux et plus gens de bien de Paris, lesquels viennent tous les 15 jours en l'abbaye St Germain, auxquels tant les procureurs des aultres monastères que ceux qui gèrent les affaires de la Congrégation, en présence des deux Assistens, proposent leurs affaires, et ensuite des résolutions et advis que donnent les Avocatz on poursuit ou bien désiste de poursuivre les procez, afin d'agir en seureté de conscience.

Il advertissoit les Religieux des défauts qu'il commettoient, mais, sur tous, les Supérieurs, disant que les Religieux particuliers n'avoient pas tant de besoin de ses advertissements, d'autant qu'ils avoient leurs Supérieurs, quelques-uns trouvant cela un peu fascheux qu'il sembloit plus condescendre et traicter plus doucement les simples Religieux que les Supérieurs ; il leur respondoit que c'estoit le debvoir des Supérieurs maieurs de reprendre les Supérieurs particuliers, et à ceux icy de reprendre leurs religieux. Ses repréhensions estoient accompaignées d'une grande tendresse et d'amour paternel, avec un visage serain et sousriant, et avec telle prudence qu'on les recevoit ordinairement de bonne part, et on en faisoit son proffit. Je l'ay veu souvent quand un Religieux commettoit quelque faulte comme s'il ne s'en fut point apperçeu, attendant le temps opportun pour l'en reprendre. D'aultres fois il ne les reprenoit point du tout, excusant ou l'infirmité, ou jugeant que cela nuiroit plustot. D'aultres fois il tesmoignoit seulement un visage refroigné, ou tesmoignoit par quelque signe extérieure qu'il n'estoit point content. D'aultres fois il contrefaisoit en riant l'action qu'il improuvoit, et puis demandoit au Religieux surpris en faulte, s'il trouvoit que telle action estoit selon la Règle et la modestie ; ce qui donnoit une grand poid pour se corriger et contenir dans la modestie. Il avoit cela en ses repréhensions qu'il n'estoit point exagérant dans les reproches ou injures des choses passées, mais en peu de mots, et la face sousriante, *amando corripiebat*, suivant le dire de saint Augustin. Il avoit cet amour et cette prudence, quand un religieux recevoit de la confusion d'une faulte de ne luy en faire aucune réprimande : un jour estant venu pour voir les malades (ce qu'il faisoit assé souvent, sans acception de personnes), il apperçeut qu'on avoit point encore souppé, il demeura à une fenestre opposée à une porte ouverte de la chambre, qui regardoit sur le jardin, car c'estoit l'esté, en sorte néantmoins qu'on ne le pouvoit point connoistre. Un religieux se mit à dire tout hault : Qui est ce grand personnage ? Le R. P. ne respondant rien, il se leva de table et le voulut voir, ce qu'ayant faict il en demeura tout confus, et le R. P. ne luy dit rien, sinon en riant : Laissez, laissez. Je creu moy qu'il n'auroit pas faict grande réflexion là dessus ; mais quelques années aprez, comme il nous entretenoit à l'infirmerie pendant le repas de la présence de Dieu, qu'il falloit avoir en tout lieu, et de la modestie religieuse ; et que bien souvent mesme, à faulte de cela, on tombe dans de grandes confusions ; lors je luy demandais s'il se souvenoit bien de l'action que je viens de raconter. Fort bien, dit-il, ce bon Religieux là n'avoit point besoin d'aultre repréhension, il en avoit assé de confusion. J'admiray cette response et quand et quand sa patience et prudence ; car il s'en fut rencontré qui eussent faict une rude réprimande à ce Religieux. Aussy il avoit cette maxime de traicter les Religieux avec amour et douceur, et qu'il valoit mieulx excéder par la miséricorde, que par une trop grande rigueur : qu'il avoit grand besoin de la miséricorde de Dieu, à l'imitation de saint Odile, lequel (comme il est porté au 7ᵉ chap. de sa vie par Lothalde) avait coustume de dire : *Ego volo magis de misericordia misericorditer judicari, quam de crudelitate crudeliter damnari.* Et saint Ambroise : *Bonus est misericors homo, qui dum aliis subvenit, sibi consulit, et in alieno remedio vulnera sua curat.* C'est pourquoy nostre bon Père la vouloit exercer envers ses confrères, *eadem mensura qua mensi fueritis aliis remetretur vobis*, etc., oultre le grand bien qui en revient à la Religion et aux particuliers (selon que l'enseigne N. B. P. S. Benoist au 2ᵉ chapitre de sa Règle), car traictant trop rudement les esprits et avec reproches, ils deviennent souvent inutiles. Comme l'esprit humain est libre de sa nature et amateur de paix, aussy ne peut-il rien goûter qui ait de l'aigreur, et se rebute aux mocqueries et aux opprobres, qu'il voit avoir pour cause la passion et non la charité, *que omnia suffert*, etc., comme dit saint Paul. Il envoya pour ce sujet quelques livres aux Supérieurs de la Congrégation, et entre aultres le livre du Père Binet, qui s'intitule : *Quel est le meileur gouvernement, le doux ou le rigoureux?* Où il prouve que c'est le doux. Il leur recommanda par mesme moyen l'amour, la douceur et la clémence : *Discite a me quia mitis sum*, etc., ce qu'il leurs a répété cent et cent fois par lettres, ou lorsque les Supérieurs luy parloient. Il improuvoit fort la façon de gouverner de quelques uns, lesquels, pour maintenir (disent-ils) les religieux dans la soumission, dans la dépendance et le respect envers leurs Supérieurs, ils ne recherchent point les religieux qui, ou par honte, ou par le peu d'amitié ou de respect qu'il portent aux Supérieurs, ne leurs parlent que rarement, ne leurs descouvrent point leur intérieur et ne leurs demandent que leurs extrêmes nécessitez, et veulent que ces mesmes religieux leurs rendent ces devoirs bon gré mal gré. Hélas! disoit le R. P., pour ce que la brebis s'esgare du troupeau et ne suit point la voye de son pasteur, sera elle abandonnée pour cela à la mercy des loups, non, non, tant s'en fault, tant s'en fault, le berger quitte en quelque façon tout le reste du troupeau pour ramener cette brebiette esgarée, et la conduict avec plus de soin que les aultres. De mesme il fault que le Supérieur se comporte à l'endroict de ses Religieux : si les Religieux sont imparfaicts, et ne font leur devoir, fault-il que le Supérieur fasse le mesme ? Point du tout. Le Supérieur donc doit avoir un cœur et un soin de Père pour ses religieux; il les doit visiter souvent, leur parler en particulier, les convier à descouvrir leur intérieur, leur tesmoigner le désir qu'il a de leur advancement spirituel, leur faire paroistre une tendresse et une grande compassion des tentations et peines d'esprit qu'ils souffrent, les prévenir pour leurs offrir du soulagement en leurs infirmitez corporelles, leur présenter des soulagements avant qu'il les demandent lorsqu'il juge qu'ils en ont besoin; et quand il leurs accordera choses semblables, le faire de bonne grâce et avec des paroles d'amour : par ce moyen le Supérieur gaignera les cœurs de ses Religieux, pour les maintenir dans une grande observance, parce qu'agissant de la sorte, et se rendant luy mesme exacte à la régularité, et se rangeant le premier aux excercices, les Religieux ne manqueront point de le suivre, de faire grand cas de ses exemples, de ses parolles et de ses remonstrances, estant les effects de l'amitié de faire estat de la chose aimée, et se conformer à elle : *cum saepe plus erga corrigendos agat benevolentia quam austeritas, plus exhortatio quam austeritas, plus exhortatio quam cominatio, plus charitas quam potestas* (Concil. Trident., sess. 13, De reform., cap. 1). Voilà les sentiments qu'avoit nostre R. P. pour le gouvernement des Supérieurs, ainsi que je luy ay entendu dire de sa propre bouche ; et quand il portoit les Supérieurs à la douceur, ce n'estoit point pour tendre au relasche ainsi qu'on se pourroit imaginer ; mais entendoit que pour commander en Supérieur Religieux, il ne fault tesmoigner de passion, de menace, d'injures, d'opprobres, et reproches, et de rudes parolles (sinon aux rebelles) de précipitation, et ne point faire paroistre d'aversion ou un visage mescontent : mais que le gouvernement peut être généreux et plus utile par la douceur et mansuétude, comme faisoit aultrefois saint Anselme (la vie duquel il conseilloit aux supérieurs de lire) qui gaignoit premièrement le cœur de ses religieux, puis petit à petit leurs soustrayoit tout ce qui estoit nuisible et contraire à la régularité, et puis les portoit à ce qui estoit généreux et de plus parfaict, comme il fit à l'endroit d'un jeune Religieux, qu'il portoit envie au sainct et avoit une grande aversion de luy à cause qu'il avoit esté esleu Prieur, mais enfin par son addresse et mansuétude il le rendit l'exemple en vertus de tous les Religieux.

Il avoit coustume de dire que le Supérieur Général ne doit rien négliger et doit estimer les plus petites choses de la Religion, non seulement les choses essentielles, et qui regardent l'intérieur, mais aussy ce qui est *ad ornatum*, pour le lustre, et pour la plus grande satisfaction des religieux. Qu'il doit avoir une face doucement grave ; qu'il doit donner un libre accez aux moindres religieux, se rendre gravement familier à eux, escouter volontiers leurs plaintes et tesmoigner faire estat de ce qu'ils représentent, ne faire point paroistre qu'on est ennuyé de leurs letres ou parolles.

Il inculquoit fort aux supérieurs particuliers de s'addonner à l'oraison et de s'estudier aux moyens de s'y perfectionner, disant que ce doit estre leur principal emploict. Qu'ils doivent employer le principal temps, et leurs principaux emplois à bien conduire leurs religieux, et qu'il semble qu'ils ne devroient penser à aultre chose qu'à leurs advancements, et à chercher et à en demander à Dieu les moyens ; et pour y parvenir qu'oultre l'oraison c'est la lecture des bons livres (lesquels il leurs en a marqué et envoyé des catalogues), qui leur en fournira des moyens très assurez pour recevoir de grandes lumières de Dieu, et pour cet effect ils devroient aimer la solitude et garder leurs celles plus exactement que le reste des religieux, afin qu'ils le trouvent tousjour dans leurs nécessitez, n'estant point Supérieur pour gouverner le temporel des monastères, mais bien pour conduire les âmes au ciel : *nec dubitandum est* (dit le Concile de Trente, sess. 25, cap. 1. de Reformat.) *et fideles reliquos ad religionem, innocentiamque facilius inflam-*

mandos, si Praepositos suos viderint, non ea quae mundi sunt, sed animarum salutem, ac coelestem patriam cogitantes. On leurs donne des Celleriers, Procureurs et aultres officiers pour avoir le maniment de revenu, mais on ne peut pas le dispenser du soin du salut et de l'advancement de ses religieux, parce que luy ostant ce dernier il n'est plus Supérieur. Et c'est pourquoy il s'estonnoit quand quelque Supérieur luy disoit qu'il n'avoit point de temps pour estudier, et voir ses Religieux. Hélas ! respondoit-il, si nous mesnagions bien notre temps, que nous esvitions beaucoup de courses en ville et parmy le monastère, et les discours superflus, que nous n'appliquassions pas tant nostre esprit aux choses extérieures, aux bastimens, aux procez et choses semblables, nous en aurions suffisamment comment faict D. Joachim Le Contat (à présent visiteur de France)[1] lequel garde si bien sa chambre, faict de bonnes lectures, et des conférences très utiles à ses religieux, et en oultre a composé plusieurs méditations ? Il avait dressé des sujets de méditations propres pour les exercices des Supérieurs, mais comme il donnoit tout son temps aux affaires et aux Religieux de la Congrégation, et luy en restoit fort peu ; il donna cette charge audict R. P. D. Joachim, lequel les acheva avant la mort du R. P.

Il recommandoit aux Supérieurs l'aumosne, et disoit que sans parler des grandes récompences qui sont préparées à ceux qui assistent les pauvres ; que N. Seigneur a rendu riches et splendides les monastères de nostre ordre, en considération des grandes aumosnes qu'on y a faict de tout temps ; et que c'est ce qui attire les bénédictions de Dieu et du peuple sur les Religieux ; et ne s'en fault pas estonner puisque N. S. dit que c'est à luy mesme qu'on faict les aumosnes. Nous voyons aujourd'huy le monastère de Ladaurade à Toloze[2] contenir une des plus nombreuses communautés de la Congrégation, il y a ordinairement 22 Novices sans parler du Supérieur et aultres Religieux profex ; et néantmoins c'est un de plus petit revenu qui soit : d'où vient donc cela ? Le visiteur de la province et Supérieur admirent la providence de Dieu sur ce petit monastère ? Pour moy je croy que c'est à cause des grandes aumosnes que fit il y a environ 15 ans le Père D. Paul d'Hilaire, spécialement pendant la famine de la ville. Dieu se plaist ordinairement à récompencer la charité envers les pauvres et affligez dès ce monde icy ; et quoy qu'il semble qu'on engage le monastère où on faict les aumosnes, N. S. pourtant, si ce n'est au mesme temps, pour le moins aprez, sans qu'on s'en apperçoive, rend au centuple par des voyes inconneus. Aussy le R. P. estoit affectionné à l'ausmone et tant touché de la misère d'autruy, qu'on a remarqué qu'il n'a jamais refusé l'aumosne à aucun pauvre ; je laisse cecy à particulariser à ceux qui estoient auprez de luy : je diray seulement qu'un jour D. Calixte Adam (esmeu de

---

[1]. Devenu plus tard Supérieur (Dom Tassin, p. 127).
[2]. Cf. *Gallia Christiana*, XIII, p. 100-113.

mesme esprit que luy)[1] estant absent, on le vint advertir qu'un pauvre Religieux estranger demandoit la charité ; il se trouva bien empesché, n'ayant rien à luy donner, parce que D. Calixte trouvait moyen de luy amasser quelque pièce, qu'il mettoit de costé pour ce sujet ; lors il me demanda : Comment ferons-nous ? Je n'ay rien pour le présent, et il y a fort peu de temps que le P. Dépositaire de la Congrégation m'a donné quelque argent pour faire l'aumosne ; je crains que cela ne le mescontente ; je luy dis que le P. Dépositaire des monastères pourroit bien prester 30 ou 40 solz, et que quand D. Calixte seroit retourné, il trouveroit moyen de luy rendre ; et cela fut faict de la sorte. En quoy on peut voir que nonobstant l'affection qu'il avoit pour faire la charité, il ne vouloit point se servir de son authorité pour commander au Dépositaire, crainte de le contrister ; en effect soit qu'il demandast ou commandast quelque chose de vive voix, ou par escrit, c'estoit toujours en priant et rendant mesme raison de sa demande, afin de la faire agréer au Religieux. Une fois D. Calixte estant aux champs, celuy qui tenoit sa place escrivit et porta un billet au Dépositaire de la part du R. P. pour délivrer quelque argent pour chose nécessaire, et en ce billet il usoit de termes absoluës et d'authorité ; le Dépositaire n'ayant point d'argent avoit de la peine que le R. P. luy parloit de la sorte ; je luy dis qu'infailliblement il n'auroit point dicté ce billet ; et cela s'estant trouvé vray, il reprit celuy qui l'avoit escry, et luy dit qu'il ne traictoit point de la sorte les Religieux, lesquels il regarde comme ses frères et ses enfans, et non pas comme valets.

Il n'y avoit rien qui le touchast tant que de voir ou entendre parler de la misère et affliction des pauvres, on le voyait changer en son visage, et proféroit des parolles si remplies de tendresse et de compassion, qu'on estoit porté à les assister. Lorsqu'il faisoit un grand froid, il avoit coustume d'envoyer prier le R. P. Prieur de faire faire du feu dans la coure pour les pauvres. Dans les entretiens avec les Supérieurs particuliers, il faisoit souvent couler quelque discour, pour les porter à faire l'aumosne aux pauvres.

Il exhortoit fort les Supérieurs à assister les Religieux malades et infirmes, sans acception de personnes, leurs fournir leurs nécessitez charitablement, les visiter et consoler souvent. Il leurs en monstroit l'exemple, car, aux monastères où il estoit, il se desroboit des affaires le plus qu'il pouvoit pour voir les malades, il les recommandoit à l'infirmier, donnoit ordre qu'ils eussent leurs nécessitez, et qu'ils ne fussent point négligez ; et lorsque cela arrivoit, il en advertissoit le Supérieur et leurs disoit en aultre chose que la négligence des malades avoit apporté beaucoup de désordre dans les monastères, d'autant que les religieux voyants qu'ils ne recevoient point les assistances nécessaires, estoient contraincts de cacher de l'argent pour avoir leurs nécessitez en leurs maladies ou bien trouvoient des moyens sinistres

---

1. Il fut secrétaire de Dom Tarrisse.

soit de la part de leurs amis ou de leurs parents qui les fréquentoient, et que de là aussy sont venus les officiers, l'Infirmier, Chambrier et aultres ausquels on affectoient des revenus, les Religieux s'estants plains qu'ils n'avoient point leurs nécessitez.

Il leurs recommandoit particulièrement les vielards infirmes, et ceux qui avoient des maladies habituelles : disant que lorsque tels Religieux prenant en patience leurs maladies, et se comportoient dans la modestie religieuse dans les infirmeries, qu'ils ne recherchoient point de sensualité en leurs vivres, etc., et qu'ils ne murmuroient des petits manquements qu'il leur arrivoit quelques fois ; que c'estoit une bénédiction de Dieu dans un monastère d'avoir de semblables religieux. Il improuvoit grandement que les Supérieurs fissent leurs efforts pour se descharger de ces infirmes, soit par des mauvais traictements, soit par importunité envers les Supérieurs majeurs, et résonnoit de la sorte : Si c'est un bien d'avoir de tels religieux, pourquoy en voulez-vous priver votre monastère, puisque Dieu vous les envoye? Si c'est un mal, c'est contre la charité d'en vouloir charger un aultre supérieur.

Il se plaisoit d'exercer sa charité envers les Religieux affectez de maladies continuelles, en leurs tesmoignant de grands ressentiments de leur mal, leurs procurant des soulagements convenables à leur maladie, leur donnant des emploicts et des exercices conformes à leurs inclinations et infirmitez, en sorte que leurs maulx leurs fussent plus supportables, et qu'ils peussent faire leur salut ayant l'esprit occupé. Entre un grand nombre de Religieux qui ont ressenty les effects de sa bonté, je ne parleray que d'un seul comme m'estant bien connen. En retournant du chapitre général de Cluny en 1636, il trouva un religieux à S¹ Benoist sur Loire en l'infirmerie, depuis un an attaqué de plusieures et fascheuses maladies, d'un vomissement continuel, de deux descentes, d'un mal de teste continuel, et d'une grande douleur en l'orifice de la vescie et au fondement avec une sciatique : lequel ne laissoit pas de s'occuper utillement à faire des bouquets de fleurs de soye, et des couronnes pour mettre sur le S¹ Sacrement, et à façonner des cierges : ce que le R. P. agréa fort, voyant que nonobstant ses grandes infirmitez, il esvitoit l'oisiveté : or les médecins d'Orléans ayant jugé que ce Religieux pouvoit avoir une pierre dans la vescie (à cause qu'il en avoit déjà jesté une par la verge) et qu'il estoit nécessaire de ce faire tailler, le R. P. promit de le faire venir à Paris pour ce sujet, mais considérant la grande foiblesse de ce Religieux, et qu'il estoit en danger de mourir sur les chemins, il laissa passer l'hyver, jusques à ce que le P. D. Joachim le Contat, pour lors prieur de S¹ Benoist, estant allé à Paris par le mandement du R. P. pour estre Supérieur des Blancs manteaulx, il l'asseura que le Religieux malade pourroit faire le voyage, luy représentant par des motifs de charité (laquelle il avoit beaucoup exercé à l'endroit d'icelluy) qu'il estoit nécessaire qu'il fut à Paris pour le faire tailler, à cause qu'il enduroit de grandes douleurs. Ce Religieux estant arrivé à S¹ Germain des Prez, il le fit sonder par un opérateur, lequel trouva qu'il n'avoit point de pierre ; c'est pourquoy il l'envoya aux eaux de Forges[1], dont il receut quelque soulagement, mais il demeura tousjour avec les susdictes infirmitez, excepté que son vomissement cessa en luy faisant manger de la viande (l'usage luy a tousjour esté continué, ne pouvant digérer les viandes du réfectoir sans que son vomissement revint) tellement qu'il le laissa tousjour depuis à S¹ Germain, ayant rencontré le R. P. D. Anselme des Rousseaux qui l'assista avec des grandes charitez. Le R. P. porta ce Religieux depuis à s'appliquer à divers exercices qui ont bien réussy à la gloire de Dieu et à l'honneur et édification de la Religion ; au lieu que s'il n'eust point esté assisté et qu'il eust esté dans quelque aultre monastère, il n'auroit rien faict qui vaille, auroit passé tout son temps dans une grande mélancholie, se voyant accablé d'infirmité et séparé de ses frères. Il avoit constume de le monstrer pour exemple à ceux qui estoient ainsi infirmes continuellement ; il disoit ordinairement aux Supérieurs pour les inciter à traicter charitablement tels infirmes : Voyez vous un tel, il a plus faict d'ouvrage luy seul que six aultres, cela est merveilleux des ouvrages qu'il a entrepris et si heureusement achevé ; il semble que Dieu a permis qu'il soit ainsi malade pour un bien ; il vault mieulx infirme qu'un aultre bien sain, édifiant fort ses confrères, quoy 'qu'il ne puisse assister au chœur et au réfectoir. Et lorsqu'on luy rapportoit qu'il manquoit de soulagement nécessaire, à cause qu'estant tousjour à l'infirmerie on pensoit moins à luy qu'aux aultres, il luy en parloit, et le reprenoit de ce qu'il ne luy faisoit point sçavoir cela luy mesme, et luy tesmoignoit des tendresses de père. Il luy procuroit tout ce qui estoit nécessaire pour l'accomplissement de ses desseins, voyant qu'ils estoient bons et utiles, et qui estoient à la gloire de la Congrégation. C'est ainsi que de chetifves Religieux, et que d'aultres eussent délaissé, il en tiroit souvent des advantages pour la Religion : aussy ne rebutoit-il jamais aucun Religieux pour infirme et imparfaict qu'il fut, pourveu qu'il eust esté de bonne édification et qu'il n'eust point de malice.

Je puis adjouter à cet exemple celuy du P. D. Hugues Ménard[2] comme tesmoin oculaire, l'ayant fréquenté prez de 7 ou 8 ans fort familièrement. Ce bon Père avoit de nature les jambes foibles et avoit de la peine à respirer ; de plus il luy estoit survenu une hergnie, laquelle s'augmenta excessivement environ trois ans avant son trespas, en sorte que la nature ne paroissoit, ce qui luy a causé la mort (je ne dis rien davantage des vertus de ce bon Père, l'ayant faict en latin en forme de letre, que j'ay envoyé au Père Cajetan, à Rome). Le R. P. prenoit un particulier soin de le faire soulager, l'exemptant de la pluspart des exercices trop pénibles et du june ; c'est pourquoy il luy avoict faict donner permission par le Supérieur du monastère de s'en aller aprez le disner se reposer à l'infirmerie, et tous les jours du june

---

1. Forges-les-Eaux (Seine-Inférieure).
2. Décédé le 20 janvier 1644 (cf. *Histoire littéraire* de Dom Tassin, p. 21).

collationner si june d'Église, et souper si june de Règle, et l'hyver se chaufer au dict lieu : ces soulagements luy prolongèrent la vie plusieures années, et furent cause qu'il mit en lumière plusieures ouvrages, et ce par l'instinct et l'advis du R. P. auquel il communiquoit ses desseins et rendoit compte de toutes ses estudes.

S'il avoit de la charité pour les infirmes, et se portoit avec ardeur à les soulager, aussy avoit-il à contrecœur ceux qui estoient impatients, murmurateurs, qui se flattoient et recherchoient avec sensualitez trop de soulagement, et les viandes délicates ; il ne laissoit point pourtant de les supporter avec beaucoup de douceur et de patience, et disoit qu'il valloit quelquefois mieulx les laisser à l'infirmerie pour un temps, et dissimuler que de les perdre tout à faict. Touteffois dans des discours qu'il faisoit tomber sur ce sujet, il monstroit qu'un religieux ne doit point se flatter pour des petites incommoditez, et parlant en plurier et se mettant du nombre, il disoit : Nous sommes souvent plus délicats que les séculiers mesme, pour de petites incommoditez il nous fault plus de remèdes et de soulagements, et les recherchons plus avidement avec plus d'impatience que si nous estions fils de Princes. Hélas ! si nous estions dans le monde, il fauldroit bien nous en passer, nous aurions peut estre de la peine à vivre, et fauldroit gaigner nostre vie avec beaucoup de fatigues, pendant que nous sommes icy à nous dorloter et à manger le pain des pauvres. Il nous rapportoit les peines et les fatigues que les soldats, voire les grands seigneurs, endurent au service du Roy de la terre ; qu'il avoit veu de ses propres yeux, au retour du siège d'Arras, les soldats malades de fiebvres continuës dans l'abbaye du Mont-Saint-Quentin[1] (où il estoit allé trouver le Roy pour quelque urgente affaire), lesquels pour toute nourriture et rafraichissements avoient chacun un quartier d'omelette bien dure, point de bouillons, point d'œufs frais, etc., quoy qu'il y eut plusieurs personnes de condition. Il disoit qu'il se falloit souvenir que nous sommes en religion pour patir et nous conformé au fils de Dieu en l'arbre de la Croix.

Il improuvoit fort qu'on traictat les Supérieurs avec plus de soin et de meilleure viande et nourriture que les simples Religieux, et blasmoit les Supérieurs qui tesmoignoient appeter tel traictement et se délecter en iceluy : aussy luy il ne vouloit qu'on se comportast en aucune façon de la sorte en son endroict, mortifiant les infirmiers qui le faisoient : et il sembloit qu'il n'eust de la rudesse et de l'aigreur que pour ceux qui luy vouloient faire prendre de tels soulagements, ainsi que j'ay expérimenté moy mesme quantité de fois ; et si, lorsqu'il estoit plus incommodé que les aultres, on luy présentoit quelque viande ou œufs frais (parce qu'on n'en avoit point assé pour tous) qui ne fussent pas semblables à ce qu'on présentoit aux aultres, il n'y touchoit point ou bien il mettoit la viande ou les œufs dans le plat commun, où il distribuoit le tout esgallement : je l'ay

1. Au diocèse d'Amiens.

veu faire cela cent et cent fois, comme aussy deffendre aux infirmiers, avec des parolles assé rudes, de ne luy plus présenter telles viandes à part; on ne laissoit pourtant pas de le faire quand on jugeoit qu'il en avoit besoin, estant plus incommodé que l'ordinaire; mais on mettoit les œufs par exemple de son costé, en sorte qu'il ne s'appercevoit de rien, ou quand c'estoit de la viande je la despeçois et luy présentois les meilleurs endroits: que s'il descouvroit cela, il n'en vouloit point manger que je n'en présentasse aux aultres, ou luy mesme en présentoit, et m'en faisoit prendre ma part, ce que je dissimuloys souvent faire pour l'inciter à manger. Au reste il estoit tellement modéré que c'estoit la modestie mesme quand il mangeoit; il ne vouloit point qu'on servit aux infirmes des viandes trop délicates, il ne vouloit ny poulets ny chappons et aultres semblables volailles (sinon à ceux qui sortoient de quelque grandes maladies, et qui ne pouvoient manger d'aultres viandes, pour la foiblesse de leur estomach), mais seulement du veau et du mouton, disant que les infirmes, foibles et convalescents ne doivent manger de la chair que pour se fortifier, et partant que telles viandes sont plus propres à cela. Et lorsqu'on en présentoit d'aultres et qu'il y avoit du mouton ou du veau, il n'en mangeoit. Il me souvient qu'un jour d'esté, estant encore à l'infirmerie, il alla en ville l'après disner pour une affaire pressée; estant de retour, et les aultres malades ayant soupé, je luy portay (l'infirmier estant sorty de l'infirmerie) de ce que les aultres avoit mangé, sçavoir un pigeonneau resté pour sa part; mais il me fut impossible de luy persuader de le manger, je fus contrainct de luy chercher un morceau de veau qui estoit de reste.

Il fault que je dise icy que la Congrégation a de grandes obligations à D. Calixte Adam, entre aultres, d'avoir si bien assisté le R. P., soit en luy faisant prendre divers soulagements, ne se rebutant point des refus qui luy faisoit, ce qu'il a continué plusieures années, soit en le soulageant par ses soins et assiduitez à escrire sous luy et à faire quantitez de choses pour luy; et par ce moyen aprez Dieu il luy a prolongé la vie pour le moins quatre ou cinq ans. Plusieurs sont tesmoins avec moy de ce que j'advance.

Au reste le R. P. recommandoit fort les actes de pauvreté aux Religieux; il leurs disoit que quand on leurs présentoit quelque chose à manger, ils le devoient en prendre en sorte que ce qui restoit ne fût point gasté, et qu'il peut estre présenté à d'aultres; qu'il falloit couper le pain uniment, et ne point rechercher de délicatesse au pain en l'escroutant; qu'il falloit mesnager le bois et ne point jeter les fagots entiers et quantité de busches ensemble; de prendre garde de ne point mettre trop grande quantité de beure dans les saulces, et que si on estoit soigneux de mesnager ainsi quantité de petites choses dans les communaultez, on trouveroit au bout de l'an une bonne somme espargnée, et par conséquent de quoy assister les pauvres; que nous sommes pauvres et que nous devons agir en pauvres. Il improuvoit les espiceries, les saupicquets et aultres semblables *gulae irritamenta*, disant qu'oultre que ces choses estoient contraires à la mortification et à la santé, elles estoient contraires à la pureté.

Il recommandoit tant la civilité et modestie à table qu'entre les choses extérieures qui luy donnoient de la peine celle là n'en estoit point des moindres.

Ce ne seroit jamais faict de vouloir escrire touttes les louables actions de ce grand personnage : je sçay que d'aultres ne manqueront de les remarquer, c'est pourquoy je m'abstient de parler. Je diray seulement que c'estoit plaisir de l'entendre parler des haults et relevez sentiments qu'il avoit de Dieu, des grandes obligations qu'a le Religieux à sa divine bonté : le grand estime qu'il faisoit de la supériorité, c'est à dire combien il estimoit celuy qui avoit charge d'ames estre obligé à une grande perfection, combien il devoit craindre de ne pas faire son devoir, qu'il doit estre tousjour dans des transses et appréhensions que les personnes qui luy sont commises ne fassent point leur devoir, et ne s'advancent point à la vertu : que les supérieurs doivent considérer qu'ils tiennent la place du fils de Dieu, et par conséquent qu'ils doivent approcher de sa perfection, et qu'ils doivent en quelque façon autant exceller les aultres en vertus et en sainctété de vie, que N. S. surpasse les saincts. Je croy, disoit-il souvent, qu'il fault qu'un homme soit hors de son bon sens, ou hébété, ou réprouvé pour appéter et pourchasser les charges de supériorité. D'aultres fois me parlant en particulier, il me disoit : « Hélas! j'avois quitté un bénéfice où j'estois chargé de 2 ou 300 âmes, et estois entré en la Congrégation pour n'avoir soin que de me sauver et me disposer à bien mourir ; et maintenant il fault que je responde de plus de 1500 ; j'ay bien sujet de craindre que ce ne soit une punition de mes péchez. » Il me raconta deux fois, estant seul avec luy, les pensez et les sentiments qu'il avoit lorsqu'il fut esleu Supérieur Général : « Lors, dit-il, qu'on vint au chapitre pour publier les élections des Supérieurs, je tenois pour tout asseuré que ce seroit D. Ambroise Tarbourier qui seroit Supérieur Général [1], à cause de sa vertu et de sa capacité ; et dans cette croyance, comme le scribe du chapitre nommoit le Supérieur général, j'envisageois ledit Père pour voir quelle mine il feroit (car nous estions fort familiers), et dans cette pensé je m'allay imaginer qu'il disoit : *Superior etc. D. Ambros. Tarbourier ;* et comme il ne bougeoit, je fus estonné qu'on répétast encore, et ne voyant personne se remuer, je creus que je n'entendois pas bien (car il entendoit un peu dure d'une oreille), je regarday le scribe, et entendis Tarrisse ; et en mesme temps on me poulsa : moy aussy tost je me prosternay à terre, et devins aussy estourdis et interdis comme si on m'eust donné un grand coup sur la teste ; celuy qui présidoit, D. Colombain Regnier, me fit relever, et aprez la cérémonie les Supé-

---

[1]. Ami intime de Dom Tarrisse, capitol de Saint-Chinian et provincial des Bénédictins de la Congrégation des Exempts (cf. Dom Tassin, p. 42). C'est lui qui donna à Dom Tarrisse l'habit de Saint-Benoît.

rieurs estans assemblé, je me mis à genoux et les suppliay de considérer mon incapacité, et qu'infailliblement n'ayant aucun mérite pour une telle charge, la Congrégation en recevroit un détriment très notable. Ledict R. P. D. Colombain me dit qu'il falloit mettre ma confiance en Dieu, et qu'il me donneroit des grâces nécessaires pour bien administrer cette charge : je fus contrains de plier les espaules, mais ce ne fut pas sans une grande confusion, car je ne sçavois plus ce que je fesois ; quand il falloit commencer le *Benedicite*, je commençois Grâces, et aux Grâces le *Benedicite*, et ainsi aux aultres exercices. » Je passe sous silence les importunitez qu'il a faict à tous les chapitres pour estre hors de charge, et mesme avec pleurs ; je laisse cela à ceux qui l'ont veu, pour en rendre des tesmoignages contre les mesdisans et les calomniateurs de sa vertu.

Il ne manquoit point de donner de beaux et bons advis à ceux qui luy parloient, ou qui venoient prendre sa bénédiction pour s'en aller à d'aultres monastères, soit Religieux particuliers, soit Supérieurs ; en sorte qu'ils sortoient d'avec lui ordinairement plus eschauffez à mieulx faire leurs debvoirs, et à se bien acquiter de leurs charges, parce qu'il leur parloit de si bonne grace (il portoit ordinairement un visage content et comme souriant) et tesmoignoit tant de zèle pour la Religion qu'on reconnoissoit qu'il parloit de cœur, et qu'il estoit homme de Dieu.

Quelques-uns de ses plus familiers luy disoient souvent qu'il perdoit beaucoup de temps et qu'il incommodoit notablement sa santé à entretenir ainsi tous les Religieux indifferemment, et s'estudiant à les contenter ; il respondoit qu'en cela consistoit particulièrement l'office d'un Supérieur Général, de recevoir à bras ouverts et avec un visage guay et un cœur de père tous les Religieux, d'autant qu'il est comme le dernier remède à tous les Religieux de la Congrégation, que s'il les esconduict, ou qu'il ne les reçoive point avec charité, taschant par tous moyens de les consoler et les assister en leurs nécessitez, à qui auront-ils recours ? « Croyez-moi, disoit-il, que cela maintient les Religieux en paix et en leurs debvoirs, et les empesche de beaucoup de murmur, et que je ne sçaurois mieulx employer mon temps et sacrifier ma santé qu'à telle occupation. » Aussy quand il estoit dans quelque monastère, si en passant il parloit à tous les Religieux les uns aprez les aultres, si y demeuroit ou ordinairement ou long temps, il prenoit l'occasion de faire la mesme chose, les interrogeant de leur santé, de leur advancement à la vertu, de leurs estudes ou occupation, les portant selon la capacité d'un chacun à prendre quelque dessein ; et par ainsi il gaignoit le cœur de tous les Religieux, n'attendant point qu'ils eussent besoin de luy parler. Et lorsqu'ils l'alloient trouver qu'il estoit occupé, il leurs faisoit une honneste excuse, et donnoit charge à son secrétaire ou aultre de luy faire souvenir quand il seroit de loisir pour envoyer appeler celuy qui avoit affaire à luy, ou bien luy mesme l'escrivoit sur un petit morceau de papier, et le mettoit en veüe sur sa table.

Il nous répétoit souvent et nous faisoit voir les obligations qu'a un Religieux d'estre fidel à Dieu dans les observances régulières, pour les grandes graces qu'il a receu de luy par dessus tout le reste des hommes : c'estoit en cet endroit qu'il espanouissoit son cœur et faisoit paroistre les grands sentiments qu'il avoit de la vocation religieuse. Il nous disoit à ce propos que cette sentence de Nostre [Seigneur] : *Qui me confessus fuerit coram hominibus, confitebor et ego eum coram Patre meo*, ne s'addresse pas seulement aux Chrestiens pour confesser la foy en présence des Tyrans et de ceux qui leurs veuillent faire renier, mais encor pour en mettant bas tout respect humain garder ses commandements, et ses conseils (ceux quy s'y sont obligez), pratiquer touts les exercices réguliers, et tout ce qu'on sçait estre à sa plus grande gloire sans se soucier de choquer ou intéresser l'amitié des hommes : cela pourtant, disoit-il, n'est que trop fréquent en plusieures personnes religieuses, lesquelles estans de bon naturel, affables et complaisantes, se laissent aller à enfraindre plusieures petites observances, à parler aux rencontres, à s'entredire et entreescouter leurs petites difficultez, et n'osent point s'en empescher crainte de desplaire à son confrère, ou de paroistre singulier et trop réservé : qu'arrive il à telles personnes ? Oultre qu'elles privent N. S. de la gloire et de la fidélité qu'elles luy doivent, et elles de grandes graces, leurs esprits sont attaquez de mil difficultez et obscuritez, et quelques entendent des raports des choses qu'on dit d'elles, qui leurs causent beaucoup de peine, et leurs oste une partie du repos intérieur qu'elles auroient.

Il estoit ennemy des plaintes et murmures de boire et manger, ne pouvant souffrir qu'on dict : Telle viande est flegmatique, venteuse, etc., elle nuict aux poulmons, à la ratte, etc., nous avons faict bonne chère aujourd'huy, voilà de bon pain, excellent vin, etc., d'autant que tels discours sont contraires à la mortification et font connoistre que l'esprit s'attache trop à distinguer la nourriture corporelle. Comme il vouloit que les Religieux se rendissent indifférents aux viandes, aussy recommandoit-il aux Supérieurs et Celleriers de prendre garde que les viandes et le vin qu'on présentoit aux Religieux fussent bons et bien assaisonnées, point corrompuës ny nuisibles : il avoit coustume de leurs dire qu'il valloit mieulx ne donner que la moitié du plat de bonne nourriture que remply de nuisibles, qu'une demy douzaine de bons pruneaux valloient mieulx qu'un quarteron : et c'est pourquoy quand il voyoit qu'on acheptoit quelque viande qui n'estoit pas bonne, cherchant le bon marché, il en mortifioit le Supérieur ou le Cellerier, disant que ce n'est pas sur la nourriture et l'aumosne des pauvres qu'il faut mesnager, et que Dieu ne bénit pas ordinairement tel mesnage, y ayant bien d'aultres choses à mesnager dans le monastère que cela.

Sa bonté faisoit qu'il estoit grandement circonspect à n'offenser personne; on ne l'a jamais veu de guet à pan contrister personne, voire le moindre valet du monastère, parlant à tout le monde avec respect : c est pourquoy il taschoit d'oster les moindres sujets qui pouvoient donner quelque apparence de mespris ou de peine. On l'a veu grand nombre de fois à l'infirmerie lorsqu'on remuoit quelque chaire un peu rudement, recommander qu'on le fit plus doucement, d'autant que cela pouvoit incomoder un bon Ancien qui demeure en l'estage d'en bas : et lorsqu'un malade estoit au lit incomodé, ou qui reposoit, il alloit doucement, parloit bas, et recommandoit qu'on ne fit pas de bruict ; et cela indifféremment au moindre frère convers.

Ceste mesme bonté estoit aussy cause qu'il supportoit avec beaucoup d'amour les parolles indiscrettes, impertinentes et semblables de ses confrères : et comme il entendoit un peu dure, cela faisoit qu'il falloit souvent répéter plusieures fois ce qu'on luy disoit ; or il arrive quellequefois en ces rencontres qu'on répète à regret et d'un ton un peu hault ce qu'on a desjà dit ; et c'est pourquoi ceux qui ne sont pas si parfaicts ont coustume de respondre avec impatience ; ce qui m'est arrivé plusieures fois en son endroict ; car ayant de la peine à parler hault, je luy ay respondu en diverses occasions avec moins de douceur et de respect que je devois, mais signamment une fois que je luy respondy assé rudement (ce que je dis à ma confusion), il me dit d'une façon fort gratieuse ces parolles de saint Paul : *Tu qui spiritualis es, etc.*, lesquelles me rendirent si confus que je ne sçavois plus que dire : ordinairement en semblables occasions il dissimuloit, et enduroit patiemment, faisant comme s'il n'eust rien entendu. Je finiray avec les paroles du Vener. Bède à la fin de l'homélie faicte en l'honneur de saint Benoist Biscop : *Sic longis virtutem studiis exercitatus longo insuper animo semper infirmitatis martyrio excoctus, post centupla gratiae praesentis munera, ad vitam transivit aeternam.*

Voilà ce que la mémoire m'a peu fournir de ce Vénérable Père ; pleust à Dieu que j'eusse escry tout ce que je luy ay veu faire et entendu dire de mémorable, au temps que j'avois ces choses présentes, j'en aurois sans doute un gros volume : il est vray que j'obmets plusieures choses que je sçay que D. Calixte ne manquera de nous laisser par escrit, et que je ne parle point de tout ce qu'il a faict pour la manutention de la régularité, comme les Déclarations sur la Règle et les Constitutions, lesquelles il a remply de très belles maximes, et mis en meileur ordre qu'elles n'estoient, en sorte qu'on peut dire qu'il en est Autheur. Les Règlements particuliers pour les Supérieurs et les Officiers, et le Rituel qu'il a ordonné et réglé comme il se voit aujourd'huy. Au reste je supplie celuy qui se servira de ces Mémoires de ne point s'arrester à la suitte, ny à l'ordre ny aux parolles mal polies et adjancées, mais seulement à la substance des choses, ayant escry non en composant mais *currente calamo*, croyant qu'il y a plusieures choses de superflues, néantmoins, en faict de mémoires pour tel sujet, il est bon de marquer tout ce qu'on sçait, c'est par aprez à la prudence de celuy qui compose de choisir ce qui mérite d'estre publié, et qui doit édifier le prochain.

Il faut voir les Mémoires de Mʳ Bauldry [1] pour la naissance, les parents, et ce qu'a faict le R. Père avant que d'entrer en la Congrégation, comme aussy l'épistre circulaire imprimée de D. Calixte [2] pour la maladie et la mort, etc. [3].

---

1. On lit dans Dom Tassin, p. 57 : « Ce fut aussi Dom Tarrisse qui mit la dernière main au Cérémonial Bénédictin composé par M. Baudry, ancien Religieux très intelligent dans ces matières, qui avait entrepris cet ouvrage par son conseil et à sa prière. »
2. Imprimée en 1648 (in-4 de 22 p.).
3. Le manuscrit est aux *Archives nationales*, L 816, n° 7. — L'orthographe de l'original a été respectée.

DOM JEAN MABILLON

Sa Probité d'Historien

Par M. L. DELISLE

DOM JEAN MABILLON

Sa Probité d'Historien

Par M. L. DELISLE

Il n'y a aujourd'hui, en France et à l'étranger, qu'une voix pour reconnaître l'érudition de Mabillon et plus encore peut-être l'intégrité de son caractère et la façon dont il comprenait les devoirs de l'historien. Nul écrivain ne s'est plus que lui strictement astreint à ne dire que la vérité, et à la dire sans aucune réticence.

Mabillon a défini les devoirs de l'historien, tels qu'il les comprenait, dans une page éloquente que Dom Claude de Vic a insérée dans sa traduction latine de la Biographie écrite en français par Ruinart[1].

Je me reprocherais de ne pas reproduire ici cette profession de foi, trop peu connue, parce qu'elle n'est pas dans l'édition originale de la Biographie. Rien ne peut donner une idée plus juste de la probité littéraire et de la délicatesse de Mabillon[2] :

Ut æquitatis amor prima judicis dos est, sic et rerum ante actarum sincera et accurata investigatio historici munus esse debet. Judex persona publica est, ad suum cuique tribuendum constituta; ejus judicio stant omnes in rebus de quibus fert sententiam ; maximi proinde criminis reum se facit, si pro virili sua parte jus suum unicuique non reddat. Idem historici munus est, qui et ipse persona publica est, cujus fidei committitur examen rerum ab antiquis gestarum. Cum enim omnibus non liceat eas

---

1. *Vita Johannis Mabillonii*, Patavii, 1714, p. 45.
2. Cette profession de foi, émanée de Mabillon et qui, suivant lui, devait être la règle de conduite de tous les religieux, se trouvait dans l'*Apologie* qu'il dut écrire pour repousser les accusations du bénédictin Dom Bastide.

per se investigare, sententiam ejus sequuntur plerique; quos proinde fallit, nisi æquam ferre conetur, nec satis est tamen verum ut amet et investiget, nisi is insit animi candor quo ingenue et aperte dicat quod verum esse novit. Mentiri, si christianis omnibus, multo magis religiosam vitam professis nulla unquam ratione licet, longeque minus cum mendacium multis exitiale est, ac perniciosum. Fieri vero non potest quin historici mendacia vertant in perniciem multorum, qui verbis ejus fidem adhibentes decipiuntur, dum errorem pro veritate amplectuntur; non levis proinde ejus culpa fuerit, qui tot alios secum in errorem trahit. Debet ergo, si candidus sit, procul ab omni studio partium, certa ut certa, falsa ut falsa, dubia ut dubia tradere; neque dissimulare quæ utrique parti favere aut adversari possunt. Non debet a veritate sejungi pietas; neque hæc, si vera ac sincera sit, veritati unquam adversari.

Inique igitur agerem, si falsa ut vera, dubia ut certa proponerem Ordinis decora; siquidem id repugnat veritati, cujus partes monachi, utpote Christi, qui veritas est, sectatores, sequi debent : tum religiosæ sinceritati, quam a nobis potissimum requirunt viri sæculares, cum humilitati ac modestiæ, qua viros maxime decet religiosos. Neque enim nisi fovendæ vanitati conferre potest alienæ virtutis aut mutualis splendoris ostentatio, tum denique quia id Ordini nocet quam plurimum, pessimamque de illo ingerit adversariis opinionem : nihil enim æque de historici fide detrahit, ac si vera pro falsis, aut saltem incerta pro certis, nimio partium studio afferantur, ubi quippe vel semel veritati defuisse quis convincitur, inde certa quæque rejiciendi, aut saltem de illis suspicandi adversariis ansam præbet.

Cette méthode fut strictement suivie par Mabillon et la persistance avec laquelle il l'appliqua lui fait d'autant plus d'honneur qu'il eut à lutter contre plusieurs membres influents de la Congrégation de Saint-Maur, dans laquelle il était entré en 1653. La rigueur de la critique à laquelle, suivant lui, devait être soumise l'histoire de l'ordre de Saint-Benoît scandalisa une partie de ses confrères, qui allèrent jusqu'à l'accuser de prévarication, pour lui faire interdire de continuer ses travaux. On l'accusait de trahir son Ordre, soit en n'acceptant pas des légendes controuvées, soit en ne laissant pas dans l'ombre des abus et des défaillances, comme il s'en produit fatalement dans l'histoire des corporations et des familles. Mabillon se défendit avec autant de courage que de courtoisie. Il sortit vainqueur de la lutte, et son triomphe fut assez éclatant pour que son exemple ne tardât guère à s'imposer comme un modèle pour les œuvres d'érudition qui devaient faire la célébrité de la Congrégation de Saint-Maur.

La controverse à laquelle avait donné lieu la publication des *Acta sanctorum ordinis Sancti Benedicti* avait eu trop de retentissement pour qu'il n'en fût pas question dans les ouvrages relatifs à la vie de Mabillon, et aux annales littéraires de la Congrégation de Saint-Maur.

L'auteur de l'*Histoire littéraire de la Congrégation*, Dom R. P. Tassin, s'exprime [1] ainsi dans l'article consacré à Mabillon :

> Il eut beaucoup à souffrir à l'occasion des Actes des saints de l'ordre de Saint-Benoît. Les PP. Mege et Bastide se laissèrent aller à un zèle mal entendu, et voulurent faire passer le P. Mabillon dans l'esprit des Supérieurs pour un prévaricateur, qui retranchoit un grand nombre de saints, que l'on avoit jusqu'alors attribués à l'ordre bénédictin, et qui par là en diminuoit beaucoup l'éclat. Le 16 septembre 1668 D. Mabillon écrivit à D. Philippe Bastide, pour lui prouver que l'on avoit eu raison de retrancher quelques saints dans l'*Acta Sanctorum*, en les mettant au rang des douteux, et il fallut se défendre dans les formes. Dom Mabillon le fit avec toute la force que lui fournissoit son érudition, et toute la confiance que lui inspiroit la bonté de sa cause. Et quoique pussent dire pour l'ébranler quelques personnes de ses amis, qui voulurent s'entremettre dans cette dispute, il ne se départit jamais de ce qu'il devoit à la vérité et à la sincérité chrétienne. Il eut la consolation de voir que non seulement les plus éclairés et les plus vertueux de ses confrères, mais encore les supérieurs majeurs furent toujours pour lui.

L'histoire de cette controverse mériterait, je crois, d'être étudiée avec quelque détail, et les matériaux ne manqueraient pas à qui voudrait s'en occuper. Je ne me flatte pas d'avoir indiqué dans la note publiée à l'Appendice tout ce qu'on pourrait consulter à ce sujet dans les collections de la Bibliothèque nationale et des Archives nationales.

Aux dossiers de ces deux établissements il manque la pièce la plus importante, la requête que Dom Bastide présenta au chapitre général de la Congrégation de Saint-Maur en 1677 et qui a été visée par Dom Tassin [2] dans l'article relatif à Dom Bastide. « Il présenta requête au chapitre général de 1677 contre Dom Mabillon, qui, dans les Actes des saints de l'ordre de Saint-Benoît, en avait retranché plusieurs qui n'avoient point été bénédictins. Dom Bastide, qui pensoit le contraire,

---

[1]. P. 208. — De ce passage il faut rapprocher ce qui est dit de Dom Bastide, à la p. 127 du même ouvrage.

[2]. *Histoire littéraire de la Congrégation de Saint-Maur*, p. 127.

exigeoit que le P. Mabillon se retractât. Mais la vérité ne permit pas qu'on eût pour lui une pareille complaisance ».

La minute originale de la Requête de Dom Bastide me fut donnée, il y a déjà longtemps, par mon camarade à l'École des chartes Etienne Charavay[1], qui m'engagea à la publier avec un commentaire.

J'ai retrouvée cette pièce en rangeant les papiers de madame Delisle, qui l'avait copiée, avec la pensée que je pourrais déférer au désir exprimé par M. Charavay et qui avait fait les recherches nécessaires pour en préparer l'édition.

Il y avait là une dette que la célébration du second centenaire anniversaire de Mabillon me fournit l'occasion d'acquitter. J'envoie donc à l'imprimerie la copie préparée par la collaboratrice de mes travaux. On verra avec quelle violence Mabillon était dénoncé au nom de ses confrères comme prévaricateur.

Aux RR. PP. Président et
Définiteurs du Chapitre Général
de la Congrégation de Saint-Maur
assemblé au Monastère de
Saint-Benoit-sur-Loire

Supplie très humblement frère   , Religieux de l'Ordre de Saint Benoist et de la Congrégation de Saint Maur, tant en son nom qu'en celuy de tous les véritables enfans de l'Ordre, disant que le Père Dom Jean Mabillon, religieux du même Ordre et de la même Congrégation, ayant été choisy pour faire imprimer les vies des Saints et des hommes illustres de l'Ordre, avoit prévariqué dans cet emploi, et abusé du tems et de tous les secours que la Religion luy a donnés pour travailler à cet ouvrage, s'en étoit servi pour déshonorer l'Ordre par une critique très injuste.

1° Luy ravissant très grand nombre de saints et d'hommes illustres qui ont fait jusques à présent sa gloire, que tout le monde honore comme légitimes enfans de saint Benoist, que tous les historiens de l'Ordre reconnaissent et que les étrangers ne nous contestent pas;

2° Parlant de la propagation de l'Ordre et de l'introduction de nostre règle dans les monastères anciens, et même dans ceux qui ont été bâtis après la mort de nostre glorieux patriarche, d'une manière si basse et si indigne qu'elle est honteuse à l'Ordre et qu'elle ravit à nostre B. Père une très grande partie de ses plus saints et de ses plus illustres enfans;

1. Mort le 2 octobre 1899.

3° Prétendant que le plus grand nombre des saints et des religieux qui ont vécu dans ces premiers siècles dans les plus célèbres maisons, n'ont été Bénédictins qu'à demi, *dimidiati Benedictini*, ou même pour le tiers ou pour le quart;

4° Parlant de nostre sainte Règle, que les Conciles, les Papes et les saints Docteurs ont toujours regardée comme la plus sainte et la plus parfaite de l'Église, comme d'une règle qui n'est que pour les tièdes et pour les négligens, qui ne peuvent souffrir qu'on les porte à la pratique des chapitres plus sublimes des autres règles;

5° Faisant cent efforts pour persuader au monde une imagination insoutenable d'un ordre commun à tous les moines qui n'est qu'un, monobstant la diversité de règles, de professions et de législateurs, qu'il fait durer jusques à près du milieu du onzième siècle, ou même jusqu'aux ordres mendiants;

6° Annéantissant ainsi et confondant nostre Ordre dans cette chimère et luy ravissant par ce seul coup de plume tous les saints et tous les hommes illustres qui ont vécu durant tous ces premiers siècles, qui, selon luy, ne sont pas plus religieux de saint Benoist que de saint Basile, de saint Macaire, de saint Pacome ou de Cassien, réduisant ainsi nostre Ordre dans un état auquel il n'a aucun avantage sur les ordres nouveaux, non pas même celuy de l'antiquité, puisqu'il n'aura été distingué de cet ordre commun qu'après 1077;

7° Prétendant que même les biens de monastères étoient communs à son ordre chimérique, et que ce n'est que depuis ces derniers siècles que les ordres et les monastères se les sont appropriés, en sorte qu'il ne soit pas plus permis de les transférer d'un ordre et d'un monastère à l'autre que le bien d'un particulier à son voisin;

8° Donnant pour cause de la chûte de l'Ordre et de la ruine de l'observance, qu'il avoit trop de bien et trop d'ardeur de le conserver par les procès, ce qui est faux, sauf la correction du définitoire, mais qui ne laisse pas de donner un grand avantage aux ennemis de l'Ordre, qui en prendront sujet de nous calomnier et d'entreprendre sur le peu qui nous reste et qui est nécessaire pour le rétablissement et pour la conservation de l'observance régulière;

9° Traitant d'une manière si méprisante Trithème, Arnauld Wion, Yepez et les autres écrivains de l'histoire de l'Ordre, que cela est insuportable. Le Père Dom Michel Germain, qu'on luy a donné pour copiste, a osé, en la présence du R. P. Visiteur de France, et d'un autre de nos pères, qui le luy soutiendront, nommer ces historiens des falsificateurs, et dire que le Père Mabillon ne vouloit pas découvrir leurs falsifications, afin de ne pas les faire passer pour des fripons et de francs fripons, ce sont ses termes;

10° Disant hautement que nostre Glorieux Père saint Benoist n'étoit pas sorti de l'illustre famille des Anices: le Père Mabillon n'oseroit nier ce fait, car on luy prouvera; et M. Bulteau, qui combat comme luy la gloire de

l'Ordre, en a parlé dans le premier livre de son Abbrégé comme d'un fait qui étoit très douteux;

11° Se moquant du grand nombre de saints canonizés que tous les hystoriens nous donnent; parlant de la venue et de la mission de saint Maur en France comme d'une chose qui n'est pas assurée, et soutenant que saint Grégoire le Grand n'a pas approuvé nostre sainte Règle dans le Concile romain, et n'a pas ordonné aux moines latins de la suivre et de l'embrasser.

Ce n'est là qu'une partie des outrages que le Père Mabillon a faits à l'Ordre par ses écrits et par ses discours; et c'est ce qui contraint le suppliant de représenter à Vos Révérences, au nom de tous les véritables enfans de l'Ordre, qu'on ne doit plus laisser la plume de l'Ordre à la main du Religieux qui ne travaille et qui ne fouille dans nos chartriers et dans nos manuscrits que pour chercher des conjectures et des prétextes pour dépouiller nostre Ordre de ses plus justes ornemens. Car, s'il avoit cette juste ardeur, il ne luy retrancheroit pas tant de grands saints qui ont fait jusques à présent son lustre; et quand même il trouveroit dans ses études quelque chose qui en pourroit diminuer et ternir l'éclat, il le devroit dissimuler et ne le pas découvrir à tout le monde, pour complaire au petit nombre de critiques et pour se faire une vaine réputation.

Car il est vray que, quand tous les critiques du monde se seroient assemblés et auroient conjuré contre la gloire de l'Ordre de saint Benoist, il ne luy auroient jamais fait tant de tort que le Père Mabillon luy en a fait, parce que ses simples doutes passeront dans l'esprit du monde pour des convictions, et on auroit regardé tous les efforts des critiques étrangers pour des effets de passion; au moins le public auroit suspendu son jugement et voudroit nous entendre comme parties intéressées; mais voyant que le Père Mabillon luy même, de son propre mouvement, retranche tant de saints et tant d'hommes illustres de nos martyrologes et de nos ménologes, qu'il les rejette comme des enfants supposés, sans que personne les luy conteste, on n'examinera pas les choses davantage, et on croira qu'il est vray qu'ils ne sont pas Bénédictins, parce qu'un écrivain, de l'ordre qui a tant d'intérest à les luy conserver, ne les reconnoît pas.

Le public ne doit pas raisonner autrement. Car il est inoui qu'un écrivain se soit avisé d'écrire contre son père, contre sa nation, ou contre son Ordre, pour détruire les préjugés avantageux que le public en a conçus et pour le dépouiller des hommes illustres qu'il a produits ou qu'on luy a attribués; or il est vray que, si le P. Mabillon ne passe point pour un transfuge, il passera pour un prodige; et qui ne jugera de sa profession que par ses écrits ne le prendra jamais pour un enfant légitime de l'Ordre quoiqu'il en ait porté l'habit et le nom.

On sçait bien qu'il se couvre de zèle prétendu de la vérité, mais on sçait bien aussi que c'est un beau manteau dont tous les écrivains et toutes les erreurs se parent. On sçait qu'il dit que le devoir d'un historien et la première loi de l'histoire est de chercher et de dire la vérité ; mais un homme qui n'a jamais écrit d'histoire et qui n'a fait que des préfaces ne doit pas usurper le nom et la qualité d'historien. Cette règle, comme toutes les autres, doit être conduite par la prudence, et fort souvent il vaut bien mieux se taire que de dire toutes les vérités, surtout celles qui peuvent troubler la piété des fidèles, affaiblir l'estime qu'on a de son Ordre, et inquiéter les confrères. Et puis il s'imagine avoir la vérité pour luy, et nous prétendons qu'il est dans des erreurs qui sont très grossières.

Nous le prouverons fort efficacement par des écrits publics quand il en sera tems ; mais nous demandons auparavant que le Chapitre général rétablisse l'Ordre dans l'état auquel il étoit auparavant que le Père Mabillon ait écrit contre luy : car il a troublé l'Ordre dans sa possession, et sans nous entendre il nous a dépouillés par une voye de fait qui est contraire à toutes loix. Il faudra donc que le Chapitre général remette les choses dans le premier état, en flétrissant ce méchant ouvrage, en le désavouant comme étant contraire à son intention et à son sentiment. Et après cela, que le Père Mabillon attaque la Religion qui est sa mère, et nous, qui sommes ses enfans, la défenderons bien. Mais il n'est pas juste qu'il nous dépouille et qu'il nous rende demandeurs, nous qui sommes en possession et qui défendons seulement ce que nous avons reçu de nos pères.

Si un étranger écrivoit contre nous et vouloit nous ravir nos saints et nos hommes illustres, nous luy dirions que nous sommes en possession, et que c'est à luy à produire des titres bien éclairés pour nous déposséder ; car tandis qu'il n'auroit que des arguments négatifs, des conjectures et des raisons probables, il n'y a point d'esprit juste et de juge équitable qui voulût nous déposséder.

Que le Père Mabillon se dépouille de la qualité d'enfant de l'Ordre, qu'il souffre qu'on le considère comme un étranger, comme un transfuge, comme un ennemi, nous ne le craindrons point et nous ferons bien voir que jamais écrivain n'a eu plus de hardiesse et moins de raison sous un fort beau latin ; nous montrerons qu'il n'a aucun solide fondement des nouveautés qu'il avance, qu'il se contredit fort souvent, et qu'il conclut contre les règles les plus communes et les plus naturelles de la dialectique.

Mais ce n'est pas devant le tribunal de la Congrégation que nous devons plaider la cause de l'Ordre et défendre ses intérests ; car nous savons que les écrits du Père Mabillon n'effaceront jamais de l'esprit des vrais Bénédictins la juste et magnifique idée qu'ils ont conçue dans le monde et qu'ils ont conservée dans la Religion. C'est devant le public, parce que, l'injure étant publique, il faut que la réparation le soit aussi. Le Père Mabillon a attaqué et outragé l'Ordre par des écrits publics, imprimés, distribués, nous le défendrons de même, et puisqu'il nous appelle devant le tribunal de tout le monde, c'est là que nous comparoîtrons et plaiderons.

Nostre déplaisir bien sensible c'est que nous ferons de l'éclat, mais le moyen de l'éviter ? Ou il faut laisser l'Ordre dans la confusion, ou il faut le défendre ; et puisque de deux maux il faut toujours choisir le moindre, il faut bien mieux imprimer pour l'Ordre que de l'abandonner à l'injuste critique de ses ennemis. Il est même plus à propos qu'un de nos confrères écrive qu'un Bénédictin d'un autre corps, afin qu'on ne nous reprenne plus qu'en travaillant à rétablir l'observance dans l'Ordre, nous luy avons ravi ses ornemens et renversé sa tradition, et qu'après avoir combattu plus de trente ans pour conserver à l'Ordre l'honneur d'avoir produit le précieux livre de l'Imitation de Jésus-Christ, nous luy ravissons un très grand nombre de saints et d'hommes illustres qui ont éclairé toute l'Église par leurs écrits et leur sainteté.

Après tout quand nous aurons fait tout le bruit qu'on appréhende, il en faudra venir à celuy qui en est la première cause, et nous aurons toujours cet avantage que nous écrivons pour l'Ordre, et que le Père Mabillon a écrit contre luy, et qu'il a écrit le premier et qu'il nous a mis dans cette nécessité fâcheuse de réfuter un frère que nous aimons, pour venger nostre Ordre que nous ne pouvons pas abandonner. Nous sommes assurés qu'on ne blâmera pas nostre conduite, quand on sçaura qu'il y a plus de huict ans que nous souffrons et que nous nous plaignons inutilement aux Supérieurs et au Père Mabillon luy-même. Les Supérieurs nous ont fait espérer que ce bon Père changeroit de conduite et qu'il répareroit dans ses derniers volumes le mal qu'il avoit fait à l'Ordre dans les premiers, et nous voyons qu'il a trompé ses Supérieurs et qu'il s'est moqué de ses confrères et méprisé leur affection.

Il a même surpris la piété du très R. P. Supérieur général pour l'impression de la préface de son dernier volume, luy faisant entendre qu'il l'avoit fait examiner et approuver par des théologiens de la Congrégation et du dehors ; car le très R. P. Dom Vincent Marsolle, qui est si prudent et si éclairé, ne luy en eût pas accordé la permission, puisqu'il sçait bien que les lois de l'Église et de l'État obligent tous les écrivains et tous les Supérieurs ordinaires à cette juste précaution. Et il est très constant que cet ouvrage n'a point été examiné ny approuvé par aucun théologien de l'Ordre, car ceux là même qu'on disoit l'avoir examiné ont déclaré ne l'avoir point vu avant l'impression. Pour les théologiens étrangers, nous sommes en droit de dire qu'ils ne l'ont point approuvé, puisqu'il ne porte aucune approbation, et que c'est contre les loix qui veulent que les approbations paroissent, sur peine de suppression et de confiscation. Et ces approbations étoient d'autant plus nécessaires qu'il traite dans cette préface du culte des saintes Images d'une manière qui mérite et qui attirera sans doute la censure de la Faculté de Théologie et l'aversion de tous ceux qui ont une véritable piété, c'est ce qu'on fera voir par un écrit exprès.

Ce considéré, il vous plaira ordonner, en faisant droit à cette Requête, que le Père Mabillon se rétractera par un écrit imprimé et public ; 2° qu'il luy sera fait défense à l'avenir d'écrire de tout ce qui regarde l'histoire de l'Ordre ; 3° qu'on désavoura par un décret du Chapitre général l'ouvrage du

Père Mabillon, comme étant contre l'Intention et les sentiments de la Congrégation ; 4° qu'il sera permis au suppliant et aux autres Religieux de la Congrégation d'imprimer les écrits qu'ils ont faits pour la défense de l'Ordre contre l'injuste critique du Père Mabillon. Ce faisant, vous obligerez le suppliant et tous les véritables enfans de l'Ordre à prier Nostre Seigneur qu'il conserve vos personnes pour son service et pour la gloire de l'ordre de Saint-Benoist.

Après avoir lu cette diatribe, on éprouvera un véritable soulagement en voyant avec quelle dignité et quelle modération Mabillon s'exprime au sujet de la suppression, à laquelle il s'était résigné, de quelques pages d'un opuscule qu'il avait écrit en 1671 et qui a trouvé place en tête de l'édition donnée par Dom R.-A. Janvier des OEuvres de Pierre de Celle[1]. On ne saurait douter de la part prise par Mabillon à la publication de ce volume dont Ruinart parle en ces termes : « Le Père Mabillon prit part à l'édition des œuvres de Pierre de Celle, qui parut en 1671. On pourroit même donner place à l'édition de cet auteur parmi les véritables ouvrages de Dom Jean Mabillon, puisque c'est luy qui en a fait l'epître dédicatoire et les Préfaces et qui a eu le principal soin de toute l'édition[2]. »

On s'étonne donc de ne pas voir la Notice de Mabillon sur Pierre de Celle citée par les bibliographes. Elle n'est pas mentionnée dans le *Catalogus omnium Mabillonii operum* que Dom C. de Vic a mis à la fin de son édition de la Vie de Mabillon. On la chercherait vainement dans l'article consacré à Mabillon par l'auteur de l'*Histoire littéraire de la Congrégation de Saint-Maur*, et dans la longue notice de Dom Brial sur Pierre de Celle (au tome XIV de l'*Histoire littéraire de la France*) et même dans la *Bio-bibliographie* de M. le chanoine Chevalier[3]. C'est cependant un travail qui ne doit pas être oublié. Mabillon avait le droit d'y attacher une certaine importance. J'en ai retrouvé le manuscrit original et autographe dans un volume de la Bibliothèque nationale (français 12694, fol. 31-46), venu de Saint-Germain-des-Prés.

---

1. *Petri abbatis Cellensis... Opera omnia, Studio unius e Sancti Mauri congregatione monachi benedictini*, Parisiis, 1671, in-4.

2. *Abrégé de la vie de Dom Jean Mabillon*, Paris, 1709, in-12.

3. Il n'y a aucune recherche originale dans la thèse de M. Joseph Gillet, *De Petro Cellensi*, Paris, 1881, in-8. — Cet auteur n'a pas soupçonné que Mabillon se soit occupé de Pierre de Celle.

Cet opuscule, composé avec un soin remarquable, devait primitivement comprendre 28 articles, intitulés :

1. Præfatio. — 2, 3. Petri patria ac parentes. — 4. Monastica professio. — 5. Abbatis dignitas. Trecis. — 6. Remis. — 7. Episcopatus. — 8. Pietas. — 9. Veritatis amor. — 10. Caritas. — 11. Amicitia. — 12. Amici. — 13. Dei et proximi caritas. — 14. Zelus pro Ecclesia. — 15. Pro Ordine. — 16. Discretio. — 17. Sinceritas. — 18. Caritas in afflictos. — 19. Humilitas. — 19 bis. Patientia. — 20. Amor solitudinis et secessus. — 21. Contemplationis studium. — 22. Religio in festis. — 23. Auctoritas. — 24-28. Opuscula.

Les articles 8-23 sont restés inédits. Une note de Mabillon, mise en tête du fol. 45, indique la cause de la suppression :

Hanc præfationem in Opera Petri rogatus feceram ; sed, cum ex ea resecare vellent quæ de zelo pro Ordine dicuntur, abbreviavi eam ut edita est.

Les circonstances qui amenèrent la suppression sont expliquées tout au long dans une lettre de Mabillon, dont la minute forme le feuillet 43 du manuscrit 12694. En voici la teneur :

Mon Révérend Père,

Dom Luc[1] m'a fait voir la lettre du Révérend Père Assistant, par laquelle il luy mande, de la part de Vos Révérences, de faire retrancher de la Préface de Pierre de Celle le 15ᵉ article, qui est du zèle qu'il a eu pour la bonne observance de l'Ordre. Je vous avoue, mon Révérend Père, que cela m'a touché sensiblement, et je voudrois avoir assez de temps pour m'en expliquer à Vostre Révérence auparavant de faire ce retranchement: mais, comme le libraire me presse, et qu'il faut que je luy donne cette Préface pour l'imprimer, j'ay cru qu'il valloit mieux retrancher de cette pièce tout ce qui est dit des vertus de ce grand homme, tiré de ses écrits, et ne mettre précisément que le petit abrégé de sa vie qui est au commencement de cette Préface, avec la discussion de ses ouvrages, que d'ôter cet endroit seul, que je crois estre un de ceux qui luy sont glorieux, et que nous devons plus estimer. J'ay cru néanmoins estre obligé d'en donner avis à Votre Révérence, et voicy mes raisons.

1º S'il faut retrancher le sentiment de zèle qu'il a eu pour l'Ordre, il faut faire aussy de même pour ce qui regarde l'Église, car s'il y a du mal d'un costé, il y en a aussy de l'autre, et nous ne devons pas avoir moins d'amour et de tendresse pour l'honneur de l'Église que pour celuy de l'Ordre. Si l'Ordre a des ennemis qui pourront profiter de ce zèle, l'Église

---

1. Dom Luc d'Achery, maistre de Mabillon.

n'en a pas moins. Il faut donc aussy retrancher ce que dit Pierre de Celle pour marquer son zèle pour l'Église contre ceux qui la déshonnorent, pour la foy contre ceux qui l'attaquent, pour la pureté des mœurs contre ses mauvais ministres qui la corrompent. Et ainsy, voilà une bonne partie de cette Préface ostée. Et il vaut mieux ne point parler des vertus d'un auteur que d'en dire une partie et laisser l'autre, car c'est faire tort à sa réputation.

2° C'est condamner le zèle non seulement de Pierre de Celle, mais de saint Bernard, de Pierre de Damien, de Bède le Vénérable et de tous les plus grands personnages de l'Ordre qui en ont déploré les désordres, si on rejette ces endroits de leurs écrits. Car quelle raison y peut-il avoir de taire ce que de si grands hommes ont dit? Est-ce que nous craignons que nos ennemis ne s'en servent contre nous? Et n'en avoit-on pas alors autant ou plus qu'à présent? Mais il est certain qu'il n'y a pas de meilleur moyen de fermer la bouche à nos adversaires que de condamner nous-même par avant ce qui est ou a esté déréglé dans l'Ordre.

3° C'est frustrer nos confrères du fruit qu'ils pourroient tirer de l'exemple du zèle de ces grands hommes. Car il faut que je vous avoue, mon Révérend Père, qu'il n'y a rien qui m'ait plus touché que cet endroit de nostre Pierre, où il marque ses sentiments pour la bonne discipline de l'Ordre.

4° Si on retranche cet endroit seul de cette Préface, nos adversaires même, qui liront cet endroit dans les ouvrages de l'auteur, se plaindront avec raison de nostre peu de sincérité, de ce que marquant son zèle pour toute autre chose, nous dissimulons celuy qu'il a eu pour l'Ordre, afin de nous épargner.

5° Et en dernier lieu, encore si ce lieu de nostre Pierre étoit une description en particulier des déréglemens de l'Ordre, il y auroit quelque raison de le passer ; mais ce n'est qu'un ressentiment conceu en termes généraux, qui dans le fond ne peuvent donner aucune mauvaise impression dans l'esprit du monde le plus envenimé.

Voilà mes petits sentiments, mon Révérend Père, et les raisons qui m'obligent, en retranchant cet endroit de la Préface, de retrancher aussy tous les autres qui sont tirés de ses écrits. De quoy j'ay cru devoir avertir Vostre Révérence, n'ayant pu différer de donner la copie à l'imprimeur.

Les traits qui viennent d'être mis en lumière m'ont paru pouvoir contribuer à honorer la mémoire de Mabillon.

APPENDICE

Liste de pièces relatives à la controverse engagée entre les bénédictins D. Bastide et D. Mabillon.

Dossier des Archives nationales dans le carton L. 810.

5. — Mémoires pour justifier le procedé que j'ay tenu dans l'édition des vies de nos saints (travail de Mabillon).
6. — Mémoires touchant l'approbation de nostre Règle qui commence *Ego Gregorius*. Ms. autographe de Mabillon.
10. — Abregé des Remarques sur la Préface du IVe siècle du R. P. Mabillon par Dom Philippe Bastide.
11. — Réponse aux remarques que le R. P. Bastide à faites sur la preface du IVe siècle bénédictin. (Réponse à un Mémoire de Bastide, communiqué par les Supérieurs de la Congrégation à Mabillon « le 12 janvier dernier » [1677?].
12. — Petites notes sur la Réponse du R. P. Dom Jean Mabillon aux Remarques du R. P. Dom Phil. Bastide.
13. — Lettre de Dom Mège à D. Bastide au sujet de sa polémique contre Mabillon.

Papiers de Saint-Germain-des-Prés, conservés a la Bibliothèque nationale dans le fonds français :

Ms. 15790. — Réponse aux Remarques que le R. P. Bastide a faites sur la Préface du IVe siècle bénédictin. Brouillon de la main de Mabillon. — Abrégé de la Réponse au R. P. Bastide. — La minute de la Requête du P. Bastide a été jointe au ms. 15790.

Ms. 17696. — Papiers de Mabillon. — Réponse aux Remarques que le R. P. Bastide a faictes sur la Préface du IVe siècle bénédictin. — Abrégé des Remarques sur la Préface du IVe siècle du R. P. Mabillon, par Dom Philippe Bastide. — In sæculum V. Benedictinum Animadversiones. — Mémoires pour justifier le procedé que j'ay tenu dans l'édition des Vies de nos saints etc. — Brièves reflections sur quelques règles de l'histoire.

Ms. 19660. — Réponse aux Remarques que le R. P. Bastide a faictes sur la préface du IVe siècle bénédictin.

Mabillon et la Bibliothèque du Roi

A LA FIN DU XVIIe SIÈCLE

Par M. H. OMONT

Membre de l'Institut

Inspecteur général des Bibliothèques

Conservateur du département des manuscrits de la Bibliothèque Nationale.

MABILLON ET LA BIBLIOTHÈQUE DU ROI

A la fin du XVIIe siècle

Par M. H. OMONT

Le département des manuscrits de la Bibliothèque nationale, qui se glorifie de posséder, au milieu de tant de trésors, la correspondance et les papiers de Jean Mabillon[1], doit inscrire, en bon rang, le nom du célèbre bénédictin dans la longue liste des savants, dont l'activité féconde et le zèle scientifique ont contribué à faciliter la mise en œuvre et à assurer le développement de ses collections.

En 1682, l'inventaire général des manuscrits de la Bibliothèque du roi, au nombre d'environ dix mille, avait été dressé par Nicolas Clément[2]. Pour compléter cet inventaire, un prélat bibliophile, l'archevêque de Reims, Charles-Maurice Le Tellier, qui venait de faire accorder, en 1684, après la mort de Jérôme II Bignon, la charge de bibliothécaire du roi à son jeune neveu l'abbé de Louvois, fit décider la rédaction de catalogues détaillés des manuscrits orientaux, grecs et latins[3]. Le soin de dresser ces catalogues fut confié à des savants spéciaux : l'abbé Renaudot et d'Herbelot furent chargés de rédiger les notices des manuscrits hébreux et arabes ; Cotelier, Du Cange et Thévenot reçurent mission de décrire les manuscrits grecs ; et c'est à Mabillon et aux bénédictins de Saint-Germain-des-Prés qu'on s'adressa pour les notices des manuscrits latins.

On a conservé le « Registre des manuscrits envoyés à ceux qui y « doivent travailler, depuis le 3 juillet 1684 »[4], sur lequel sont marqués, au jour le jour, les numéros des manuscrits confiés aux savants qui en devaient rédiger les notices[5]. Le nom de Mabillon y est porté

---

1. Bibl. nat., mss. latins 11866, 11902, 12089, 12301, 12777 à 12780, 13067, 13119 13120, 14187 ; mss. français 17693 à 17700 et 19649 à 19659 (correspondance).
2. Bibl. nat., ms. nouv. acq. fr. 5402.
3. Cf. L. Delisle, *Cabinet des manuscrits*, t. I, p. 296, note 1.
4. Archives du département des manuscrits registre in-fol. ; aux dates.
5. Les notices des manuscrits latins, rédigées par les Bénédictins, furent recopiées

dès le 8 juillet 1684 et les envois de manuscrits inscrits à son nom s'y succèdent régulièrement jusqu'au 17 mars 1685, à la veille de son départ pour son voyage d'Italie, comme le montre le tableau suivant :

Mss. envoyés.	Mss. rendus.	Totaux.
1684, 8 juillet.	1684, 13 juillet.	10 volumes.
— 13 —	— 17 —	12 —
— 29 —	— 8 août.	20 —
— 8 août.	— 16 —	20 —
— 16 —	— 22 —	18 —
— 22 —	— 6 septembre.	26 —
— 30 —	— 6 —	30 —
— 6 septembre.	— 11 —	27 —
— 11 —	— 22 —	22 —
— 22 —	— 7 et 16 octobre.	48 —
— 15 décembre.	— 22 décembre.	44 —
— 22 —	1685, 2 janvier.	44 —
1685, 2 janvier.	— 9 —	36 —
— 9 —	— 11 —	41 —
— 11 —	— 18 —	60 —
— 18 —	— 25 —	55 —
— 25 —	— 29 —	33 —
— 29 —	— 8 et 14 février.	30 —
— 8 février.	— 14 —	26 —
— 14 —	— 17 —	30 —
— 17 —	— 21 —	28 —
— 21 —	— 17 mars.	32 —
— 17 mars.	— 5 avril.	24 —
	Total général :	716 volumes.

Le 1ᵉʳ avril 1685, Jean Mabillon et son confrère Michel Germain s'étaient mis en route pour l'Italie et ne devaient rentrer à Paris que plus d'un an après, le 2 juillet 1686[1]. Si, pendant ce temps, le travail des manuscrits latins continuait à Saint-Germain-des-Prés[2], les deux

en deux gros volumes in-folio (mss. latins 9358 et 9359) et complétées par une table alphabétique, transcrite par Jean Buval (ms. latin 9360). — Il y en a une autre copie sous les nᵒˢ 1709 et 1710 des nouvelles acquisitions du fonds latin.

1. Sur le voyage de Mabillon et de Germain en Italie, outre les *Iter* et *Museum Italicum* (Paris, 1687-1689, 2 vol. in-4°), on pourra consulter : *Mabillon et la Société de Saint-Germain-des-Prés*, par le prince Emm. de Broglie (Paris, 1888, 2 vol. in-8°), t. I, p. 94, 344-345, 385-87, et t. II, p. 77. Cf. aussi la *Correspondance inédite de Mabillon et de Montfaucon avec l'Italie*, publiée par Valery (Paris, 1847, 3 vol. in-8°), et les *Lettres des Bénédictins de la Congrégation de Saint-Maur*, publiées par E. Gigas (Copenhague, 1892-1893, 2 vol. in-8°).

2. Après le départ de Mabillon, Ruinart lui écrivait de Paris le 9 juillet 1685 : « Nous continuons la Bibliothèque du Roy ; nous y allons toutes les semaines ; « mais, pour nous les envoyer, on n'est pas si exact. M. Thévenot les voit aupara- « vant ; il craint peut-estre qu'on imprime les manuscrits ; il devroit savoir qu'il

bénédictins ne perdaient pas de vue les instructions qu'ils avaient reçues de Le Tellier et de Thévenot pour rechercher au cours de leur voyage ce qui serait de nature à enrichir les collections de la Bibliothèque du roi. De Turin, de Milan, de Venise, de Rome encore[1] et de Florence, ils envoyaient des livres imprimés, des manuscrits, des estampes, dont les listes nous ont été conservées également par Nicolas Clément dans le « Registre des livres acquis pour la Bibliothèque du « roi, depuis l'année 1684 »[2], et qui sont résumées dans le tableau suivant :

Dates.	Envois.	In-fol.	In-4°.	In-8°.	In-12.	Prix.
1685, 30 juin.	Turin.	19	26	7	1	185ˡ 10ˢ
— 23 —	Milan.	32	113	45	6	286ˡ 10ˢ
— 18 décembre.	Venise.	12	75	5	3	181ˡ 5ˢ
1686, 15 janvier.	Rome.	164	190	62	4	1459ˡ »
»	Livres doubles.	18	61	16	1	» »
»	Naples.	86	274	40	32	748ˡ 10ˢ
— 16 mars et 8 juill.	Rome et Florence.	194	408	90	29	{1720ˡ »
»	Estampes.	45	»	»	»	
»	Manuscrits.	23	18	»	»	
— 16 septembre.	Différents endroits d'Italie.	79	72	20	36	640ˡ 6ˢ
— 26 novembre.	Rendus par l'archev. de Reims.	2	»	»	»	» »
		674	1137	289	92	
	Total général : 4192 articles = 5221ˡ 1ˢ					

« n'y a point de petite pièce que M. Baluze ne sache. » (Bibl. nat., ms. français « 19665, fol. 10 ; cité par L. Delisle, Cabinet des manuscrits, t. I, p. 292, note 4.)

1. Un instant cependant Mabillon put craindre que ses projets d'achat seraient contrariés, au moins à Rome ; on trouve un écho de ces craintes dans une lettre de Michel Germain à Claude Bretagne, du 12 février 1686 (Bibl. nat., ms. français 17679, fol. 189), publiée par Valéry, Correspondance citée, t. X, p. 219-220 :
« Il paroît depuis deux ou trois jours un bando, c'est-à-dire une ordonnance du « Pape, affichée par tout Rome, qui défend à qui que ce soit de vendre, sans sa per- « mission,... des statues, peintures, marbres anciens, médailles, joyaux, etc.. Ce « bando est fait directement contre la France... Pour marque qu'on nous prend « tous deux pour de braves gens, c'est qu'on n'a dit mot dans ce bando contre « les livres imprimés et contre les manuscrits ; ainsi Dom Jean [Mabillon] a pu « acheter encore hier trente-cinq manuscrits, entre lesquels est un des plus beaux « Ammien Marcellin qu'on puisse voir, le tout pour cinquante écus romains. » (C'est le n° 7 de la liste imprimée plus loin.)

2. Bibl. nat., Archives du département des manuscrits. Cf. aussi Camille Le Tellier de Louvois..., par l'abbé J. Gillet (Paris, 1884, in-8°), p. 234-235.

Plus de quatre mille volumes, dont les titres sont sommairement consignés dans le « Registre » de Clément, furent ainsi le fruit du zèle des deux bénédictins pour l'accroissement des collections de la Bibliothèque du roi. Parmi ces volumes se trouvaient quarante-cinq manuscrits, envoyés de Florence et arrivés à Paris le 8 juillet 1686, quelques jours après le retour de Mabillon. Clément nous en a aussi conservé la liste suivante[1] :

MANUSCRITS :

1. Plautus ; in-fol. [Lat. 7889.]
2. Vitæ aliquot Plutarchi, latine per Donatum et alios ; fol. [Lat. 5832.]
3. Nonius Marcellus de proprietate sermonis ; fol. [Lat. 7579.]
4. Varro de lingua latina et Pomponius Mela ; fol. [Lat. 7489.]
5. S. Joannis Chrysostomi homiliæ in Joannem, latine, cum prologo Burgundionis judicis ; fol. [Lat. 1782.]
6. F. Paulus Camaldulensis in Priscianum et Donatum ; fol. [Lat. 7517.].
7. Ammianus Marcellinus ; fol. [Lat. 5819.]
8. Julius Solinus ; fol. [Lat. 6813.]
9. Isidorus de sacramento baptismatis et alia ; fol. [Lat. 2330.]
10. Sallustius ; fol. [Lat. 5750.]
11. Dionysii Areopagitæ hierarchia, latine, cum expositione ; fol. [Lat. 1619.]
12. Ciceronis in Verrem ; fol. [Lat. 7776.]
13. Flores Decretorum ; fol. [Lat. 3924.]
14. Ciceronis epistolæ familiares ; fol. [Lat. 8522.]
15. Historia Alexandri magni, versibus ; fol. [Lat. 8119.]
16. Dominici Sabini de comparatione trium scientiarum, et alia opuscula ; 4°. [Lat. 8761.]
17. Poggii Florentini opuscula ; 4°. [Lat. 6714.]
18. Summa in foro pœnitentiali ; 4°. [Lat. 3530.]
19. Flores magistri Petri de Vineis ; 4°. [Lat. 8629.]
20. Terentius ; 4°. [Lat. 8194.]
21. Martialis ; 4°. [Lat. 8068.]
22. Formulare instrumentorum et actorum ; 4°. [Lat. 4726.]
23. Instrumenta antiqua ; 4°. [Lat. 4725.]
24. Evangelia IV, græce, perantiq. ; 4°. [Grec 75.]
25. S. Ambrosius de officiis ; 4°. [Lat. 2642.]

---

1. Cette liste se trouve au fol. 189 et v° du registre de Clément précédemment cité. — On a ajouté entre crochets, à la suite de chaque article, le numéro actuel du volume dans les fonds des manuscrits latins, grecs et italiens et on trouvera en appendice une description détaillée et par ordre numérique de ces mêmes manuscrits.

26. Opuscula varia et memoriæ antiquæ ; 4°. [Lat. 8619.]
27. Vitæ sanctorum monachorum, ab Hieronymo, Ambrosio et aliis ; 4°. [Lat. (?) .]
28. Juliani, antecessoris Constantinopolitani, novellæ ; 4°. [Lat. 4714.]
29. Commentarius in Persium ; 4°. [Lat. 8276.]
30. Summa salutationum ; 4°. [Lat. 8630.]
31. Ordinarium vitæ religiosæ, per Joannem Vallensem ; Paschasii diaconi paradisus de vitis sanctorum ; 8°. [Lat. 3588.]
32. Ciceronis de finibus ; 8°. [Lat. 6591.]
33. Elucidarium spirituale ; 8°. [Lat. 2879.]
34. Oratio Thomæ de Brenthe, episcopi Zagrabiensis, ad Pium II ; 8°. [Lat. 7844.]
35. Summario del modo et ordine de la celebratione del capitulo generale ; 4°. [Italien (?) .]
36. Officium S. Philippi Benetii, ordinis Servorum ; fol. [Lat. 918.]
37. Discursus circa bullam pro reformatione nepotismi, meditatam ab Innocentio XI ; fol. [Lat. (?) .]
38. Acta pro canonizatione B. Joannæ a Cruce ; fol. [Lat. 5383.]
39. Disputatio de auxilio efficaci ; 4°. [Lat. 3451.]
40. In accessum cardinalis Fachenetti ad Nursiam ; 4°. [Italien 994.]
41. Acta et processus Antverpiensia pro beatificatione et canonisatione venerabilis Annæ à S[to] Bartholomæo, Carmelitæ ; fol. [Lat. 5384.]
42. Instruttione al cardinal Ginetti, mandato legato di latere in Colonia, l'an 1626 ; fol. [Italien 220.]
43. Commento antico sopra Dante ; fol. [Lat. 8702.]
44. Hieronymi Balbi, epicopi Gurcensis, de fortuna et providentia, ad Clementem VII, liber I[us] ; fol. [Lat. 6453.]
45. Ejusdem liber II[us] ; fol. [Lat. 6454.]

On est imparfaitement renseigné sur l'origine de ces manuscrits, et d'anciens *ex-libris* ou marques de possesseurs ont été soigneusement grattés sur plusieurs d'entre eux. Mais vingt-quatre[1] de ces quarante-cinq manuscrits portent une même reliure du XVIIe siècle, en parchemin vert, qui dénote une provenance commune. Plusieurs de ces volumes ont, d'autre part, une origine siennoise certaine ; tels, par exemple, les numéros 22 et 23, qui sont des registres de notaires siennois des XIIIe et XVe siècles ; les numéros 7 et 34, le premier copié en 1462 pour Grégoire Piccolomini, le second offert vers la même époque,

---

1. Numéros 3 à 6, 8 à 10, 12 à 19, 22, 23, 25, 26, 28 à 31 et 33.

à Sienne, au pape Pie II (Piccolomini)[1]; à la suite de deux des traités contenus dans le numéro 16 se lit l'approbation autographe de Gr. Lombardelli, consulteur du Saint-Office de Sienne; enfin, en tête du numéro 29 est inscrit le nom de Celso Cittadini[2], et peut-être une partie de ces volumes vient-elle de la bibliothèque, dispersée au cours du XVII⁰ siècle, de ce célèbre bibliophile siennois?

[1]. Cf. Blume, *Iter italicum* (Halle, 1824-1836), t. II, p. 123-124.
[2]. Voir la *Vie de Celso Cittadini*, par G. Gigli, en tête de l'édition de ses *Opere* (Roma, 1721, in-4°). C. Cittadini, né à Rome en 1553, mourut à Sienne en 1627. Cf. aussi l'article de M. C. Mazzi, *Alcune reliquie della biblioteca di Celso Cittadini*, dans la *Rivista delle biblioteche* (1892), t. III, p. 100-106.

CATALOGUE DES MANUSCRITS
LATINS, GREC ET ITALIENS, ENVOYÉS D'ITALIE, EN 1686,
PAR MABILLON A LA BIBLIOTHÈQUE DU ROI.

Latin 918. — « Officium S. Philippi Benitii, Florentini, ordinis Servorum B. Mariæ propugnatoris. »

XVIIe siècle. Papier. 57 feuillets. 300 sur 210 millim. Demi-rel. (Ancien n° Reg. 5703, 2. — Liste, n° 36.)

Latin 1619. — S. Dionysii Areopagitæ opera, latine versa a Joanne Scoto, cum expositione Hugonis a S. Victore.

Col. 10. De cælesti hierarchia. — Col. 656. De ecclesiastica hierarchia. — Col. 478. De divinis nominibus. — Col. 987. De mystica theologia. — Col. 1013. Epistolæ. — Col. 1073. Index alphabeticus, manu recentiori.

XIIIe et XIVe siècles. Parchemin. 1332 colonnes. 240 sur 170 millim. Rel. veau rouge. (Ancien n° Reg. 3956, 2. — Liste n° 11.)

Latin 1782. — S. Joannis Chrysostomi homiliæ LXXXVIII. in S. Joannis evangelium, e græco in latinum translata a Burgundione, judice Pisano.

XIVe siècle. Parchemin. 175 feuillets, à 2 col. 270 sur 190 millim. Rel. parchemin vert. (Ancien n° Reg. 3964. — Liste n° 5.)

Latin 2330. — Isidori Hispalensis liber « de sacramento baptismalis ».

Fol. 10^{v°}. « Fides catholica edita in concilio Toletano a patribus Spanitis. Confitemur atque credimus sanctam atque ineffabilem Trinitatem... »

Fol. 15^{v°}. De figuris quattuor evangeli[st]arum. Post adventum Spiritus sancti... »

Fol. 19^{v°}. « Liber differentiarum sancti Ysidori, episcopi Spaliensis. » [Liber II.]

Fol. 41^{v°}. Symbolum fidei. « Credo unum Deum esse Patrem, et Filium et Spiritum sanctum... » — (Fol. 42.) « Quomodo credis? Responsio : Credo Deum trinum et unum... » —Fol. 43^{v°}. «Interrogatio. Clericus, cujus lingua dicitur? ℞. In greca... »

Fol. 45. Revelatio capitis sancti Joannis Baptistæ. (Narratio Angeracensium fabulosa; *AA. SS. Boll.*, jun. 24, IV, 757-759.)

Fol. 49. « Expositio in missa. Quotiens contra se diversarum atque adversarum partium acies... »

XIIe siècle. Parchemin. 71 feuillets. 260 sur 170 millim. Rel. parchemin vert. (Ancien n° Reg. 4051, 2. — Liste n° 9.)

Latin 2642 — S. Ambrosii, Mediolanensis episcopi, de officiis libri III.

XIIIe siècle. Parchemin. 104 feuillets. 200 sur 135 millim. Rel. parchemin vert. (Ancien n° Reg. 4314, 2. — Liste n° 25.)

Latin 2879. — S. Anselmi, Cantuariensis archiepiscopi, elucidarium.

XIII° siècle. Parchemin. 64 feuillets. 180 sur 110 millim. Rel. parchemin vert. (Ancien n° Reg. 4411, 2. — Liste, n° 33.)

Latin 3451. — « Disputatio de auxilio efficaci, » auctore anonymo.
Début : « Quæstio prima. Quid sit auxilium efficax. Præcipua divisio auxilii... »

XVII° siècle. Papier. 29 feuillets. 190 sur 130 millim. Rel. parchemin blanc. (Ancien n° Reg. 6216. 2. — Liste, n° 39.)

Latin 3530. — « Summa in foro penitentiali » et « de foro matrimonii et sponsalium », auctore anonymo.
Début : « Summa in foro penitentiali utilis valde. In primis debet sacerdos interrogare penitentem... » — Fol. 32ᵛᵒ. « De foro matrimonii et sponsalium. Quoniam in foro penitentiali sepe occurrunt casus... »

XIV° siècle. Parchemin. 42 feuillets, à 2 col. 200 sur 140 millim. Rel. parchemin vert. (Anc. n° Reg. 4491, 2. — Liste, n° 18.)

Latin 3588. — « Johannis Vallensis ordinatio vite viri religiosi. »
Fol. 123. « Paschasii dyaconi paradisus de vitis sanctorum Patrum. » [Palladii historia Lausiaca.]
Au dernier feuillet 224ᵛᵒ, on lit : « Iste liber est fratris Johannis Garcie, conventus Tholose, quem emit anno Domini MᵒCCCXCVII. »

XIV° siècle. Parchemin. 224 feuillets. 182 sur 120 millim. Rel. parchemin vert. (Ancien n° Reg. 6418, 2. — Liste, n° 31.)

Latin 3924. — « Flores decretorum ad utilitates clericorum extracti, » titulis CCXXVI.
Début : « Geronimus de membris Domini notri Jhesu Christi. Omnipotens Deus, Pater, et Filius et Spiritus sanctus, unus est atque trinus... »
Fol. 134-137. Extraits canoniques divers. — Au bas du fol. 135 on a gratté une note d'un ancien possesseur : « ...civitatis Pisis,... anno Domini mᵒ...., die xx julii ».

XIII° siècle. Parchemin. 137 feuillets. 262 sur 162 millim. Rel. parchemin vert. (Ancien n° Reg. 5175, 2. — Liste, n° 13.)

Latin 4714. — Juliani antecessoris epitome novellarum Justiniani.

XIII° siècle. Parchemin. 58 feuillets. 212 sur 140 millim. Rel. parchemin vert. (Ancien n° Reg. 5944, 2. — Liste, n° 28.)

Latin 4725. — Registrum actorum notarii cujusdam Senensis. (1283-1287.)

XIII° siècle. Papier. 11 et 90 feuillets. 225 sur 150 millim. Rel. parchemin vert. (Ancien n° Reg. 5945, 3. — Liste, n° 23.)

Latin 4726. — Instrumentorum formule in foro Senensi usitate. (1414.)
La plupart des actes transcrits dans ce volume émanent de « Sr. Johannes Nicolay Guidonis, notarius de Senis ».

XV° siècle. Parchemin. 38 feuillets. 220 sur 160 millim. Rel. parchemin vert. (Anc. n° Reg. 5945, 2. — Liste, n° 22.)

Latin 5383. — Processsus canonizationis beatæ Johannæ de Cruce, abbatissæ tertii ordinis S. Francisci, Toleti († 1534).

XVII° siècle. Papier. 67 feuillets, 270 sur 198 millim. Rel. maroquin rouge, aux armes du roi. (Ancien n° Reg. 10038, 2. — Liste, n° 38.)

Latin 5384. « [Acta] beatificationis et canonizationis servæ Dei venerabilis Annæ a S^to Bartholomæo, priorissæ monasterii Carmelitarum excalceatarum Antverpiensium. » († 1626.)

XVII° siècle. Papier. 159 feuillets, 308 sur 218 millim. Rel. parchemin blanc. (Ancien n° Reg. 10038, 3. — Liste, n° 41.)

Latin 5750. — C. Sallustii Crispi bellum Catilinarium et bellum Jugurthinum.

A la fin (fol. 84v°) : « Musarum nomina. — Gratiarum nomina. — Nomina Furiarum ; — Parcarum ; — Gorgonum ; — Harpiarum ». — Le dernier feuillet 50 est formé d'un fragment de compte du XIII° siècle : « Isti sunt redditus de Chicheriaco, de Chiniaco, de Charmeio, de Villamaris, de Chimilliaco et de Bassolo, affirmati seu admoditi usque ad septem annos continuos circa festum sancti Johannis Baptiste, anno Domini M°CC°LX° tertio... »

XIII° siècle. Parchemin. 40 feuillets, 245 sur 150 millim. Rel. parchemin vert. (Ancien n° Reg. 5273, 2. — Liste, n° 10.)

Latin 5819. — Ammiani Marcellini « de gestis Romanorum imperatorum, ex his qui reperiuntur », libri XVIII [XXXI].

A la fin, on lit de première main (fol. 237v°) : « Finis postremi libri ab Ammiano Marcellino cum reliquis æditi ad rerum gestarum enucleationem, quos ego Petrus Honestus, magnifici viri gratia Domini Gregorii Piccolominei, stilo membranis impræssi in qualtuor tringintaque dierum interkatione ac pœnitus absolvi die XIII° kalendas augusti anno Dominico millesimo CCCC°° LXII, sedente tunc summo pontifice. »

XV° siècle. Parchemin. 237 feuillets, 260 sur 170 millim. Encadrement et bordure peints. Rel. veau rouge. (Ancien n° Reg. 5294, 2. — Liste, n° 7.)

Latin 5832. — Plutarchi vitæ parallellæ, e græco latine versæ.
Fol. 3. Vita Demetrii, per Donatum Acciaiolum.
Fol. 29. Vita Marci Antonii, per Leonardum Aretinum.
Fol. 58. Vita Solonis, per Lapum Castellionensem.
Fol. 71. Vita Valerii Publicolæ, per eumdem.
Fol. 82. Vita Periclis Atheniensis, per eumdem.
Fol. 98v°. Vita Fabii Maximi, per Antonium Tudertinum.
Fol. 110. Vita Themistoclis Atheniensis, per Lapum Castellionensem.
Fol. 124. Vita Camilli, per Antonium Tudertinum.
Fol. 139v° et 151. Vitæ Cimonis ac Luculli, per Leonardum Justinianum.
Fol. 176 et 192. Vitæ Aristidis et Catonis, per Franciscum Barbarum.
Fol. 208. Vita Timoleontis, per Antonium Tudertinum.
Fol. 223. Vita Pauli Aemilii, per Leonardum Aretinum.

Fol. 235. Vita Eumenis Sardiani, per Guarinum Veronensem.
Fol. 244ᵛᵒ. Vita Q. Sertorii, per Leonardum Aretinum.

> XVᵉ siècle. Parchemin. 254 feuillets. 292 sur 212 millim. Bordure peinte au fol. 1. Rel. anc. veau gaufré. (Ancien n° Reg. 5247, 2. — Liste, n° 2.)

Latin 6453 (2 volumes). — « Hieronymi Balbi, episcopi Gurcensis, de fortuna et providentia, ad Clementem VII, pontificem maximum », libri II.

Au bas du premier feuillet de chacun des deux volumes, on lit le nom de « Jo. Francisci de Cruce » et les nᵒˢ 69 et 70.

> XVᵉ siècle. Parchemin. 51 et 52 feuillets. 270 sur 195 millim. Rel. ancienne en cuir rouge gaufré. (Ancien n° Reg. 5389, 2. — Liste, nᵒˢ 44 et 45.)

Latin 6591. — M. T. Ciceronis de finibus bonorum et malorum libri V.

> Copié en 1641. Parchemin, in-4°. — *En déficit.* (Liste, n° 32.)

Latin 6714. — Poggii Florentini opuscula, etc.

Fol. 1. « Ad Franciscum Aretinum, utriusque juris doctorem, contra hypocritas liber. » — Fol. 16. « Ad R. P. D. cardinalem Cumanum de infelicitate principum liber. » — Fol. 37. « Ad Franciscum Barbarum, equitem clarissimum, in avaritiam liber. » — Fol. 56. « Ad doctissimum virum Thomam de Serezano de vera nobilitate liber. »

Fol. 69. « Leonardi [Bruni] Aretini super comoediam Aristophanis prefatio... » Plutus, act. I, latine.

Fol. 72. « Leonardi [Bruni] Aretini super libellum magni Basilii, a se [e] graeco sermone in latinum conversum, prohemium... ad Colucium [Salutatum]. — Magni Basilii, Caesariae archiepiscopi Capadocie, ad adolescentes qui sequi debeant ad capessendam virtutem libellus. » — « Finis, 1470, v° kal. septembris. »

Fol. 81. Poggii facetiarum pars.

> XVᵉ siècle. Papier. 84 feuillets. 230 sur 160 millim. Rel. parchemin vert. (Ancien n° Reg. 6179. — Liste, n° 17.)

Latin 6813. — C. Julii Solini Polyhistor.

Au fol. 2, mappemonde dessinée. — Au dernier fol. 27ᵛᵒ, rose des vents.

> XIIIᵉ siècle. Parchemin. 27 feuillets. 270 sur 175 millim. Rel. parchemin vert. (Ancien n° Reg. 5207, 2. — Liste, n° 8.)

Latin 7489. — M. T. Varronis de lingua latina libri III.
Fol. 61. Pomponii Melae de cosmographia libri III.

> XVᵉ siècle. Papier. 83 feuillets. 270 sur 210 millim. Rel. parchemin vert. (Ancien n° Reg. 5511, 2. — Liste, n° 4.)

Latin 7517. — Liber tam de Donato quam de Prisciano, a fratre Paulo, Camaldulensi monacho, compositus, et quoniam ad utilitatem omnium est datus, ideo Donatus est vocatus. »

Fol. 26ᵛᵒ. « Introductiones fratris Pauli [Camaldulensis] de notitia versificandi. »

Fol. 54ᵛᵒ. « Introductiones dictandi, a fratre Paulo, Camaldulense monacho, breviter composite. » — Incomplet du dernier chapitre.

<small>XIIIᵉ siècle. Parchemin. 85 feuillets. 255 sur 180 millim. Rel. parchemin vert. (Ancien n° Reg. 5513, 2. — Liste, n° 6.)</small>

Latin 7579. — Nonii Marcelli compendiosæ doctrinæ libri XX.

<small>XVᵉ siècle. Parchemin. 131 feuillets. 305 sur 220 millim. Rel. parchemin vert. (Ancien n° Reg. 5506, 2. — Liste, n° 3.)</small>

Latin 7776. — M. T. Ciceronis orationes.

Fol. 1. Oratio in Q. Cæcilium, quæ divinatio dicitur. — Fol. 9. In C. Verrem actio prima. — Fol. 14ᵛᵒ. Actionis in C. Verrem secundæ libri I-V.

Fol. 173ᵛᵒ. « Ytynerarium insularum. Insula mira Balcaris minor... stabiles fecit. » [Antonini Augusti Itinerarium, 512-529.]

Au bas du fol. 1, on lit : « Per Stephanum presbiterum de ecclesia..... Jacobi monachi remisi Solinum. » Sur cette note, au XVᵉ siècle, on a peint un blason de gueules, à la bande d'azur, au lion d'argent (?) avec une orle d'azur.

<small>XIIIᵉ siècle. Parchemin. 174 feuillets. 248 sur 160 millim. Rel. parchemin vert. (Ancien n° Reg. 5528, 2. — Liste, n° 12.)</small>

Latin 7844. « Oratio reverendi patris domini Thomæ de Brenthe, episcopi Zagrabiensis, ad sanctissimum D. N. Pium II. »

Au verso du premier plat de la reliure, on lit la note suivante : « Thomas de Brente, episcopus Zagabriensis, presentavit domino Pio II., pontifici maximo, hanc orationem seu fabulam, Senis, prout apparet in subjecta figura. » — Au fol. 1, miniature représentant l'auteur, Thomas de Dabrencza (1455-1464), offrant ce petit ms. au pape Pie II ; armes du pape et de l'évêque au bas du même feuillet.

<small>XVᵉ siècle. Parchemin. 13 feuillets. 200 sur 115 millim. Rel. en cuir doré. (Ancien n° Reg. n° 6419, 2. — Liste, n° 34.)</small>

Latin 7889. — Plauti comœdiæ.

Fol. 1. Amphitrio. — Fol. 20. Asinaria. — Fol. 35ᵛᵒ. Aulularia. — Fol. 49ᵛᵒ. Captivi. — Fol. 60ᵛᵒ. Gurgulio. — Fol. 78. Cassina. — Fol. 91ᵛᵒ. Cistellaria. — Fol. 99. Epidicus. — Fol. 109ᵛᵒ. Bacchides. — Fol. 126. Mostellaria. — Fol. 143ᵛᵒ. Menechmi. — Fol. 161ᵛᵒ. Miles gloriosus. — Fol. 184. Mercator. — Fol. 199. Pseudolus. — Fol. 217. Pœnulus. — Fol. 233. Persa. — Fol. 243ᵛᵒ. Rudens. — Fol. 259ᵛᵒ. Sticus. — Fol. 268ᵛᵒ. Trinumus. — Fol. 282. Truculentus.

<small>XVᵉ siècle. Parchemin. 293 feuillets. 330 sur 230 millim. Encadrement peint au fol. 1, avec la devise : « Invidia ex opulentia orta est », et au bas un écu, de gueules, à une étoile d'or, surmontée d'un chevron de même. Rel. anc. veau gaufré. (Ancien n° Reg. 5073 a. — Liste, n° 1.)</small>

Latin 8068. — M. Valerii Martialis epigrammatum libri XIV.

Fol. 191. Godefridi Wintoniensis epigrammata.

« Undique susceptum qui miscuit utile dulci... »

Fol. 211v°. « M. Valerii Marcialis amphitheatrum. » [Epigrammaton liber.]

« Barbara pyramidum sileat miracula Memphis... »

Fol. 216. Anonymi carmen de præstantia ficus.

« Alma parens hominum tellus rerumque creatrix... »

Fol. 218. Anonymi carmen de anguilla, [ad Baptistam Palavicinum].

« [S]tat vetus et multos domus haud habitata per annos... »

Fol. 219. Leonardi Bruni Aretini epitaphia.

1. « Sisto pedem... » — 2. « Hic Leonardus erat... » — 3. « Hic post devictas... »

XVe siècle. Parchemin. 219 feuillets. 230 sur 150 millim. Rel. veau rouge.
(Ancien n° Reg. 5624, 2. — Liste, n° 21.)

Latin 8119. — Gualteri de Castellione Alexandreis, seu poema de rebus gestis Alexandri magni.

Fol. 61. Note sur les descendants de Guillaume le Conquérant, duc de Normandie. — Au-dessous, ex-libris gratté d'un ancien possesseur : « Iste liber est Wilermi de.... »

XIIIe siècle. Parchemin. 61 feuillets. 240 sur 138 millim. Rel. parchemin vert.
(Ancien n° Reg. 5645, 2. — Liste, n° 15.)

Latin 8194. — P. Terentii Afri comœdiæ sex.

Fol. 1. Andria. — Fol. 28. Eunuchus. — Fol. 57v°. Heautontimorumenos. — Fol. 85v°. Adelphæ. — Fol. 112. Hecyra. — Fol. 144v°. Phormio.

XVe siècle. Parchemin. 162 feuillets. 220 sur 150 millim. Rel. veau rouge.
(Ancien n° Reg. 6131, 2. — Liste, n° 20.)

Latin 8276. — Cornuti commentarius in A. Persii satyras.

Au bas du premier feuillet, on lit, en écriture du XVIIIe siècle : « Jo Celso Cittadini deputato y concedo... Ego qui supra Celsus a Fabio Paulino... »

XVe siècle. Papier. 86 feuillets. 210 sur 140 millim. Rel. parchemin vert.
(Ancien n° Reg. 6157, 2. — Liste, n° 29.)

Latin 8522. — M. T. Ciceronis epistolæ familiares.

XVe siècle. Parchemin. 161 feuillets. 245 sur 170 millim. Rel. parchemin vert.
(Ancien n° Reg. 5536 a. — Liste n° 14.)

Latin 8619. — Opuscula varia.

Fol. 10 (les fol. 1-9 manquent). Table du contenu du volume.

Fol. 11. « Epitaphium Senecæ » et « Epistolæ Senecæ », Neronis imperatoris magistri, ad Paulum appostolum et Pauli appostoli ad Senecam. » — Fol. 14. Senecæ ad Lucilium epistola. « Tu me inquies vitare turbam... »

Fol. 17 et 47. « Eschinis oratio », seu Æschinis epistola ad Athenienses.

Fol. 37. Anonymi epistola de petitione consulatus. « Etsi tibi omnia suppetunt, que consequi ingenio... »

Fol. 49. Philippi ad Athenienses epistola.

Fol. 53. « M. Tullii Ciceronis oratio pro Marco Marcello. »

Fol. 58. « Oratio Demosthenis ad Alexandrum Macedonem. »

Fol. 59vo. Anonymi Veneti revelatio ad regem quemdam, « de natura, moribus, ingenio, intentione, apparatibus » regni Turcorum. « Rex ipse Turcorum, gloriosissime princeps, Macumetus nomine, tertium et vigesimum annum etatis agit... »

Fol. 68. « Gregorii Tifernatis hymnus in Virginem Dei matrem. »

Fol. 69. Francisci Patritii hymnus de eadem. « Die 14ª julii 1457. — Franciscus Patricius in vinculis. »

Fol. 71vo. « Decretum Desiderii, regis Italiæ. Revocamus statuta regis Aistulphi contra Vetulonos ædita... » Cf. Mabillon, *Museum italicum*, I, 158.

Fol. 73. « Epistola beati Jeronimi presbyteri ad Nepotianum edita, de vita et moribus clericorum ac etiam monacorum laudabiliter observanda. » — Fol. 80. « Jeronimi ad amicum egrotum consolatoria. » — Fol. 90vo. S. Hieronymi epistolæ 67, 71, 70, 76 et 77.

Fol. 93. « Oratio Pii pape secundi, habita in concilio Mantuano, VI kal. octobris 1459, » pro expeditione contra Turcos.

Fol. 102vo. « Verba Pii secundi, habita in pratis apud Pontem Milvium, in occursu capitis beati Andree apostoli, in suggesto ad id preparato, die XIIª aprilis 1462, astante senatu cardinalium et magna populi corona. »

Fol. 103vo. « Oratio [Bessarionis,] Niceni cardinalis, habita per eum, coram sanctissimo Domino nostro, in basilica beati Petri, prolata in personam divi Andree. »

Fol. 105vo. « Responsio Pii II. ad verba que, nomine apostoli Andree, cardinalis Nicenus fecit, die XIIIª aprelis 1462, Rome in basilica sancti Petri, apud altare majus. »

Fol. 106vo. « Cardinalis Niceni oratio [epistola] ad Pium 2um pontificem maximum, 1463. Quinto calendas novembris... »

Fol. 111. « Magni Basilii ad nepotes, a Leonardo Aretino e greco in latinum traductum opus » [ad adolescentes qui sequi debeant ad virtutem capessendam].

Fol. 121. Pontii Pilati ad Tiberium Cæsarem et Lentuli ad senatum epistola de Jesu-Christo.

Fol. 122. « Vopisci Bartholomei Scalæ elegia in laude Pii [II]... pontificis, die 2ª octobris 1458. »

Fol. 128vo. Joannis Boccaccii de Certaldo novella de amoribus Guiscardi et Sigismundæ, filiæ Tancredi, principis Salernitani, e sermone vulgari in latinum versa per Leonardum Aretinum.

Fol. 133vo. « Expugnatio Constantinopolitana, edita per Antonium Ilicinum. » (1453.)

Fol. 139. « Monumenta quædam in quibusdam ligneis tabulis vetustate consumptis nuper inter nonnullos vetustissimos libros manu scriptos in ecclesia que dicitur S. Simonis Radicondulo reperta. Anno 1592, die 20 decembris. » Notes historiques sur Radicondoli, près Sienne (XIIIe-XVIe s.).

Fol. 147. Plinii, vel Cornelii Nepotis, liber de viris illustribus.

Fol. 167. Anonymi « tractatus de secretis mulierum. Imperator, inter cetera que te oportet esse sollicitum... »

> XV⁰ siècle. Papier. 191 feuillets. 212 sur 142 millim. Rel. parchemin vert. (Ancien n° Reg. 6180. — Liste, n° 26.)

Latin 8629. — Petri de Vineis flores dictaminum.

> XIV⁰ siècle. Parchemin. 59 feuillets. 220 sur 160 millim. Rel. parchemin vert. (Ancien n° Reg. 6178. — Liste, n° 19.)

Latin 8630. — « Summa dictaminis, composita a magistro P[etro] de Vineis et a magistro Thomasio Capuano, Romane curie cardinali. »

Fol. 1-3. Summa salutationum. In hac summa queratur utilitas... »

> XIV⁰ siècle. Parchemin. 30 feuillets. 180 sur 120 millim. Rel. parchemin vert. (Ancien n° Reg. 6177. — Liste, n° 30.)

Latin 8702. — Benvenuti de Imola commentarius in Dantis infernum.

> Cf. *Les manuscrits de Dante des bibliothèques de France*; essai d'un catalogue raisonné par L. Auvray (Paris, 1892, in-8°), p. 97-98. (*Bibl. des Ecoles françaises d'Athènes et de Rome*, fasc. 56.)
>
> XV⁰ siècle. Parchemin. 142 feuillets, à 2 col. 260 sur 172 millim. Rel. maroquin citron, aux armes du roi. (Ancien n° Reg. 7766, 2. — Liste, n° 43.)

Latin 8761. — Dominici Sabini tractatus de comparatione trium scientiarum, civilis sapientiæ scilicet, disciplinæ rei militaris et bonarum artium studii.

Fol. 42ᵛᵒ. « Dominici Sabini de uxorum commodis et incommodis. »

Fol. 69. Anonymi ecloga. « Licidas, Iollas.

« Iollas. Hem, quid agis, Licida, cur non properamus in antrum ?... »

Fol. 74. « Epitaphium magistri Guidonis Calliensis, fisici omnium prestantissimi.

« Qui fuerat toto meritis celebrandus in ævo... »

Fol. 75. Vita Ciceronis, translata e græco in latinum ab eloquentissimo viro Leonardo Aretino. »

Fol. 127. « Oratio de laudibus scientiarum, edita a domino Jeronymo de Sanctutiis de Urbino. »

Fol. 141. « Oratio Scitharum. Si dii habitum corporis... » [Quinte-Curce, VII, 8, 12-30.]

Fol. 143. Michaelis Angeli Panicalensii ad Dominicum Sabinum epistolæ duæ.

Fol. 146ᵛᵒ. « Pii secundi pontificis maximi pro decernendo in Turcos bello oratio, in conventu Mantuano inita VI° kal. octobris. »

Fol. 151. « Oratio Scipionis ad Lucceium, cui uxorem reddidit. »

A la fin des deux premiers traités, on lit l'approbation autographe de « frater Gregorius Lombardellius, Senensis, sacræ theologiæ doctor ex Prædicatoria familia, Sancti Officii Senarum consultor, » datée du 8 janvier 1603.

> XV⁰ siècle. Papier, en partie encarté de parchemin. 151 feuillets. 215 sur 140 millim. Rel. parchemin vert. (Ancien n° Reg. 6176. — Liste, n° 16.)

Grec 75. — Evangelia IV, græce.

Peintures au début de chaque Évangile : S. Matthieu (fol. 1) ; — S. Marc (fol. 95) ; — S. Luc (fol. 153) ; — et S. Jean (fol. 255).

Fol. 331. Synaxarium IV. Evangeliorum per anni circulum.

XIIe siècle. Parchemin. 346 feuillets. 180 sur 130 millim. Rel. anc. veau noir gaufré. (Ancien n° Reg. 2868, 2. — Liste, n° 24.)

Italien 220. — « Instruttione data al sig^r cardinal Ginnetti per parte di S. Sta papa Urbano VIII, quando lo mando legato de latere in Colonia l'anno 1636. »

XVIIe siècle. Papier. 147 feuillets. 265 sur 190 millim. Rel. maroquin rouge, aux armes du roi. (Ancien n° Reg. 10065, 2. — Liste, n° 42.)

Italien 994. — « In accessum eminentissimi cardinalis Cæsaris Fachenetti » ad Nursiam.

Discours et vers en latin, italien et espagnol, en l'honneur du cardinal Facchinetti, évêque de Spolète (1655-1672), avec ses armes au fol. 3.

XVIIe siècle. Papier. 18 feuillets. 182 sur 122 millim. Demi-rel. (Ancien n° Reg. 10492, 2. — Liste, n° 40.)

INDEX ALPHABÉTIQUE

Acciaiolus (Donatus). Versio vitæ Demetrii, auct. Plutarcho, 5832.

Æschines. Epistolæ ad Athenienses, 8619.

Ambrosius (S.). De officiis, 2642.

Ammianus Marcellinus. Gesta Romanorum imperatorum, 5819.

Anguilla (Carmen de), 8068.

Anna a S. Bartholomæo, Carmelitæ (Acta beatificationis et canonizationis S^æ), 5384.

Anselmus Cantuariensis (S.). Elucidarium, 2879.

Antoninus Augustus. Itinerarium insularum, 7776.

Antonius Tudertinus. Versio aliquot vitarum Plutarchi, 5832.

Aristophanes. Præfatio Poggii in Plutum, 6714.

Auxilio efficaci (Disputatio de), 3451.

Balbus (Hieronymus). De fortuna et providentia, 6453.

Barbarus (Franciscus). Versio vitarum Aristidis et Catonis, auct. Plutarcho, 5832.

Basilius (S.). Tractatus ad adolescentes de virtute capessenda, a Leonardo Aretino versus, 6714, 8619.

Benitii (Officium S. Philippi), 918.

Benvenutus de Imola. Commentarius in Dantis Infernum, 8702.
Bessarion cardinalis. Orationes, 8619.
Boccaccius (Joannes). De amoribus Guiscardi et Sigismundæ, 8619.
Brente (Thomas de). Oratio ad Pium II, 7844.
Brunus (Leonardus), Aretinus. Ciceronis vita, 8761. — Epitaphia, 8068. — Præfationes in Aristophanem et S. Basilium, 6714, 8619. — Versio novellæ Boccaccii, 8619. — Versio aliquot vitarum Plutarchi, 5832.
Burgundio, judex Pisanus. Versio homiliarum S. Jo. Chrysostomi in Joannem, 1782.
Calliensis (Epitaphium Guidonis), 8761.
Chrysostomus. Voir Johannes Chrysostomus (S.).
Cicero. Epistolæ familiares, 8522. — De finibus bonorum, 6591. — Orationes, 7776, 8619. — Ciceronis vita, 8761.
Cittadini (Celso), 8276.
Comptes (Fragment de) (1263), 5750.
Consulatus (Oratio de petitione), 8619.
Cornelius Nepos. De viris illustribus, 8619.
Cornutus. Commentarius in Persium, 8276.
Cruce (Jo.-Franc. de), 6453.
Curtius (Quintus). Fragmentum, 8761.
Dantes. Commentarius Benvenuti de Imola in Infernum, 8702.
Decretorum (Flores), 3924.
Demosthenes. Oratio ad Alexandrum, 8619.
Desiderius, rex Italiæ. Decretum, 8619.

Dionysius Areopagita (S.). Opera, versa a Jo. Scoto, 1619.
Evangelia IV, græce, Gr. 75.
Facchinetti (In accessum cardinalis), ad Nursiam, Ital. 994.
Ficus (Carmen de præstantia), 8068.
Garcias (Johannes), Tholosanus, 3588.
Ginnetti (Instruttione al cardinal), legato in Colonia, Ital. 220.
Godefridus Wintoniensis. Epigrammata, 8068.
Gregorius Tifernas. Hymnus in Virginem, 8619.
Gualterus de Castellione. Alexandreis, 8119.
Guarinus Veronensis. Versio vitæ Eumenis, auct. Plutarcho, 5832.
Guillaume le Conquérant (Descendants de), 8119.
Hieronymus (S.). Epistola ad Nepotianum, 8619.
Honestus (Petrus), 5819.
Ilicinus (Antonius). Expugnatio Constantinopolitana, 8619.
Isidorus Hispalensis. De sacramento baptismatis, et liber differentiarum, 2330.
Joannæ de Cruce, T. O. S. Fr. (Processus canonizationis B.), 5383.
Joannis Baptistæ (Revelatio capitis S.), 2330.
Joannes Chrysostomus (S.). Homiliæ in Joannem, versæ a Burgundione Pisano, 1782.
Joannes Vallensis. Ordinatio vitæ viri religiosi, 3588.
Julianus antecessor. Epitome novellarum Justiniani, 4714.
Justinianus imp. Epitome novellarum a Juliano antecessore, 4714.
Justinianus (Leonardus). Versio vitarum Cimonis et Luculli, auct. Plutarcho, 5832.

Lapus Castellionensis. Versio aliquot vitarum Plutarchi, 5832.
Leonardus Aretinus. Voir Brunus.
Lombardellius (Gregorius), 8761.
Martialis. Epigrammata, 8068.
Matrimonii (Summa de foro), 3530.
Mela (Pomponius). Cosmographia, 7489.
Missae (Expositio), 2330.
Mulierum (De secretis), 8619.
Nepos (Cornelius). De viris illustribus, 8619.
Nonius Marcellus. Compendiosa doctrina, 7579.
Panicalensius (Michael Angelus). Epistolae duae, 8761.
Patritius (Franciscus). Hymnus in Virginem, 8619.
Paulus (S.). Epistolae ad Senecam, 8619.
Paulus Camaldulensis. Opuscula grammatica, 7517.
Persius. Commentarius Cornuti, 8276.
Petrus de Vineis. Dictamina, 8629, 8630.
Philippus. Epistola ad Athenienses, 8619.
Philippi Benitii (Officium S.), 918.
Piccolomineus (Gregorius), 5819.
Pilatus (Pontius). Epistola ad Tiberium de J. C., 8619.
Pius II, papa. Orationes, 8619, 8761.
Plautus. Comœdiae, 7889.
Plinius. De viris illustribus, 8619.
Plutarchus. Vitae parallelae, a diversis latine versae, 5832.

Pœnitentiali (Summa in foro), 3530.
Poggius Florentinus. Opuscula, 6714.
Pomponius Mela. Cosmographia, 7489.
Quintus Curtius. Fragmentum, 8761.
Radicondulo (Monumenta ecclesiæ S. Simonis), 8619.
Sabinus (Dominicus). Comparatio trium scientiarum et de uxorum commodis et incommodis, 8761.
Sallustius. Bellum Catilinarium et Jugurthinum, 5750.
Sanctutus (Hieronymus de). Oratio de laudibus scientiarum, 8761.
Scala (Vopiscus). Elegia de Pio II, 8619.
Scipio. Oratio ad Luccium, 8761.
Scotus (Joannes). Versio operum S. Dionysii Areopagitæ, 1619.
Seneca. Epistolæ ad Paulum et ad Lucilium, 8619.
Senensium (Registra notariorum), 4725, 4726.
Solinus. Polyhistor, 6813.
Terentius. Comœdiæ, 8194.
Thomas de Capua. Summa dictaminis, 8630.
Thomas de Dabrencza. Oratio ad Pium II, 7844.
Turcorum (Relatio regni), 8619.
Urbano VIII. Instruttione al card. Ginetti legato in Colonia, Ital. 220.
Varro. De lingua latina, 7489.
Vineis (Petrus de). Dictamina, 8629, 8630.

UNE EXPERTISE DE MABILLON

La Filiation des La Tour d'Auvergne

Par M. J. DEPOIN

UNE EXPERTISE DE MABILLON

LA FILIATION DES LA TOUR D'AUVERGNE

Par M. J. DEPOIN

C'est un fait bien connu que la lumineuse carrière de Mabillon connut une heure d'assombrissement, et que les émotions d'un procès retentissant, où il fut mêlé, troublèrent un moment cette noble sérénité qui l'imprégnait — son graphisme l'atteste — celle qu'assurent d'ailleurs à leurs hôtes les calmes parvis de la science.

Edita doctrinâ sapientûm templa serena.

Illustre déjà par des travaux incomparables, ce critique sagace, père de la diplomatique moderne, ne put refuser un jour d'être expert. Il rendit un verdict, en compagnie d'érudits ne l'égalant point, sans doute, mais pourtant singulièrement autorisés : Etienne Baluze et dom Thierri Ruinart.

Phénomène étrange ! Tous trois se trompèrent, alors que peut-être chacun d'eux, livré à soi-même, eût senti le danger d'une cruelle méprise. Baluze eut la plus grosse part de responsabilité, car ce n'est pas sans motif, on peut le croire, que les deux disciples de saint Benoît, dont les noms auraient dû, à tous les titres, précéder le sien, s'effacèrent pour lui laisser la première place et comme la conduite de l'expertise. Il est vrai qu'il s'agissait d'authentiquer des documents de source auvergnate, et Baluze, s'étant particulièrement occupé, dans ses études, de la région d'où on les croyait provenus, pouvait prétendre à une compétence spéciale sur bien des points, accessoires à vrai dire, impossibles à négliger néanmoins dans une discussion de cette sorte : formules en usage, synchronismes, onomastique, toponymie, origine de propriété des biens féodaux, liens entre les anciennos familles... A quel degré tout cela devait entrer en ligne de compte pour se faire une opinion sur des documents contestés, c'est ce qu'on est en mesure d'apprécier si l'on songe à l'infernale habileté de l'imitation.

Les pièces soumises à l'examen des trois arbitres sortaient de la plume d'un calligraphe émérite, doublé d'un savant connaissant à fond l'ancienne histoire de l'Auvergne.

Ce falsificateur, Jean-Pierre de Bar, avait été durant de longues années le secrétaire de l'historien Jean du Bouchet, et il avait hérité de ses archives.

Si nous ne pouvons douter de sa culpabilité, ce n'est pas au nom d'une foi aveugle en la chose jugée ; notre liberté de contrôle n'est en rien compromise par l'arrêt qui condamna le faussaire à l'amende honorable et au banissement. Mais les pièces saisies chez l'inculpé existent encore, revêtues des signatures *ne varietur* du magistrat instructeur et du prévenu à qui elles furent représentées dans l'interrogatoire ; elles sont accablantes.

La préparation des faux s'y manifeste à la simple vue, les essais calligraphiques qui ont précédé l'exécution définitive sont là sous nos yeux ; c'est l'évidence même. Pourrait-on concevoir un homme assez imprudent pour conserver sciemment de telles pièces à charge, à moins d'admettre qu'il comptait se servir de ces repères pour corser un jour le dossier qu'il avait formé ? Dans une lettre retenue par la justice, il écrit avec un suprême aplomb qu'il est prêt à continuer l'œuvre qu'il a entreprise depuis plus de quatre ans « pour la gloire de la Maison de La Tour d'Auvergne ». Pauvre gloire qui s'éclipsa lamentablement !

Cette aventure a défrayé la plume de Saint-Simon, elle a donné lieu à bien des commentaires. Elle est pourtant fort incomplètement connue, et nous devons espérer qu'un jour prochain, l'un des hommes qui honorent le plus notre école diplomatique française, M. de Boislisle, en retracera les péripéties avec le talent, le charme et la documentation sûre qui donnent à ses travaux tant de valeur et tant d'attrait. Nous nous ferions scrupule de marcher sur de telles brisées, et si nous avons revu récemment, dans les cartons des Archives, les principales pièces de ce procès, c'est pour en tirer tout autre chose que l'historique même de l'affaire. Nous voulions, spécialisant nos recherches, examiner jusqu'à quel point Mabillon pouvait se croire permis d'émettre une opinion favorable à l'authenticité des actes qu'on lui soumit, et s'il existait des présomptions suffisantes pour justifier — abstraction faite de l'erreur matérielle — le diagnostic qu'il formula. Étant donnée la construction généalogique résultant des documents faux en eux-mêmes, se présentaient-ils comme acceptables à l'esprit d'un savant consommé tel que Mabillon ? Il n'est pas sans intérêt pour sa gloire — si légèrement que l'incident ait pu la ternir, — de ramener à des proportions précises la limite de son erreur et de mesurer l'étendue de cette unique défaillance.

Il s'agissait donc des origines de la célèbre maison de La Tour d'Auvergne. Elle s'incarnait surtout, à la fin du XVIIe siècle, dans un prélat diplomate, d'un immense orgueil, Emmanuel-Théodose, cardinal de Bouillon. Abbé commendataire de Saint-Martin de Pontoise et seigneur engagiste du domaine royal de cette ville, il avait conçu le projet, en s'emparant des vastes terrains qui entouraient son monastère, et qu'il se fit concéder par pression pour les joindre à son abbatiale[1], d'établir, sur des terrasses descendant vers l'Oise, un parc merveilleux agrémenté de bassins et de grandes eaux rivalisant avec Versailles. Fouquet avait chèrement payé sa témérité, de tenter d'éclipser à Vaux les splendeurs du château favori de Louis XIV. L'âge n'avait pas diminué l'amour-propre du Grand Roi, et le cardinal se vit à son tour l'objet d'une disgrâce : elle interrompit l'exécution des plans qu'il avait confiés à un fontainier renommé ; exilé à quinze lieues de Paris, il ne pouvait même plus songer à revoir cette résidence où il avait rêvé de déployer sa magnificence.

Ce tempérament vaniteux donnait prise aisément aux influences de la flatterie. C'est ainsi qu'en 1695, longtemps avant son exil, le cardinal de Bouillon se laissa entraîner à recevoir, dans son hôtel de Paris, Jean-Pierre de Bar.

Cet homme ingénieux venait soumettre au cardinal une série de documents qu'il présentait comme authentiques et grâce auxquels allait prendre fin une polémique qui passionnait le monde des érudits.

---

1. Dom Racine, *Histoire* (manuscrite) *de l'Abbaye de Saint-Martin* (Bibl. Mazarine).

En 1645 avait paru une Histoire de la Maison de La Tour d'Auvergne, résultat des recherches d'un paléographe estimé, Guillaume Justel. Cet auteur, d'après un ensemble de considérations en partie conjecturales, rattachait Géraud I, ancêtre de la Maison de La Tour, à la lignée des anciens ducs d'Aquitaine contemporains de Charles le Simple.

Les conclusions de l'historien de la Maison d'Auvergne soulevèrent les protestations de l'historien de la Maison de France. « M. du Bouchet — lit-on dans un mémoire trop bien informé pour ne pas être rédigé ou tout au moins inspiré par Baluze[1], — M. du Bouchet, n'étant pas content de la manière, qu'il prétendoit peu libérale, dont Messieurs de Bouillon en avoient usé à son égard, se déclara publiquement contre le livre de M. Justel, quoiqu'il lui eût fourni lui-même beaucoup de titres, et des plus importants ». Du Bouchet ne contestait pas alors le point de départ de la généalogie des La Tour d'Auvergne, il disputait sur le nombre et l'ordre des anneaux : « En 1665 il fit imprimer une carte généalogique de leur maison dont il ne faisoit remonter l'origine que jusqu'à Bernard, père de Géraud I de La Tour, qui vivoit vers l'an 930. » Plus tard il composa une Histoire généalogique formant le contrepied de celle de Justel et dans laquelle il rattachait Géraud I de La Tour à Bertrand, vicomte d'Auvergne. Le mémoire ne nous apprend pas comment cet ouvrage *imprimé* et dont l'existence était connue ne vit point le jour : on peut en deviner la cause. Baluze l'expliqua depuis dans une lettre signée de son nom. La Maison de Bouillon, qui payait l'imprimeur, mécontente de ces conclusions, arrêta les frais.

La dispute entre Justel et du Bouchet continuait à partager les savants, lorsque Jean-Pierre de Bar, « natif de la province d'Auvergne », ancien secrétaire de son compatriote du Bouchet, « ayant travaillé longtemps sous ses ordres à la recherche des titres et actes concernant l'histoire de cette province », informa le cardinal de Bouillon, fort intéressé à cette polémique, d'une découverte qu'il aurait faite. Il avait, disait-il, trouvé des documents décisifs « parmi les papiers de M. du Bouchet, après sa mort et dans une grande confusion, comme papiers, ou qu'il ne connaissoit point lui-même, ou qu'il vouloit supprimer pour soutenir ce qu'il avoit écrit contre M. Justel ».

---

[1]. *Réponse aux Remarques faites contre les titres nouvellement recouvrés sur l'origine de la Maison de la Tour d'Auvergne.* (Arch. Nat. R² 74, Copie).

Cette hypothèse, venant du secrétaire, n'est guère édifiante quant à la probité du patron : elle en donne long à penser sur son médiocre souci de la vérité, et sur l'éducation morale que ses auxiliaires auraient pu tirer de son exemple : elle est intéressante à relever sous la plume des défenseurs de Jean-Pierre de Bar.

Parmi ces documents se trouvaient six feuillets détachés, à ce qu'il paraissait par leur configuration, d'un ancien cartulaire de l'église Saint-Julien de Brioude. Pour expliquer leur présence hors de ce cartulaire, qui avait été restitué à la collégiale, de Bar racontait que, comme du Bouchet « avoit eu en sa possession pendant plus de vingt ans et jusqu'à sa mort, le grand cartulaire de Brioude en original, et qu'il l'avoit fait relier après l'avoir mis en ordre, il en avoit pu ôter tout ce qu'il avoit voulu »[1].

Le cardinal se défiait tout d'abord de Jean-Pierre de Bar et avait eu « bien de la peine à lui donner audience » ; il fut surpris de l'importance de ces documents, qui, s'ils étaient reconnus bons, tranchaient définitivement le débat, ou tout au moins rejetaient la discussion sur un terrain plus difficile. On pouvait encore prétendre, il est vrai, que ce cartulaire ayant été rédigé au temps de Guillaume de La Tour, prévôt du Chapitre de Brioude sous saint Louis, ce prévôt qui d'après une pièce — non moins suspecte d'ailleurs — présentée par de Bar et faisant partie de son dossier de preuves, aurait obtenu du roi des lettres où les ducs d'Aquitaine sont présentés comme ses propres devanciers, devait être entiché de prétentions nobiliaires et aurait bien pu introduire dans le cartulaire des actes interpolés. Mais après tout, c'eût été une assez mauvaise querelle, et le cardinal, sentant tout le prix des documents qu'on lui présentait, s'empressa de les soumettre à la censure des trois hommes qui lui parurent les plus aptes à les apprécier. On peut juger de la sagacité de son choix en lisant le début d'un mémoire anonyme dont les termes courtois et mesurés cherchent à dissimuler la perfidie et qui fut, sinon par la force, du moins par l'habileté de ses objections, le point de départ de l'instance en faux.

Ce mémoire porte ce titre dont il est superflu de souligner l'ironie : « *Remarques sur le jugement rendu par M. Baluze et par les RR.*

---

1. *Réponse aux Remarques* (A. N. R² 74).

PP. Mabillon et Ruinart sur les titres qui prouvent incontestablement l'origine de Géraud de la Tour premier du nom ».

« Il n'est pas possible que l'on n'ait beaucoup de déférence pour le jugement qu'ont porté les savants personnages commis par M. le duc de Bouillon afin de vérifier les titres qui démontrent l'illustre et antique origine de sa maison ; car, quoique les parties intéressées ne doivent pas pour l'ordinaire nommer leurs juges, néanmoins ceux-ci ne sauraient être suspects, si on considère leur profonde érudition et leur sincérité à toute épreuve. Il seroit difficile que les RR. PP. Mabillon et Ruinart pussent être traités de gens de mauvaise foy dans un temps où ils ont l'honneur l'un et l'autre d'estre prestres et membres d'une congrégation illustre par la doctrine, la piété et la régularité ; on sçait la grande réputation du R. P. Mabillon connue de toute l'Europe ; et le plus grand prélat de France en a rendu témoignage au Roy en lui présentant ce bon religieux qui estoit le plus sçavant et le plus homme de bien de son royaume ».

Les pièces fournies par Jean-Pierre de Bar furent déposées dans l'abbaye de Saint-Germain-des-Prés pour y être soumises à l'étude des experts, et tous les érudits qui s'intéressaient à ces querelles eurent la permission de les examiner. Le rapport des trois archivistes fut signé le 23 juillet 1695. Il concluait à l'authenticité. Le cardinal en fut comblé de joie. Il s'empressa de faire imprimer la consultation presque aussitôt, à l'imprimerie royale dirigée par « *Theodorus Muguet, regis typographus, via Jacobaea, ad insigne Velleris aurei* » ; et l'année suivante il traçait, d'une écriture rayonnante, inclinée, très haute et très vive, les lignes suivantes sur une large feuille :

Ces tittres et tables originales doivent estre portés à Turenne pour y estre conservés bien soigneusement dans le thrésor du chasteau, avec les imprimés du jugement rendu sur ces pièces et sur les lettres de St. Louis contenues dans le petit cartulaire original de l'église de Brioude.

Fait à Paris le 22 juillet 1696.
    LE CARDINAL DE BOUILLON.

Cette satisfaction se vit troublée par l'apparition des *Remarques* dont nous avons cité des extraits[1]. Elles étaient concises, mais fort dangereuses, car tout en débutant par cette protestation cauteleuse : « Toutes ces considérations (sur le mérite extraordinaire de Mabillon et de Ruinart) suffisent pour faire traiter de téméraire ceux qui oseroient appeler de leurs jugements », le censeur n'hésitait pas à s'exposer à ce blâme, et il donnait les raisons de son scepticisme.

Elles n'étaient pas des plus fortes, car ses observations portaient surtout des apparences auxquelles s'arrête l'esprit superficiel des gens du monde : on cherchait, en effet, à provoquer un courant de méfiance dans l'opinion publique, à discréditer le jugement des arbitres à la Cour et dans les ruelles, et c'est pourquoi les *Remarques* et d'autres libelles se répandaient sous la forme de manuscrits, sans affronter le grand jour des librairies du Palais. Les défenseurs de l'authenticité des pièces expertisées sentirent qu'il fallait réagir.

Aux *Remarques* qui tiennent en quelques pages in-4°, une réponse manuscrite fut d'abord faite, mais elle amena des répliques[2]. Baluze se remit à l'œuvre, et en 1698 une réfutation des critiques parut, sortant aussi des presses de Théodore Muguet, directeur de l'Imprimerie royale[3].

Elle est intitulée : *Lettre de Monsieur Baluze pour servir de response aux divers escrits qu'on a semez dans Paris et à la Cour contre quelques anciens titres qui prouvent que Messieurs de Bouillon d'aujourd'huy descendent en ligne directe et masculine des anciens Ducs de Guienne et Comtes d'Auvergne.*

Le développement du mémoire répond à l'étendue du titre : il n'occupe pas moins de 22 pages, plus 6 pages d'annexes, sur papier grand in-folio.

Baluze — à lui seul incombe cette fois l'effort de la défense — lutte pied à pied contre les objections : il en réfute victorieusement quelques-unes, faiblement d'autres; pour certaines il se borne à nier leur exactitude matérielle, et à déclarer qu'on lui a confié les pièces ; les

---

1. Elles se retrouvent consignées sur les marges d'un exemplaire de la consultation imprimée de Baluze, conservé à la bibliothèque d'Orléans (ms. 88).
2. Le volume 198 de la Collection Baluze les renferme presque toutes.
3. Il en existe des exemplaires dans le carton R² 74 des Archives de la Bib. Nationale. — Baluze trouvait dans sa campagne un soutien en d'Hozier, qui le prit de très haut avec les critiques ; il leur porta des défis qui lui valurent de mordantes épigrammes (Cf. Coll. Baluze, vol. 198, p. 310).

curieux peuvent venir chez lui les considérer à leur aise et se faire une opinion.

Bien qu'à la suite de l'instruction criminelle ouverte en vertu de lettres patentes des 12 juin et 19 juillet 1701 et 14 juillet 1703, le procès extraordinaire fait devant la Chambre séant au Palais de l'Arsenal, à la requête du Procureur général, contre Jean-Pierre de Bar, ait abouti au jugement du 27 juillet 1704, ordonnant de restituer les documents interpolés, le cartulaire de Sauxillanges et l'obituaire de Brioude, aux archives de ces églises après avoir biffé les mentions apocryphes, et de lacérer toutes les autres pièces falsifiées ; cette dernière disposition ne fut exécutée qu'en partie. On lacéra les documents fabriqués saisis chez Jean-Pierre de Bar, c'est-à-dire des feuillets différents, toujours détachés du prétendu cartulaire ancien de Brioude, d'autres faux qu'il n'avait pas utilisés. Ceux qui avaient fait l'objet de l'expertise ne furent pas livrés à la Chambre de l'Arsenal, on ne pouvait donc les condamner que *in odium auctoris*, sans les avoir vus, du chef d'une conviction établie sur les preuves de la préparation de faux concernant la généalogie des La Tour d'Auvergne.

Les feuillets expertisés existent encore, et il faut bien reconnaître que tous, aussi bien ceux du cartulaire ancien que ceux des tables, présentent, si l'on prend chacun isolément, des apparences vraisemblables d'authenticité. La rognure des marges n'a rien d'étrange si l'on pense que le cartulaire avait été sauvé d'un incendie[1]. Ce souvenir se présente naturellement à l'esprit lorsqu'on observe le noircissement de certains feuillets, dont l'un même est presque totalement brûlé. Mais un fait qui nous a frappé, c'est la différence, assez sensible pour être saisie par l'œil, dans le calibre de l'écriture, des premiers feuillets aux derniers. Entre deux débris, qu'une seule page perdue aurait dû séparer, si l'on se fiait à la numérotation des pièces transcrites, cette différence va d'une moyenne de 40-49 lettres par ligne à une moyenne de 35-43. L'encre change complètement de coloration ; de pâle elle

---

1. D'après les témoignages de nombreux vieillards de Brioude, entendus le 26 février 1626, cet incendie eut lieu 54 à 55 ans auparavant, donc en 1571. Il dévora la « Chambre des Comtes » située « dans les cloistres et enceinte de l'église Saint-Julien », et les témoins avaient vu les gens qui travaillaient à l'éteindre, jeter dans le cimetière beaucoup de livres et papiers à demi brûlés (Coll. Baluze, vol. 198, p. I).

devient très noire. Dans les premiers feuillets la teinte jaune est si faible qu'en plaçant le parchemin devant la lumière, on ne voit plus trace de lettres, bien que les lignes se correspondent au verso et au recto. Elles ont été tracées avec de l'encre si mouillée d'eau qu'en certains cas le parchemin s'est comporté comme du papier et que l'encre y a produit des bavochures. C'est une preuve que la peau a été grattée puis lavée pour en effacer l'encre ancienne, et, de fait, le dossier des pièces saisies contient un acte du XVIe siècle sur parchemin, dont la moitié supérieure a subi cette préparation destinée à mettre la peau en état de resservir. Les traits pâlis, dans les premiers feuillets, sont souvent rechargés d'une encre un peu plus brune et, visiblement, par la même plume souple et légère. L'écriture du dernier feuillet n'a pas non plus le même mouvement que celle des autres ; si elle est du même *style*, il s'y révèle, dans certaines lettres, des retours du naturel chassé qui revient au galop. Tel est, pour ne citer qu'un cas, le surhaussement des *a* hors de la ligne de hauteur uniforme des minuscules, hauteur à laquelle, pour tracer cette lettre en particulier, le faussaire s'était jusque-là fort scrupuleusement conformé. Etant donné l'automatisme scriptural des écrivains du XIIIe siècle, leur fidélité envers les modèles appris, de telles variations, qui ne surprendraient pas dans les écritures cursives de gens émotifs pris parmi nos contemporains, sont anormales et suspectes. On doit aussi considérer qu'alors le parchemin étant un objet très coûteux, les scribes se faisaient un devoir d'écrire jusqu'au bout de la ligne, en coupant les mots afin d'économiser l'espace. Or, dans les feuillets détachés par de Bar, les marges de droite sont fort inégales, et les coupures sont d'une fantaisie déconcertante. Dans la chartre 363 par exemple, on coupe des mots comme **ul-la** ; on joint les prépositions aux substantifs, pour tenir moins de place, et on arrive à des dispositions comme celle-ci (pour **in communia fratrum**) :

incomu

nia fratrum

Puis, deux lignes plus loin, le scribe éprouve une répugnance invincible à couper le mot final de cette phrase : **ex hac vita discessum,** et il espace **ex hac vita** de telle sorte que ces mots occupent la même distance que ceux-ci à la ligne précédente : **canonicis de vino**. Neuf lettres absorbent la place de quinze qui leur sont superposées : c'est tout à fait insolite dans un cartulaire du début du XIII° siècle.

Ces observations nous ont paru plus impressionnantes que celles de l'auteur des *Remarques*, sur les points ronds et sur d'autres détails graphiques, critiques dont Baluze, ce semble, avait eu facilement raison.

Si l'on passe au contenu des actes transcrits sur ces feuillets, on y distingue sept chartes ; l'une est sans numéro, incomplète du début ; d'après une table de format différent, mais dont quelques feuillets sont joints aux débris du grand cartulaire, elle aurait porté le numéro 198. Les autres sont cotées 355, 359 à 363, et 365 [1].

La première serait un fragment d'une très longue charte de précaire consentie au comte Bernard, en échange de la terre de *Fareyrolas*, cédée aux chanoines par ce comte « *propter amorem Dei et remedium animae suae et patris sui Acfredi comitis et matris suae Adalendis, et pro filio suo Bernardo* ». L'acte, daté de mars, l'an VI de Raoul (929), est souscrit par les deux Bernard, père et fils, et des témoins dont aucun n'est un dignitaire de la collégiale, ce qui semble surprenant. Il n'est pourtant pas inadmissible, et en tout cas, Jean-Pierre de Bar n'a pas inventé ce Bernard.

En effet, un acte, non contesté, du *Liber de honoribus sancto Juliano collatis*[2], constate qu'en 924, indiction 12, le jour de la dédicace de

---

[1]. Comme nous le verrons, les chartes 355 à 365 avaient disparu du cartulaire lorsqu'on en réunit les lambeaux. Le Noir, dans une dissertation où avec tact et mesure il se prononce contre les faux, tire un grand argument du fragment authentique de la table par chiffres du cartulaire, retrouvé dans les papiers saisis chez de Bar, et où l'énoncé de plusieurs de ces chartes diffère totalement de leur contenu dans les feuillets fabriqués (Coll. Baluze, vol. 198, fol. 80).

[2]. Ce cartulaire est l'un des *trois* (deux grands et un petit) conservés à Brioude avant l'incendie des archives et dont la coexistence est constatée pas un procès-verbal du 29 avril 1697 (Cf. sur ces documents Henri Stein, *Bibliographie générale des Cartulaires français*, numéros 641 à 644). Il ne nous est connu que par une copie de 1677 (ms. lat. 9086 Bibliothèque nationale), éditée littéralement et sans critique par Doniol (*Cartulaire de Brioude*, Clermont-Ferrand, 1863, in-4°). Cette copie est incomplète et la numérotation actuelle qui comprend 351 articles élimine un grand nombre de pièces. D'après le récolement de M. Bruel (*Bibliothèque de l'École des Chartes*, 1866, p. 445-508), on peut constater que les suppressions faites correspondent à des feuillets disparus ; nous en avons dressé la liste pour nous

l'église de Chanat, au comté de Talende, par l'évêque Arnaud de Clermont, l'archidiacre Jean, qui avait élevé l'édifice à ses frais, le donne aux chanoines de Brioude « *consultu Arlebaldi prepositi ecclesie S. Juliani martyris et Cuneberti pentacontarchi* [1] *ipsius loci* ». Il n'est point question de l'intervention de l'abbé, mais celui-ci est nommé dans la liste finale des témoins : « *Arnaldo praesule, Salomone decano et* BERNARDO ABBATE, *Adalardo levita testibus* ».

assurer que l'ordre primitif de classement a été respecté : les chiffres affectés aux titres maintenus ont subi une réduction proportionnelle au nombre des pièces omises. Parmi celles-ci figurent précisément les chartes 198 et 355 à 365. Le *Liber de honoribus* contenait primitivement 467 pièces ; il se distingue d'un autre cartulaire comprenant 301 feuillets et renfermant 454 pièces, sur lequel porte le procès-verbal de récolement du 6 avril 1685. Les indications fournies par ce document sur l'énoncé de la dernière pièce (Coll. Baluze. vol. 198, fol. 9 verso) concordent, à la réserve de fautes de lecture visibles, avec la teneur de la copie contenue dans le manuscrit latin 17078 (précédemment coté Nouvelles acquisitions latines 2072), comme on peut le voir par cette comparaison :

    B (17078) : *Facto Concambio in mense octobri in anno XI*
    C (procès-verbal de 1695) .... *in anno undecimo*
    B) *regnante domno nostro Pipino rege. S. Emenardi.*
    C) *regnante domno nostro Pipino rege. S. Cathenobarbo.*
    B) *S. Magnerii. S. Winerandi.*
    C) *S. Magnerio. S. Venerando.*

Par un hasard étrange, ce manuscrit qui a fait l'objet de la copie 17078, et qui est aussi perdu, était incomplet des chartes cotées 355 à 365. Il contient un numéro 198, mais représenté par une analyse en deux lignes empruntée à un inventaire. Ce manuscrit primitif était donc un recueil reconstitué. Il présente d'autres lacunes fort nombreuses, pour la plupart différentes de celles que le tableau dressé par M. Bruel relève entre le *Liber de honoribus* et le manuscrit 9086 ; toutefois la comparaison des pièces transcrites permettrait de rétablir, à 38 chartes près, toutes celles du *Liber de honoribus* jusqu'au numéro 454. Les manquantes portent les numéros 13 (affecté, d'après une note du ms. 17078, au duplicata d'une pièce transcrite ailleurs); 28, 97 à 101, 150, 193, 196 à 205 (représentés, dans 17078, par une analyse tirée des inventaires), 208, 220, 224 (incomplet), 225, 248, 278-79, 314, 355 à 365. L'analyse donnée de la charte 198 est ainsi conçue : « *In villa que dicitur Girogilo que sita est in vicaria Auricensi, quidam nomine Girbaldus cedit sancto Juliano mansum unum.* »

Le procès-verbal du 6 avril 1695 constate l'existence d'un feuillet détaché d'un ancien cartulaire, retrouvé dans les rebuts des papiers des archives de Brioude. Il est ainsi avéré que Jean-Pierre de Bar ne mentit point en racontant que les feuillets épars échappés à l'incendie de 1571 avaient été confiés à Du Bouchet pour les classer et les faire relier. Mais *le parallélisme des lacunes* entre le cartulaire de 454 chartes et celui de 467 chartes ne donne-t-il pas lieu de croire que, contrairement à la tradition dont en 1697 les chanoines se firent l'écho, il n'y eut à Brioude qu'un seul grand cartulaire, qui perdit à un moment donné ses derniers feuillets ?

1. *Liber de honoribus*, n° 16 ; édit. Doniol, p. 38-39.

Cet abbé Bernard III se plaçant après les abbés Bernard I, Bernard II, Guérin, Guillaume I, Guillaume II et Aifroi (le jeune), tous comtes d'Auvergne, il est infiniment probable qu'il se rattache à leur famille. Si l'on en croit une copie collationnée par Baluze, du cartulaire de Sauxillanges, la charte de fondation émanant d'Aifroi le jeune ferait mention de ses frères, Bernard et Guillaume [1].

Sans tenir compte de la date de ce faux document, les chartes de Brioude montrent que, le 8 décembre 926, Raoul était encore regardé en Auvergne comme usurpateur [2], tandis qu'en octobre 927 son autorité était reconnue [3]. En même temps, l'abbé Bernard et le prévôt Arlebaud disparaissent de Saint-Julien ; l'abbaye est donnée au vicomte Daumas II, issu par les femmes des anciens comtes, le comté de Brioude étant supprimé ; le doyen Cunebert, seul des dignitaires conservés, a pris la charge de prévôt ; Hector le remplace comme doyen. Tout cela montre qu'une révolution s'était accomplie ; elle fut la suite des événements que Flodoard rapporte sous l'année 926.

Guillaume, duc d'Aquitaine, qui s'était soumis à Raoul en 924 et avait reçu de lui la ville de Bourges, ayant quitté son service, une armée partit de France et de Bourgogne, sous la conduite du roi et du comte Herbert II de Vermandois ; elle se dirigea vers la Loire, reçut des otages de la ville de Nevers, que gardait, contre Raoul, *le frère du duc Guillaume*, et continua sa route vers l'Aquitaine, pour châtier le rebelle, qui prit la fuite. Les troupes royales le poursuivirent jusqu'au moment où l'annonce d'une invasion des Hongrois dans les provinces de l'Est les obligea à se replier vers la Bourgogne. Guillaume

---

1. L'original de ce cartulaire, sur lequel J.-P. de Bar avait commis des falsifications, dut être rendu, aux termes de l'arrêt, à la communauté ; il a disparu (Stein, n° 3.627) ; on n'en possède que deux copies, du XVII° siècle (A. N. LL 1014 et B. N. ms. lat. 5454) ; celle-ci est la plus ancienne ; elle appartint à la Bibliothèque de Du Bouchet ; Baluze qui la déclare « pleine de fautes » y fit une foule de corrections en la conférant à l'original, et aussi des additions, parmi lesquelles se trouve — singulière coïncidence — ces mots ajoutés à la charte d'Aifroi dans la liste des parents commémorés : « *et fratribus meis Bernardo et Guillelmo.* » (Ms. lat. 5454, fol. 1.)

2. La charte 327 (éd. Doniol, p. 330) est datée : « *VI idus decembris, anno IIII quo infideles Franci principem suum Karolum propria sede exturbaverunt et Rodulfum elegerunt, Rotberto interfecto.* »

3. La charte (éd. Doniol, p. 79) est datée « *mense octobrio, anno V regnante Rodulfo rege Francorum et Aquitanorum* ».

mourut l'année suivante (927) au cours de l'été, et Raoul retourna en Bourgogne dans l'arrière-saison. Le frère de Guillaume, que Flodoard ne nomme pas, ne conserva pas Nevers, que Raoul donna à un de ses fidèles, Geofroi ; si l'on admet qu'il s'agit de Bernard, on comprend que le roi lui ait aussi enlevé son abbaye et son titre.

Ainsi la pièce dont nous venons de parler, le numéro 198 des fragments du cartulaire de Brioude, ne contenait rien que d'acceptable pour un critique documenté.

En est-il de même de la charte datée du mois de mai en la 2e année d'un roi Louis qui, d'après les synchronismes, ne peut être que Louis d'Outremer ? La date inscrite revient à mai 938 [1], Louis IV ayant été couronné à Laon le 20 juin 936. « *Facta fuit cessio ista feria sexta, in mense medio, anno secundo regnante Ludovico rege Phrancorum* »[2]. Telle est la formule finale ; et que dit l'intitulé ? « *Sacrosanctae Dei ecclesiae vico Brivate fundatae quae... consecrata est in honore... almi martyris Juliani... sub quo loco vel congregatione Dalmatius abbas,* Joseph praepositus, *Hictorque decanus custodes praesse videntur* ».

Ces synchronismes sont erronés. Si le faussaire eût dépouillé consciencieusement les titres du cartulaire de Brioude, il en eût relevé un de novembre 936 : « *mense novembri anno I quo Ludovicus rex cœpit regnare* », où sont nommés « *Dalmatius abbas,* Cunabertus praepositus, *Ictor decanus* », et un autre d'avril 940, « *mense aprili anno III regnante Ludovico rege* », où reparaissent « *Dalmatius abbas,* Guinepertus praepositus *vel Ictorio decanus* [3] ».

C'est seulement en mars 942, « *mense martio anno VI regnante Ludovico rege* », que le prévôt Joseph est cité pour la première fois dans les chartes de Brioude [4]. Ainsi les synchronismes sont controuvés, et c'est déjà une présomption contre le document. Le texte donne prise à bien d'autres critiques, dont la principale porte sur l'étrange formule employée par le donateur : « *Idcirco ego in Dei nomine Bernar-*

1. On ne sait pourquoi, dans les Remarques, on la date de 937.
2. On remarquera, dans les feuillets expertisés, les variantes étranges : *Franchorum* et *Phrancorum* ; leur présence simultanée est inconcevable, car, d'une part, on ne saurait admettre qu'elles se trouvaient dans les sources qu'on donnait à transcrire au cartulariste ; et d'autre part, on ne peut, en présence de leur juxtaposition, attribuer l'une ou l'autre aux habitudes du scribe.
3. N° 2491, p. 259, et n° 53, p. 69 de l'édit. Doniol.
4. N° 226, p. 237, édit. Doniol.

dus, una cum uxore mea Berthelde et filio meo Geraldo QUI COGNOMINA-
TUR DE TURRE... »

Cette formule ne se rencontre que longtemps après, et l'auteur des *Remarques* observe avec une douce ironie qu'on n'en a pas, pour des temps si reculés, vu d'exemples jusqu'ici « et on ne croit point qu'il en puisse s'en trouver à moins que ce ne soit dans des fragments de cartulaires perdus ». Mais était-ce bien de bonne guerre d'opposer, comme ce critique, Mabillon diplomatiste à Mabillon expert, en rappelant que le premier avait écrit : « *Sub finem sæculi X sed maxime sæculo XI ineunte, cognominum usus frequentari cœpit* » ? formule que le malicieux critique souligne en ajoutant : « Mais dans ce temps là le Père ne prévoyait pas qu'il dût être choisi pour juge de la grande antiquité de la Maison de La Tour d'Auvergne, ou quand il a rendu son jugement en 1695, il n'a pas fait attention à ce qu'il a écrit en 1681 ».

Cette méchanceté tombe à faux, et Baluze n'a pas eu de peine à tirer des cartulaires d'Auvergne, comme d'un grand nombre d'autres documents, des preuves que les surnoms géographiques, sans être d'un usage général (*frequentari*), s'employaient dès la première moitié du X⁰ siècle : à juste titre il a rappelé que sous la plume de Flodoard qui écrivit de 919 à 976, c'est un procédé constant pour distinguer les comtes et les seigneurs homonymes : Augues de Vienne, Raoul de Gouy[1], Emmon de Los, Thibaud de Laon, et cela non pas en employant un adjectif géographique, mais bien la préposition *de* : « *Radulfus de Gaugeio, Emmo de Longia, Tetbaldus de Lauduno* ». Or il y avait, au X⁰ siècle, bien certainement, plusieurs Géraud et plusieurs Bernard contemporains : une distinction de même genre que celle adoptée par Flodoard devait s'imposer aux moines de Brioude, pour se reconnaître parmi ces homonymes. On pouvait parfaitement admettre que, comme en bien des cas, il s'agissait là d'une interpolation faite après coup; soit sur la charte originale, soit au moment de la transcription dans le cartulaire.

En fait, pour nous, étant donnée la preuve du faux, dont Mabillon et ses coexperts n'avaient aucun soupçon en 1695 puisque l'atelier du faussaire ne fut découvert que sept ans après, il est avéré que la charte

---

1. Baluze a eu, au sujet de ce comte de Cambrai, possesseur du château de Gouy-en-Arrouaise, une plaisante distraction, en identifiant *Gaugeium* avec la *Rupes Jalgeii* d'Orderic Vital, la Roche d'Igé au Perche.

de 928 et celle qui la suit, d'avril 960, où « *Geraldus qui de Turre vocor* » fait un don « *tam pro me ipso et uxore mea Gausberga, quam pro genitore meo Bernardo et genitrice mea Berthelde, sive pro avo meo Bernardo comiti et uxore sua Blitsende, necnon et pro Guillelmo et Acfredo Acquitaniae quondam ducibus et pro cunctis parentibus et amicis meis* », sont de simples démarquages des titres de Sauxillanges. Le cartulaire de cette abbaye contient une charte du temps d'Odilon, abbé de Cluny (993-1049) intitulée : « *Karta de Plauziaco quam Bernardus de Turre fecit* ». Dans le texte de la pièce, Bernard, qui ne prend aucun surnom, fait une donation éventuelle à Cluny (*si filium legalem non habeo, Sancto Petro remaneat*) de la moitié d'une église qu'il possède héréditairement, « *pro redemptione anime patris mei Geraldi et matris mee Gausperge et avi mei Bernardi* ». Les personnages qui souscrivent portent des surnoms : « *S. Gerardi d'Esportiaco* [1]. *S. Gerardi Belferri* ».

Par un autre acte qui se place dans le très court pontificat de Guillaume de Chamalières à Clermont (1073-1076), des donations sont faites à l'abbé Hugues de Cluny par « *Geraldus de Turre et fratres mei Bertrandus, Bernardus et Stephanus* », et un peu plus tard, toujours sous l'abbé Hugues, « *Bernardus qui de Turre vocor* » confirme aux moines de Cluny l'église toute entière de La Tour (*ecclesia de Turre tota*) et les autres églises données par ses devanciers « *sicut avus meus et avunculi et pater meus dederunt domno Hugoni abbati, ita ego et fratres mei Bertramnus et Guillelmus et mater nostra damus* » [2].

C'est là où Jean-Pierre de Bar a retrouvé la formule « *qui de Turre vocor* », qu'il a vieillie de 100 ans. C'est là qu'il a puisé la généalogie :

BERNARD DE LA TOUR
|
GÉRAUD I = GAUSBERGE
|
BERNARD II DE LA TOUR

Connaissant ces chartes de Sauxillanges déjà divulguées, comment Mabillon, Ruinart et Baluze auraient-ils pu être mis en méfiance par

---

1. Espirat, cant. Vertaizon, arr. Clermont-Ferrand.
2. A. N. LL. 1024, fol. 220, 341, 342. — Le Cartulaire de Sauxillanges a été édité en 1864 par Doniol.

les nouveaux titres produits ? En fait, l'époque à laquelle les chartes fabriquées reportaient ces premiers anneaux de la généalogie des La Tour d'Auvergne n'avaient rien d'inacceptable. Puisque, vers 1074, Géraud II de La Tour d'Auvergne et ses frères disposaient de leur fortune, la charte de Bernard II leur devancier, où il déclare qu'il n'a point encore de postérité, doit, même si on le suppose leur père, se placer assez longtemps avant la mort d'Odilon. Ces chartes paraissent, en effet, s'enchaîner : l'*avus* de Bernard III semble bien être Bernard II fils de Gausberge, le premier qui ait fait des dons aux Clunisiens de Sauxillanges ; le *pater* et les *avunculi* de Bernard III seraient Géraud II et ses frères Bertrand, Bernard, Etienne.

Mais cette conclusion n'est pas rigoureuse, on pourrait admettre d'autres anneaux et rapprocher la donation de Bernard II des débuts de l'abbatiat d'Odilon, vers 993. Dès lors, il ne serait pas invraisemblable que son père Géraud I ait été marié dès 938. Baluze relève sur un ton assez méprisant — et il n'a pas tort — la plaisanterie « fort froide » du censeur qu'il réfute, que pour faire vivre Géraud I de 938 à près de l'an mil, il fallait lui supposer l'âge de Mathusalem. « Sans sortir, ajoute-t-il, du siècle où nous vivons, Louis-François de la Baume, évêque de Viviers, mourut il y a peu d'années[1] après 73 ans d'épiscopat ; et M. le Maréchal d'Estrées avoit au moins 100 ans quand il est mort ».

Nous avons vu quelles présomptions militaient en faveur des actes présentés à l'examen des experts, eu égard aux probabilités d'existence des personnages mis en scène, et aux dates qui leur étaient attribuées. Le lecteur est édifié déjà, quant aux conditions matérielles de l'expertise, sur les moyens de contrôle dont disposaient les experts. Il reste cependant une question qu'il est intéressant de se poser. En présence de l'incertitude régnant jusqu'alors sur l'origine de la Maison de La Tour d'Auvergne, Mabillon et ses collègues devaient-ils accueillir sans réserves des pièces qui rattachaient en termes exprès par l'ascendance masculine, les plus anciens seigneurs de la Tour à la race des comtes d'Auvergne ? Pouvaient-ils les croire issus du comte de Carcassonne, Aifroi, et d'Adalinde, sœur de Guérin II et de Guillaume I, fille de Bernard II et d'Ermengarde ?

---

1. Le 5 septembre 1690, étant, depuis le 14 mai 1618, le coadjuteur de son devancier, et occupant le siège épiscopal depuis 1621.

Pour répondre à cette interrogation il est indispensable de se livrer sur ces personnages à des investigations permettant de préciser leur filiation et leurs alliances. S'il s'en dégage cette indication que les prénoms dynastiques revendiqués par les plus anciens seigneurs de La Tour les plaçant dans un milieu ancestral déterminé, ce milieu est, sinon rigoureusement, du moins presque sûrement, la famille des comtes d'Auvergne, nous devrons conclure que Mabillon ne pouvait soulever aucune objection contre une construction généalogique nouvelle, réalisant une solution qui s'imposait.

Ces recherches, nous avons dû les poursuivre, pour les maisons princières d'Aquitaine comme pour celles des autres provinces de l'empire carolingien, dans les travaux préparatoires à la rédaction de l'*Histoire des Familles palatines*.

Sans entrer ici dans une démonstration qui dépasserait le cadre de ce mémoire, il nous sera permis d'exprimer par avance un sentiment que nous essaierons de justifier ailleurs en l'étayant sur des arguments et des coordinations de textes : à ce dernier point de vue comme aux autres, Mabillon était fondé à raisonner comme il l'a fait ; et, si les découvertes de Jean-Pierre de Bar sont un produit de la fertile imagination de ce dernier et de son talent d'imitation graphique, l'étude des sources amène à leur substituer des documents authentiques aboutissant, avec des ressources analogues, à la solution que Mabillon crut pouvoir accepter en toute conscience.

J. Depoin.

Mabillon et les Etudes liturgiques

Par le R^{me} P. Dom CABROL

MABILLON ET LES ÉTUDES LITURGIQUES

Par le R^{me} P. Dom CABROL

I

Les études liturgiques dans la Congrégation de Saint-Maur

Les études liturgiques, comme toutes les sciences ecclésiastiques, furent cultivées avec succès dans la Congrégation de Saint-Maur, et si l'on ne compte pas dans ce domaine un ensemble de travaux comparables à ceux que ces grands travailleurs accomplirent pour la patristique ou pour l'hagiographie et l'histoire, on peut dire cependant que la liturgie leur doit quelques-unes de ses plus belles découvertes[1]. Sur ce point, comme pour l'histoire monastique, Mabillon tient encore facilement le premier rang. Un rapide exposé des travaux de cette Congrégation en matière de liturgie doit donc précéder l'étude sur Mabillon comme liturgiste.

Voici une bibliographie des principaux ouvrages sur la liturgie composés dans la célèbre Congrégation. Ce travail, qui n'a pas la pré-

---

1. Il est curieux, au point de vue qui nous occupe, de voir que dans le traité des études (*Traité des Études monastiques divisé en trois parties... par Dom Jean Mabillon,* Bruxelles, 1692, et *Réflexions sur la réponse de M. l'abbé de la Trappe au Traité des Études monastiques,* Paris, 1692) il n'est même pas fait mention de la liturgie, parmi les études qui conviennent aux moines. Mabillon y parle de l'Écriture sainte, de la lecture des Pères, des Conciles, du droit canon, de la théologie, de l'histoire sacrée et profane, de la philosophie, des belles-lettres, de la critique, mais rien sur la liturgie.
Il n'en est pas même question dans les chapitres où il semblait le plus naturel d'en parler, au chapitre VI de la IIe partie, *de la Théologie positive et scholastique,* aux chapitres XIX et XXe (même partie), *Sur le plan des études et des lectures à faire.* C'est à peine si, dans le *Catalogue des meilleurs livres à lire par les étudiants,* il cite quelques auteurs liturgiques, p. 628 seq.

tention d'être complet, a surtout pour but de permettre d'embrasser d'un coup d'œil l'ensemble des travaux des bénédictins de Saint-Maur sur la liturgie. Nous savons qu'une bibliothèque très complète des bénédictins de cette Congrégation est en préparation [1].

Menard (Dom Hugues).

I. *Divi Gregorii Papæ I cognomento Magni liber Sacramentorum, nunc demum correctior et locupletior editus ex missali MS. S. Eligii bibliothecæ Corbeiensis, notisque et observationibus illustr.*
In-4°, Paris, 1642, reproduit dans Migne, P. L., t. LXXVIII.
I bis. *Martyrologium S. O. SS. B.*, Parisiis, 8°, 1629.

Gerberon (Dom Gabriel).

Dissertation sur l'Angelus, Paris, 1675.

Fillatre (Dom Guillaume).

II. *Dissertation sur le mot Mithra (le Dieu Mithra) inscrit à la fin des lettres de saint Jérôme que Dom Roussel a traduites en français.*
Paris, 1703-1707, 3 vol. in-8°; 1743, 4 vol. in-12.

Le Nourry (Dom Nicolas).

III. *Apparatus ad Bibliothecam Maximam Patrum...* 2 in-f°, Paris, 1703-15.
Dans le 1er vol. de cette édition se trouvent douze dissertations critiques. La 2e traite des liturgies attribuées à saint Marc, à saint Paul et à saint Pierre.

Martène (Dom Edmond).

IV. *Germanus episcopus Parisius de Missa.*
Cette lettre célèbre, un des documents les plus importants sur la liturgie gallicane, écrite entre 555 et 576, a été trouvée par lui et publiée dans le t. V du *Thesaur. Anecdot.*
Cf. Migne, P. L., vol. LXXII, p. 89.
V. *Lettre au P. Lebrun sur l'usage de réciter en silence une partie de la messe.*
J. Dom Tassin, loc. cit., n° 18.
VI. Le t. IV de *Vet. scriptor... amplissima collectio* contient des remarques sur le *Gloria in excelsis*, sur le *Credo*, etc. Le t. VI contient : *Antiqua martyrologia nonnulla.*
VII. *Le voyage littéraire*, Paris, 1717, 2 vol. in-4°, contient aussi des renseignements sur les usages liturgiques des monastères.

---

1. Je dois plusieurs de ces notes à la bienveillance du R. P. Dom B. Heurtebize.

VIII. — *De antiquis monachorum ritibus*, 2 in-4°, 1690, Lyon.
— *De antiquis Ecclesiæ ritibus*, 3 in-4°, Rouen, 1700-1703.
— *Tractatus et antiqua Ecclesiæ disciplina in divinis celebrandis officiis*, in-4°, Lyon, 1706.
— Ces trois ouvrages édités en un seul sous le titre : *De antiquis Ecclesiæ ritibus*, 3 in-f°, Anvers, 1736. Le 4° volume publié en 1738 à Milan.
— Le même, 4 in-f°, Bassano, 1788.
— Le même, 4 in-f°, Venise, 1789.

Ruinart (Dom Thierry).

IX. — *Disquisitio historica de pallio archiepiscopali*, dans le 3° t. des *OEuvres posthumes de Dom Mabillon*, Paris, 1724, in-4°.
Dans la préface des œuvres de saint Grégoire de Tours, 1699, Dom Ruinart traite aussi certaines questions de liturgie gallicane au temps de saint Grégoire.

Dom Toustain et Dom Tassin.

X. En 1743 le cardinal Quirini adressa une lettre de 52 p. in-fol. à Dom Lancan, supérieur général de la Congrégation de Saint-Maur, *De priscis hymnographis græcæ Ecclesiæ* (Brescia), à l'occasion des travaux que ces deux bénédictins avaient entrepris sur saint Théodore Studite. Ils répondirent par une lettre de 52 p. in-4° en date du 19 avril 1744 (Paris), dans laquelle ils proposent des difficultés au savant cardinal sur quelques points de sa dissertation.

Toustain (Dom Ch. Fr.).

A laissé un ouvrage manuscrit intitulé :
XI. *Recherches sur la manière de prononcer les paroles de la liturgie chez les Grecs et les Orientaux*, pour réfuter une dissertation du P. Lebrun sur le même sujet.

Bouillart (Dom Jacques).

XII. *Usuardi San-Germanensis Monachi Martyrologium sincerum, ad autographi in San-Germanensi abbatia servat. fidem editum, et ab observationibus R. P. Sollerii S. J. vindicatum*. Paris, 1718, in-4°.
Cf. Dom Le Cerf, *Bibl. hist. et crit. des auteurs de la C°ⁿ de Saint-Maur*. La Haye, 1726, p. 44.
XIII. — A la bibliothèque de Reims : *Graduale et antiphonale pro festis I et II ordinis ad us. Ecclesiæ S. Remigii*. Sept vol. in-fol. n° 269-275. Les deux premiers volumes sont de la main de D. Bouillart.
Cf. *Catal. des manuscrits des départements*, t. 38, p. 255-259.

Jamin (Dom Nicolas).

XIV. *Histoire des fêtes de l'Église et de l'esprit dans lequel elles ont été établies*, in-12, Paris, 1779, traduit en allemand, Bamberg, 1784.

Chardon (Dom Charles).

XV. *Hist. des Sacrements*, 6 vol. in-12, Paris, 1745..

Il faut encore compter parmi les travaux liturgiques de la Congrégation de Saint-Maur, la composition d'offices liturgiques ou l'édition de livres liturgiques.

Vaillant (Dom Hugues).

Au premier rang nous placerons Dom Hugues Vaillant, que Dom Guéranger apprécie en ces termes : « Il nous semble le premier homme de son siècle pour la composition liturgique. Nous citerons en preuve de notre assertion l'admirable office de sainte Gertrude qui a été adopté successivement par l'Ordre de Saint-Benoît tout entier. Il a composé pareillement l'office de saint Maur qui est aussi d'une grande beauté, mais en usage seulement chez les bénédictins français[1]. » Il était si connu pour son rare talent que son office de saint François de Sales, composé en 1666, fut adopté par plusieurs évêques, et que l'on recourait généralement à lui pour la composition d'offices de ce genre.

XVI. *Les offices particuliers de l'abbaye royale de Sainte-Austreberte, ordre de Saint-Benoît, mis en ordre et imprimés par les soins de Madame Magdelaine Angélique Gauffier, abbesse de cette abbaye.*
Paris, Jacques Guérin, MDCCXXXIV, in-8° de iv-48 p.
A la page 47-48 se trouve l'approbation de l'évêque d'Amiens pour les offices des saintes Austreberte, Framchilde et Julienne, composés par Dom H. Vaillant.

XVII. *Sanctae Reginae virginis et martyris officium monasticum, missaque propria ad usum abbatiae Flaviniacensis dispositum a R. P. Domno Hugone Vaillant.*
Cistercii, typis Coloniae S. Joseph, 1881.
(Il avait déjà été publié par Ansart, *Manuel des pèlerins de sainte Reine*, p. 68-73, et par l'abbé Quillot dans ses *Études sur sainte Reine*, p. 481 sq.)

XVIII. La Bibliothèque Nationale contient sous les numéros 12075, 12076, les manuscrits de Dom H. Vaillant avec les offices des

---

[1]. *Instit. liturg.* (2ᵉ éd.), t. II, p. 97.

Saints. Le relevé de ces offices a été mis aimablement à notre disposition par Dom Antoine Dubourg, dont la compétence en ces matières n'est malheureusement connue que des seuls spécialistes. Nous lui devons aussi une partie de ces notes sur les travaux de la Congrégation de Saint-Maur en fait de liturgie. Nous ne donnons pas ce relevé qui est trop étendu, et qui sera donné, pensons-nous, dans l'étude bibliographique sur la Congrégation de Saint-Maur dont nous avons parlé ci-dessus. Qu'il nous suffise de dire que ces offices ont en général pour objet des saints de l'Ordre bénédictin. Les hymnes surtout se font remarquer par l'élégance et la pureté de la forme.

Il faut ajouter quelques travaux sur la musique d'Église ou le chant grégorien, entre autres ceux de

Jumilhac (Dom Benoît de).

XIX. *La science et la pratique du plain-chant où tout ce qui appartient à la pratique est établi par les principes de la science, et confirmé par le témoignage des anciens philosophes, des Pères de l'Église et des plus illustres musiciens entre autres de Guy Arétin et de Jean des Murs*[1]. Paris, 1673, in-4°.

Canto (Dom Barthélemy).

XX. *Lettres de Dom Barthélemy Canto, de Dijon, à Dom Daniel d'Eaubonne (1702-1706) sur la musique de la nouvelle édition du psautier à l'usage de la Congrégation de Saint-Maur*. Bibl. Nat. ms. fr. 20.000.

Fillatre (Dom Guillaume).

XXI. — *Mémoires sur la musique à l'abbaye de Fécamp*. Ms. inédit publié par l'abbé G. Loth. Rouen, 1880, in-8° carré, xxvi-32 p.

Le Clerc (Dom Jacques).

XXII. *Méthode facile... pour apprendre le chant de l'Église sans l'aide d'aucune gamme* (Bibl. Nat. ms. français 20001).
— *Traité de chant ecclésiastique* (ib. ms. français 20002).
Cf. aussi d'autres manuscrits du même sur le chant et la musique (ib. ms. français 19102, 19103).
Cf. *Cat. des ms. français de la Bibl. Nat.* fonds St-Germain, tome III, p. 222, 223 à 457.

---

[1]. L'ouvrage de Jumilhac, réimprimé en 1846 par Th. Nisart et A. Le Clercq. On conserve à la Bibliothèque Nationale un exemplaire de Dom Jumilhac avec de nombreuses additions de la main de l'auteur (ms. français 19096). Elles ont été publiées par Michel Brenet dans la *Tribune de Saint-Gervais*, années 1899-1901.

II

Les travaux liturgiques de Dom Mabillon.

Quelle que soit l'importance de quelques-uns de ces travaux, on pourrait trouver cependant que la célèbre Congrégation n'a pas fait pour l'avancement des études liturgiques ce qu'on pouvait attendre d'elle, si les travaux de Mabillon ne venaient rétablir la balance.

Par l'ensemble de ses études et de ses découvertes, il mérite de prendre place parmi les princes de cette science, à côté des Thomasi, des Bona, des Bianchini, des Ballerini, des Quirini. On ne voit guère que Thomasi qui puisse lui disputer le premier rang parmi les premiers.

Nous donnerons d'abord l'énoncé bibliographique de ces travaux, pour faire ensuite une étude plus détaillée d'un point particulier, la liturgie gallicane, sur lequel les travaux de Dom Mabillon ont jeté le plus de lumière [1].

XXIII. *Liturgia gallicana libri III, in quibus veteris missæ quæ ante annos mille apud Gallos in usu erat forma ritusque eruuntur ex antiquis monumentis, lectionario gallicano hactenus inedito, cum tribus missalibus thoma-*

---

1. Sur la Bibliographie de Mabillon, cf. Ruinart, *Abrégé de la vie de Dom Mabillon*, Paris, 1709; en appendice, le catalogue de ses ouvrages.

Dom Tassin, *Hist. litt. de la Congrégation de Saint-Maur*, Bruxelles et Paris, 1770.

Dom Lecerf, cf. ci-dessus n° XII ; la notice sur Mabillon, p. 213-292.

Bibliothèque des écrivains de la Congrégation de Saint-Maur, Ordre de Saint-Benoît en France, publiée avec le concours d'un bénédictin de la Congrégation de France, par Ch. de Lama, un vol. Munich, Ch. de Lama ; Paris, Palmé, 1882.

Niceron, *Mémoires*, t. VII. Paris, 1729.

Zaccaria, *Bibl. ritual.* 1778, t. II, p. 233.

Hurter, *Nomenclator litterarius*, éd. 1894, t. II, p. 835-862.

F. Bäumer, *Iohannes Mabillon, Ein Lebens und Literaturbild aus dem XVII, u. XVIII Jahrh.* Augsburg, 1892.

Jadart, *Dom Jean Mabillon, sa vie, ses œuvres, sa mémoire*. Reims, 1879.

Lettres et mémoires sur la vie de Dom Mabillon, Bibl. Nat. fonds français 19639.

Dantier, *Rapport sur la Correspondance des Bénédictins, Archives des missions scientifiques*, t. VI, p. 307, p. 307 sq., 1855-1857.

Valéry, *Correspondance inédite de Mabillon et de Montfaucon avec l'Italie.* 3 vol. 8°, Paris, 1847.

sianis, quæ integra referuntur, accedit disquisitio de cursu gallicano, seu de divinorum officiorum origine et progressu in ecclesiis gallicanis. Paris, 1685, in-4°, réimprimé en 1729 chez Montalant, Paris, reproduit dans Migne, *P. L. T.*, t. LXXII. Cf. Jadart, *loc. cit.*, p. 99, et Valéry, *Correspondance*, t. I, p. 77, 80, 103, 105 sq.

XXIV. *Museum Italicum*, in-4°, Paris, 1687, 1689, 2 vol. in-4°. Autre éd. 1724.

Cf. Jadart, *loc. cit.*, p. 100 sq.

Valéry, *Correspondance*, t. I, p. 183, 354 ; t. II, 1, 3, 12, 16, 17, etc.

Le tome I (*Pars secunda*) contient le fameux *Missel de Bobbio* (cf. la III° partie du présent article).

Le tome II contient les *Ordines romani*, ou livres rituels de l'Eglise romaine avec un *commentarius prævius* sur l'*Ordo romanus*, sur les basiliques anciennes, le clergé romain, les collectes, les stations et les litanies, les rites de la messe pontificale, la communion sous les deux espèces, certains rites particuliers au samedi avant les Rameaux, sur la Semaine sainte, les ordinations romaines, la consécration du Souverain Pontife, sur quelques points liturgiques particuliers, notamment la messe d'Illyricus ; cette partie du tome II est reproduite dans Migne, *P. L.*, t. LXXVIII, p. 851 seq.

Cette découverte des *Ordines romani*, une des plus belles de Mabillon, et le *Commentarius prævius* est une des contributions les plus importantes à l'histoire de la liturgie romaine.

Cf. Probst, *Die ältesten Römanischen Sacramentarien u. ordines*, 1892, Münster i. W., p. 386 sq.

Mekel, *über das Alter der beiden ersten Römischen ordines Mabillonis*. *Tübinger Quartalschrift*, 1862, p. 30-83.

Dr. Jos. Kösters, *Studien zu Mabillons Römischen ordines*. Münster i. W., 1905 (Schoningh).

XXV. Le *Calendarium Kartaginense* (dans *Vetera Analecta*, t. III, Paris, 1682, p. 398-401).

Découvert par Mabillon, il représente la liste des martyrs fêtés par l'Eglise catholique de Carthage au commencement du VI° siècle ; c'est le plus ancien calendrier connu ; il paraît avoir été versé dans le martyrologe dit hiéronymien, avec d'autres listes de saints africains ; celles-ci proviennent sans doute de catalogues de diverses églises africaines, hypothèse de M⁵ʳ Duchesne dans son édition du martyrologe hiéronymien p. LXXXIII, combattue par Achelis, *Die Martyrologien, irhe Geschichte u. ihr Werth* (dans *Abhand. der Königl. Gesell. der Wissench. zu Göttingen* (1900, t. III, n° 3), mais reprise et appuyée par Gsell, *Chroniq. archéol. africaine*, dans *Mél. d'arch. et d'hist. de l'école franç. de Rome*, 1891, t. XXI, p. 207-209.

Cf. Duchesne, dans *Bull. di arch. crist.*, t. VII, p. 81.

Le texte de Mabillon est reproduit dans Lietzmann (H.), *Die drei ältesten Martyrologien*, Bonn, 1903 (Kleine Texte für theol. Vorlesungen und Uebungen ; II) ; Preuschen (E.), *Analecta*, Fribourg, 1893 (Sammlung Kirchen-und dogmengeschitlicher Quellenschriften de Krüger., fasc. VIII), d'après *Vetera Analecta, loc. cit.*

Cf. Duchesne, *Les sources du martyrologe hiéronymien*, dans *Mélanges d'archéologie et d'histoire de l'école de Rome*, 1885.

XXVI. *Eusebii romani ad Theophilum Gallum Epistola de cultu sanctorum ignotorum*. Paris, in-4°, 1698.

Dans cette lettre célèbre qui a soulevé tant de discussions et qui faillit être mise à l'index, Mabillon traite la question des cimetières romains antiques, des notes ou signes qui peuvent faire discerner parmi ces ossements ceux qui ont appartenu à des martyrs authentiques, et des abus que peut entraîner le trafic de ces reliques.

Cette lettre a eu cinq éditions et a été souvent réimprimée à Bruxelles, à Tours, à Grenoble, à Utrecht.

Cf. Valéry, *Correspondance*, t. III, p. 7 sq., 20, 44, 99, 101.

Cf. aussi *Abrégé de la vie de Dom Mabillon*, par Ruinart, à l'appendice qui contient le *Catalogue des ouvrages de Dom J. Mabillon*.

L'édition de la lettre en 1705 est augmentée et contient des réponses aux accusations et des explications. Elle est reproduite dans les *Analecta* en 1723 et dans les *Ouvrages posthumes* en 1724.

Cf. aussi sur cette affaire Reusch, *Der Index des verbotnen Bücher*, t. II, p. 591 sq., et Emm. de Broglie, *Mabillon et la Société de l'abbaye de Saint-Germain-des-Prés*, 1888, t. II, p. 218 sq.

XXVII. *Epistola commonitoria ad D. Claudium Estiennot, procuratorem Congregationis S. Mauri in curia Romana, super Epistola de cultu sanctorum ignotorum*. Paris, 1608, dans *Ouvrages posthumes de D. Jean Mabillon et de D. Thierry Ruinart*, Paris 1724, t. I, p. 322.

Cf. *Correspondance des Bénédictins*, Bibliothèque nationale, fonds français 17679, qui contient plusieurs lettres sur cet épisode curieux.

XXVIII. *Lettres et écrits sur le culte des saints inconnus*.

Forme le livre III° des *Ouvrages posthumes de D. Jean Mabillon et de D. Thierry Ruinart*. Paris, 1724, t. I, de la p. 209 à 364.

Réédition de la lettre d'Eusebius Romanus ; lettre de Mabillon au cardinal Colloredo, lettres de Colloredo à Mabillon, de l'abbé Fleury, de Dom Claude Estiennot, de M. de Langlade, de Boin, de Fléchier, de Cailly, du Cardinal de Bouillon, de Guillaume de la Parc, de Bianchini, du cardinal Ottoboni.

Cf. aussi ci-dessous n° XLII.

XXIX. — *Le R. P. G. Etheart à D. Jean Mabillon sur l'autorité de la Congrégation des rits, avec la Responsio D. J. Mabillon*, dans *Ouvrages posthumes*, t. I, 521, 523.

XXX. — *Lettre d'un bénédictin à Mons. l'évêque de Blois touchant le discernement des anciennes reliques au sujet d'une dissertation de M. Thiers contre la sainte Larme de Vendôme*, Paris, 1700, in-8°.

Dans : *Ouvrages Posthumes*, Paris, 1723, t. II, p. 361.

XXXI. — *Réponse des religieux bénédictins de la province de Bourgogne, à un écrit des chanoines réguliers de la même province, touchant la préséance dans les états.* Paris, 1687, in-4°, dans : *Ouvrages posthumes*, t. II, p. 96.

XXXII. — *Précis de la défense des religieux bénédictins de la prov. de B. contre les chanoines réguliers de la même province, touchant la préséance dans les états. Ibid*, p. 174.

XXXIII. — *Réplique des relig. bénéd. de la prov. de Bourg. au second écrit des chan. rég. de la même province. Ibid*, p. 178.

Traduite en latin par Hermann Schenk, *Gemina Apologia Benedictinorum*, etc. Constanz, 1706.

Cf. Valéry, *Correspondance*, t. I, p. 129, 149, etc.

XXXIV. — *Traité où l'on réfute la nouvelle explication que quelques auteurs donnent aux mots de messe et de communion qui se trouvent dans la règle de saint Benoît.* Paris, in-12, 1689.

Le même dans : *Ouvrages posth.*, t. II, p. 270 et 311. — *Addition au précédent traité, ibid.*, p. 311.

XXXV. — *Hymni in Laudem S. Adalhardi et sanctæ Bathildis reginæ : officia Ecclesiæ Corbeiensi propria vel nova edita, vel vetera emendata : quæ omnia in usum collecta typis vulgata sunt ad ejusdem Ecclesiæ usum.* Paris, 1677, in-4°.

XXXVI. — *Officia propria regalis monasterii sancti Petri Corbeiensis, ordinis S. Benedicti, Congregationis S. Mauri, ad limam Breviarii monastici expolita.*

Luteciae Parisiorum apud J. B. Coignard. M.DC.L.XXXVII., in-4°, 116 p.

Sur la question des azymes, Mabillon, outre ses remarques sur ce sujet dans sa *Præfatio in sæc. III Benedictinum*, a publié :

XXXVII. — *De pane eucharistico et fermentato dissertatio*, Parisiis, 1674, in-8° reproduit dans : *Analecta Vet.* Parisiis, 1723, p. 522-547, dans *Ouvrages Posthumes*, et dans : *Bibl. selecta de ritu azymi ac fermentali auctore Math. Masetti*, 3 vol., Venetiis, 1729, in-4°, et Bologne, 1750.

Cf. aussi sur ce point Valery, *Correspondance inédite de Mabillon et de Montfaucon avec l'Italie*. 3 vol. in-8°, Paris, 1847, t. I, p. 41, 42 sq., et Bona, *Rerum liturgicarum*, ed. Sala, Turin, 1747, t. IV, p. 248 env.

XXXVIII. *Lettres écrites sur la question des azymes* dans : *Ouvrages posthumes de D. J. Mabillon et de D. Thierry Ruinart*. Paris, 1724, t. I, p. 77 à 208, contenant les Lettres de Mabillon à Bona, la dissertation *de Pane eucharistico, azymo et fermentato*. Les observations de Bona, de l'abbé de Villeloin, de Robert des Gabets, du P. Thomassin.

Cf. *La Lettre de D. Guillaume Fillatre à D. J. Mabillon* (La dissertation sur les azymes ne lui parait pas convaincante). *Ouvrages posthumes*, t. I, p. 441.

Et notre art. *Azymes*, dans *Le Diction. d'archéol. chrét. et de liturgie*, t. I, col. 3255 et 3258.

XXXIX. D. G. Mabillon à M*** sur le jeûne de la veille de l'Epiphanie. *Ouvrages Posthumes*, t. I, p. 431.

XL. D. J. Mabillon Vⁿ d. D. Schilter. *Transsubstantiatio, vox recens rem antiquam significans*. *Ouvrages posth.*, t. I, p. 509.

XLI. D. J. Mabillon V. C. Fr. Schiltero, Pauli diaconi verba explanat (de Transubstantiatione). Opus Alcuini de divinis officiis. De liturgiæ gallicanæ abrogatione. *Ouvrages posth.*, t. I, p. 513.

XLII. — D. Joannis Mabillon Præfationes in acta sanctorum O. S. B. nunc primum conjunctim editæ ejusdem dissertationes V.

    I. De pane eucharistico azymo et fermentato.
    II. De cultu sanctorum ignotorum editio secunda cui accedit epistola ad Stephanotium nunquam antea typis descripta.
    III. De veteribus reliquiis discernendis.
    IV. De vocibus missæ et communionis in regula S. Benedicti adhibitis.
    V. De primario Romarici montis instituto. Tridenti, 1724. 1 vol. in-4°. — Autre, Rouen, 1732, in-4°.

Outre ces dissertations qui ont directement pour objet la liturgie, les *præfationes* contiennent des renseignements nombreux sur ces questions. Ces *Observationes* montrent l'intérêt que Mabillon attachait à la liturgie. Quelques-unes ont été donnéés par Zaccaria, *de disciplina populi Dei*, notamment au t. I, *de extrema unctione*, p. 254 ; *de ritu humandi sacerdotes veteri et novo*, p. 267 ; au t. II, *de oblationibus pro sacrificii missis*, p. 108 ; *de canonis. sanctor.*, p. 154 ; *de Indulgentiis*, p. 235.

Le bilan de ces études de Mabillon peut se dresser de la façon suivante : La découverte d'un *lectionnaire gallican*, et d'un *sacramentaire* (Bobbio) dont on n'appréciera jamais assez haut l'utilité pour nos études ; la découverte des *Ordines romani* qui, pour la liturgie romaine, n'est pas d'une importance moindre ; le calendrier de Carthage, enfin des dissertations précieuses sur des points intéressants de la liturgie. Ces travaux, qui suffiraient à établir la réputation d'un grand liturgiste, ne tiennent en réalité qu'une place secondaire dans l'ensemble des œuvres de Mabillon, et l'on ne peut qu'admirer la fécondité et la vigueur de ce grand esprit qui, en marge de ses autres ouvrages, a pu tracer une étude aussi magistrale.

III

Mabillon et la liturgie gallicane

Avant les publications de Mabillon sur ce sujet, on ne connaissait guère que les travaux de Bona et ceux de Thomasi, qui, à la suite de son sacramentaire gélasien, éditait trois sacramentaires ou fragments de sacramentaires gallicans : le *Missale gothicum*, le *Missale Francorum*, le *Missale gallicanum vetus*[1].

A ces documents si précieux sur notre antique liturgie, Mabillon ajoute le lectionnaire de Luxeuil, et le missel de Bobbio. En même temps il nous donne sur l'histoire de l'office divin en Gaules une dissertation qui reste l'œuvre la plus décisive sur ce sujet.

Le lectionnaire dit de Luxeuil fut trouvé par Mabillon dans l'abbaye de ce nom au cours d'une mission scientifique en Allemagne dont l'avait chargé Colbert en 1683[2]. Il est écrit en minuscules mérovingiennes du VIIe siècle. Malheureusement, en éditant ce manuscrit, Mabillon n'a pas cru devoir le reproduire en entier, et l'on ne peut que le regretter. Il ne donne que les rubriques, puis le commencement et la fin de chaque lecture[3].

M. Delisle le décrit ainsi : « Minuscule très élégante du VIIe siècle... Le volume présente plusieurs lacunes. Le premier des cahiers qui subsistent (fol. 3-9) porte, au bas de la première page, la signature VIII, d'où l'on peut conclure que les sept premiers cahiers manquent. Il y a

---

1. Dans l'édition complète de ses œuvres *Opera omnia*, t. VI, p. 231 sq. Rome, 1751. Mabillon a réédité ces trois sacramentaires dans sa *Liturgia gallicana*. Bona avait le premier signalé ces manuscrits et s'en était servi dans son grand ouvrage *Rerum liturgicarum libri duo*, Rome, 1671.

2. Le récit de ce voyage, donné dans le t. IV des *Analecta* sous le titre de *Iter germanicum*.

3. Mabillon, *De liturgia gallicana*, lib. II ; cf. aussi Delisle, *Cabinet des manuscrits*, t. II, p. 304 ; t. III, p. 220, planche XIV, n. 1, 5 (le manuscrit a été acquis par la Bibliothèque Nationale à la vente du baron de Marguery (1857). Cf. aussi Dom Morin, *Liber comicus* (*Anecdota Maredsolana*, t. I, 1893), *passim*. H. Bordier, *Lectionnaire de Luxeuil*, ms. lat. 9427, dans les *Mém. de la Soc. d'émul. du Jura*, 2e série, t. IV, 1878, p. 116-125. Duchesne, *Origines du culte*, p. 154-155 (éd. anglaise) ; D. Morin, *R. bénédictine*, 1893, p. 438. L'édition de Mabillon est reproduite dans Migne, *P. L.* t. LXXII.

dans le cours et à la fin du volume, d'autres lacunes. Le livre était déjà dans cet état de mutilation au XVII° siècle, quand Mabillon le découvrit à l'abbaye de Luxeuil.

« Parchemin, 248 feuillets, 287 mill. sur 180. Écriture du VII° siècle. C'est l'un des plus curieux monuments de la paléographie mérovingienne. N° 1444 du supplément latin [1]. »

Mabillon reconnut bien vite le prix de ce trésor qu'il venait de trouver. *Mox præ gaudio exsilientes*, dit le grave bénédictin, *illud gallicanæ ecclesiæ proprium fuisse suspicati sumus* [2]. C'était un lectionnaire gallican du VII° siècle, monument unique en son genre, qui complétait les découvertes de Bona et de Thomasi, et allait permettre de reconstituer la vieille liturgie gallicane [3].

Mais il ne suffisait pas à Mabillon de restituer à cette liturgie un de ses plus précieux monuments, il en fit la base d'une étude d'ensemble qui reste le travail le plus considérable, et vraiment définitif dans la plupart de ses parties, sur la liturgie gallicane.

Le Ier livre de sa *Liturgia gallicana* [4] est une savante étude de cette liturgie, sur laquelle il a jeté un faisceau de lumière, en recueillant dans les écrivains anciens les allusions ou les textes qui s'y rapportent. Sa description de la messe gallicane, des vêtements des ministres, du mobilier liturgique, de l'ancienne basilique, malgré quelques erreurs dues à l'obscurité du sujet, est un chef-d'œuvre d'érudition patiente et perspicace [5]. La comparaison de la liturgie gallicane avec la mozarabe n'est pas moins remarquable. Ses déductions sur la foi de l'Église gallicane en l'eucharistie forment un excellent chapitre de théologie liturgique.

1. *Le Cabinet des manuscrits de la Bibliothèque Nationale*, t. III (1881), p. 220. Cf. aussi t. II, p. 304.
2. *De liturgia gallicana, præfatio, P. L.*, t. LXXII, p. 103. Sur ce voyage cf. E. de Broglie, *Mabillon et la société de l'abbaye de Saint-Germain-des-Prés*, t. I, p. 268 sq.
3. Dom Germain Morin a pu fixer d'une façon plus précise l'origine de ce manuscrit et démontrer, par des comparaisons, qu'il avait été écrit pour l'Église de Paris, *Revue bénédictine*, t. X, 1893, p. 438 sq. Sur la langue de ce manuscrit et l'importance des leçons au point de vue de la Vulgate, cf. Berger, *Hist. de la Vulgate*, p. 45 sq.
4. Cf. plus haut n° XXIII. Le livre est dédié à la reine Christine de Suède. La dédicace, ou plutôt le titre de Sérénissime dans la dédicace, donna lieu à une plaisante histoire qu'on lira dans E. de Broglie, *loc. cit.*, t. I, p. 404 sq.
5. La découverte postérieure à Mabillon de la description de la messe par saint Germain a permis de rectifier quelques points laissés obscurs. Cf. le n° IV de la bibliographie.

C'est dans le livre second qu'il décrit le manuscrit de Luxeuil et en donne le texte accompagné de notes et d'observations qui témoignent de grandes connaissances liturgiques.

Le livre IIIe de la *Liturgia gallicana*, le moins original des trois, nous donne une réédition du *Missale gothicum*, du *Missale Francorum*, et du missel qu'il appelle *Vetus Missale gallicanum*, édition qui du reste diffère fort peu de celle de Thomasi. On aurait désiré surtout que le grand liturgiste, au lieu de se borner à cette réimpression, cherchât à nous éclairer sur les origines si obscures de ces trois documents.

Où son érudition et sa perspicacité se retrouvent tout entières, c'est dans son commentaire sur l'office gallican qui forme une sorte d'appendice à sa *Liturgia gallicana*[1]. Il n'avait pas eu de devancier dans cette œuvre, et on peut dire qu'il n'eut pas d'imitateur. Et si l'on peut citer quelques heureuses contributions sur la matière depuis cette époque, son travail reste le seul traité d'ensemble; la critique la plus méticuleuse n'a presque rien à changer à ses vues. Bien plus, on peut dire qu'en dehors de l'office divin en Gaules, dont il a tracé l'histoire et déterminé la nature, sa dissertation contient sur l'histoire de la psalmodie en général les renseignements les plus précieux.

C'est en 1683 qu'il trouvait le lectionnaire de Luxeuil et en 1685 qu'il l'éditait dans sa *Liturgia gallicana*. La même année (1685), il entreprenait un voyage de recherches en Italie qui devait être fécond pour l'histoire de la liturgie[2]. C'est presque au début qu'il découvrait dans l'antique abbaye de Bobbio un monument unique en son genre qu'il faut mettre, pour son intérêt liturgique, sur le même pied que les sacramentaires gallicans, édités par Thomasi et qui jusqu'à ce jour a défrayé les études des liturgistes. Il le publia, précédé d'une courte, trop courte notice, dans le premier volume de son *Museum italicum*[3].

---

1. *De cursu gallicano disquisitio*, P. L., t. LXXII, col. 381 sq.
2. Sur ce voyage cf. E. de Broglie, loc. cit., t. I, p. 343 sq., et t. II, p. 1 sq.
3. Cf. le n° XXIV. Voir la notice de M. Léopold Delisle dans *Mémoire sur d'anciens sacramentaires*, Paris, 1886, p. 79.
Réédité par Muratori, *Liturgia romana*, t. II, p. 775-968, par Neale et Forbes, *The ancient Liturgies of the Gallican Church* (Burntisland, 1855, in-8°, p. 205 seq.) et dans Migne, P. L., t. LXXII, p. 451 sq.
Une autre notice de Delisle, dans le *Cabinet des manuscrits*, t. III, p. 224, 225.
Sur la langue du manuscrit, cf. *Romania*, année 1872, p. 483-490, et *Revue de langues romanes*, t. V, p 103. — Le manuscrit envoyé à Saint-Germain-des-Prés pour

Mabillon le croit écrit au VII° siècle[1], et suppose qu'il eut pour pays d'origine la province de Besançon, peut-être même Luxeuil. Il lui donna, pour diverses raisons, le titre de *Liber Sacramentorum Ecclesiæ Gallicanæ*; mais comme le fait remarquer Mgr Duchesne, c'est plutôt un missel qu'un sacramentaire[2]. On le désigne plus couramment sous le nom de missel de Bobbio.

Mabillon crut reconnaître encore qu'il n'appartient ni au rit romain, ni à l'ambrosien, ni au mozarabe, ni à l'Église d'Afrique, mais à la liturgie gallicane, avec quelques modifications cependant.

Ces différentes conclusions, qu'on regrette que Mabillon n'ait pas motivées davantage, sont aujourd'hui sérieusement contestées. Les preuves sur lesquelles Mabillon le rattache à Luxeuil ou à la province de Besançon, ont paru à quelques-uns insuffisantes. Mgr Duchesne incline plutôt à le croire originaire de Bobbio même et d'une province où se faisait sentir en même temps l'élément ambrosien et l'élément romain[3].

On s'est demandé d'autre part s'il n'était pas apparenté plus étroitement aux documents celtiques d'Irlande, notamment au Missel de Stowe[4]. C'est un problème des plus compliqués, et il faut bien avouer que Mabillon n'y a pas apporté l'attention et le soin qu'on eût pu attendre de lui. Il est vrai de dire qu'il n'avait pas à sa disposition les documents de la liturgie celtique, édités après sa mort, et qui ont découvert un nouvel aspect du problème.

Cette question mérite d'être examinée de plus près dans cette étude

l'édition de Mabillon y est resté, et est entré à la Bibliothèque Nationale, sous le n° 13.246.

Duchesne, *Origines du culte chrétien*, éd. angl. 1904, p. 158.

Il faut remarquer que l'édition de Mabillon n'est pas assez soignée; on y relève quelques erreurs; de plus il a négligé d'éditer quelques pièces qui accompagnent le missel dans le manuscrit et qui auraient aidé à en discerner mieux l'origine.

1. C'est aussi l'opinion de M. Delisle, *loc. cit.*, et de la plupart des critiques. Peut-être faudrait-il le faire descendre jusqu'au VIII° siècle.

2. Duchesne, *loc. cit.*, p. 158.

3. *Origines du culte*, *loc. cit.*, p. 159; et plus fortement encore, *Saint Barnabé*, dans *Mélanges Rossi*, p. 51. « Ce sacramentaire doit être placé en tête des livres analogues du rit ambrosien. »

4. Cf. nos *Origines liturgiques*, p. 363; et la *Paléographie musicale*, t. V, p. 126, 127. Bishop, *The Book of Cerne* (éd. Kuypers), 1901, p. 239. *Revue d'hist. et de littérature*, 1902, p. 651. Forbes et Neale dans l'édition citée l'appellent à cause de son origine, *missale vesontionense*.

qui a pour but de préciser les services rendus à la science liturgique par Mabillon, car les dernières recherches sur ce document n'iraient à rien moins qu'à prouver qu'il constitue dans une de ses parties *le plus ancien document de l'euchologie latine* ; bien plus, il nous donnerait la solution de la question si controversée de l'origine des liturgies gallicanes[1].

A la suite d'ingénieuses et patientes investigations, fondées principalement sur la différence des titres donnés aux formules liturgiques, Dom Cagin arrive à distinguer, dans le Bobbio, deux documents juxtaposés, le document A et le document S. Le document A, formé de 42 messes[2] à titres gallicans, ne serait rien moins qu'un sacramentaire écrit dans le premier quart du Ve siècle, probablement dans une province de la haute Italie[3] ; il serait le plus ancien représentant de l'ancien système romain, et nous donnerait par là même la clef du problème qui, dans ces dernières années, a tant exercé la sagacité et la patience des critiques et des liturgistes. La raison dernière des divergences entre la liturgie romaine d'une part, et les liturgies gallicane, mozarabe, celtique, ambrosienne d'autre part, serait tout simplement que Rome a modifié l'ancien système auquel restaient attachées les autres liturgies.

A peu près identiques dans leurs grandes lignes à l'époque où s'élaborait le document A du Bobbio, elles auraient suivi des lignes divergentes ; pour mieux dire, tandis que Rome se réformait et changeait plusieurs points de sa liturgie, les autres Églises latines restaient fidèles au système ancien. La conséquence, c'est qu'au VIIe siècle, la liturgie romaine se trouve si loin des autres que les critiques ont cherché à expliquer ces divergences par une différence d'origine. La famille des liturgies gallicanes se rattacherait étroitement aux Églises orientales, avec lesquelles elle trahit en effet des analogies, tandis que la liturgie romaine, isolée des autres liturgies occidentales, se présenterait comme un spécimen unique en son genre.

Dans le système de Dom Cagin, la conception change du tout au tout. Les liturgies latines forment une famille unique, comprenant des types qui varient sur des points de détail, mais dont les caractères géné-

---

1. Cf. *Paléogr. musicale*, t. V, *Avant-Propos*.
2. Voir l'analyse synoptique des messes du missel, *Paléogr. musicale*, t. V, p. 100, 101.
3. *Loc. cit.*, p. 101 sq.

raux sont les mêmes[1]. Non seulement la liturgie romaine rentre dans cette famille latine d'où on l'avait expulsée, mais elle y rentre plutôt comme une mère que comme une sœur, les autres liturgies latines dérivant de la romaine. Ces résultats auxquels, il faut le dire, certains auteurs étaient arrivés par une autre voie[2], Dom Cagin les atteint surtout, mais non pas uniquement, par l'étude comparative du document découvert par Mabillon.

Quant au document S que Dom Cagin a isolé et distingué du document A dans le missel de Bobbio, il le considère comme une sorte de complément. Il analyse les éléments qu'il contient (Messes de l'Ascension, de l'Assomption, de saint Sigismond, de saint Michel, de saint Jean-Baptiste, etc., en tout, dix-neuf messes) ; il sait presque la date de chacune de ces additions et leur auteur, et les mobiles auxquels ce dernier a obéi pour adopter telle ou telle messe. Appuyé sur toutes ces conjectures, il nous dira que le document A parti de la haute Italie a émigré en Irlande, qu'il en est revenu avec saint Colomban, l'a suivi dans ses pérégrinations diverses jusqu'à Bobbio, et là, au temps de Colomban, au commencement du VII° siècle, il a reçu, et pourquoi ne dirions-nous pas de la main même de saint Colomban? les additions que l'auteur appelle le document S.

Ce voyage d'un missel liturgique, dont Mabillon, on le voit, n'avait pas soupçonné tout l'intérêt, nous est raconté avec une abondance d'informations, une finesse d'observation qui témoignent de la science liturgique de l'auteur, autant que de la fécondité de ses ressources. Mais la part de conjecture, que l'auteur du reste confesse aimablement, y est assez grande pour laisser à la critique une prise. Mgr Duchesne, dont ces combinaisons ruinaient le système, n'a pas manqué d'y répondre, et, avec l'habileté d'un critique expérimenté, il a donné dans les hypothèses de son adversaire quelques coups de pioche qui n'ont pas laissé d'ébranler son ingénieuse construction.

La première remarque est celle-ci : L'auteur, quel qu'il soit, de la compilation de Bobbio se révèle à maints indices comme un très médiocre liturgiste, dont le sens et la finesse sont le plus souvent en

---

1. Cf. nos *Origines liturgiques*, Paris, 1906, p. 105.
2. Par exemple Probst, *Die abendländische Messe vom fünften bis zum achten Jahrh.*, Münster, 1869, 8°.

défaut. Par suite, il ne faudrait pas chercher trop loin l'explication d'anomalies dont la maladresse d'un copiste borné est peut-être seule cause.

De plus, la différence des titres gallicans ou romains ne saurait servir de base à un système de classement des formules, attendu que plus d'une fois des titres romains sont attachés à des formules de style gallican et *vice versa*[1].

Je laisse de côté les autres critiques qui ne se rapportent pas directement au missel de Bobbio[2].

Pour en revenir à ce document, nous dirons de notre côté que l'occasion de l'étudier de plus près dans certaines de ses parties s'est présentée à nous plus d'une fois[3]. Nous avons pu le comparer à d'autres documents du même genre que l'on fixe en général au VIIe siècle ou même plus tard. L'antériorité du Bobbio, même pour le document A, ne nous a pas paru, dans ces cas particuliers, hors de conteste.

Assurément, rien ne nous sourirait davantage que de retrouver dans ce document A un sacramentaire du Ve siècle, époque liturgique qui est plongée pour nous dans les ténèbres. C'est une hypothèse séduisante qui ouvrirait devant nous des horizons nouveaux, mais nous voudrions la voir entourée de preuves plus solides. Il reste encore bien des difficultés.

Le fait de rencontrer des archaïsmes dans un sacramentaire n'est pas pour nous surprendre. Que certains éléments dans le missel de Bobbio remontent au Ve siècle et même au delà, il n'y a là rien d'étonnant, et l'on peut dire que c'est le cas de la plupart des livres liturgiques, y compris le missel grégorien actuel. On peut même arriver à discerner assez souvent ces éléments anciens. La difficulté dans le cas du missel de Bobbio, nous semble de démontrer l'homogénéité des éléments qui forment le document A, de prouver que cet ensemble est bien en

---

1. *Sur l'origine de la liturgie gallicane*, *Revue d'hist. et de littér.*, t. V, 1900, p. 38 sq. D'un autre côté, Dom G. Morin se déclarait aussi sceptique sur certains rapprochements donnés par l'auteur. *Revue Bénédictine*, mars 1898, p. 106-108.

2. L'auteur de l'*Avant-Propos* de la *Paléogr. musicale* a fait, je le sais, une réponse qui n'a pas été publiée. Je ne suis pas autorisé à en parler autrement, mais je puis dire que la réponse ne porte pas sur le missel de Bobbio.

3. Voir entre autres nos articles dans le *Dictionnaire d'archéologie chrét. et de liturgie*, *Assomption*, *Ascension*, et notamment *Annonciation*, col. 2251, 2252. Cf. aussi nos *Origines liturgiques*, p. 207.

entier du V⁰ siècle, et que l'origine des pérégrinations qu'on lui attribue est autre chose qu'une ingénieuse hypothèse. Cela fait, il resterait encore à établir qu'au point de vue du style et de la composition liturgique, le document S se différencie réellement du document A et forme un groupe à part. Or, tant qu'on n'aura pas établi ces propositions, il nous semble que telle ou telle autre hypothèse, moins spécieuse sans doute, rendrait probablement aussi bien compte que celle adoptée par l'auteur, de la présence de ces éléments anciens. En un mot, les documents liturgiques sont un terrain mouvant, et donnent trop souvent lieu à des mirages décevants. On ne saurait assez multiplier les preuves autour des conjectures sur un pareil sujet.

Bien plus, à la suite d'études minutieuses et de rapprochements nombreux d'un de nos collaborateurs[1], nous arrivions à cette conclusion que, d'ordinaire, rien n'est plus composite que les livres liturgiques de cette catégorie. C'est une mosaïque où sont réunies les couleurs les plus disparates, souvent sans le moindre discernement ; plus que cela, et si l'on me permet la comparaison, on dirait une de ces boutiques d'antiquités où se coudoient dans une confusion indescriptible des pièces de toute provenance, d'origine et de date les plus diverses, une monnaie romaine à côté d'un casque du moyen âge, une montre Renaissance sur un dressoir Louis XVI. Rien d'étonnant que dans cette promiscuité liturgique on arrive à faire de singuliers rapprochements. Mais il ne faut pas faire trop grand état de ces coïncidences, tant que tous ces sacramentaires n'auront pas été soumis à une étude méthodique et complète, qui peut-être nous révélera certains secrets de leur composition et nous permettra d'établir des catégories, de tracer un peu sûrement des généalogies. Jusque-là les conclusions tirées de ces rapprochements auront, forcément, un caractère un peu prématuré.

Nous ne fournirons que quelques exemples de ces rapprochements dont on pourrait facilement allonger la liste, et qui donneront quelque idée des caractères du missel de Bobbio.

---

1. On peut voir un spécimen de ces études de notre confrère Dom Marcel Havard dans les deux appendices insérés dans nos *Origines liturgiques*, *les messes de saint Augustin*, et : *Centonisations patristiques dans les formules liturgiques*.

Bobbio	Liber ordinum Mozarabe
I In Sci Ioannis passione.	In festo decollationis S. J. B. p. 839.
Deus cui sancta conversatione directa gloriosi Ioannis oranda sanctitas celebranda solennitas est qui quondam cum adnunciaret mirabiliter redemptorem, expectabat speculum luminis. Initium baptismatis, testimonium veritatis; et in plenitudine Christi signorum, post signa monstrabat, nuncius salutis, æmulus passionis, etc.	Missa. *Grandi nobis fide, fratres carissimi, et tota ad Deum conversione gloriosi Ioannis adoranda sanctitas celebranda solennitas est...*
II Collectio secreta	Inlatio.
Exaudi nos... cui totum in virtutem sancti Spiritus ab ore translatum...	... *Erat speculum luminis. Initium baptismatis. Testimonium veritatis. Ut in plenitudine Christi signorum rem, post rei signa monstraret, nuntius salutis. Emulus passionis, etc.*
III Contestatio.	*In hoc recessit... cui toti in virtutem Sancti Spiritus amore translato...*
Cui in conspectu vaticinium in actu baptismum; in obitu datum est implere martyrium. Per unam eademque dispensationem ostendit generatio quem promisit... Prophetat in utero, prædicat in seculo : consumat in gladio, a justitia eligitur, de justitia loquitur, pro justitia decollatur... Tantus prophetæ splendor in carceris claustra detruditur,... atque inter gentilitiæ (sic) voluptatis fit epulas speculum...	... *cui in conceptu vaticinium, in actu baptismum : in obitu datum est implere martyrium. Per unam eademque gratiam ascendit generatio quem promisit... Prophetat in utero : predicat in seculo : consumatur in gladio. A justicia erigitur, de justitia loquitur, pro justitia decollatur... Tantus prophetæ splendor in carceris claustra detruditur,... et inter gentiles delicie : et voluptatis epulas : fit expectaculum...*

Le texte mozarabe est incontestablement supérieur, et, on peut le dire, antérieur à celui de Bobbio. Ce dernier paraît une mauvaise copie qui ne comprend pas toujours l'original, une compilation maladroite qui fond, dans une même oraison, un passage de *Missa* mozarabe et un passage d'*illatio*, revient pour emprunter un texte de *Contestatio* à la *Missa*, sans même se soucier de souder les différentes parties. La logique, la suite des idées, la correction sont du côté du texte mozarabe. On remarquera de plus que l'oraison du numéro 1 dans le Bobbio est d'une forme liturgique irrégulière; elle commence par une invocation directe à Dieu : *Deus cui*, mais la suite continue sur le ton historique. Tout s'explique si l'on se reporte au même morceau parallèle du mozarabe. C'est une *Missa* d'une forme parfaitement régulière, contenant la petite exhortation ou invitation aux fidèles, qui, dans les liturgies gallicanes, est le début de la messe. Le copiste du Bobbio a emprunté la *Missa* mozarabe en essayant, maladroitement du reste, de la couler dans le moule d'une oraison romaine. On prend ici sur le fait son procédé. Si l'on veut prétendre que le Bobbio ne dépend pas du *Liber Ordinum*, mais d'une source commune à laquelle les deux auteurs ont emprunté chacun de leur côté, je n'y contredirai pas, tout en maintenant que le rédacteur mozarabe est beaucoup plus habile. J'admettrais même volontiers que le prototype de ces oraisons liturgiques ou pour mieux dire leur source commune, est une homélie sur saint Jean Baptiste d'un auteur du V⁵ ou du VI⁵ siècle, ce qui est le cas, me semble-t-il, pour un bon nombre de pièces liturgiques, surtout parmi les gallicanes ; le ton trahit bien plutôt une homélie qu'une oraison. De même pour les formules IV et V du Bobbio, le *delec-*

Bobbio Muratori, p. 913	Liber Ordinum (Mozarabe) p. 326
IV Contestatio. ... *pro quo te Domine supplices postulamus ut huic servo ill. delectabiles petitiones impleas, et perseverantiam in bonis operibus...*	Inlatio *Propter quod te, Domine, postulamus, ut horum famulorum delicta detergas, petitiones impleas, et perseverantiam in eis boni operis...*
QUOMODO SACERDOS PRO SE ORARE DEBET. V Contestatio. ... *tu me Domine erige quem lapsus peccati prostravit. Inlumina cæcum, quem terræ peccatorum caligines obscuraverunt, solve compeditum.*	Alia (oratio) L. O. p. 297 sq. ... *tu me Domine erige quem... lapsus peccati prostravit. Inlumina cecum quem tetræ peccatorum caligines obscuraverunt, solve compeditum.*

tabiles petitiones, et le *quem terræ peccatorum*, sont deux non-sens et il faut chercher la version raisonnable dans le *delicta detergas* et le *quem tetræ peccatorum* du texte mozarabe. Je pourrais citer bien d'autres cas de passages parallèles du Bobbio soit avec le léonien, avec le *Gothicum*, avec le *Gallicanum vetus*, avec les documents mozarabes, la conclusion serait la même : le Bobbio emprunte de toutes mains, la plupart du temps sans discrimination. Comme le dit Lesley, qui avait déjà relevé un de ces emprunts du Bobbio : *adverte primam orationem secreta et contestationem, e quibus missa Bobiana constat esse meras lacinias ab hac unica oratione gotho-Hispana dissectas*[1].

Ce n'est pas le lieu de pousser plus loin ces investigations[2]. Mais ce qui précède suffit à montrer, ce qui du reste confirme en partie les thèses de l'auteur de l'*Avant-Propos* sur les relations entre les liturgies gallicanes et la liturgie romaine, que tous ces documents, à quelque famille qu'ils appartiennent, se font des emprunts mutuels ou puisent à une source commune.

C'est assez pour la gloire de Mabillon d'avoir découvert, sauvé peut-être à jamais de l'oubli ou même de la ruine[3] un document de premier ordre pour l'étude des liturgies, qui renferme tant d'éléments archaïques, et qui, en raison même de son caractère composite, fournira encore pour longtemps aux liturgistes une mine abondante de renseignements et d'études. Quand il n'aurait découvert que le missel de Bobbio, toute la petite famille des liturgistes devrait bénir sa mémoire.

---

1. *P. L.*, t. LXXXV, col. 840. *Ab hac unica oratione* est du reste une erreur, car la fin de la première formule de Bobbio est un emprunt à l'*inlatio* mozarabe, *P.L.*, col. 760. Pour ces citations de Bobbio, je dois me contenter de l'édition insuffisante de Mabillon.

2. Je renvoie d'ailleurs pour le missel de Bobbio à une étude plus complète qui sera incessamment donnée dans notre *Dict. d'archéol. et de liturgie*, au mot *Bobbio*.

3. C'est le cas de rappeler que quelques-uns des manuscrits de Bobbio conservés à Turin sont devenus récemment la proie de l'incendie. Le missel emprunté par Mabillon à Bobbio ne fut pas restitué ; il est resté, comme nous l'avons dit, à la Bibliothèque nationale de Paris.

MABILLON ET PAPEBROCH

Par le P. Alb. PONCELET, S. I.

Bollandiste

MABILLON ET PAPEBROCH

Par le P. Alb. PONCELET, S. I.
Bollandiste

Pendant trente ans et plus, des relations d'estime et d'amitié unirent constamment Mabillon au plus illustre champion de l'œuvre bollandienne, le P. Daniel Papebroch. Savants hommes tous deux, tous deux grands et nobles cœurs, ils étaient bien faits pour se comprendre. Déjà en 1671, Papebroch remerciait Mabillon *pro insigni erga nos et studia nostra affectu*[1]. Leurs relations épistolaires étaient fréquentes. Avec la simplicité que donne une entière confiance, Papebroch demandait au savant moine des conseils, des renseignements, des explications. Un moment, il avait été question de faire imprimer les *Acta Sanctorum* à Paris, sur les presses de l'imprimerie royale[2], et c'eût été pour Papebroch l'occasion, très désirée, de voir son ami[3]. Mais le dessein avait dû être abandonné, et les hagiographes d'Anvers s'ingéniaient, non sans peine, à trouver ailleurs des conditions acceptables pour l'impression de leurs gros volumes. Cependant Mabillon manifestait l'intérêt qu'il portait à l'œuvre en s'employant aussi à sa diffusion, et Papebroch l'en remerciait, le 21 février 1673, dans une lettre où il lui conte ses ennuis avec un abandon tout amical[4] : *Pergimus ergo compositionem* (la rédaction des *Acta Sanctorum*) *promovere*[5], *donec*

---

1. Lettre autographe du 16 mai 1671 : Paris, Bibl. Nat., ms. fr. 17681, f. 15.
2. E. DE BROGLIE, *Mabillon et la société de l'abbaye de Saint-Germain-des-Prés à la fin du dix-septième siècle*, t. I (Paris, 1888), p. 147.
3. *P. Quatresmarium resaluto eique gratias ago ac etiam Reverentiae Vestrae, cuius videndae iam spem non habeo, postquam vana apparuit quam fundaveram in Regia Typographia...* (lettre du 21 février 1673, citée ci-après). Cf. E. DE BROGLIE, l. c.
4. Lettre autographe : Paris, Bibl. Nat., ms. fr. 17681, fol. 17ᵛ. Un autre fragment de cette lettre a été publié, en traduction française, par M. DE BROGLIE, t. c., p. 147-48.
5. Cette première phrase est la dernière du fragment publié par M. de Broglie. Le traducteur nous semble avoir mal compris, quand il fait dire à Papebroch : *Nous*

meliora tempora aut melior conditio (au point de vue de l'impression) *offeratur. Rem commendo Reverentiae Vestrae sacrificiis et precibus. Neque enim sumus tam felices ut ad unum omnes, — quod de suis scribit Reverentia Vestra, et vere scribi credo ac gratulor, — nobis cooperentur. Duo soli, impensis privatim conquisitis, calcamus hoc torcular ; nam tertius dimittendus fuit, quod non verbis, sed rebus se ostenderet invitum* [1]. *Qui iuvet, vix unum alterumve* [2] *habemus in provinciis singulis. Sed non tam componendi operis adiutores quam compositi impressique promotores quaerimus ; quos inter scio esse Reverentiam Vestram, et hoc nomine ei gratias ago.*

Peu après, s'élevait, entre les deux amis, le dissentiment que l'on sait, relativement à l'authenticité des diplômes monastiques. L'histoire a été souvent racontée [3], et quelque honorable qu'elle soit pour l'un et pour l'autre, elle est trop connue pour que nous la répétions ici. Il suffira de dire que l'incident, qui aurait peut-être suffi à brouiller pour toujours des âmes moins hautes, ne fit que resserrer encore les liens qui les rattachaient l'un à l'autre. Aussi bien, presque aussitôt après, en 1684, Papebroch faisait hommage à Mabillon de ses *Acta vitae D. Ferdinandi* [4], comme *testimonium quanti faciam eruditionem et amicitiam vestram, et quam pluribus vestris erga me beneficiis optem aliquam vicem reddere* [5].

Le P. Daniel n'exagérait pas. Lui-même et, avec lui, l'œuvre bollandienne, devaient beaucoup au grand moine de Saint-Germain-des-Prés. Ce fut bien autre chose encore, quand l'Inquisition d'Espagne,

---

retardons donc la composition jusqu'à ce que... Ce n'est nullement rendre le mot *Pergimus*, et quant à *compositio*, la fin du fragment que nous transcrivons (*non tam componendi operis adiutores quam compositi impressique promotores*) montre bien, à notre avis, qu'il désigne la rédaction, et non pas la composition typographique.

1. Comme on le voit par la lettre du 16 mai 1671 (cf. ci-dessus, p. 171, note 1), il s'agit du P. Jean Ravensteyn, qui avait été adjoint aux Pères Henschen et Papebroch, en 1670. On n'a de lui, dans les *Acta Sanctorum*, que la traduction d'un court texte grec (tome III d'avril, p. 576-77). Apparemment, il était mieux fait pour la vie active que pour le docte et austère labeur des hagiographes, et de fait il se dépensa jusqu'à sa mort († 1683) dans le ministère apostolique.

2. *Alterumve* a été ajouté après coup par le consciencieux et véridique écrivain.

3. Voir, par exemple, E. de Broglie, l. c., p. 106-118.

4. Ils avaient été publiés à Anvers en 1684, en un volume grand in-octavo de 14 ff. et 398 pp., quelques années avant de paraître dans les *Acta Sanctorum*, au tome VII de mai (1688), p. 286-414.

5. Lettre autographe du 23 mars 1684 : Paris, Bibl. Nat., ms. fr. 19056, f. 4.

pour les motifs que l'on sait, eut condamné, par la sentence du 25 octobre 1695, les volumes de mars, avril et mai des *Acta Sanctorum*[1]. Le décret de Tolède fut un coup pour Mabillon et il parut visiblement faire de la cause de son ami sa propre cause[2]. Dès qu'il apprend qu'on a appelé à Rome de la sentence espagnole, il intervient, de sa propre initiative, près de Baluze et d'autres savants français de ses amis, pour qu'ils prennent énergiquement en main les intérêts de l'hagiographe persécuté. Il fit plus, et agit sur le procureur général de la Congrégation de Saint-Maur à Rome, Dom Claude Estiennot; il le pria instamment d'aller trouver les cardinaux sur la bienveillance desquels il pouvait compter : Casanata, Colloredo, Aguirre, Noris, et de leur exposer combien Daniel Papebroch a bien mérité de la sainte Église, en quelle estime les savants français tiennent ses ouvrages[3]. Ce n'est pas assez encore, et lui-même s'adresse directement au cardinal Colloredo. Dans une lettre du 2 janvier 1696, il lui écrit[4] :

... *Tibi itaque, Em. Domine, tuoque animo parendum et de seriis loquendum. In his illud primum in mentem venit, quod recens in hispanica Inquisitione contra Bollandi continuatores factum est. Refelle-*

[1]. La nouvelle en était bientôt arrivée à Mabillon, qui écrivait le 12 décembre 1695 à Dom Estiennot (lettre autographe, Paris, Bibl. nat., ms. fr. 19659, f. 133) : ... *J'ai vû aussi une censure de l'Inquisition d'Espagne, qui censure tous les tomes du P. Papebroc où il est parlé des Carmes, comme contenant des propositions heretiques, erronnées, scandaleuses, etc. surtout pour ce qui regarde l'antiquité des Carmes. Vous souvenez vous b/////* (déchirure) *de la dispute que vous eutes avec an de ces Peres dans la barque de Bruges et comme vous pensates en faire venir aux mains ce bon Pere. Mais son breviaire rabatit bien votre caquet. Sapete. Ou est ce tems la? Adieu.* Le même ton de bonne humeur familière règne dans le reste de la lettre, où je cueille cette nouvelle à la main (f. 132v) : *On dit que M. de Santeuil le Poëte a eté obligé de se retracter des vers qu'il avait faits à l'honneur de M. Arnauld, dans la crainte d'aller manger du beure en basse Bretagne.*

[2]. Le P. Jean Pien, *Historia de vita, gestis, operibus ac virtutibus R. P. Danielis Papebrochii*, dans les *Acta Sanctorum*, en tête du tome VI de juin, première partie, p. 16, num. 72.

[3]. *Ibid.*

[4]. La lettre a été publiée en entier par Dom V. Thuillier, dans les *Ouvrages posthumes de D. Jean Mabillon et de D. Thierry Ruinart*, tome I (Paris, 1724), p. 314-15. Mais elle se trouve là comme perdue dans le recueil des « Lettres et écrits sur le culte des saints inconnus » (p. 209-364) ; aussi bien, le prince E. de Broglie, qui en a reproduit quelques lignes (*Mabillon*, t. I, p. 146), a été les prendre dans le manuscrit français 19649 de la Bibliothèque Nationale. Dans ce volume de la correspondance de Mabillon, on trouve en effet (f. 288-288v) une copie de la lettre, faite par Dom Thuillier en vue de son édition des Ouvrages posthumes.

runt illi pro eo, quo affecti sunt, veritatis amore fabulas antiquitatis ordinis Carmelitarum ; qui conviciis, libellis contumeliosis viros de Ecclesia bene meritos onerarunt. Eosdem ad tribunal cardinalium provocarunt ; sed cum nihil apud aequissimos et oculatissimos iudices proficere in rem suam potuissent, libros eorum ad hispanicam Inquisitionem detulerunt. Patronos illic invenerunt fabulis et commentis suis suffragantes, qui totos menses martium, aprilem et maium, id est tredecim integros tomos proscripserunt, damnarunt, interdixerunt, quasi sententias erroneas, haereticas, scandalosas et quid non simile continerent, id est propterea quod fabulas de antiquitate carmelitana non approbarent. Et ferenda forte tam iniqua sententia esset, nisi eorum librorum distributio, lectio et fructus per totum Hispaniarum regnum tam iniusto decreto impediretur. Cui malo quid opponi possit non video, nisi forte SSⁱ Domini Nostri auctoritas, qui opus immensum, utilissimum et toti catholicae Ecclesiae necessarium adversus tam iniquam censuram tueatur eique suam existimationem suumque pretium restitui curet revocando hispanicae Inquisitionis tam praecipiti et iniusto decreto. Sane hoc officium ab Eminentia Tua exigere videntur veritas laesa et Ecclesiae catholicae imminuta hac in re utilitas [1]...

Quelques jours après, le 20 février 1696, Mabillon remercie déjà Dom Estiennot *de toutes les demarches que vous avez faites pour le P. Papebroch* [2]. L'affaire traîne en longueur ; mais Mabillon ne cesse d'y songer. Deux ans et demi plus tard, Dom Estiennot s'emploie encore, sur la demande de Mabillon, à obtenir une décision favorable. Il écrit de Rome, le 23 septembre 1698 [3] :

... *J'ay parlé a S. E. Casanat. en faveur du R. P. Papebroch et sur la suspension de l'execution du decret de l'inquisition d'Espagne, et nous en discourusmes assés long temps, a chercher les moyens de le faire. Mais on n'en treuve pas, et absolument cette cour ne se veut pas commettre avec un tribunal aussy absolu et aussy formidable que l'est*

---

1. Le 31 janvier 1696, le cardinal Colloredo répondit : *Brutum illud fulmen, quod ex Hispania Bollandinos percutit socios, omnium animos ad se in admirationem traxit, quod tam celeriter et tanto fragore fuerit explosum... Iam per secretariam status apostolico nuntio scriptum fuit, et hic ad tratinum revocabantur vetiti tomi, ut aliquo saltem modo declinetur a praecipiti illa sententia ; nec cessabunt manus ab opere* (lettre autographe : Paris, Bibl. Nat., ms. fr. 19651, f. 216).

2. Lettre, original : Paris, Bibl. nat., ms. fr. 19649, f. 290.

3. Lettre autographe : Paris, Bibl. Nat., ms. fr. 17679, f. 65.

« *La santa Inquisition in Spania* ». J'en dis un petit mot a S. E. d'Aguirre, il y a quelques jours, qu'il nous fit l'honneur de nous venir voir ; mais non seulement il me dit qu'il n'y consentiroit pas, mais qu'il s'y opposeroit de toutles ses forces, et y engageroit tous les partisans et sujets de la Couronne. Cela veut dire qu'il n'y fault pas penser et que le R. P. Papebroch n'a rien de bon a esperer sur cela de cette cour...

En un mot, il ne tint pas à Mabillon que justice ne fût rendue à l'illustre hagiographe. La sollicitude constante, active et empressée qu'il lui témoigna en ces douloureuses circonstances, les paroles de haute et cordiale estime qu'il eut pour l'hagiographe persécuté et pour son œuvre scientifique, resteront l'honneur et de Papebroch et de ceux qui sont fiers de le compter parmi leurs devanciers et de marcher sur ses pas dans l'étude de la vie des saints et la recherche de la vérité historique. Elles honorent aussi et l'esprit et le cœur de Dom Jean Mabillon. Aussi aurions-nous désiré, en ce jubilé deux fois séculaire, réunir toutes les pièces relatives à la fraternelle et généreuse intervention du grand moine en faveur de notre « ancêtre » et publier la correspondance qui fut échangée à cette occasion. Malheureusement, nos recherches ont été vaines. A Rome, à Paris, à Bruxelles, nous avons feuilleté les recueils manuscrits où il y avait quelque chance de retrouver les lettres de Mabillon, de Papebroch, de Dom Estiennot et des autres correspondants du savant Mauriste. Le résultat, au moins quant au point qui nous tenait à cœur, a été mince. Bien des pièces se sont perdues. En particulier, les papiers et la correspondance des anciens Bollandistes ont en partie péri dans la tourmente qui interrompit, à la fin du XVIIIe siècle, les travaux des hagiographes et dispersa les richesses littéraires accumulées dans leur bibliothèque pendant cent-cinquante ans de patient labeur.

Il ne nous reste donc, en attendant que d'heureuses trouvailles permettent peut-être un jour de faire mieux, qu'à présenter ici cette modeste et incomplète notice, comme un témoignage de l'affectueuse et profonde reconnaissance que les successeurs de Jean Bollandus et de Daniel Papebroch conservent à l'ordre bénédictin et spécialement à l'un de ses fils, illustre entre tous, le bon et savant Jean Mabillon.

Bruxelles.   Alb. Poncelet, S. J.
                                                    Bollandiste.

UN DOCUMENT INÉDIT

SUR LA

Querelle de Mabillon et de l'abbé de Rancé

Par M. INGOLD

UN DOCUMENT INÉDIT

SUR LA

Querelle de Mabillon et de l'abbé de Rancé

PAR M. INGOLD

Le curieux document que nous publions est tiré de la bibliothèque de Chartres[1], où M. Wilhelm l'a copié à l'époque où il exerçait dans cette ville les fonctions de juge de paix (1884-90). Il se trouve dans les papiers d'un chanoine de Notre-Dame de Chartres, Brillon, savant estimable qui s'intéressait à toutes les questions littéraires de son époque, et lui fut vraisemblablement communiqué par son oncle, le bénédictin Didier Brillon, religieux de l'abbaye de Saint-Lomer de Blois, où résidait l'auteur de ce factum.

C'est, comme on le verra, un long argument *ad hominem* contre Dom Gervaise plutôt qu'autre chose. A la date qu'il porte du reste (1725), la célèbre querelle était depuis longtemps terminée, et la discussion qui surgit en ce moment ne devait pas réussir à la rallumer.

Mais faisons d'abord connaître les deux antagonistes. Pour Dom Gervaise, le premier successeur de l'abbé de Rancé, comme il est connu[2], il suffira de reproduire ici une intéressante lettre adressée précisément par Dom Brillon à son neveu le chanoine et qui est conser-

---

1. *Catalogue général des manuscrits des départements*, XI (*Chartres*), n° 1073 (*Ancien catalogue*, H. C. 68). — C'est une copie de 12 ff. petit in-folio. Le manuscrit porte, sur le premier feuillet, de la main du chanoine Brillon, ce titre : *Contre l'abbé Gervaise, ancien abbé de la Trappe*.

2. Cfr. notamment les *Mémoires* de Saint-Simon, qui ne l'aimait guères. Voir aussi l'*Histoire de l'abbé de Rancé*, de Dubois, t. II, et Desessart, *Les siècles littéraires de la France*, III. p. 244.

vée également dans les papiers de ce dernier[1]. Antérieure de six ans au factum apologétique du *Traité des Études monastiques* de Mabillon, elle montre que, déjà à ce moment, Brillon suivait d'un œil curieux les phases diverses de l'existence assez vagabonde de l'ancien abbé de la Trappe, et explique comment son oncle dut s'empresser plus tard de lui envoyer copie de ce morceau.

Monsieur,
Monsieur l'abbé Brillon, chanoine de Notre-Dame à Chartres

† 25 juin 1715.

Monsieur l'abbé Gervaise, prévôt de Suèvre[2], mon cher neveu, est venu me rendre visite. Lui-même a écrit dans nostre chambre ce qui est cy attaché. On ne peut vous donner rien de plus sur sa naissance, sur ses ouvrages[3] et ceux de son frère ancien abbé de la Trappe. Il n'est peut-être pas inutile d'y ajouter que ce dernier a été cy devant relligieux carme deschaussé, puis prieur de leur couvent à Orléans, ensuite religieux de Cîteaux à la Trappe où après 2 ans de profession il en a été fait abbé et a succédé immédiatement à M. l'abbé de Rancé. Il n'a tenu le siège que 2 ans, il a enseigné depuis la théologie à Longpont aux religieux de Cîteaux. Son humeur critique et difficile a fait qu'il n'i a pas demeurer long temps, et enfin après avoir changé de 4 demeures dans différentes abbayes de Cisteaux il a obtenu une lettre de cachet pour se retirer à Aluin auprès de son frère, lequel Aluin est un hameau proche Suèvre[4] où il vit fort retiré, mais sans aucun exercice de la vie monastique, ce qui n'édifie aucunement ni reguliers ni seculiers. Je vous souhaite et a toute vostre compagnie bonne et pleine santé, j'embrasse tous ceux qui la composent…

Je suis parfaitement mon très cher neveu votre obéissant serviteur.

F. DIDIER BRILLON.

1. Même manuscrit de Chartres, à la suite de la pièce polémique.
2. La prévôté de Suèvre dépendait de l'église de Saint-Martin de Tours (Note du chanoine Brillon sur l'original de la lettre). — D'après Dom Etienne Badier (p. 267 de son rare volume sur la sainteté de l'état monastique pour servir de réponse à la vie de S. Martin composée par M. l'abbé Gervaise prévot de l'église de S. Martin), Gernegaud, vicomte de Blois du temps des rois Eudes et Robert et Hélène son épouse, donnèrent à l'église de Saint-Martin la prévôté de Suèvre à la fin du IX° ou au commencement du X° siècle.
3. Missionnaire à Siam, ce frère de Dom Gervaise composa une histoire de ce pays et quelques autres bons ouvrages. Peu de temps après la date de cette lettre, il partit pour l'Amérique, avec le titre d'évêque d'Horren, et fut massacré en 1729 par les Caraïbes qu'il cherchait à évangéliser.
4. « A 3 lieux de Blois », dit une note du chanoine Brillon.

L'adversaire de Dom Gervaise auteur de la pièce que nous publions est moins connu. C'est Dom Maur Thauvois[1], de Tours, qui entra dans la congrégation de Saint-Maur à Vendôme à l'âge de 22 ans, fit profession le 11 juin 1696, et devait mourir à Saint-Benoît-sur-Loire le 9 novembre 1750. A l'époque où il composa sa pièce contre Gervaise, il était, comme on le verra, procureur de l'abbaye de Saint-Lomer de Blois. Il indique dans sa préface comment il fut amené à faire cette réponse à Dom Gervaise[2].

PRÉFACE

Pour l'intelligence des lettres suivantes, il est bon de sçavoir que le R. P. Thuillier Religieux de S. Germain-des-Prés dans la préface qu'il a faite sur les œuvres posthumes du P. Mabillon qu'il a donné au public[3], n'a pu se dispenser de parler de ce fameux différend que ce scavant Religieux a eu autrefois avec l'Abbé de Rancé pour lors Abbé de la Trappe au sujet des Etudes Monastiques. Ce qui a donné lieu au P. Thuillier de rappeler cette dispute a esté un opuscule en forme de lettre qui s'est trouvée dans les mémoires et papiers de ce scavant Religieux. L'Abbé Gervaise que tout le monde sçait avoir aussi esté Abbé de La Trappe, n'a pas gousté les raisonnements du P. Thuillier, et a cru que l'Abbé de Rancé son illustre prédécesseur n'y estoit point assez mesnagé[4], et piqué de quelques fautes qu'on a relevées dans la vie qu'il a faite de l'Abbé Suger, il a composé une satire des plus piquantes à qui il donne le nom d'Apologie de l'abbé de Rancé[5].

Dans cette Apologie il ne se contente pas d'accabler son adversaire d'injures entièrement indignes d'un Prestre et Religieux, mais aussi se déchaine

---

1. M. Wilhelm, trompé par l'écriture peu lisible de Brillon, avait hésité sur le nom de l'auteur de la pièce et consulta à ce sujet Dom Piolin, qui lui répondit (lettre du 29 juillet 1887) qu'il fallait l'attribuer sans hésitation à Dom Maur Thauvois.

2. Je la publie d'après la copie même de M. Wilhelm. J'ai ajouté par-ci par-là une note. Celles de l'auteur sont indiquées.

3. En 1724.

4. De fait, Thuillier lui-même dans son *Autobiographie* (que je publierai très prochainement en tête du premier volume de son *Histoire de la Constitution Unigenitus*) « se reproche » de « n'avoir pas assez respecté les cendres du fameux abbé ».

5. *Défense de la nouvelle histoire de l'abbé Suger avec l'apologie pour feu M. l'abbé de La Trappe... contre les calomnies et les invectives de D. Thuillier repandues dans les Œuvres posthumes de Mabillon*. Paris, 1725, in-12.

Sur cet ouvrage de Dom Gervaise, cfr. *Bibl. française*, de Camuzat, V, p. 139; *Journal des Savants*, janvier 1725, p. 63, et mars, p. 149; *Mémoires de Trévoux*, mai et juin, 1725, p. 773-807 et 1068-1101.

impitoyablement contre tous les moines qui s'apliquent à l'Étude et princi
palement contre ceux de nostre Congrégation. Quelques jours après qu
nous eumes reçu cette Apologie, l'Abbé Gervaise vint nous voir. Je ne man
quay point de luy faire des reproches de ses sotises, luy cité quelque
endroits de son Apologie les plus outrageants, il en fut piqué au vif, mai
ne voulant pas dit-il nous en témoigner son ressentiment chez nous, i
m'écrivit quelques jours après dont voicy la copie, ce qui luy attira l
réponse qu'on voit ensuite.

Nota. — Tout ce qui est sousligné sont les termes de l'Abbé Gervais
dans sa lettre et son Apologie.

*Lettre de l'Abbé Gervaise ancien Abbé de La Trappe à D. M. T. procureur
de l'Abbaye de S. Lomer de Blois.*

M. R. Père,

Je ne vous croiois pas si violent, ny si emporté. Il ne convient point à l
droiture d'un homme d'honneur de venir icy faire de si vifs et de si obli
geans reproches à mon frère[1] de ce que je n'allois plus voir afin de m'attire
par la chés vous, et de m'y traitter de la manière que vous avez fait; l
prudence m'a obligé de dissimuler et de ne vous en rien tesmoigner dan
vostre maison, j'ay fait comme un homme qui n'a ny oreilles ny sentiment
Il ne s'est rien passé à La Trappe qui deshonore ny la maison ny m
personne, et que ceux qui en parlent autrement sont des calomniateu
pour ne rien dire davantage. Mais si vous avez de l'honneur je vous somm
de m'attaquer juridiquement et vous verrez alors ce qu'aura à vous répondr
vostre très humble et obéissant serviteur. F. Gervaise ancien Abbé de L
Trappe ce 24 *fevrier*(?) 1725.

*Réponse à la susdite Lettre avec quelques remarques sur l'Apologie
de l'Abbé de Rancé.*

Mon R. Père,

Pour répondre à l'honneur de la vostre du 24 du courant j'auroy celuy d
vous dire que je n'ay point esté étonné des termes de violent et d'empor
dont vous me saluez dès les premières lignes, les témoins de nostre conve
sation n'en porteront certainement par le mesme jugement, mais je vo
bien que chez vous c'est de stile, c'est ce qui fait que je n'ay point est
surpris de ces jolies Epitetes.

Lorsque j'ay fait *des reproches à M. vostre frère de ce que vous ne veni
plus nous voir*, c'étoit certainement des reproches d'honnesteté et d'autar
plus sincères que je n'avois eu aucune connaissance des satires piquante

---

1. Celui dont il a été question plus haut dans la lettre de Dom Brillon.

que vous avez débités contre la Congrégation et mes confrères puisque ce fut luy qui m'aprit que vous aviez attaqué dans vostre défense de Suger les gardes nottes ou Titriers, c'est le terme dont il se servit. *La prudence vous a obligé de dissimuler* sur les reproches que je vous ay fait de quelques articles de vostre libelle, il faut qu'elle soit bien efficace cette *prudence* et qu'elle ait agi bien puissamment sur vous. Car c'est de vous qu'on dira *tange montes et fumigabunt*, que ne doit-on en effet point craindre en vous attaquant? puisque vous vomissez des satyres si envénimez sur des particuliers qui ne vous ont jamais rien dit et qu'à peine vous connaissez? *cette prudence qui vous a obligé de dissimuler vous a aussi obligé de ne m'en rien dire dans nostre maison.* Qu'est qu'il y avoit donc tant à craindre? estoit-ce la prison ou quelque discipline régulière? Rien de cela n'estoit à apréhender pour vous, nous n'en avons ny l'autorité ny la volonté. Au reste ce lieu ces sortes de cérémonies vous sont assez connues pour ne les pas tant redouter (a), *vous avez agi en homme sage car vous avez fait, dites vous, comme un homme qui n'a ni oreilles ny sentiments.* Si vous eussiez fait cela plus tot et en bien des occasions vous me permetteriez de vous dire que vous auriez bien évité des peines et chagrins pendant plusieurs Années et en différents lieux.

Je ne vous ay jamais dit que de vostre temps il s'est passé quelque chose à la Trappe qui deshonore la maison ny vostre personne. Ce mot de *deshonorer* emporte quelque chose de diffament et ce n'a esté ny mon expression ny ma pensée. Mais je vous ay dit que s'il s'agissait de relever la turpitude de la Trappe en relevant tout ce qui sy est passé de vostre temps comme vous relevez ce qui vous parait tel dans la congrégation en ramassant jusqu'aux moindres minuties pour les donner au public, cela ne serviroit qu'à divertir bien des gens qui d'ailleurs n'en seroient point édifié.

Pour preuve je ne veux que vous rappeler les causes pour les quelles l'Abbé de Rancé fut obligé de tirer de vous la démission de vostre Abbaye, si l'on eut mis au jour je ne dis pas les cabales, mais les intrigues, les différents partis de ceux qui y prenoient interest et tout ce qui précéda cette démission, qu'elle idée auroit on eu de la Trappe? *si j'ai de l'honneur dittes vous vous me sommez de vous attaquer juridiquement,* il semble par ce défi que vous vouliez m'engager dans la République des lettres, je n'ay point assez de présomption pour y aspirer, encore moins pour rompre une lance avec vous, et ma plume moins versée aux matieres de la littérature qu'aux choses purement temporelles n'a gardes de vouloir s'escrimer avec la vostre. Je ne puis cependant m'empescher de vous faire quelques observations que j'ay faites sur les satires que vous répandez dans vostre Apologie de l'Abbé de Rancé, non que je les veuille toutes relever, un volume d'une juste

---

(a). L'Abbé Gervaise étant à l'Abbaye de Savigny y a esté depuis deux ans sententié, emprisonné et discipliné. Cette discipline luy avoit déja été donnée en d'autres monastères. (*Note de Dom Thauvois.*)

grosseur ny suffiroit pas puisque chaque page en est remplie. Mais laissant à part ce qui regarde le P. Th. (Thuillier) à qui je laisse le droit de se deffendre, je vous feray sentir que vous eussiez bien mieux fait de ne vous point si souvent ecarter de vostre sujet, en perdant à tout moment de vue vostre adversaire, que de vous jetter impitoyablement sur la congrégation en général et sur plusieurs de ses membres.

Commençons par le livre des Antiquités du R. P. Montfaucon qui probablement ne vous plaist pas car c'est de luy que vous voulez parler lorsqu'à la page 15 de vostre libelle vous nous parlez ainsi : *J'avoue que M. de Rancé n'auroit jamais permis à un de ses Religieux de mettre au jour un ouvrage semblable par exemple à celuy qui est sorti depuis peu d'une de ces saintes solitudes.* Mais M. de Rancé vous auroit-il permis mon Rd Pere de mettre au jour les intrigues amoureuses d'Abeillard et d'Héloisse, si vous les eussiez composés de son tems? vous auroit il mesme permis de lire ces lettres que vous avez traduites d'une maniere si tendre et si amoureuse? ces livres auroient ils parus édifiants dans une solitude dont selon ce qu'on nous vante sans cesse on eloigne avec tant de soins jusqu'aux moindres objets qui peuvent tant soit peu souiller l'imagination? convenant que *S. Benoit a tant travaillé pour détruire les simulacres de Venus*, n'avez-vous point craint de les retablir dans le cœur de vos lecteurs? et ne craignez vous tous les jours d'allumer ou d'entretenir un feu impur dans le cœur de quantité des personnes du sexe à qui vous donnez ce livre à lire? il nous falloit de telles productions de vostre esprit pour nous faire voir que vous estes au poil et à la plume et qu'il a faillu *(sic)* être maistre en l'art pour décrire si agréablement de si jolies intrigues. Vous faites à la page 22 une jolie description de ces fouilleurs de Bibliothèques, à vous entendre parler ne croit on pas que tous les moines de la congrégation sont en perpétuel mouvement pour courir chercher dans les provinces *ces vieils parchemins?* avez vous l'ombre de bonne foy? qui poura se persuader lisant vostre satire que d'environ deux mille Religieux qu'est composée la Congrégation, il n'y en a pas eu depuis trente ans plus de cinq ou six occupés à la recherche de ces manuscrits dont vous faites de si fades railleries. Ceux de nos Religieux qui ont commencé ce pénible travail l'ont fait sous les ordres et sur les passe-ports du feu Roy, d'autres ont entrepris ces voyages à la réquisition du Clergé qui considerant l'intérêt de l'Eglise dans cette recherche s'offrait même d'en faire les frais.

C'est donc a tort que vous faite le railleur sur *les parchemins pouri et mangé des rats* pendant que tous les sçavants, l'Estat et l'Eglise déplorent une telle perte et se plaint (sic) tous les jours du peu de soin qu'ont eu de les conserver ceux qui en estoient les dépositaires. Mais *quelle* (sic) *silence dittes vous à la page 24 et quelle retraite parmi des moines qui passent toute leur vie dans des Estudes éclatantes et qui ne veuillent rien ignorer que les exercices essentiels à leur estat ;* voila ce que vous nous dites avec un venin d'aspic répandu sur chaque ligne de vostre libelle.

Ne diroit-on pas encore ici que tous les moines de la congrégation sont occupés à ces *Estudes éclatantes*. Aprenez mon Père qu'il y en a tout au plus une vingtaine occupés à ces Editions dont le public est édifié et en témoigne assez sa reconnaissance par le bon accueil qu'il leur fait, aprenez que tous ceux que vous appelez sçavants nous ne les regardons pas toujours pour tels, et aprenez que ceux que nous regardons comme véritables sçavants sont mieux instruits et pratiquent mieux les devoirs de leur Estat que vous n'avez peut être jamais fait.

Car enfin mon R^d Pere permettez moi de vous demandez *Tu quis es?* et avec quel front venez vous icy nous prescher les devoirs de la vie monastique pendant que vous en effacez en vous même jusqu'aux moindres traces? *Tu quis es* : si l'on s'arreste à l'exterieur l'on s'apperçoit encore d'un composé qui parait devot et revetu d'un habit Religieux. Encore a t il paru quelquefois que cet habit vous embarrassait fort, pour ne pas dire vous faisait honte. Car l'on a rapporté depuis peu dans une compagnie aussi illustre que nombreuse que vous preschiez quelquefois avec un surpelis *(sic)* et le bonnet en teste, quelle mascarade? s'écria t on *(a)*. L'Abbé de Rancé se seroit il jamais douté que vous eussiez ainsi défiguré cet habit dont il faisoit tant de cas et dont il vous avoit revetu avec tant de joye.

Si l'on considere l'interieur et les obligations auxquelles vous vous estes si solennellement engagé en deux différents corps, je vous assure qu'il y a lieu de s'étonner et vous demander *Tu quis es*.

Vous avez prononcé des vœux très austeres chez les Carmes de Chaux, vous vous estes engagé plus étroitement à la Trappe, où est maintenant l'éxécussion de tous ces engagemens, où en est la pratique? que sont devenus ces vœux de pauvreté et d'obeissance? où exercez vous cette stabilité? quelle application d'esprit donnez-vous à cette conversion des mœurs promise dans vos derniers vœux? convenez que sans beaucoup de peines je pourois m'étendre sur tous ces points et vous faire voir de combien vous vous estes éloigné de votre premier estat. Mais j'aime mieux vous en laisser faire les réflexions vous-même. Faites les sérieusement et elles ne vous seront peut estre pas inutiles : reprenons la suite de vostre libelle, je trouverai encore lieu de vous donner quelques Avis.

Je reviens encore à cette belle exclamation : *mais quelle* (sic) *silence, quelle retraite... pour ne parler icy que de l'Edition, dans combien de courses, de dissipation... il faut y avoir passé pour en sçavoir quelque chose.* Vos livres et libelles ne sont point des tesmoignages assez certains pour nous faire connaitre que vous avez passé par ces Etudes éclatantes, il faut que vous nous le disiez vous mesme pour nous y confirmer, *il faut y avoir passé*, dites-vous, *pour en sçavoir quelque chose*. Si effectivement la dissipation est une suite de ces hautes Estudes, en vous connaissant l'on jugera facilement que

---

(a). L'Abbé Gervaise faisant mesme des conférences à des Religieuses prend un surplis d'Ecclesiastique et un bonnet carré. (*Note de Thauvois.*)

vous y avez passé : quelle vie tumultueuse ne vous a point causé la composition et l'Edition de vos livres ? *Combien de courses, d'embarras, de peines de corps et d'esprit pour en obtenir les privilèges et pour suivre les Editions*, combien de mouvement pour redonner la lumiere à ces cheres productions de votre Esprit que des authorités superieures ont souvent enseveli dans les ténèbres *(a)*. Souffrez donc qu'on applique a vous mettre ce passage de S. Jérome : *que faites vous dans les villes*, moine de La Trappe vous qui avez renoncé par deux fois au commerce du monde ; ne savez vous pas qu'il ne convient point à *un moine de s'eriger en maitre et en docteur* encore moins en fade critique.

Et faisant allusion a cet autheur des livres de l'Imitation que vous rapportez page 26, ne peut on pas dire : o si l'Abbé Gervaise se fut donné autant de peine pour édifier le public pas une conduite conforme à son Estat et de detruire en luy cette passion satyrique qui y domine qu'il s'en est donné pour agiter de nouvelles questions, faire de nouvelles découvertes de litterature et décrire des passions amoureuses, l'on n'eut point vu tant de troubles dans les monastères où il a demeuré et d'où il a esté si souvent obligé de sortir. *Ce petit dortoire* qui, dites-vous à la page 41, *de S. Germain des Prés où logent ces scavants n'est pas ce qu'il y a de plus saint dans cette Abbaye.* Vous ignorez sans doute *detracteur* infatigable que ce petit dortoire où logent ces scavants le Rd Pere général l'habite aussi bien que ses assistants et les visiteurs lorsqu'ils sont à Paris ; que si vous n'avez pas pour ces vénérables Religieux une idée de sainteté vous devriez du moins en avoir une de respect, et souvenez vous que ce petit dortoire a esté habité par les Mabillon, les Ruynart, Massuet et autres et est encore actuellement occupé par un Pere Martene, un Durand et plusieurs autres qui par leur régularité la plus exacte et innocence dans les mœurs la plus pure peuvent servir de modèle et d'exemple à tout ce que vous avez de plus saint à la Trappe ; ainsy ne tirez pas malignement une loy générale d'un particulier qui vous aura peut être scandalisé par quelque action qui pourra passer pour innocente à des yeux plus charitables que les vostres. *Un habile homme de nos jours*, dites vous ensuite, *a écrit qu'en y entrant dans ce petit dortoire il avait vu une Athènes*, cet habile homme prétendoit avoir trouvé dans ce petit dortoire une Athenes pour les sciences, et vous par une note vraiment diabolique donnez à sa pensée un tour.

Voicy les termes de vostre notte : *Athènes étoit une ville scavante mais fort corrompue.* Non il n'y a que les plus satiriques Esprits de l'enfer qui ayent pu suggerer une telle remarque qui fait voir le veritable caractère de vostre Esprit, et quelques mauvaises idées que vous donniez occasion d'avoir de

(*a*). L'Abbé Gervaise m'a avoué qu'il n'avoit jamais pu obtenir de privilège pour l'impression de la traduction des lettres d'Abeillard et Heloyse quelque mouvement qu'il se soit donné pour cela, et qu'il ne sçait comment son imprimeur a pu l'obtenir. Son Rufin avoit été supprimé, par ordre de la Cour et il eut besoin d'une grande protection pour le faire revivre en y mettant quelques cartons. (*Note de Thauvois.*)

nous, nous avons peine à croire que cette notte en soit une production et je vous croiray facilement quand vous la jetterez sur le compte de vostre imprimeur comme vous y en avez voulu jetter d'autres de moindre conséquence. Car peut-on s'ymaginer qu'un Prestre qui a encore quelque apparence extérieure et quelque livrée de la Trappe veuille attribuer une idée semblable à un homme qui croioit faire honneur à ceux dont il parle? faites réflexion sur cette notte mon R^d Père et je me persuade qu'un reste de pudeur pourra vous en faire rougir. *Sentez icy à vostre tour tout le venin de vostre plume, car si vous ne le sentez pas il faut que la détraction, la médisance et calomnie vous soit bien naturelle.*

La petite histoire du gentil homme et de la prétendüe cousine de l'Abbé de Rancé est tout à fait plaisante. Il est d'un Auteur judicieux d'égayer quelquefois les matieres les plus serieuses par ces petites historiettes. Tout autre je vous l'avoue que l'Abbé de Rancé ouiant surtout que cette prétendue cousine n'estoit epouse que d'un pauvre gentilhomme, tout autre dis je auroit fait aporter la généalogie et ses titres de Noblesse, mais le St Abbé qui n'aimoit point les contestations se contenta de reconduire le Gentilhomme, mes Amitiés, dit-il, à ma chère Cousine (*a*). Ne voila t-il pas une preuve bien convainquante comme l'Abbé de Rancé n'aimoit point les contestations et qu'il ne voulut point contester avec le Pere Lamy sur les Estudes Monastiques.

Vous voudriez nous faire accroire que vous êtes *persuadé de la sagesse et de la Religion de nostre Pere général que vous avez* dittes vous *l'honneur de connaître.* Il faut vous en croire sur vostre parole. Mais si vous avez tant de vénération pour ce *venerable Pere* pourquoy déchirez vous si impitoyablement le corps et les membres dont il est le chef? n'apréhendez vous pas qu'il ne ressente par contre coup les traits empoisonnés que vous leur portez ; mais si vous vous étendez si fort sur l'Estime que vous avez pour ce *venerable Pere*, ne serait-ce point que vous apréhendez la maniere avec la quelle il pourroit décrire dans son *Gallia Christiana*[1] vostre déposition de

---

(*a*). La Duchesse de Guise dans le fort de la dispute du P. Mabillon et de l'Abbé de Rancé engagea le P. Lamy de faire un voyage à la Trappe pour tascher par quelques explications qu'il pouvoit avoir avec l'Abbé de Rancé de raprocher de sentimens ces deux grands hommes, mais l'Abbé ne voulut jamais entrer en matière et reçut mesme assez froidement ce mediateur parceque, dit l'Abbé Gervaise, il n'aimoit point à contester, et pour preuve il raporte qu'un Gentilhomme du voisinage et peu accomodé des biens de la fortune vint voir un jour l'Abbé de Rancé et le salua de la part de son épouse qui avoit l'honneur dit-il d'être sa parente. L'Abbé surpris de cette nouvelle alliance dont il n'avoit jamais eu connaissance aima mieux dissimuler que de contrister ce pauvre Gentilhomme en contestant avec luy ; voila la preuve que l'Abbé Gervaise nous aporte pour faire voir que l'Abbé de Rancé n'aimoit point les contestations et qu'il ne voulut point entrer en matière avec le Pere Lamy. (*Note de Thauvois.*)

1. Ce passage prouve que cette réponse à Dom Gervaise a été écrite avant le

la Trappe ? il y auroit de quoy sans doute egayer le lecteur et un petit abrégé sincère de vostre vie n'y seroit point mal placé. Cela n'empesche pas quelquefois de vous donner de l'inquietude, car lorsque vous crutes qu'on travailloit sur le diocese de Séez vous vous donnates assez de mouvement pour sçavoir comment on traitteroit cette matiere.

Cinq Religieux d'une volée abandonnerent St Denis... et vinrent se refugier à la Trappe (page 59). Voicy une Espece de Triomphe pour vous. L'on avoit je croys point encore vu de Religieux de la Congrégation à la Trappe. Quelques Religieux mendiants du nombre des quels vous estiez mon R^d P. si estoient retirés et ce n'estoit point encore là matiere à Triomphe. Mais l'on crut estre audessus de tout quand on en eut de la Congrégation : et dans les relations que l'on avoit soin de distribuer alors où l'on rendoit compte au public de la qualité de tous les Religieux qui venoient se rendre à la Trappe on y voioit avec affectation ce mot *et mesme de la Congrégation de St Maur*; ce mot *et mesme* est à remarquer pour faire connaitre le sujet du Triomphe et de la victoire.

Ce ne fut point une allarme pour les sçavants de profession, (page 61) ce furent les Supérieurs qui en parurent allarmés moins par la crainte de perdre ces Religieux que de les voir exposés à avoir la teste renversée ce que l'expérience a fait voir qui n'estoit que trop commun à la Trappe. De plus il est fort naturel et même d'obligation à un pere de courir après ses enfants et d'examiner si les voïes extraordinaires qu'ils entreprennent ne viennent point plutot d'un feu de jeunesse que d'une serieuse reflexion.

Dira t on par exemple *que la description d'une Venus, d'une Bacchante soit fort propre à remplir l'Esprit de Saintes Pensées* (page 66). Sur le retour que vous faites sur le livre des Antiquités, vous me permettrez aussi de retomber sur vostre histoire d'Heloisse et sur la traduction que vous avez faite de ses lettres amoureuses.

Dites moy donc aussi si ces intrigues amoureuses que vous decrivez avec tant d'art, si les belles lettres aux quelles vous donnez des tours si tendres et ingénieux *sont fort propres à remplir l'Esprit de saintes pensées ; auriez vous voulu* l'imagination frappée de si beaux traits et remplie de si tendres discours et de ce qu'il y a de plus fin en fait d'Amour, *auriez-vous* dis-je *voulu aller de là à l'Autel ou que la mort vous surprit dans une occupation si indigne et si éloignée de la sainteté de vostre Estat,* je m'en rapporte pareillement *à vostre conscience.*

Vostre libelle apologétique n'estoit point assez farci de traits satiriques et calomnieux contre la Congrégation et ses membres. *Point de régularité, peu de religion, dissipation entiere, ignorance des devoirs du chrétien, application aux sciences subtiles, desirs immodérés des sciences profanes, inutiles, pernicieuses, soustraction des offices divins, corruption dans*

---

30 mars 1725 (date de la mort de Denis de Sainte-Marthe. Cependant elle est datée du 31 décembre 1725. (*Note de M. Wilhelm.*)

les mœurs, doutes dans la foy etc, voila à peu près l'idée que vous nous donnez de la Congrégation. Mais ne trouvant pas que le tableau fut en sa derniere perfection il vous manquoit pour y mettre la derniere main *de ces gens qui ayant l'Esprit tellement gasté, doutent de tout, mesme des principaux articles de la religion, en un mot des athés,* et en voici un des nostres dites vous qui vous est tombé entre les mains; on pourait nier le fait que vous rapportez et mettre ce Religieux au rang de ces fantosmes dont on a si souvent orné la Trappe, mais sans le nier, je vous repeteray que nous ne mettons pas tous les Religieux de la Congrégation au nombre des scavants, que nous ne prétendons pas que tous les scavants soient des Saints et que quand ils seroient ou saints ou scavants, ou l'un et l'autre à la fois, nous ne répondons pas des accidents et des maladies d'Esprit qui leur peuvent arriver : Ainsi on peut fort bien mettre ceux dont vous nous parlez au nombre de ceux qui ayant la teste renversée ont perdu la raison, ce qui peut fort bien être arrivé à la Trappe comme cela n'y est que trop commun, ainsi je ne feroy pas grande attention au portrait que vous nous en faites.

Mais ce qui est de plus déplorable, dites vous, c'est que ces partisans des hautes Etudes à qui les Bibliothèques ne suffisent pas pour rassasier ce desir insatiable de scavoir sont souvent ceux qui ignorent le plus essentiel à leur Estat de chrétien je veux dire le cathéchisme comme je l'ay reconnu un jour en présence d'un Evesque avec qui j'étois. On vient lui presenter pour la prêtrise un de ces scavants qui avoient estudié cinq ans en Philosophie et en Théologie. L'Evesque lui demanda combien il y avoit d'œuvres de miséricordes, il ne put jamais y répondre. Est-ce donc là lui dit l'Evesque où aboutissent ces grandes Etudes dont on fait profession parmy vous ? (page 76.)

Il parait bien par cette histoire que vous n'aviez ny jugement ny charité quand vous l'avez écrite, aussi l'aviez vous bien tost oublié, car qui a t il donc de *si déplorable* de ne pas scavoir le nombre des œuvres de miséricorde? ne croiroit on pas à cette exclamation et à la manière qu'est raportée cette histoire que l'on a aucune teinture du cathéchisme si on ne sçait ce nombre d'œuvres de miséricorde, et que cela est tellement essentiel à l'Estat du chrétien que sans la science de ce nombre on cesse de l'estre? prouveriez vous bien que tous les rituels et tous les catéchismes en tous les tems et en tous les lieux ont enseigné ce nombre exact des œuvres de miséricorde? c'est cependant de ces livres qu'en tous les tems et en tous les lieux, l'on a deu apprendre les principes essentiels à l'Estat du chrétien.

Si je vous sommois d'interroger la plus part de ceux que vous appellez *les partisans des hautes Etudes,* soit prêtre, Religieux ou docteur, de cent à qui vous feriez cette question en trouveriez vous bien le quart qui vous répondit au juste qu'il y a sept œuvres de miséricorde corporelles et autant de spirituelles? ainsi selon vous ces personnes ignoreront ce qui est de plus essentiel à leur Estat de chrétien parceque selon vous ils ne scauront pas leur cathéchisme.

Avez vous jamais pensé estant Abbé de la Trappe à instruire ces capitaines de cavalerie, ces officiers de dragons, ces viels pescheurs, ces phantomes d'Athée qu'on a fait servir si long-temps de trophée à cette Abbaye, à les instruire dis-je de ces vérités si essentielles à leur Estat de chrétien en leur aprenant combien précisément il y a d'œuvres de miséricorde ? si on leur faisoit cette question je doute fort qu'ils y répondissent, quoyque la charité m'oblige à croire qu'ils les mettent en pratique. Je ne pousseroy point plus loin le ridicule de cette histoire, et je vous avoue que je ne vous croiois pas capable de telles puérilités.

Au reste le raisonnement que vous faites faire à l'Evêque ne prouve rien parce qu'il prouve trop, de plus nous ne regardons point comme scavant un Religieux qui sort de ces Etudes ; heureux s'il est bon Ecolier, et ce scavant ou cet écolier pourrait fort bien scavoir la pratique des œuvres de miséricorde sans avoir pu précisément répondre sur le nombre, surtout estant surpris de la question imprévue, au lieu que nous pouvons juger que vous scachant bien le nombre vous pouvez en ignorer la pratique. Vous ne laissez pas de trouver vostre compte dans cette petite histoire, vous voulez faire connaitre au public que vous estiez écouté et bien venu chez les Evesques et que si Mr l'Evesque d'Orléans vous avoit fait sortir de son diocèse lorsque vous y estiez Prieur des petits Carmes et pour les raisons que vous ne devez pas avoir oublié, il y en avoit d'autres qui vous reçurent favorablement, *d'un Evesque* dittes vous *avec qui j'estois comme membre apparemment de ses troupes auxiliaires* et pour luy servir de secours dans ses fonctions Episcopales ? car je ne puis croire que ce fut comme Religieux ou Abbé de la Trappe. M. l'Abbé de Rancé à l'imitation de S. Jérome vous auroit crié : Moines que faites vous dans les villes, dans la cour des Evesques ?

Mais ce peut être aussi depuis que vous estes moine Gyrovague et cela ne sera pas surprenant car en cette qualité tout vous est permis et il semble qu'après avoir secoué le joug de deux différends ordres tous deux très austères, vous avez choisi ce troisiesme Estat de moine Gyrovague pour avoir la licence de tout faire et de tout dire.

Mais que deviendra cependant cette conversion des mœurs si solennellement promise à la Trappe ? moine acéphale et sans dépendance à qui obeissez-vous ? ayant la propriété des pensions que vous vous êtes fait donner et disposant du gain que vous produit l'Edition de vos livres, que devient le vœu de pauvreté ? mangeant de la viande sans apparence de nécessité dans les compagnies où vous vous trouvez et au grand scandale de ceux qui en ont connaissance, que devient cette abstinence si exactement observée dans les deux ordres où vous vous estiez cy devant engagé ?

Je vous attend à ce dernier passage où l'on voit les choses telles quelles sont devant Dieu, pour lors voyant dans un seul point de vue l'énormité de ces relachemens, cette entière contravention à ce qu'il y a de plus essentiel dans les cloitres, vous vous repentirez mais peut-être trop tard de ne vous estre pas conservé dans ce recueillement, cette retraite intérieure, ce silence et cette solitude de vostre seconde profession.

Il ne sera pas question là, si vous scavez le nombre des œuvres de miséricorde, mais si vous les avez mises en pratique, il ne sera pas question là si vous avez bien prouvé que l'Abbé Suger est mort en 1151 et non pas en 1152 *(a)* mais si vous vous avez vecu conformément à vostre Estat.

Ne nous alleguez pas pour justifier l'estat où vous êtes ces lettres de cachet qui sont de vous y retenir. L'on scait comment ces lettres ont été mendiées pour vous tirer des mauvaises affaires que vous vous estiez attiré dans les différends monastères où vous avez porté la discorde. Au reste rien ne vous sera plus facile que d'en avoir main levée lorsque serieusement et dans un veritable dessein de vous sanctifier et d'édifier le public vous voudrez retourner dans vostre premier Estat en vous retirant dans quelque monastère pour y vivre conformément à vos vœux : mais la question est de le trouver ce monastère, tous je vous l'avoue sont prévenus et l'on scoit que cet air de Maistre et d'Abbé que vous avez respiré à la Trappe est chez vous très difficile à quitter.

Cette critique qui vous est si naturelle n'est capable que de troubler tous les cloistres et n'y peut bien estre receue. Il faut donc se dépouiller de ce vieil homme et je me persuade que vos supérieurs si vous les reconnaissez encore pour tels se dépouilleront eux-mêmes des préjugés que vostre conduite leur a donné occasion d'avoir contre vous, et renouvellant pour vous, à vostre egard la charité qu'ils ont cy devant eue vous recevront à bras ouverts.

J'obmets plusieurs réflexions qu'il m'auroit été facile de faire sur plusieurs autres articles de vostre libelle diffamatoire pour vous laisser dans ces ces saintes pensées, et prie Dieu de tout mon cœur quelles vous soient efficaces me trouvant heureux si par ces Avis que vous m'avez donné occasion de vous écrire, je puisse tant soit peu contribuer à un veritable et sincère retour sur vous même, j'ay l'honneur d'être..... ce dernier de l'An 1725.

(a). L'Abbé Gervaise a employé 35 pages de sa défense de Suger pour prouver qu'il est mort en 1152 et non pas en 1151, différence d'époque très necessaire pour l'Estat et pour l'Eglise. *(Note de Dom Thauvois.)*

— Ajoutons-y que les travaux de Luchaire sur la diplomatique des premiers Capétiens concluent, comme Gervaise, à la fixation de la mort de Suger à l'année 1152, et non 1151 adoptée par *l'Art de vérifier les dates* et par tous les écrivains postérieurs.

RE DIPLOMATICA »

par L. LEVILLAIN

Le « De re diplomatica »

Par L. LEVILLAIN

Tout le monde accorde au témoignage des chartes quand elles sont authentiques, de provenance et de date certaines, la plus grande autorité ; mais ceux-là mêmes qui proclament l'importance de ce genre de documents craignent d'accorder confiance aux instruments faux, suspects ou interpolés, qu'ils ne sont pas en mesure de critiquer ; ils en viennent même à douter de l'indubitable. De là, l'utilité et la nécessité de discerner le vrai du faux au moyen de règles sûres et éprouvées qui permettent de distinguer les pièces d'archives authentiques de celles qui ne le sont pas[1]. C'est en ces termes que Dom Jean Mabillon justifie son entreprise d'écrire un traité sur la diplomatique.

L'apparition du *De re diplomatica* fut, pour les études médiévales, un événement aussi important que celle du Glossaire de Du Cange. Il n'est point de médiéviste qui n'ait eu à consulter cette œuvre capitale, et de diplomatiste qui ne l'ait lue ou parcourue. Aussi n'ai-je pas la prétention de parler d'elle pour apprendre quelque chose aux savants que leurs études ont conduits à compulser ce livre ; mais n'est-il pas bon que ceux qui n'ont pas été et ne seront point appelés à se servir de ce traité magistral apprennent en quelques pages l'histoire, l'économie et la valeur d'un livre qui est considéré, avec raison, comme un chef-d'œuvre ? Et n'est-ce pas encore là le meilleur moyen de bien servir la mémoire de l'auteur au moment où l'on célèbre le bi-centenaire de sa mort?

I. Les Éditions.

Le *De re diplomatica* parut à Paris en 1681, sous le titre suivant :

De re diplomatica libri VI in quibus quidquid ad veterum instrumen-

---

1. *De re diplomatica...*, I, 1, p. 1.

torum antiquitatem, materiam, scripturam et stilum ; quidquid ad sigilla, monogrammata, subscriptiones ac notas chronologicas ; quidquid inde ad antiquariam, historicam, forensemque disciplinam pertinet explicatur et illustratur. Accedunt commentarius de antiquis regum Francorum palatiis ; veterum scripturarum varia specimina, tabulis LX comprehensa ; nova ducentorum. et amplius, monumentorum collectio. Opera et studio Domni JOHANNIS MABILLON, *presbyteri ac monachi Ordinis S. Benedicti e congregatione S. Mauri.* — Luteciae-Parisiorum, sumtibus viduae Lud. Billaine, in palatio Regio MDCLXXXI. Cum privilegio Regis et superiorum permissu. — Gr. in-fol., 7 fol. préliminaires — 634 p. et index.

En 1704, Mabillon publia un supplément :

Librorum de re diplomatica supplementum in quo archetypa in his libris pro regulis proposita, ipsaeque regulae denuo confirmantur, novisque speciminibus et argumentis asseruntur et illustrantur. — *Opera et studio domni* JOHANNIS MABILLON, *presbyteri et monachi Ordinis S. Benedicti e congregatione S. Mauri.* — Luteciae-Parisiorum, sumtibus Caroli Robustel, via Jacobea, ad- insigne arboris Palmae. MDCCIV. Cum privilegio regis et superiorum facultate. — Gr. in-fol., VIII-116 p.

Les nombreuses planches de ces deux ouvrages sont numérotées dans la pagination générale de chacun.

Mabillon préparait une nouvelle édition du *De re diplomatica* quand il mourut; Dom Thierry Ruinart acheva le travail de son maître sur les notes de celui-ci, et la seconde édition parut deux ans après la mort de l'auteur sous le même titre que la première :

De re diplomatica libri VI..... Editio Secunda ab ipso Auctore recognita, emendata et aucta. Luteciae-Parisiorum, sumtibus Caroli Robustel, via Jacobea, ad insigne arboris Palmae. MDCCIX. Cum privilegio regis et superiorum facultate. — Gr. in-fol., [16 fol. préliminaires] — 648 pp. [16 folios d'index].

Cette édition contient dans les feuillets préliminaires la lettre dédicatoire à Colbert et la préface de Mabillon entre lesquelles s'intercalle l'importante préface de D. Thierry Ruinart.

L'ouvrage est admirablement imprimé, embelli de vignettes et de planches gravées « avec un soin extrême ». Le frontispice représente au centre les figures assises de la Vérité et de la Justice, devant lesquelles se tient, un genou en terre, la Science critique qui leur offre le *De re diplomatica* ; à droite, un personnage sortant du palais des Archives lit un rouleau ; à gauche, un second personnage lit un livre au milieu d'une bibliothèque ; au bas la devise *Veri, justique Scientia Vindex*[1] fournit l'explication de la gravure. La dédicace est précédée d'une ravissante composition en l'honneur « de Colbert : au centre la couleuvre (*coluber*) supportée par le licorne et le chien ; à droite et à gauche des génies apportant leur tribut au grand ministre [2] ».

L'œuvre de Mabillon fut réimprimée à Naples en 1789 avec des compléments et des notes ainsi annoncés dans le titre :

De re diplomatica libri VI..... Tertia atque nova editio dissertationibus variorum locupleta notisque nunc primum inlustrata a marchione Bumbae Johanne Adimari. — Neapoli, ex typ. Vincentii Ursini. MDCCLXXXIX, Praesidibus adprobantibus. 2 vol. gr. in-fol.

De ces trois éditions, celle dont nous nous servons présentement, et dans la plupart des cas, est la seconde qui a l'avantage sur l'édition princeps d'exprimer la dernière pensée de Mabillon. En outre, les quelques corrections matérielles dues à Ruinart, — et dont la plus importante est la réédition, d'après l'original ignoré de Mabillon et depuis perdu de nouveau, du diplôme de Charles le Chauve conférant à Saint-Denis le domaine de Senlisse[3], — ne sont pas à négliger. Enfin, cette édition a été le plus souvent, pour ne pas dire toujours, reliée avec le supplément.

1. Cf. Henri Jadart, *Étude sur la vie, les œuvres et la mémoire de D. Jean Mabillon* : « Le frontispice représente les figures allégoriques de la Critique et de la Science historique, travaillant au milieu d'une bibliothèque ; dans un angle se tient Mabillon sous les traits de saint Jean son patron ; au bas se lit la devise : *Veri justique scientia vindex* ». (*Travaux de l'Académie nationale de Reims*, 64ᵉ vol., année 1877-1878, nᵒˢ 3-4, Reims, MDCCCLXXX, p. 187). En comparant les figures de ce beau frontispice avec le portrait de Mabillon qui accompagne cette étude de M. Jadart, on reconnaîtra Mabillon dans le personnage de gauche. Je suis tenté de voir dans l'autre personnage son collaborateur intime, D. Michel Germain, son fidèle ami.

2. H. Jadart, *op. cit.* p. 137-138.

3. *De re diplomatica...* VI, xcii, pp. 538-539. Elle comporte aussi, avec la préface de Ruinart qu'il ne faut pas oublier de consulter puisque le disciple du défunt répond aux attaques de Hickes contre la *Diplomatique*, un appendice du même auteur en neuf paragraphes.

II. Origine du *De re diplomatica*

Il n'entre pas dans mon sujet de retracer l'histoire de la diplomatique avant l'apparition du *De re diplomatica* : cette histoire a été maintes fois esquissée, et de nos jours, par des diplomatistes de grande valeur, Sickel, Bresslau, Giry, Prou, etc. Il nous suffira de rappeler que la diplomatique plonge ses racines jusque dans les procès lointains où des chartes firent l'objet de discussions plus ou moins approfondies, et surtout dans les débats qui s'engagèrent au XVIIe siècle, en Allemagne à l'occasion des questions souvent débattues de souveraineté et de médiatisation des villes et des abbayes, en France à l'occasion de généalogies : Mabillon fut lui-même, à titre d'expert, mêlé à des procès engagés sur l'authenticité ou la non-authenticité de documents d'archives[1]. Du fatras des plaidoyers *pro et contra* se dégagèrent quelquefois des opinions avisées et des vues justes. Parmi les nombreux érudits allemands qui prirent part aux *Bella diplomatica*[2], Hermann Conring est le seul qui ait mérité d'être cité par Mabillon à côté de Leone Allaci : « Multi quidem varias sparsim regulas, ubi de singulari instrumento agebatur, tradiderunt; in primis Leo Allatius in Animadversionibus ad fragmenta Antiquitatum Etruscarum, et Hermannus Conringius in Censura diplomatis Ludoviciani pro coenobio Lindaviensi[3] ». L'Abbaye de Lindau, revendiquant la suzeraineté de la ville, invoquait l'autorité d'un diplôme forgé en sa faveur sous le nom d'un empereur Louis; la ville demanda au professeur Conring, de l'université d'Helmstaedt, d'examiner ce document. Ce savant publia en 1672 un volumineux mémoire intitulé *Censura diplomatis quod Ludovico imperatori fert acceptum coenobium Lindaviense*[4]. L'œuvre n'était pas sans défauts; Mabillon critiquera quelques-unes des idées de Conring[5]. Mais celui-ci avait « formulé pour la première fois un principe général

---

1. Giry, *Manuel de diplomatique*, p. 880 et suiv.
2. Sur la question des guerres diplomatiques, voir Giry, *op. cit.*, pp. 59 et 60, qui donne les renseignements bibliographiques.
3. *De re diplomatica*, I, 1, num. 2, p. 2.
4. Ce mémoire, publié à Helmstaedt en format in-4, a été réimprimé dans les œuvres de Conring (7 vol. in-fol., Brunswick, 1730), t. II, pp. 567-698.
5. *De re diplomatica*, II, ch. XI, num. 13 et 14.

de critique : la comparaison des actes suspects avec des actes non douteux émanés de la même autorité[1] »; il mérita d'être considéré en quelque manière comme un initiateur[2].

La diplomatique était en germe dans les *Bella diplomatica*, comme la chimie était en germe dans l'alchimie ou l'astronomie dans l'astrologie; mais elle ne devait se dégager des procédés empiriques et s'élever au rang d'une science pourvue de sa méthode et de ses règles que le jour où la critique des chartes sortirait du prétoire pour se confiner dans le cabinet d'études où s'élabore l'histoire. Les documents d'archives ne témoignent plus alors seulement de l'accomplissement d'un acte juridique, mais ils apportent des renseignements sur les institutions, les mœurs, les usages et coutumes, sur les familles dont ils permettent quelquefois de dresser des généalogies exactes, sur les événements historiques qu'ils peuvent servir à dater avec plus de précision, sur la géographie et la toponymie, sur la langue et ses formes dialectales : en un mot, ils sont devenus des sources historiques auxquelles nous attachons d'autant plus de prix que les rédacteurs des actes ne prévoyaient pas cette utilisation des chartes.

L'idée première d'utiliser les instruments diplomatiques « ad historicam probationem » en dehors de toute autre préoccupation que la recherche de la vérité, après les avoir éprouvés au moyen de règles générales de critique, « constitutis semel generalibus quibusdam discriminis inveniendi principiis », appartient peut-être au pape Alexandre VII qui encouragea le jésuite Daniel Papenbroeck dans son dessein d'écrire le *Propylaeum antiquarium circa veri ac falsi discrimen in vetustis membranis*[3].

C'est à Papenbroeck que revient le mérite d'avoir le premier tenté de fonder la critique des chartes sur un ensemble de règles constituant un véritable corps de doctrine, et Mabillon lui rend cette justice en

---

1. M. Prou, *Cours de diplomatique. Leçon d'ouverture faite à l'École des Chartes le 25 janvier 1900* (Extrait de la *Revue internationale de l'enseignement*, 15 mars 1900). Paris, 1900, in-8, p. 16.

2. Giry, *Manuel de diplomatique*, p. 60 et n. 1.

3. *Ad tomum II Aprilis propylaeum antiquarium circa veri ac falsi discrimen in vetustis membranis; pars prima*. Dans *Acta sanctorum Bollandiana*, Aprilis t. II (1675), pp. i-xxxiii. Voir, pour la justification de ce que je dis ici, la préface, p. 1. — Cf. M. Prou, *Leçon d'ouverture*, p. 16-17.

ces termes : « Nullus ad hoc usque tempus peculiari tractatione rem aggressus fuerat ante Danielem Papebrochium[1] ».

Mais alors, pour se rendre un compte exact de l'importance et de la nouveauté du traité de Mabillon, ne faut-il pas bien marquer son point de départ, c'est-à-dire examiner la méthode qu'avait suivie Papenbroeck, et préciser les règles qu'il proposait d'adopter pour la critique des documents anciens d'archives ?

Le *Propylaeum* s'ouvre sur l'examen d'un prétendu diplôme de Dagobert Ier en faveur du monastère d'OEren ou de Sainte-Irmine de Trèves dont voici l'analyse : Au nom de la sainte et indivisible Trinité, Dagobert, à la prière de sa femme Nanthilde, concède des biens au monastère d'OEren que sa fille Irmine a fondé dans l'enceinte de Trèves ; il confirme la donation faite par Irmine des alleux sis en Laonnais qu'elle avait reçus de son mari Hermann, et de biens situés tant à Trèves que près de cette ville. L'acte, souscrit de la main du roi et, par son ordre, scellé de son sceau, a été fait en l'an de l'Incarnation 646, 4e indiction, le 7e jour des calendes de septembre, la 2e année du règne de Dagobert, à Trèves[2].

Cet examen a été provoqué, comme il semble, par la consultation du P. Alexandre Wiltheim[3] ; aussi le savant Bollandiste, en donnant comme point de départ à son œuvre la critique d'un diplôme, se traîne-t-il encore dans la tradition des *bella diplomatica*.

Papenbroeck commence par la critique interne du document pour faire ressortir les erreurs chronologiques et les contradictions historiques que l'acte renferme et pour combattre en passant les arguments de Jacques Masen qui avait défendu l'authenticité du diplôme[4]. Mais, ajoute-t-il, « ce n'est pas assez de dire que ce diplôme contredit la chronologie la plus vraisemblable, il faut montrer que, même si la chronologie eût été respectée, cet acte ne pourrait cependant être

---

1. *De re diplomatica*, I, 1, num. 2, p. 3.

2. Ce diplôme a été attribué à Dagobert II par Le Cointe qui lui faisait subir des corrections importantes et qui a été suivi par quelques diplomatistes (Pardessus, *Diplomatica*, II, n° 378, p. 168).

3. Papenbroeck, répondant à une hypothèse que lui avait présentée Wiltheim, écrit : « Atque haec praemittere volui, velut qui ponte strato ad palustria uliginosaque loca patefaciunt ac praestruunt viam, ut veniam ad Dagobertinum illud diploma, de quo me consulitis. » (ch. v. num. 71. p. xvii.)

tenu pour une charte sincère du temps de Dagobert, mais devrait être regardé comme écrit et composé plusieurs siècles plus tard »[1]. Cette démonstration nécessaire repose sur la critique externe de l'instrument diplomatique, c'est-à-dire sur la comparaison du faux diplôme de Dagobert avec d'autres documents que Papenbroeck considère comme incontestablement authentiques.

La première des pièces de comparaison choisies est un diplôme de Dagobert Ier pour le monastère de Saint-Maximin de Trèves. Le simple rapprochement des deux textes, qu'il publie, suffit à désigner au savant les points sur lesquels doit porter son examen : le style, le sceau, l'écriture, le monogramme.

Le style du diplôme d'OEren est bien postérieur à celui des actes émanés des chancelleries mérovingiennes ; il fait songer à celui des diplômes des empereurs Henri III et Henri IV : le faussaire qui a forgé le privilège de Sainte-Irmine a adapté à son diplôme pseudo-dagobertin les formules du XIe siècle, comme le montre la comparaison de son faux avec des diplômes de Henri III[2]. Cette constatation procure au savant Bollandiste l'occasion de recherches sur l'invocation dans les diplômes royaux[3], sur l'usage de l'indiction[4] et de l'année de l'incarnation[5] dans les dates, « ad majorem et evidentiorem lectoris instructionem[6] ».

L'étude des caractères extérieurs n'est complète qu'autant qu'on met sous les yeux du lecteur les pièces à conviction : Papenbroeck a fait composer plusieurs planches de fac-similés, dont une reproduit le commencement et la fin du diplôme de Saint-Maximin de Trèves, le début et une partie de la souscription de l'original supposé de Sainte-Irmine, et les parties correspondantes d'un diplôme de Henri IV, avec

---

1. *Propylaeum*, ch. II, num. 22 : « ... quod (diploma Horreense) non satis est verosimiliori chronologiae dixisse contrarium..., verum ostendi debet, ipsum tale esse, ut, quamvis characteres temporum omnes essent absque errore positi, nequiret tamen haberi pro vero Dagobertini temporis scripto, sed deberet post multa deinde secula et scriptum et compositum credi. » (p. v.)

2. *Ibid.*, I, ch. II, num. 26 et 27 : « Similia sunt omnia ejus temporis (*des empereurs Henri*) diplomata, formulis eadem, verbis nonnihil variantia, quibus suum Dagobertinum adaptavit Horreensis chartae fabricator. » (p. vii).

3. *Ibid.*, I, ch. II, num. 28 et 29.

les sceaux et les monogrammes. La simple vue des sceaux établit que celui d'Œren est très éloigné du vrai sceau de Dagobert et très voisin de celui d'Henri IV. De même les monogrammes des deux chartes de Dagobert présentent des différences si notables que l'un des deux doit être faux, et l'examen des lettres qui les composent fait ressortir la fausseté du monogramme d'Œren [1].

Après avoir reconnu dans l'écriture du privilège mérovingien de Saint-Maximin l'écriture usuelle de l'époque, en la comparant avec celle du martyrologe hiéronymien d'Epternach écrit vers 740, Papenbroeck rapproche de ce dernier manuscrit le diptyque de Saint-Maximin du Xe siècle, et il conclut que le faussaire de Sainte-Irmine a imité l'écriture d'une époque intermédiaire entre le VIIIe et le Xe siècle [2]. Mais il sait pertinemment que l'écriture des manuscrits diffère de celle des chartes : « Je n'ai pas, dit-il alors, d'autre charte que je puisse comparer avec le diplôme d'Œren que le privilège d'Henri IV pour l'église Saint-Servais [3] » de Maastricht (1087). S'il n'ignore pas que le précepte d'Henri IV est suspect, qu'il a été peut-être forgé au XIIIe siècle, il ne peut pas cependant ne pas constater que le diplôme prétendu mérovingien d'Œren s'éloigne autant du diplôme dagobertin de Saint-Maximin qu'il se rapproche du diplôme de Saint-Servais. Passant en revue les écritures de diplômes des souverains carolingiens et des empereurs germaniques dont il discute l'authenticité, Papenbroeck en vient à cette conclusion que « celui qui entreprit d'écrire le diplôme d'Œren avait un modèle, non d'écriture mérovingienne, mais d'écriture bien plus récente, de l'époque des Henri [4] ».

1. *Propylaeum*, I, ch. II, num. 35 et 36, p. IX.
2. *Ibid.*, ch. III, num. 37-39 : « Hujus autem Diptychi et Martyrologii illius characteres inter se comparans, sicut facile judicabit hoc isto esse annis ducentis antiquus; ita utrumque conferens cum ea littera qua scriptus est contextus Horreensis diplomatis, haud difficulter persuadeberis Horreensem scriptorem, quoad litteras minusculas, imitatum esse scripturam quamdam aetatis inter utrumque mediae. » (p. x.)
3. *Ibid.*, ch. III, num. 40 : « Aliam nullam habui, cum qua Horreense diploma compararem, quam Henrici IV Privilegium pro ecclesia S. Servati. » (p. x.)
4. *Ibid.*, ch. III, num. 40-52 : « ...satis est, ut a primo Dagobertino usque ad ultimum Henrici quarti, gradatim molliores considerans characteres, omnino convincatur, verum esse quod principio demonstrandum assumpsi, eum qui Horreensem chartam scribere praesumpsit, non habuisse prae oculis scripturam aliquam Dagobertinam, sed longe recentiorem aliam, aetatis scilicet Henricianae » (p. XIII.)

Enfin l'absence du seing du notaire[1], c'est-à-dire de la ruche de chancellerie, et la forme du monogramme sont encore des preuves de subreption. Une étude sur les monogrammes royaux[2] permet à Papenbroeck de constater que le dessin du monogramme d'Œren ne peut même pas appartenir à l'époque d'Henri IV, mais doit dater d'une époque comprise entre le règne de Frédéric Barberousse et celui de Charles IV[3].

Mais Willheim a observé que certains documents inutiles pour l'histoire pouvaient valoir en justice ; Papenbroeck n'y contredit pas : c'est le cas, à son avis, du privilège du pape saint Silvestre renouvelé par le pape Hilaire, peut-être aussi du diplôme de Pépin le Bref pour Epternach renouvelé sous Henri III, du diplôme de Charlemagne pour Verden[4]. Les documents de cette nature sont des *diplomata vicaria*[5], et ils n'étaient point considérés comme des faux[6]. Mais le diplôme d'Œren n'entre pas dans cette catégorie, et tout contribue à lui faire prendre rang parmi les *acta spuria*[7].

La discussion du diplôme de Sainte-Irmine était bien conduite, et « la conclusion... se trouvait être bonne, bien qu'assise sur des arguments dont la plupart devaient s'effondrer[8] ».

En possession des observations d'ordre diplomatique que la comparaison des diplômes jusqu'à présent utilisés lui a fournies, l'érudit Bollandiste examine et condamne toute une série de chartes mérovingiennes et carolingiennes émanées des souverains, des papes ou de particuliers[9]. Et au cours de cet examen, il fait de nouvelles remarques

---

1. *Propylaeum*, I, ch. III, num. 53, p. XIII.
2. *Ibid.*, I, ch. IV, num. 54-66, pp. XIII-XVI.
3. *Ibid.*, ch. IV, num. 64, p. XV-XVI.
4. *Ibid.*, ch. V, num. 67-70.
5. Ce sont les *actes récrits* et les *copies figurées*. Sur ces documents, voir A. Giry, *Manuel de diplomatique*, p. 12-13.
6. *Propylaeum*, I, ch. V, num. 70 : « Haec vicaria diplomata pro confictis atque falsis non habebantur. » (p. XVII.)
7. *Ibid.*, num. 71-75, et ch. VI, num. 76-82.
8. M. Prou, *Leçon d'ouverture*, p. 17.
9. *Propylaeum*, I, ch. VI, num. 83-88 ; ch. VII, num. 89-102 ; ch. VIII, num. 103-117 ; ch. IX, num. 118-124, et ch. X, num. 125-136. Ce sont : un diplôme de Dagobert Ier pour l'église de Strasbourg, un autre de Pépin le Bref pour Epternach ; le diplôme de Dagobert et ses confirmations de Charlemagne et de Louis et Lothaire pour Ladenburg, des documents tirés des chartriers de Lobbes, de Cambrai et de Saint-Amand ; les privilèges pontificaux de Jean V pour Notre-Dame d'Arras, et de

qu'il considère et propose comme des critères infaillibles pour juger de l'authenticité des documents.

Nous ne pouvons pas suivre pas à pas Papenbroeck dans sa course à travers les documents faux ou jugés tels par lui. Qu'il nous suffise d'exposer ici les règles que le savant jésuite donnait comme base à la critique des documents mérovingiens, et nous serons en mesure d'apprécier, comme il le mérite, le service rendu à nos études par D. Jean Mabillon.

A propos de la bulle du pape Zacharie conservée dans les archives de Saint-Denis, qu'il n'avait pas vue, qu'il connaissait par la description et l'édition de Doublet[1], et qui se trouve être fausse[2], Papenbroeck nie que l'écorce d'arbre et le papyrus aient été employés à écrire les diplômes, car on ne dut plus se servir d'écorce ou de papyrus après que l'on eut fait usage de parchemin[3]. Idée préconçue qu'une apparence logique rendait séduisante, que le diplôme de Saint-Maximin écrit sur parchemin venait confirmer aux yeux du Bollandiste, et qui jetait la suspicion sur les documents les plus vénérables du chartrier san-dionysien[4]!

Grégoire II pour Saint-Maximin de Trèves, le testament de sainte Aldegonde ; des diplômes de l'Église de Trèves, entre autres un diplôme que Papenbroeck attribue à Pépin le Bref et qui est en réalité de Pépin II d'Aquitaine (ch. VIII, num. 114, p. XVIII. — Mabillon commet la même erreur, *De re diplomatica*, II, ch. 3, num. 6, p. 71); puis, outre une série de chartes royales mérovingiennes ou supposées telles, à savoir : les diplômes de Clovis Ier pour Saint-Jean de Réomé, Saint-Pierre-le-Vif, Saint-Mesmin de Micy et Saint-Hilaire de Poitiers; ceux de Childebert Ier pour l'Église de Paris, pour Saint-Germain-des-Prés et pour Saint-Calais ; des actes de Chilpéric Ier, de Gontran et de Chlodomir; le diplôme de Clovis II pour Saint-Denis et ceux de Clotaire III pour Corbie ; de Clovis II pour l'Ile-Barbe, de Clotaire III et de Thierry IV pour Bèze ; les privilèges pontificaux d'Adéodat pour Saint-Martin de Tours et de Zacharie pour Saint-Denis ; enfin quelques chartes anglaises. — Sauf pour quelques pièces, les condamnations de Papenbroeck étaient justifiées.

1. Doublet, *Histoire de l'abbaye de S. Denys en France*, p. 445.
2. A. Hessel, *Les plus anciennes bulles en faveur d l'abbaye de Saint-Denis*, dans *Le Moyen-Age*, 1901, p. 384.
3. *Propylaeum*, I, ch. X, num. 128 : « Norunt illi corticibus arborum aliquando usos dici antiquos, adeo ut LIBER hinc dictus Latinis sit, qui Graecis βίβλος : sed iidem sciunt usum istum tam esse antiquum, ut quandonam desierit omnem hominum memoriam fugiat, nullis fere ejusmodi scripturae reliquiis perennantibus, postquam agninas atque ovinas pelles in membranam distendere usus docuit, quae et complicari, et convolvi et in grandes compingi codices tam commode possunt, ut totis XVIII seculis nulla fere ad scribendum materia alia abhibita sit. » (p. XXXI).
4. Comme s'il eût eu un vague pressentiment que des archives de Saint-Denis

La confiance aveugle qu'il a eu l'authenticité du diplôme dagobertin de Saint-Maximin de Trèves conduit Papenbroeck à formuler les règles suivantes :

L'invocation *In nomine Patris et Filii et Spiritus sancti* est la seule en usage dans les diplômes authentiques des rois mérovingiens et des deux premiers Carolingiens ; si les documents débutent autrement, ils ne méritent aucune confiance[1].

Papenbroeck incrimine la formule de notification que présente le diplôme de Thierry III pour Bèze : *Cognoscat itaque utilitatis vestrae magnitudo*[2] ; il ne dit pas expressément quelle doit être la bonne formule, mais il est évident qu'il préfère ici le style du diplôme de Saint-Maximin (*Omnium Christianorum noverit industria, qualiter...*) cependant plus éloigné des formulaires en usage[3].

Dans les diplômes de Dagobert Ier et de ses fils Sigebert II et Clovis II, la teneur est toujours rédigée à la première personne du singulier ; c'est seulement sous les règnes des petits-fils de Dagobert que la première personne du pluriel passa peut-être en usage[4].

---

sortiraient les documents qui infirmeraient sa doctrine décevante, Papenbroeck, à plusieurs reprises, condamne en bloc les chartes san-dionysiennes, *Propylaeum*, I, ch. II, num. 22 : « Nam in Sandionysiano prope Parisios monasterio, quamvis multa sint, tum Dagoberti fundatoris, tum subsequentium primae stirpis Regum, nullum est tamen quod originale, pauca quae possint sincera credi. » (p. v.) — *Ibid.*, I, ch. x, num. 127 : « Habet San-Dionysianum juxta Parisios monasterium plurima, tam Romanorum Pontificum quam Francorum Regum, diplomata ; et quidem, ut praetenditur, originalia ; etiam in corticibus arborum scripta quaedam : de quibus omnibus, quod quidem attinet tempora primae stirpis regiae, illud omnino tenendum est, tanto minus eis adhibendum fidei, quanto plus praeseferunt antiquitatis. » (p. xxxi.)

1. *Propylaeum*, I, ch. II, num. 28 : « *In nomine Patris et Filii et Spiritus sancti* scripta sunt, quotquot uspiam extant ante Carolum indubitata diplomata et ipsius etiam Caroli. Si qua aliter inchoata ostenduntur, fidem non faciunt, utpote aliis quoque indiciis suam falsitatem prodentia. » (p. vii.)

2. *Ibid.*, ch. IX, num. 124, p. xxx. — Voir le texte de ce diplôme, Pardessus, *Diplomata*, II, n° 386, p. 177.

3. La formule, la plus souvent usitée, est : *Ideoque* (ou *ideo*) *cognoscat magnetudo seu utilitas vestra*. Mais on trouve aussi, parmi les variantes, celle-ci qui est plus voisine de la formule de Bèze : *Ideo cognoscat hutiletas seo magnetudo vestra* (Pardessus, *Dipl.*, II, n°[s] 504 et 506, pp. 311 et 313).

4. *Propylaeum*, I, ch. II, num. 34 : « Denique Rex Dagobertus in San-Maximiniano diplomate de seipso non nisi in numero singulari loquitur ; nec ullum hactenus diploma reperi, satis sincerum, quod persuadeat antiquiorem Regem aliquem Francorum vel ipsummet Dagobertum, aut filios ejus, Sigibertum et Chlodovaeum,

Le roi annonce les signes de validation, selon la formule du diplôme de Saint-Maximin de Trèves : *Et ut istius cartulae confirmatio firma in aevum permaneat, describi eam praecepi et nostro sigillo eam inde confirmavi*[1].

La date est calculée d'après les années du règne, et elle est rédigée en style direct, *anno regni nostri*[2]. L'indiction, dans la date des diplômes, est inconnue des Mérovingiens, et même ne se voit dans les chartes des Carolingiens qu'après l'avènement de Charlemagne à l'Empire : si donc nous trouvons l'indiction dans des actes qui se donnent pour mérovingiens, ne croyons pas à leur authenticité et à leur sincérité[3]. Quant à l'année de l'incarnation, elle apparaît pendant l'interrègne de Charles Martel pour disparaître sous Childéric III et ne reparaître, dans les pays germaniques, que sous Lothaire II et, en France, que vers 1060[4].

La souscription du roi et la souscription de la chancellerie sont

plurali numero usos fuisse in diplomatis scribendis ; adeo ut ea loquendi forma credi possit primum suum initium sub Dagoberti nepotibus habuisse, se tamen satis certa sunt etiam illa instrumenta, quae sub eorum habentur nominibus. » (p. ix.) — Voir plus loin, sur ce point comme sur les suivants, l'opinion de Mabillon.

1. *Propylaeum*, ch. vii, num. 102 : « Verus Dagobertus San-Maximinianam chartam sic concludit : *Et ut istius cartulae confirmatio firma in aevum permaneat, describi eam praecepi, et nostro sigillo eam inde confirmavi*. Ita in singulari omnes primae stirpis Reges locuti inveniuntur usque ad Dagoberti magni nepotes, in iis quae quidem incorrupta sunt diplomatis. »(p. xxiv.)

2. *Ibid*., I, ch. vii, num. 102 : « Ubi Dagobertus aliique ultra Carolum Magnum scripsissent *anno regni nostri*, hic notarius loquitur more eorum qui post Carolum scripsere diplomata, et quidem addito nomine, *Domini*, ex usu aevi posterioris. » (p. xvii.)

3. *Ibid*. I, ch. ii, num. 29 : « Francis primae stirpis ignotae Indictiones fuere ; nec in secunda stirpe receptus earum usus prius fuit, quam Carolus Magnus, Romanus Imperator creatus, congruum duxit Romanorum Imperatorum catenus servatam consuetudinem sequi. Idem annos sui Imperii numeraturus, addere coepit *Christo propitio* : neque contentus finire apprecando feliciter, scripsit *in Dei nomine*, aut *in Christi nomine feliciter. Amen*. Quae si invenias in chartis, majorem vetustatem et nomina Regum primae stirpis ferentibus, scito cavendum esse ne eas pro genuinis sincerisque recipias. » (p. vii.)

4. *Ibid*., num. 30-33, p. vii-viii. A ce propos, Papenbroeck note avec raison que les chartes du cartulaire de Gorze sont interpolées, num. 31 : « Notabile porro est, quod omnia diplomata, Gorziensis istius Chartularii sic sint interpolata ut etiam in iis quae ante Carolum Magnum condita describuntur invenire possis annos Christi notatos, et Concurrentes atque Epactos ubique signatas, quasi per hoc salva essent omnia ad fidem obtinendam. » (p. viii.) Cf. A. d'Herbomez, *Cartulaire de*

toujours placées après la date[1]. Les rois expédient leurs diplômes sous leur *signaculum*, et la souscription de chancellerie se termine par un seing manuel accompagné de notes tironiennes[2]. Si Papenbroeck nous informe, quelque part, que la formule *Gerardus notarius ad vicem Dadonis cancellarii recognovit* ne fut jamais employée à l'époque mérovingienne[3], c'est qu'il lui préfère la souscription du diplôme de Saint-Maximin *Henricus cancellarius ad vicem Ricolfi archicapellani recognovi*, qui est aussi mauvaise[4].

Enfin le monogramme royal est toujours cruciforme à l'époque mérovingienne et jusqu'au règne de Charlemagne[5].

Quelques autres observations de caractère général, comme celle relative à l'énumération des biens[6], ou comme celle qui concerne les souscriptions des laïcs et des ecclésiastiques apposées au bas des diplômes[7], complétaient l'arsenal des règles qui devaient permettre à

---

l'abbaye de Gorze, dans *Mémoires et documents publiés par la Société nationale des Antiquaires de France, Mettensia*, t. II, p. 4; — et Paul Marichal, *Remarques chronologiques et topographiques sur le cartulaire de Gorze*, ibid., *Mettensia*, t. III, pp. 13 et 96.

1. *Propylaeum*, I, ch. III, num. 53 : « Unum est in quo Dagobertinum stylum tenuisse, casu potius quam consilio, videtur Horrensis impostor : quod notas temporis seu datae, quas omnes omnino Imperatores (uti apud Zyllesium licebit successive videre) post suam et recognoscentis subsignationem, pro infima totius diplomatis linea reservabant, praemiserit regiae subsignationi sigilloque, prout aliis fortasse minoribus Principibus Magistralibusve post X seculum in usu fuit. » (p. XIII).

2. *Ibid.*, I, ch. III, num. 53, p. XIII.

3. *Ibid.*, I, ch. VIII, num. 102 : « Denique *Gerardus notarius ad vicem Dadonis cancellarii recognovit*, quae formula nunquam fuit primae stirpi regiae usurpata. » (p. XXIV).

4. Papenbroeck s'est efforcé de montrer que Ricuife était bien contemporain de Dagobert Ier, mais il n'a pas mis en doute le titre d'archichapelain. (*Ibid.*, I, chap. II, num. 24, p. VI).

5. *Ibid.*, I, ch. IV, num. 54, p. XIII-XIV. — Plus loin (num. 63, p. XV), Papenbroeck fait quelques fines remarques sur la *manu propria* et les traits du monogramme.

6. *Ibid.*, I, ch. VI, num. 87-88, p. XXI.

7. *Ibid.*, I, ch. IX, num. 124 (à propos du diplôme original de Clovis II pour Saint-Denis) : « Primum autem suspectum valde faciunt nomina viginti quinque subscribentium Episcoporum, quorum vix quarta pars pro anno Chlodovaei istius XVI, qui esset Christi DCLIV, nota habetur. Subscribunt autem non expresso sedis suae titulo : quod merito suspectum est, et in hac et aliis similibus chartis, secus atque fecerunt in decretis Concilii Cabilonensis anno DCL celebrati ; cui plerique eorum qui Sandionysianae chartae subscripsisse finguntur, debuissent interfuisse ; nec enim tam cito potuerunt omnes esse novi. » (p. XXIX-XXX).

Papenbroeck de condamner une foule de documents[1], et d'accepter l'assertion de sir John Marsham qui considère les documents d'archives comme d'autant plus suspects qu'ils prétendent à une plus haute antiquité, et qui ne croit pas à l'usage ancien des actes écrits[2].

Tout n'était pas erreur dans la doctrine du Bollandiste, mais « la moisson d'ivraie », pour parler comme lui, est trop abondante dans son œuvre. Si les règles qu'il édicta lui permirent le plus souvent de condamner avec raison des documents manifestement faux, elles l'autorisaient aussi à rejeter du nombre des diplômes authentiques les plus vénérables de nos instruments d'archives, comme le diplôme original de Clovis II pour Saint-Denis et les diplômes de Clotaire III pour Corbie[3], dont le style et la forme étaient à son avis des raisons suffisantes de ne pas croire à leur sincérité[4].

La méthode générale indiquée pour l'examen d'un document d'archives est en soi judicieuse : le diplomatiste doit s'assurer que la pièce soumise à son jugement ne contient rien qui soit contraire aux faits historiques dûment constatés par ailleurs ; il doit étudier les formules, la langue, l'écriture, la matière subjective de l'écriture, les monogrammes, les sceaux ; en un mot, tous les caractères extérieurs de l'acte, à la lumière d'autres documents de même nature qui soient hors de soupçon. La méthode comparative ne peut donner des résultats heureux que si les pièces prises comme types sont indiscutables. Si Papenbroeck eût eu la bonne fortune de mettre la main sur un diplôme

---

1. Voir plus haut, p. 203, n. 9.
2. *Propylaeum*, I, ch. x, num. 125 : « Porro hactenus deducta considerans, et in toto Francorum regno nullam omnino chartam sinceram ac genuinam reperiens ante Regnum primi Dagoberti : paucissimas item sub illo atque post illum, usque ad secundae stirpis Reges scriptas haberi, quae vel autographae dici possent, vel ex autographo fideliter desumptae : vehementer laudo monitum Joannis Marshami, heterodoxi quidem circa religionem, sed a monachis reque monastica minime alieni, datum in propylaeo ad Monasticum Anglicanum : *Caute intuendae sunt istiusmodi chartae : quae fidem habent eo minorem quo majorem praeferunt antiquitatem. Rudis olim et iners gens nostra* (de Anglo-Saxonibus et de communiori usu loquitur) *absque scripto donationes conferre solebat. Ex Beda sane non constat, scripturam adhuc illius aetate in transferendis praediis aut concedendis privilegiis usurpatam fuisse.* Nihilo plus de eadem apud Francos usurpata constat nobis ex Gregorio Turonensi. » (p. xxx).
3. Les diplômes de Clotaire III ici cités ont été injustement attaqués par un érudit moderne contre lequel je les ai défendus. M. Krusch ne m'a point convaincu de leur fausseté dans son dernier article (*Neues Archiv.*, t. XXXIII, p. 337 et suiv.).
4. *Propylaeum*, I, ch. ix, num. 124.

original authentique de l'époque mérovingienne, sa contribution à la diplomatique eût été sans doute incomplète, mais elle eût été nécessairement le point de départ de toutes les recherches ultérieures dans cette voie [1]. Il eut le tort de se lier aux conclusions de Zyllesius et d'accepter sans enquête préalable l'opinion de ce dernier sur l'authenticité du précepte dagobertin de Saint-Maximin : et la raison qu'il donne provoque l'étonnement par son insuffisance [2]. Mais tout esprit scientifique demeurera plus étonné encore de voir légiférer en matière de diplomatique mérovingienne d'après un seul diplôme émané d'un roi de la première race, et appliquer les mêmes règles à des documents d'origines et de natures diverses.

Le *Propylaeum* ne peut en aucune façon être considéré comme un traité de diplomatique. La partie consacrée à la critique du diplôme d'Œren est un mémoire de tous points comparable à ceux qu'avaient suscités les *Bella diplomatica*, et la doctrine de l'auteur se dégage mal des applications qu'il en fait dans la suite : d'un bout à l'autre le particulier prime le général. Au point de vue doctrinal, tout était encore à faire : Papenbroeck pouvait dire avec raison et en toute sincérité qu'il n'avait d'autre satisfaction d'avoir écrit sur cette matière que celle d'avoir donné occasion à Mabillon de composer son *De re diplomatica* [3].

Mabillon nous dit, en effet, qu'il écrivit son traité sur la diplomatique surtout pour réfuter la doctrine de Papenbroeck, et venger les diplômes san-dionysiens que le Bollandiste avait incriminés selon le jugement de Jean de Launoy [4]. Et l'on ne sait, en vérité, ce qu'il faut

---

1. Mabillon dit de son côté : « Vidisset illa (diplomata Sancti Dionysii) vir doctus : non dubium quin sententiam mutasset, quam de re non visa ferre non debuerat adeo confidenter. » *De re diplomatica*, p. 223.
2. *Propylaeum*, I, ch. II, num. 22 : « Habet Imperiale istud coenobium (S. Maximini), suum adhuc archivium optime conservatum ; in eoque originalia, et quae in suspicionem suppositionis interpolationisve vocari ne queant diplomata tot antiqua, quot forte alibi extant nusquam. » (p. v).
3. Papenbroeck écrivait, d'Anvers le 20 juillet 1683, une lettre à Mabillon, où nous lisons : « ... postquam tamen utcumque evolvi Opus vestrum de re Diplomatica, non possum tamen celare fructum, quem inde retuli. Fructus autem hic est, quod mihi in mea de eodem argumento octo foliorum lucubratiuncula, nihil jam amplius placeat, nisi hoc unum, quod tam praeclaro Operi et omnibus numeris absoluto, occasionem dederit. » (Mabillon, *Supplementum*, praef., p. v.)
4. Mabillon, *Supplementum*, praefatio : « His accessit publicus in editum Opus favor, qualem nec sperare poteram ; immo, quod magis mirere, ingenua gratulatio

le plus admirer, ou de l'érudition dont il fit preuve ou de l'activité qu'il déploya pour composer le livre qui demeure son œuvre capitale. Nous dirons volontiers avec Papenbroeck : « Ceterum non possum satis mirari, quomodo res tanta a vobis potuerit tam brevi tempore confici, quantulum ab edito Aprili nostro ad annum millesimum sexcentesimum octogesimum primum fluxit[1]. » Six ans à peine avaient suffi à Mabillon pour recueillir les pièces, composer et publier les six livres que nous devons maintenant analyser.

III. Analyse du *De re diplomatica*.

L'auteur de l'*Histoire des contestations sur la Diplomatique* expose ainsi le plan de l'ouvrage qui « est partagé en six livres. Dans le premier il (Mabillon) fait voir que l'usage des diplômes est très ancien : et il nous apprend à ce sujet sur quoy on les a écrits en divers temps et quelle sorte d'écriture on y a employé. Il montre dans le second quel en était le stile et la manière d'y souscrire, d'y apposer le sceau, d'y marquer la datte. Dans le troisième, après avoir résolu diverses difficultez du P. Papebroch, de Conringius et de quelques autres, il examine de quelle autorité sont les anciennes Notices et les Cartulaires. Il donne dans son quatrième livre une liste des anciens Palais de nos Rois, où les chartes ont été faites. Le cinquième contient un grand nombre de très belles planches, où le P. Mabillon a fait graver de l'écriture de tous les siècles, quelques lignes des diplômes de presque tous les Rois et certains Diplômes entiers, etc. Le sixième livre enfin est un recueil de plus de deux cents pièces que le P. Mabillon croit incontestables et dont il a tiré les règles et les principes qu'il établit dans tout son ouvrage. Les trois ou quatre premiers livres contiennent ces règles et ces principes et les deux derniers en renferment les preuves[2]. »

---

illius ipsius, quem hoc in Opere prae ceteris refellere institueram. Nemo nescit hunc esse R. P. Danielem Papebrochium, eruditissimum Soc. Jesu presbyterum, cujus regulas, quas ad vera diplomata a falsis secernenda in Propylaeo ad secundum tomum Aprilis proposuerat, in libris de re Diplomatica excutiendas et refellendas susceperam, nulla ejus impugnandi prurigine, sed in primis vindicandi archivi Dionysiani causa, cujus *aestimationem*, ut ejus verbis utar, *laesisse videbatur, secutus Launoii judicium.* » (p. III.)

1. *Supplementum*, praef., p. v.
2. *Histoire des contestations sur la Diplomatique avec l'Analyse de cet ouvrage composé*

Nous pourrions nous contenter de cette analyse sommaire, si nous ne nous proposions pas de donner à nos lecteurs une idée de la doctrine du premier et du plus grand des diplomatistes.

Livre premier. Mabillon indique en commençant l'utilité de l'œuvre qu'il entreprend, qui est de fournir les règles qui permettent de distinguer les instruments légitimes des faux, les documents sûrs et authentiques des incertains et des suspects[1]. Mais dans la recherche de ces règles, le diplomatiste doit apporter la plus grande modération, un esprit d'équité[2] et de la bonne foi[3], car sont condamnables à l'égal les uns des autres ceux qui rejettent en bloc les diplômes parce qu'il y en a de faux, et ceux qui les acceptent en bloc sans distinctions : il y a un juste milieu à tenir[4].

Dès le chapitre II, Mabillon est entré en plein dans son sujet. Il établit une classification des chartes en *chartes ecclésiastiques* : des souverains pontifes, des évêques et des églises (précaires et prestaires) ; en *chartes royales* : praecepta, indiculi, placita, tractoriae, descriptiones, panchartae ; et en *chartes privées* : pariclae, ambaginales, breves investiturae, notitiae[5]. Mais anciennement on donnait parfois d'autres noms à quelques-unes de ces sortes de chartes : *instrumentum, testamentum, litterae, epistola, chirographum, syngrapha* et *chartae indentatae*, tous termes que Mabillon définit avec la plus grande précision[6].

---

par le R. P. D. J. Mabillon (Paris, 1708, in-12), p. 39 ; cité par Prou, *Leçon d'ouverture*, p. 18. Cet ouvrage réimprimé à Naples (1767, in-8), est anonyme ; on l'a attribué à l'abbé Raguet, et, avec plus de vraisemblance, au jésuite Lallement.

1. *De re diplomatica*, I, ch. i, num. 1 : « magnamque a re publica gratiam inierit, quisquis certas et accuratas tradiderit conditiones ac regulas, quibus instrumenta legitima a spuriis, certas et genuina ab incertis ac suspectis secernantur. » (p. 1.)

2. *Ibid.* : « summa moderatio », « aequitas » (p. 1).

3. *Ibid.*, ch. ii, num. 9. « Id enim exigit aequitas et bona fides » (p. 8). Cf. Livre iii, ch. vi, num. 2. « Magna prudentia, eruditione ac moderatione summa opus esse, ut vetera instrumenta legitime examinentur : nec cuivis illotis manibus id tentandum » (p. 241).

4. *Ibid.*, I, ch. i, num. 4, p. 3.

5. *Ibid*, I, ch. ii, num. 1-5.

6. *Ibid.*, num. 6-7. Voir en particulier ce qu'il dit du *testamentum* (p. 5) ; la lecture de Mabillon mettrait en garde certains critiques contre des erreurs grossières et dispenserait par le fait même des savants mieux informés de répéter ce qu'avait dit excellemment l'auteur du *De re diplomatica*. Cf. A. Poncelet, *Le testament de S. Willibrord*, dans *Analecta Bollandiana*, t. XXV (1906), p. 170.

Tous ces actes étaient conservés dans des archives. On prit d'assez bonne heure l'initiative de composer deux sortes de livres pour n'avoir pas à recourir toujours aux originaux mêmes : les cartulaires, et les *libri censuales* ou polyptyques, qu'il ne faut pas se hâter de condamner pour des fautes légères[1] ; « mais, ajoute Mabillon, si l'on trouve en eux des erreurs historiques, des formules contraires à l'usage de l'époque, titres, dignités, et autres vocables inusités, la critique est légitime[2]. »

C'est seulement dans les chapitres suivants qu'il aborde la question de la haute antiquité des diplômes et des chartes conférés aux églises et aux monastères, et qu'il répond à Papenbroeck sur ce point. Le chapitre III est consacré à prouver l'antiquité des chartes ecclésiastiques, en s'attachant surtout à montrer que les monastères d'hommes et les couvents de femmes reçurent de très bonne heure des chartes épiscopales d'émancipation, des privilèges pontificaux d'exemption[3], ce qui procure à Mabillon l'occasion de combattre le jugement du Bollandiste sur le privilège du pape Adéodat en faveur de Saint-Martin de Tours. Dans le chapitre IV, il montre par des textes et des exemples que l'usage des diplômes royaux est ancien, tant en Gaule qu'en Angleterre, en Espagne et en Italie[4], que l'on a eu tort d'objecter sur ce point le silence de Grégoire de Tours dont il invoque divers témoignages[5]. Enfin, dans le chapitre V, il fait la même démonstration pour les chartes privées[6] ; il peut alors traiter la question des donations *sine scripto* et établir que ces donations *nudo verbo*, dont Marsham et Papenbroeck s'emparaient pour contester l'ancienneté des actes écrits, étaient restées en usage jusqu'au XIIIe siècle au moins[7].

Mais Mabillon se garde bien de conclure de l'ancienneté de l'usage à l'authenticité des actes anciens ; il sait que de nombreux documents se sont perdus ; il recherche les causes qui ont provoqué leur disparition et les moyens qu'on prit pour renouveler les documents, soit

---

1. *De re diplomatica*, I, ch. II, § 9. Mabillon déclare qu'il connaît d'excellents cartulaires, ceux de Saint-Clément de Peschiera et de Saint-Julien de Brioude par exemple.
2. *Ibid.*, p. 8.
3. *Ibid.*, ch. III, num. 3-8.
4. *Ibid.*, ch. IV, num. 1-6.
5. *Ibid.*, num. 3.
6. *Ibid.*, ch. V, num. 1-5.
7. *Ibid.*, num. 3.

qu'on demandât aux rois, aux magistrats, aux papes, aux évêques, aux officialités ou aux notaires publics, des confirmations ou des *vidimus* ou qu'on fît dresser des pancartes[1]. En passant, il signale les copies figurées contemporaines des originaux[2]. Assurément toutes ces copies peuvent être corrompues, par suite de la négligence ou de l'ignorance des copistes ou du désir qu'eurent les détenteurs de faciliter les recherches en ajoutant, par exemple, des indications chronologiques nouvelles[3].

Mabillon arrive maintenant aux éléments constitutifs des chartes qui servent de base à la critique des documents.

Après avoir énuméré les nombreuses matières subjectives de l'écriture, il n'en retient que cinq pour les examiner à loisir : le parchemin, l'écorce d'arbre et de papyrus dont il prouve l'usage tardif contre Papenbroeck[4], le plomb et les papiers de chiffre et de coton[5]. Puis il étudie les encres, la noire, la rouge, l'encre d'or et l'encre d'argent, plus spécialement dans leurs rapports avec la diplomatique en signalant l'emploi de l'encre rouge dans les souscriptions des diplômes des empereurs romains et byzantins et dans celles de quelques diplômes carolingiens[6].

Au chapitre XI, il passe en revue les divers genres d'écritures, dont, dit-il toujours soucieux de rendre justice à ses devanciers, le notaire de la Chambre de Charles IX, Pierre Hamon, a donné des spécimens tirés de documents encore inédits[7]. Quatre sortes d'écritures anciennes

1. *De re diplomatica*, I, ch. vii, num. 1-8.
2. *Ibid.*, num. 5. Parmi les exemples qu'il cite, je relève le testament de l'abbé de Saint-Denis, Fulrad, pour confirmer l'assertion de Mabillon qu'il est pas facile de distinguer ces copies des originaux, puisque Mabillon lui-même s'est ici trompé en prenant pour des copies de l'original deux originaux postérieurs au premier testament. Voir M. Tangl, *Das Testament Fulrads von Saint-Denis*, dans *Neues Archiv*, t. XXXII, p. 169 et suiv., avec fac-similés.
3. *De re diplomatica*, I, ch. vii, num. 9.
4. *Ibid.*, ch. viii, num. 4-14.
5. *Ibid.*, num. 1-16, et ch. ix.
6. *Ibid.*, ch. x, num. 1-7, et spécialement, num. 4, 5 et 7 (pp. 42-44).
7. *Ibid.*, ch. xi, num. 1 : « Hoc consilium susceperat regnante in Gallia Carolo IX Petrus Hamon, regii cubiculi Notarius, qui ex variis bibliothecis et archiviis varia scripturarum specimina peritissime expressit, et pauca Latinorum alphabeta et specimina depinxit, quae nec in publicos usus veniunt. » (p. 45.) Cf. *praefatio*, *in fine*; p. 344-345, tab. I ; p. 456-457, tab. LVI. — Voir H. Omont, *Le recueil d'anciennes écritures de Pierre Hamon*, dans *Bibl. de l'École des Chartes*, t. LXII (1901), p. 57 et suiv.

ont été usitées dans notre pays, la *Romana vetus*, la *Gothica*, la *Lombardica* et la *Saxonica*. Retenons seulement ici ce qu'il dit de l'écriture des chartes. A côté des deux espèces d'écriture romaine usuelle : capitale et semigothique (ou onciale), apparaît une écriture, très différente par la dimension et la forme des lettres, dans les chartes de Ravenne[1] ; l'usage de cette écriture-ci passa en Gaule aux Ve et VIe siècles et elle y devient la *Francogallica* ou *Merovingica*, tellement enchevêtrée de ligatures qu'aux Xe et XIe siècles on avait peine à la lire[2]. Aussi sous Charlemagne, l'écriture subit une réforme et l'on distingue la *caroline*, qui est l'écriture des chartes, de la *minuscule*, qui est l'écriture des livres[3]. Pendant que se produisait dans notre pays cette révolution calligraphique, les autres écritures : runique et lombarde, continuaient à être en usage chez les Danois et en Italie. La lombarde, en particulier, fut conservée en Italie jusqu'au XIIe siècle, et spécialement dans la chancellerie pontificale bien qu'elle ne fût plus lisible pour la plupart des fidèles[4].

Une description méticuleuse d'un diplôme mérovingien, au point de vue de l'écriture[5], et des remarques sur la caroline employée à partir de Charlemagne jusqu'à l'époque de saint Louis[6], sur la lombarde des bulles pontificales[7] et sur les notes tironiennes[8] complètent une démonstration qu'il eût été difficile alors de faire plus complète et plus probante.

Livre II. Des caractères extérieurs des chartes, nous en venons aux

---

1. *De re diplomatica*, I, ch. xi, num. 5.
2. *Ibid.*, num. 3, 5 et 9.
3. *Ibid.*, num. 3, 10 et 11.
4. *Ibid.*, num. 8 : « Quae (Langobardica) non ita legibilis est aut purgata, adeo ut Gregorii VII. diploma, Langobardicis litteris scriptum, pro coenobio sancti Michaelis in Piceno, Vincentius Borghinius latinis characteribus legibile reddiderit Camaldulensibus, referente Augustino monacho in historia Camaldulensi. » (p. 49.) — Cf. A. Giry, *Manuel de diplomatique*, pp. 515, 669 (n. 1 et 2), et 680.
5. *Ibid.*, I, ch. xi, num. 12, p. 50-51.

caractères proprement diplomatiques, le style, les souscriptions, les sceaux et les notes chronologiques.

Il y a des gens que la barbarie du style choque et qui la corrigent à tort ; Mabillon leur adresse cette jolie réponse : « Plus enim delectat nativa illa rerum varietas quam affectata in loco peregrino elegantia. Et quidem omnibus sanum sapientibus vetera instrumenta cum suis naevis amplius praeferre videntur, non solum fidei et auctoritatis, sed etiam reconditi sensus [1]. » Après avoir recherché les causes de cette barbarie, il observe non seulement qu'il ne faut pas suspecter les anciens instruments à cause des solécismes et des barbarismes, mais que ces vices de la langue sont des preuves d'ancienneté, si la fausseté du document n'est point établie par ailleurs [2]. Il y a même là un élément de critique important, car la corruption de la latinité a varié avec les temps comme avec les personnes [3].

Les fautes contre l'orthographe usuelle sont quelquefois de simples erreurs matérielles faciles à découvrir [4]. Les notaires les ont parfois corrigées, soit par un grattage, soit par l'addition interlinéaire d'une lettre, d'une syllabe ou même d'un mot, soit aussi par l'exponctuation d'une lettre quand elle est redoublée. Les faussaires, — et c'est là encore une remarque importante —, ont eu recours quelquefois au grattage ; mais leurs audacieuses interpolations ne sauraient nuire à la valeur et à l'autorité de l'original [5]. Gardons-nous aussi de croire que tout grattage ou toute addition est signe d'interpolation : il en est de parfaitement légitimes [6].

Le latin s'est maintenu dans les actes les plus solennels jusqu'à

1. *De re diplomatica*, II, ch. 1, num. 1, p. 54.
2. *Ibid.*, II, ch. 1, num. 5 : « Non ergo propter barbarismos aut solœcismos suspecta debent esse prisca instrumenta ; immo vitia haec ex ipsis antiquitatis fontibus procedere censenda sunt, nisi aliunde comperta sit falsitas. » (p. 56.)
3. *Ibid.* : « Verum corruptio latinitatis attendi potest ex diversa temporum ac personarum ratione. Quae enim saeculo VII. in usu erat latinitas, hanc veluti barbaram respuissent saeculi XI. homines, utpote a saeculi sui genio et elocutione penitus alienam. Alius quippe atque alius in diversis saeculis obtinet sermonis usus. » (p. 56.)
4. *Ibid.*, num. 7-9.
5. *Ibid.*, num. 10. Mabillon cite des exemples du fait dans plusieurs diplômes de l'empereur Lothaire pour Saint-Denis, dans un diplôme de Philippe Ier pour Saint-Pierre de Melun. J'ajouterai que d'autres diplômes de Saint-Denis ont subi la même injure dans une intention qui n'est que trop évidente.
6. *Ibid.*, II, ch. 1, num. 12, p. 59.

Louis XII et François Ier. Mabillon ne connaît pas de chartes en français antérieures à 1122, et, encore, avant saint Louis l'emploi de cette langue est-il rare et réservé aux choses de peu d'imortance [1].

La comparaison des chartes les plus variées permet de ramener l'étude du style diplomatique à cinq chefs principaux : l'invocation, l'inscription (nous disons aujourd'hui la suscription), la teneur (emploi du pluriel pour le singulier, titres honorifiques et manière flatteuse de se désigner soi-même, vocabulaire spécial), l'énumération des biens et les divers modes d'imprécations. Mabillon examine ces cinq points dans les chartes ecclésiastiques, royales ou impériales, et privées, car, dit-il, c'est en ces matières que nous pouvons établir des règles pour discerner les diplômes authentiques des faux [2].

Les lettres apostoliques sont dépourvues d'invocation, elles commencent par l'inscription qui comprend le nom et les titres du souverain pontife, le nom et les titres du destinataire [3]. Avant le IXe siècle, les papes mettent leur nom quelquefois avant, quelquefois après celui du destinataire, mais l'usage prévalut qu'ils le missent avant [4]. La plupart des papes prirent un titre qui n'eut pas d'abord de fixité; quelques-uns s'abstinrent de titre, comme Zacharie. La formule *servus servorum Dei* dont Grégoire le Grand se servit le premier devint de règle plus tard [5]; mais les souverains pontifes n'en usèrent toujours que dans les bulles, tandis que dans leurs brefs ils employèrent le mot *Papa* [6].

Il est intéressant et important de savoir quels titres les papes donnaient aux rois francs ; ils les qualifiaient de *excellentissimi, praecel-*

---

1. *De re diplomatica*, II, ch. 1, num. 13, p. 60. Cf. A. Giry, *Man. de diplomatique*, p. 467 et suiv., spécialement p. 469 et p. 471. En réalité, on ne connaît pas de chartes en français antérieures aux premières années du XIIIe siècle.
2. *De re diplomatica*, II, ch. 2, num. 1 : « Haec fere sunt capita, de quibus certi aliquid statuere possumus ad discrimen verorum diplomatum a falsis. » (p. 61.)
3. *Ibid.*, num. 2.
4. *Ibid.*, num. 3.
5. *Ibid.*, num. 4 et 5.
6. *Ibid.*, num. 6 : « Modo in bullis Romanus Pontifex hunc titulum *servus servorum Dei* semper, in Brevibus *Papae* nomen adhibet » (p. 62). Mabillon observe en passant que cette titulature *servus servorum Dei* n'est pas propre au pape, que des évêques, des rois, des princes, même de simples moines s'en sont servis.

lentissimi, christianissimi, gloriosi, gloriosissimi, filii. Mais c'est seulement en 1469 que le Pape Paul II réserva pour Louis XI et ses successeurs le vocable de *Christianissimi*[1].

L'inscription est suivie, à partir du commencement du XI° siècle, de la salutation : *in perpetuum* dans les bulles et lettres solennelles, *salutem et apostolicam benedictionem* dans les brefs ou rescrits[2].

Mabillon opère le même travail sur les chartes épiscopales, lettres synodales et lettres privées ; nous ne le suivrons pas dans cette voie (car il faut nous limiter), mais nous devons dire, pour montrer avec quel soin il travaillait, que l'éminent Bénédictin avait signalé deux chartes san-dionysiennes (sans en donner, il est vrai, la date) où des métropolitains prennent le titre d'*archiepiscopus*[3] : ce sont les plus anciens exemples du fait, que je connaisse, et ils ont échappé aux auteurs du *Nouveau Traité de diplomatique* et à Arthur Giry[4].

L'étude du protocole des diplômes royaux fournit à Mabillon l'occasion de réfuter la doctrine de Papenbroeck sur ce point. « Je n'ai pas trouvé, dit-il, sous toute la première race, un seul diplôme authentique qui commence par cette invocation (*In nomine Patris*, etc.) ; mais tous ceux que j'ai vus commencent ainsi : *Chlodoveus Rex Francorum, vir inluster*, ou de façon analogue »[5]. Dans leurs lettres, les rois mérovingiens se disent ou simplement *Reges*, ou *Reges Francorum* et suppriment le titre d'*illustris*[6].

La question du *vir inluster*, qui, de nos jours, a divisé les diplomatistes en deux camps[7], avait retenu l'attention de Mabillon ; et ce

---

1. *De re diplomatica*, II, ch. 2, num. 7, p. 62 ; même doctrine, avec légère variante, ch. 3, num. 5, p. 70-71. — Cf. A. Giry, *Man. de diplomatique*, p. 323. M. Noël Valois a consacré dans *la France chrétienne*, publiée à l'occasion du 14° centenaire du baptême de Clovis, un mémoire à cette question.
2. *De re diplomatica*, II, ch. 2, num. 20, p. 68. — Voir le num. 19 où Mabillon reproduit les observations du R. P. Jean Garnier sur le *Liber Diurnus* que celui-ci venait d'éditer.
3. *Ibid.*, II, ch. 2, num. 13, p. 65.
4. A. Giry, *Man. de diplomatique*, p. 336, n. 1. Cf. A. Coville, *L'évêque Annemundus et son testament* (Extr. de la *Revue d'histoire de Lyon*, 1902), p. 25 et suiv. — Le premier de ces actes est de 829, le second de 832 : ils sont conservés en originaux aux Archives Nationales.
5. *De re diplomatica*, II, ch. 3, num. 2, p. 69.
6. *Ibid.*, num. 3, p. 69. Sur l'origine de ce titre, voir num. 4.
7. D'un côté, J. Havet, Giry, Molinier et en général les diplomatistes français ; de

qu'il en dit mérite d'être ici rapporté : « In summa, quando Reges Merovingici (quod etiam de Pippino et Carolo M. dicendum) diplomata sua Optimatibus vel Episcopis inscribebant, titulum *viri illustris* saepe omittebant. Ita Dagobertus in specimine nostro. *Dagoberchtus Rex Francorum viris inlustribus*, etc., quae formula etiam ab ejus posteris usurpatur aliquando, maxime in Placitis. Ut hic, *Theudericus Rex Francorum viris inlustribus Audobertho*, etc. item *Chilpericus Rex Francorum viris inlustribus* etc. Theodoricus Calensis in diplomate pro Murbacensi monasterio : *Theodericus viris apostolicis Patribus*, etc. Sed tamen aliquando, etiam cum Episcopis vel Optimatibus diplomata sua dirigebant, solitum inlustris viri titulum retinuerunt [1]. »

Mabillon n'omet pas alors de relever l'erreur où est tombé Papenbroeck en acceptant pour authentique le diplôme dagobertin de Saint-Maximin qui débute ainsi : *In nomine Patris et Filii et Spiritus Sancti. Omnium Christianorum noverit industria, qualiter ego Dagobertus Rex potentissimus*, etc. [2]

Les formules initiales des diplômes de Pépin le Bref soulèvent la question du *gratia Dei* et Mabillon proclame bons les diplômes qui conservent l'ancienne formule *Pippinus rex Francorum, vir inluster*, et bons aussi ceux qui ajoutent *gratia Dei* [3]. En tous cas cette addition est devenue d'un usage presque constant dans les diplômes de Charlemagne dont le protocole a varié deux fois : la formule primitive s'est modifiée après le couronnement de Charles comme roi d'Italie, et une formule nouvelle fut adoptée quand Charlemagne devint empereur. L'invocation fait son apparition dès 801 et, quand elle manque dans quel-

---

l'autre, Bresslau, Pirenne, Fustel de Coulanges, et en général les diplomatistes allemands.

1. *De re diplomatica*, II, ch. 3, num. 3, p. 69.
2. *Ibid.*, num. 5, p. 71.
3. *Ibid.*, num. 6 : « Haec vero additio, *gratia Dei*, quin genuina sit, dubitari non potest, quandoquidem eam in sincera Pippini epistola, quae inter Bonifacianas est ordine XCVI. legimus in hunc modum : *Pippinus gratia Dei Rex Francorum, vir illustris, domino sancto patri Lullo*, etc. Haec tamen additiuncula perpetua non fuit... Quidquid sit, certa sunt... quae veterem servant inscriptionem, *Pippinus Rex Francorum, vir inluster*; certa item quae adsunt, *gratia Dei*. » (p. 71.) — Voir, sur ce point, Th. Sickel, *Beiträge zur Diplomatik*, III, p. 182 et suiv.; *Acta regum et imperatorum Karolinorum*, t. I, p. 241 et suiv. — A. Giry, *Man. de Diplomatique*, p. 716. — Les éditeurs des *Monumenta Germaniae historica* n'admettent, comme Sickel, que l'ancienne formule (*Diplomata Karolina*, t. I, p. 3).

ques diplômes postérieurs, « nesciam scribarum oscitantia », dit Mabillon[1]. Mais il est une autre marque des changements qu'amena l'avènement de Charlemagne à l'empire : avant cet événement, dans la suscription comme dans la souscription, le nom de Charles est orthographié par un C tandis que le monogramme porte un K ; après l'an 800, le K l'emporte partout. « Parva sunt haec ; sed in magno Principe nichil negligendum[2] » ; en diplomatique, non plus, et c'est en effet un élément de critique qui a sa valeur.

Nous en avons dit assez sur ce sujet pour indiquer quels renseignements précieux le lecteur trouvera dans la suite de ce chapitre III du livre II et dans les chapitres suivants, où Mabillon, continuant son examen du protocole initial, fait passer sous nos yeux les diplômes des rois de France jusqu'à saint Louis, des reines[3], des empereurs, des souverains des États démembrés de l'empire carolingien, des rois d'Italie, de Sicile, d'Angleterre et d'Espagne[4], enfin les chartes privées[5] : on assiste en quelque sorte aux multiples variations de l'invocation, aux modifications de l'inscription qui portent sur les diverses manières d'exprimer l'origine divine du pouvoir souverain (gratia Dei, Dei gratia, divina ordinante providentia, etc.), sur les divers modes de la titulature (rex Francorum, Rex, Francorum Rex), sur les additions qu'a pu comporter cette titulature (par exemple, celle du *Dux Aquitanorum* dans les diplômes de Louis VII avant 1152[6]), sur l'apparition sous Robert le Pieux du pronom *Ego* devant le nom du roi[7], etc.

A la différence de Papenbroeck qui pensait que les plus anciens rois mérovingiens jusqu'aux petits-fils de Dagobert exclusivement avaient toujours rédigé leurs diplômes à la première personne du singulier, Mabillon estime avec raison que l'emploi du singulier[8] est une preuve

1. *De re diplomatica*, num. 7, p. 72.
2. *Ibid.*, II, ch. III, num. 12, p. 74-75. Il observe aussi en cet endroit que le mot *Langobardorum* est toujours écrit avec un *a* comme seconde lettre dans les originaux, et non avec un *o* comme dans la plupart des copies. La remarque est juste et constitue encore un élément de critique.
3. *Ibid.*, num. 29.
4. *Ibid.*, II, ch. IV.
5. *Ibid.*, II, ch. V.
6. *Ibid.*, II, ch. III, num. 25, p. 79.
7. *Ibid.*, II, ch. III, num. 21-22, p. 78.
8. *Ibid.*, II, ch. VI, num. 1 et 2, p. 87-88. — Mabillon fait ici une exception pour le diplôme de Clovis Ier en faveur de Saint-Mesmin de Micy dont il avait

de fausseté. Il admet cependant que les rois, mérovingiens et carolingiens dans des actes autres que les diplômes, ont pu souscrire à la première personne du singulier, ou exceptionnellement même dans les diplômes mêler le singulier et le pluriel[1], comme cela se produit dans les chartes privées[2].

Les rois de la première et de la seconde races se servaient des mots *Celsitudo, serenitas* et d'autres semblables lorsqu'ils parlaient d'eux-mêmes; les autres les appelaient *Excellentia, Magnitudo, Gloria* ou d'autres noms semblables. On appelle la femme et les filles du roi *Reginae*, ses fils *Reges*. *Domini* s'entend de tous les membres de la famille, et *Domnicellus* chez Marculf désigne le fils nouvellement né; les maris appellent leurs femmes *Dominae*. Les rois adressaient leurs lettres et leurs préceptes aux grands et honoraient les destinataires pris collectivement des vocables *Magnitudo, Sollertia, Prudentia, Sollicitudo, Industria* et *Utilitas*[3]. Quant au titre de *Majestas*, il est appliqué aux papes, aux archevêques, aux rois et princes, mais il est rare avant le XIe siècle[4].

Aux premiers siècles de l'Eglise, on ne trouve pas de vocable attribué au pape qui ne soit concédé aux autres évêques : *Sanctitas, Beatitudo, Corona, Apostolica corona* sont communs à tous les évêques. *Sanctissimus, Excellentia, Nobilissimus, Celsitudo* sont des termes qui s'appliquent aux laïques comme aux ecclésiastiques. On trouve encore, pour désigner les prélats : *Eminentia, Papa, Pater, Abbas, Domnus*[5].

Quelques rois de France sont dits : *Sanctus pater, Theosophus*[6], *venerabilis* ou *venerandi*[7]. Les rois carolingiens sont aussi qualifiés

---

dit ailleurs que tous ceux qui voudront l'examiner de bonne foi le reconnaîtront sincère de tous points (*Ibid.*, I, ch. IV, num. 1, p. 16) : ce diplôme est, en effet, souscrit : *Ita fiat ut ego Chlodoveus volui*. Mais on sait aujourd'hui que ce diplôme est faux. Voir J. Havet, *Les découvertes de Jérôme Vignier*, dans *Bibl. de l'Ec. des Chartes*, XLVI (1885), p. 205-271, et dans *Œuvres de J. Havet*, t. I, p. 19-81, spécialement p. 37-46.

1. Exemples carolingiens, *De re diplomatica*, II, ch. VI, num. 2, p. 88.
2. *Ibid.*, num. 3.
3. *Ibid.*, num. 5.
4. *Ibid.*, num. 6.
5. *Ibid.*, II, ch. VI, num. 7.
6. Ces deux appellations sont données à Robert II le Pieux.
7. Philippe Ier, Louis VI sont ainsi qualifiés.

seniores dans le sens de *domini*, comme les abbés et les maris[1].

Ce mot de *seniores* conduit Mabillon à étudier les mots que l'on rencontre dans les chartes avec un sens particulier, car on a dit *seniores ecclesiae* pour désigner les cathédrales, et *seniores basilicae* pour désigner les basiliques monastiques. *Ecclesia* et *basilica* se rencontrent fréquemment dans les chartes anciennes ; *templum* est plus rare, surtout sous la première et la seconde race et même au début de la troisième[2]. Puis Mabillon signale *divus* dans l'expression *divæ memoriæ* appliquée à une personne défunte, *domnus, pagus, castrum, mansus* et *mansio, miles, coepiscopi, consul, casa, monasterium* et *cœnobium*. Il observe que l'expression *fundare ecclesiam* (ou *monasterium*) s'entend d'une fondation véritable ou d'un accroissement de la fondation primitive[3].

Il en vient à parler des surnoms dont l'usage commence à devenir fréquent à la fin du X⁰ siècle et surtout au commencement du XI⁰, et qui tirent leur origine de sources diverses : de la filiation (Fitzjean, Fitzgerald, Fitzpierre, Fitzhaimon), des lieux, villes ou régions (Herbertus Britto, Rainbaldus de Calniaco, Thomas de Marla), etc. Rarement à l'époque ancienne, les évêques, clercs, moines et femmes reçoivent des surnoms[4].

Les noms de famille ne sont le plus souvent que ces surnoms transmis aux descendants ; cette transmission ne devint très fréquente qu'au XIII⁰ siècle[5].

Il est à noter aussi que les noms ne sont pas écrits d'une manière uniforme, et, entre autres exemples, *Carolus* est écrit avec un C ou avec un *K* ; *Joannes* se lit déjà sans *h* dans les chartes du IX⁰ siècle[6].

Les noms des villes et lieux sont en général sans flexion : *Parisius, Aurelianis, Remis, Turonis, Andegavis*, etc. On trouve cependant quelquefois au IX⁰ siècle *Parisii episcopus*, même dans les originaux[7].

---

1. *De re diplomatica*, II, ch. vi, num. 8.
2. *Ibid.*, II, ch. vii, num. 1, p. 91.
3. *Ibid.*, num. 1, p. 91-92.
4. *Ibid.*, num. 2, 3, 4 et 5.
5. *Ibid.*, num. 6.
6. *Ibid.*, num. 8.
7. *Ibid.*, II, ch. vi, num. 9. A cette occasion, Mabillon rappelle que *Parisius* est pris dans les anciens auteurs pour désigner non seulement la ville, mais aussi le Parisis, selon la démonstration faite par Adrien Valois.

Mabillon arrive enfin à l'énumération des biens. Papenbroeck avait condamné un diplôme faux de Dagobert pour deux raisons, à savoir que beaucoup de mots étaient étrangers à l'époque de ce roi et que une énumération si minutieuse de toutes les dépendances des biens était tout à fait insolite à une époque aussi reculée. Son contradicteur se défend de prendre en main la cause du diplôme incriminé, mais il ne craint pas d'affirmer qu'une telle énumération de dépendances ne répugne pas au temps de Dagobert ; et il le prouve par des exemples empruntés soit aux formulaires, soit aux chartes [1].

Enfin le chapitre VIII du livre II traite des imprécations, ou plus exactement des clauses comminatoires, puisque immédiatement après avoir indiqué la fréquence des anathèmes tant dans les diplômes que dans les décrétales, Mabillon distingue les quatre genres de peines qui se rencontrent dans les chartes : l'amende ou la peine corporelle, l'excommunication, la menace du jugement dernier, du sort de Judas, de Dathan et Abiron, et d'autres, la menace de la mort.

Le châtiment pécuniaire ou corporel est tantôt seul, tantôt joint à des peines spirituelles. Chez les rois de France avant les Capétiens il y a très peu d'exemples de cette peine. Mabillon en cite un qui mérite d'être retenu ; il est emprunté à l'*Historia Francorum* de Grégoire de Tours (liv. 6, chap. 46) : « *Unus inter omnes Chilpericus si quos culpabiles reperisset, oculos ei jubebat erui; et in praeceptionibus, quas ad judices pro suis utilitatibus dirigebat, haec addebat : Si quis praecepta nostra contemserit, oculorum evulsione multetur*[2] ».

---

1. *De re diplomatica*, num. 11.
2. *Ibid.*, ch. VIII, num. 3, p. 97. — Cf. Giry, *Manuel de diplomatique* : « On les fait — les clauses pénales — il est vrai, remonter communément beaucoup plus haut ; mais les diplômes mérovingiens ou carolingiens qui contiennent des garanties de cette nature ne nous sont connus que par des copies postérieures, et je les tiens pour suspects tout au moins d'interpolations. » (p. 567.) Et plus loin : « On rencontre les plus anciennes (clauses pénales) dans les diplômes du roi Eudes. » (p. 717.) Le texte de Grégoire de Tours a, on le voit, un grand intérêt. Mais Mabillon, à qui incomberait avant tout autre l'erreur signalée par Giry, n'a cité que des exemples qu'on pouvait récuser ; cependant un diplôme original de Lothaire Ier conservé aux Archives Nationales me paraît sur ce point achever de donner raison à Mabillon.

Le châtiment pécuniaire se rencontre dès l'époque mérovingienne assez fréquemment dans les chartes privées ; les imprécations, dans les chartes ecclésiastiques[1].

Les clauses pénales sont d'origine romaine ; on en a des exemples dans des documents grecs ; les conciles et les lois, spécialement la loi des Alamans et le capitulaire de Worms, en parlent expressément[2]. Mabillon illustre cette doctrine d'un grand nombre d'exemples empruntés aux documents[3] ; et bien que, comme il l'a dit, les clauses pénales soient rares dans les actes royaux des Mérovingiens et des Carolingiens, il en cite quelques cas[4]. Les rois Capétiens déjà menacent de l'amende les infracteurs, et lancent contre eux des imprécations[5]. L'usage de ces clauses se retrouve dans les chartes royales anglaises, espagnoles, et plus rarement dans les diplômes des rois de Germanie[6].

Enfin, dans le privilège de Grégoire le Grand en faveur de l'hospice d'Autun, on lit à deux reprises des menaces contre les contrevenants. Cet acte a donné lieu à des discussions entre érudits, soit qu'ils aient incriminé ces passages, soit qu'ils les aient défendus, soit qu'évitant de se prononcer ils aient adopté un moyen terme en déclarant que si ces clauses comminatoires étaient interpolées, elles étaient néanmoins anciennes puisqu'on les trouve dans un manuscrit du IXe siècle. Mabillon montre que les imprécations de Grégoire ne sont point inacceptables[7].

Mabillon nous avait prévenus qu'après l'étude du style, il discuterait les questions qui concernent les notes chonologiques, les souscriptions, les témoins et les sceaux[8]. Cette seconde partie de son exposé diplomatique commence avec le chapitre X du livre II par l'annonce des souscriptions.

---

1. *De re diplomatica*, II, ch. VIII, num. 3 et 4.
2. *Ibid.*, num. 5 et 6.
3. *Ibid.*, num. 7 et suivants.
4. *Ibid.*, num. 18, 19 et 20.
5. *Ibid.*, num. 21.
6. *Ibid.*, num. 22 et suiv.
7. *Ibid.*, liv. II, ch. IX, p. 104-106.
8. *Ibid.*, II, ch. II, num. 1, p. 61.

Les rois mérovingiens se sont servis d'une clause qui comporte quelques variantes : *manus nostrae subscriptione* (ou *subscriptionibus*), *infra roborare* (ou *confirmare*) *decrevimus* (*studuimus*, dans Marculf, I, 2 et 3) ; — *sublus eam propria manu decrevimus roborare* (Marculf, I, 24). Et Mabillon ajoute : « Je trouve peu de monuments incontestables de ces rois, si je ne me trompe, qui fassent mention de l'anneau, ou du sceau, bien que leurs chartes soient scellées [1]. »

Les Carolingiens prirent l'habitude de mentionner leur souscription et leur sceau dans leurs lettres, sauf dans les jugements et dans les diplômes peu solennels qui sont souscrits seulement par le chancelier ou par un notaire de la chancellerie. Dans les diplômes solennels, ils se servent de la formule : *manu nostra* (ou *propria*) *sublet firmavimus* (ou *subter eam decrevimus adsignare* ou *adsignari*) *et de anulo nostro subter sigillare* (ou *anuli nostri impressione adsignari*) *jussimus*. Mais la règle comporte quelques exceptions : tantôt la mention de la souscription seule apparaît (*propriæ manus adnotatione studuimus adumbrare*) ; tantôt celle du sceau est seule fournie, surtout dans les *tractoriæ*, les confirmations d'échanges et les jugements. Très peu nombreux sont les diplômes carolingiens qui sont dépourvus de l'annonce des signes de validation [2]. Mabillon a noté la formule : *manu nostra propria subter firmavimus et bullarum nostrarum impressionibus* (ou *bullis nostris*) *insigniri fecimus* (ou *jussimus insigniri* [3]). Il observe également que le mot *sigillum* dans la clause annonciative pour désigner le sceau n'apparaît que dans les diplômes des derniers Carolingiens, Charles le Gros, Charles le Simple et Lothaire [4], et que les Capétiens se sont servis tantôt du mot *anulus*, tantôt du mot *bulla* et plus souvent du mot *sigillum* [5]. Il croit que la substitution de *sigillum* à *anulus* répond à un changement dans la grandeur du sceau [6]. En consé-

---

1. *De re diplomatica*, ch. x, num. 1, p. 107.
2. *Ibid.*, num. 2 et 3.
3. *Ibid.*, p. 107. Cf. num. 6.
4. *Ibid.*, p. 108.
5. *Ibid.*, num. 4.
6. *Ibid.*, II, ch. x, num. 5 : « Haec autem mutatio inde originem coepisse videtur, quod cum ad anuli sigillaris modum confirmatae essent primum diplomaticae Regum effigies, immo fortasse anulis ipsis exprimerentur ; hinc mos obtinuit, ut anuli mentio in diplomatis passim recepta esset. Sed cum subinde icones illae ad eam magnitudinem accrevissent, quae in tertiae stirpis diplomatibus cernitur ; relicto anuli nomine invecta est *sigilli* appellatio. » (p. 108.)

quence de toutes ces observations, il regarde comme suspect tout diplôme qui présente, en dehors de la teneur, le mot *sigillum* avant Charles le Gros [1].

Dans leurs diplômes, les rois mérovingiens écrivent leur nom de leur propre main en y ajoutant un seing dont la forme est variable, ou une croix : ainsi *Chlodoveus Rex, Childebertus rex*. La plupart ajoutaient *subscripi* soit en toutes lettres, soit en n'écrivant que les trois premières lettres ou même simplement le *s* initial avec un signe abréviatif. Seul Thierry III adopta un mode particulier : † *In Chrili nomine, Theudericus Rex subscripsi* [2]. Pourtant, avant lui, Clotaire II avait souscrit déjà son édit de 615 ainsi : *Chlotacharius in Christi nomine Rex hanc definitionem subscripsi* [3]. Il convient de rappeler ici, dit Mabillon, que les jugements, les *tractoriae*, les confirmations d'échanges, etc., ne sont pas souscrits par le roi.

Les rois carolingiens s'écartèrent de la tradition mérovingienne. Pépin le Bref souscrit : *Signum* † *Pippini gloriosissimi Regis* (ou, ce qui est identique, *Pippino gloriosissimo Rege*). Seule la croix est autographe, le reste est de la main du chancelier ou du notaire [4]. Ce mode de souscription est resté en usage jusque sous les Capétiens ; il n'a guère subi que des variantes verbales quelquefois imposées par les circonstances et dont Mabillon fait un relevé assez complet [5]. La principale modification qu'il subit fut le déplacement du monogramme. Ainsi Charlemagne après son avènement à l'Empire place son monogramme entre les mots *Signum* et *Caroli* ; les rois-empereurs d'Allemagne, les Otton et les Henri, les rejettent après leur nom, tandis que les Capétiens l'apposent après le dernier mot de la souscription [6].

---

1. *De re diplomatica*, num. 6.
2. *Ibid.*, num. 7.
3. *Ibid.* Ici Mabillon croit devoir observer que, dans les éditions de cet édit, c'est à tort qu'on a placé la souscription de chancellerie avant celle du roi.
4. *Ibid.*, num. 8.
5. *Ibid.*, num. 8-9.
6. *Ibid.*, II, ch. x, num. 8 : « At post acceptum Imperium, Carolus adhibuit : *Signum Caroli Serenissimi Imperatoris* (seu *Augusti*), interposito monogrammate inter voces *signum* et *Caroli* » (p. 109). — num. 8 : « Ottones, Henrici, aliique hoc fere modo subscripsere : *Signum domni Ottonis Imperatoris invictissimi Augusti*, etc. *Signum domni Henrici tertii Regis invictissimi*, interposito post nomen suum monogrammate »(p. 109). — num. 9 : « At in monogrammate signove crucis collocando cum secundae stirpis Regibus non conveniunt (Capetiadae). Cum enim Carolingi inter

Tous enfin, Mérovingiens, Carolingiens et Capétiens, jusqu'à Louis VI le Gros souscrivent avant la date, exception faite pour Philippe Ier qui souscrit quelquefois après[1].

Les monogrammes ne furent employés à l'époque mérovingienne que par les rois qui ne pouvaient pas écrire leur nom, comme Clovis II et Clovis III et leurs mères Balthide et Clotilde. Le premier qui introduisit dans les diplômes royaux l'usage constant des monogrammes fut Charlemagne; les rois de France conservèrent cet usage jusqu'à Philippe III et les empereurs d'Allemagne jusqu'à Charles IV[2].

Les plus anciens monogrammes étaient cruciformes; mais d'autres comme ceux de Louis le Pieux, des Ottons, des Henris et d'autres, sont carrés, comme le montrent les planches de Zyllesius dans sa Défense des diplômes de Saint-Maximin. On n'annonçait pas en général le monogramme : cependant Pépin II d'Aquitaine appelle le sien *Monogramma* dans son diplôme pour Saint-Chaffre; l'empereur Louis II l'Aveugle dit aussi « *nomine imperiali subtersignavimus* »; Philippe Ier et ses successeurs appellent les leurs *characterem nominis*. Mais il arrive que quelques-uns, comme Louis VI ou l'évêque Erbert de Châlons-sur-Marne, parlent dans leurs actes de leur monogramme et ne l'apposent pas[3].

Mabillon passe très vite sur cette question des monogrammes parce que ses devanciers avaient ici très suffisamment déblayé le terrain; mais ce qu'ils n'avaient pas dit et ce qui, à nos yeux, révèle toute la différence existant entre eux et lui, c'est la remarque qu'il fait sur l'y grec et que je transcris ici : « Sed illud animadversione non indignum, quod quae in crucis formam concinnata sunt monogrammata, in medio praeferunt acuminatam quadram (vulgo *losange*) et in ipsa quadra speciem graecae litterae Y, in aliquibus in modum V conformata, plerumque cum puncto de more superposito, ut advertere

---

signum et nomen suum proprium monogramma apponerent; Capelii illud rejecerunt in postrema verba. » (p. 110.)

1. *De re diplomatica*, II, ch. x, num. 10, p. 110.

2. *Ibid.*, num. 10. Mabillon ajoute ici que Du Cange a présenté, dans son *Glossaire*, des monogrammes royaux de Clovis Ier à Philippe IV, mais il déclare ne pas savoir à quels diplômes cet érudit emprunte les deux monogrammes de ces deux rois. Il dit même que dans les originaux de Louis le Gros qui ont passé entre ses mains, il a trouvé peu de monogrammes.

3. *Ibid.*, num. 12.

licet in monogrammatis Caroli Magni, Calvi, itemque Simplicis, atque etiam Rotberti, Henrici, et Philipi I. Insuper littera hæc in plerisque diplomatibus alia manu, et quidem regia, expressa est. Quo respicit vulgata illa *manu propria subter firmavimus*, etc.[1] » Mabillon a pu se tromper sur la nature de ce petit signe, qui n'est pas un Y, mais la barre brisée de l'A dans le monogramme de Charlemagne ; il a néanmoins bien vu la valeur diplomatique de ces traits de plume[2]. C'est cette perspicacité toujours en éveil qui fait la supériorité de Mabillon sur ses devanciers et sur beaucoup des diplomatistes venus après lui.

L'usage du monogramme s'introduisit dans la chancellerie pontificale sous Léon IX ; il fut aussi le premier qui rédigea en monogramme le *Bene Valete*[3].

De la souscription royale, nous passons à la souscription de chancellerie dans les diplômes royaux.

Après les rois francs, le premier qui anciennement souscrive à la suite est le référendaire ou le chancelier, l'archichapelain, ou le notaire, si la dimension du parchemin le permet ; sinon, il souscrit un peu au-dessous de la souscription royale. Cela s'est surtout conservé sous la seconde race, dont les chanceliers souscrivent presque toujours un peu au-dessous du roi[4].

Mabillon essaie alors de définir les attributions du référendaire qui, chez les Mérovingiens, était le garde du sceau et le chef de la chancellerie : « Penes eum annuli seu sigilli regii custodia erat... Referendarius item conditor regalium praeceptorum erat[5]. »

Il y avait plusieurs référendaires à la fois ; mais l'un d'entre eux était préposé aux autres ; c'était le « primicerius seu primus Referendariorum », celui qui tenait le sceau, dictait les diplômes aux chanceliers, les souscrivait ou les faisait souscrire par les autres à sa place. Toutefois dans un jugement de Clovis III où plusieurs référendaires sont

---

1. *De re diplomatica*, II, ch. x, num. 13, p. 111.
2. Cf. Giry, *Manuel de diplomatique*, p. 717.
3. *De re diplomatica*, II, ch. x, num. 14, pp. 111-112.
4. *Ibid.*, II, ch. xi, num. 1, p. 112.
5. *Ibid.*, II, ch. xi, num. 2, p. 112.

cités, aucun d'eux n'a souscrit, ce qui montre que les diplômes peu solennels sont souscrits par un chancelier[1].

Les reines avaient, elles aussi, leurs référendaires[2].

Le nom et l'office de référendaire disparaissent presque complètement sous les rois de la seconde race et les attributions passent aux chanceliers[3].

Il y avait, au témoignage de Grégoire de Tours, de très nombreux chanceliers; leurs attributions ne sauraient être confondues avec celles des référendaires : tandis que ceux-ci dictent les diplômes les plus importants, les présentent au roi et les souscrivent, ceux-là les écrivent, les déposent et conservent dans les bureaux, composent les chartes de moindre importance et les corroborent de leur nom[4].

Les notaires semblent avoir été, à l'époque mérovingienne, des secrétaires particuliers pour la correspondance des rois. Sous les Carolingiens, notaires et chanceliers sont tout un, et l'archichancelier (*Summus Cancellarius, Archicancellarius*) est aussi appelé *Protonotarius, Archinotarius, Notarius summus*, et quelquefois *Notarius*, comme il est dit aussi *Cancellarius*, et même *Archicapellanus*[5].

L'archichapelain a, en effet, assez souvent rempli l'office d'archichancelier, mais, dit Mabillon, « je n'ai trouvé aucun archichapelain qui ait souscrit de son titre aux lettres royales ou impériales avant le règne de Carloman, roi d'Italie[6] ».

Le savant Bénédictin indique avec précision les principales modifications que subit la formule de souscription sous les trois races des rois francs et dans la chancellerie des empereurs : il faut ici se contenter de renvoyer à son œuvre. Mais il est un point qui ne pouvait pas ne pas attirer son attention. On trouve dans les diplômes mérovingiens les souscriptions suivantes : *Dado obtulit, Droctoaldus jussus obtulit, Aghlibertus recognovit, Wlfolaïcus jussus subscripsit* (ou *jussus*

1. *De re diplomatica*, num. 3.
2. *Ibid.*
3. *Ibid.*, num. 4, p. 114.
4. *Ibid.*, num. 4, p. 113. Il précise un peu plus loin sa pensée : « Quae ab aliis notariis scripta erant diplomata, ea summus Cancellarius aut Referendarius recognoscebat, ac subscribebat, aut alius notarius ad ejus vicem : quod maxime sub secunda stirpe obtinuit. » (p. 114.)
5. *Ibid.*, num. 5.
6. *Ibid.*, num. 6.

obtulit), *Aigoberchtus ad vicem Chaldeberchto jussus recognovit*, etc...
Le mot *jussus* permettrait peut-être de reconnaître les simples chanceliers[1].

Mabillon dresse dans le chapitre XII du livre II le catalogue des chanceliers de France jusqu'à saint Louis parce que la connaissance de ces personnages importe à la critique des diplômes ; mais il ne fait commencer son catalogue qu'avec la seconde race, parce qu'il est impossible de fournir une liste complète et critique des référendaires[2] ; et de bons esprits lui ont donné raison[3].

Les notaires royaux conduisent Mabillon à nous parler des notaires publics, des notaires ecclésiastiques : épiscopaux, capitulaires, abbatiaux, conventuels ; et, après avoir constaté l'inexistence des tabellions en Angleterre, Mabillon nous entretient des notaires et chanceliers des souverains pontifes qu'il avait « presque oubliés », et des notaires d'autres personnages illustres[4].

Le dernier signe de validation que présentent les documents est le sceau qui sert tout à la fois à authentiquer les actes et à donner autorité à leur contenu. Les anciens se servaient d'anneaux sigillaires en fer ou en or, pourvus ou non d'une pierre ; à leur exemple, les premiers rois mérovingiens eurent des anneaux sur lesquels ils firent graver leur effigie et, en exergue, leur nom, comme le prouve l'anneau d'or du roi Childéric 1er. Les évêques et nobles francs usèrent aussi d'anneaux sigillaires.

À ces anneaux succédèrent les sceaux qui s'en distinguent par la taille et souvent par le mode d'application. Ceux-ci sont en cire blanche, rouge ou verte, en plomb, en or ou en argent. Ils portent des effigies. Il y a le grand sceau appelé *authentique* et le petit qui est dit *secret* ou *du secret*. Il faut distinguer du sceau le contre-sceau qui est au revers du sceau.

---

1. *De re diplomatica*, II, ch. XI, num. 7 : « Fortasse qui Regi litteras jussi offerunt, Cancellarii sunt, qui id praestant jussu ac vice Referendariorum » (p. 114). Cf. ch. XII, num. 2 : « Ceterum qui *jussi* diploma Regi subscribendum obtulisse dicuntur, non summi Referendarii, sed eorum Notarii fuisse mihi videntur : nam supremi Cancellarii hac formula sub Meroveadis uti solent : *Dado obtulit* » (p. 118).
2. *Ibid.*, II, ch. XII, num. 2, p. 118.
3. Cf. Giry, *Manuel de diplomatique*, p. 709.
4. *De re diplomatica*, II, ch. XIII.

L'usage des sceaux n'est point réservé aux rois et princes : souverains pontifes, évêques, abbés et abbesses, églises, monastères, chevaliers, villes et communes eurent leurs sceaux [1].

Les sceaux des souverains pontifes portent le nom de *bulles* qui a servi à désigner aussi les lettres pontificales même dépourvues du sceau. Si l'on a prétendu faire remonter les bulles jusqu'aux papes Silvestre Ier, Léon Ier et Grégoire le Grand, Mabillon n'en a pas vu de plus anciennes que celles de Jean V. Dans les bulles de ce pape, de Serge Ier, d'Etienne III, de Benoît III, de Nicolas Ier et de Jean VIII, qu'il a pu examiner, le nom seul du pape est gravé au droit ; et, au revers, on lit *Papa* [2].

Au point de vue de la sigillographie, les bulles et les brefs, primitivement scellés de plomb, se distinguèrent les uns des autres à partir du XVe siècle : les brefs furent scellés sur cire de l'anneau du pêcheur représentant saint Pierre qui, dans un bateau, pêche dans la mer. L'anneau du pêcheur est plus ancien, mais il était réservé depuis le XIIIe s. aux lettres privées [3].

Les sceaux des évêques, des chapitres, des abbés et des abbesses, des couvents font l'objet d'un examen particulier [4].

Les rois mérovingiens ont eu très anciennement des anneaux sigillaires. Les diplômes ont été authentiqués au moyen de sceaux plaqués en cire blanche ou légèrement rougeâtre sous les deux premières races et sous les premiers Capétiens, de sceaux rouges le

---

1. *De re diplomatica*, liv. II, ch. xiv, num. 1-6.
2. *Ibid.*, num. 6-10. Ici (num. 10, p. 129) Mabillon introduit un renseignement qui aurait dû prendre place dans l'examen des souscriptions : il note que Léon IX contracta le *Bene valete* en un monogramme, et qu'il plaça, devant, un grand cercle présentant au milieu une croix avec le nom du pape, et, en exergue, la sentence : *Misericordia Domini plena est terra*. Cette nouveauté des bulles de Léon IX est ce que les modernes diplomatistes appellent la *rota*. Quelques lignes plus loin, il décrit la rota en usage à partir d'Urbain II.
3. *Ibid.*, num. 11. Dans les trois paragraphes suivants, Mabillon parle des bulles d'or des papes, de la controverse sur la place des effigies de Pierre et de Paul sur les bulles, et il énumère, d'après le texte même d'Innocent III, les neuf procédés de la falsification des bulles dénoncés par ce pape.
4. *Ibid.*, II, ch. xv. Je note au passage ce que Mabillon dit, au num. 5, sur les sceaux des abbayes qui furent communs aux abbés ou abbesses et aux chapitres jusqu'au moment où, dans le courant du XIIe siècle, et pour des raisons qui ont varié selon les établissements, les abbés eurent leur sceau particulier, comme, par exemple, à Saint-Denis et à Corbie (p. 134).

plus souvent, verts quelquefois à partir de Philippe-Auguste, et toujours pendant le règne de Louis VII. Charlemagne, le premier peut-être se servit d'une bulle d'or, et beaucoup de rois usèrent de la bulle de plomb[1]. Après avoir ainsi résumé la question de la sphragistique royale, Mabillon la reprend en détail pour étudier la forme des sceaux[2], la matière qui les constitue[3], leur mode d'apposition[4], les inscriptions qu'ils portent[5], les effigies qu'ils offrent[6] et les attributs des rois[7], la place que les sceaux occupent dans les documents[8], le contre-sceau qui, en dehors des bulles métalliques, n'apparaît pas avant Louis VII qui n'en fit usage que pour pouvoir mentionner son titre de duc d'Aquitaine[9], les fleurs de lis sur les contre-sceaux[10], la valeur diplomatique et juridique de la couleur de la cire[11] et celle des cordelettes de soie ou de chanvre qui retiennent les sceaux pendants[12]. La réfutation d'une opinion erronée de Conring sert de transition pour arriver aux sceaux des reines, des grands, à l'examen de quelques particularités sigillographiques et enfin à la question de la falsification et de la perte des sceaux[13]. Telle est la masse des renseignements accumulés et des remarques formulées dans ce magistral exposé, que Mabillon a pensé utile de condenser sa doctrine dans le chapitre xix.

Les chartes ont été, dès l'antiquité, souscrites quelquefois par des témoins. Les privilèges pontificaux que nous avons de Grégoire Ier à Nicolas Ier ne comportent pas de souscriptions de témoins, à l'exception des lettres synodales auxquelles de nombreux évêques apposent leur nom après le pape. Dans la même catégorie que celles-ci, entrent

1. *De re diplomatica*, ch. xvi, num. 1, p. 135.
2. *Ibid.*, ch. xvi, num. 2. Cf. ch. xix, num. 4.
3. *Ibid.*, ch. xvi, num. 8, 15, 16, 17.
4. *Ibid.*, ch. xvi, num. 8, 9, 10, 12. Cf. ch. xix, num. 1, 6.
5. *Ibid.*, ch. xvi, num. 3, 8, 10.
6. *Ibid.*, ch. xvi, num. 3, 8, 10. Cf. ch. xix, num. 4.
7. *Ibid.*, ch. xvi, num. 10; et ch. xvii, num. 3.
8. *Ibid.*, ch. xvi, num. 9. Cf. ch. xix, num. 2.
9. *Ibid.*, ch. xvi, num. 10. Cf. ch. xix, num. 3.
10. *Ibid.*, ch. xvi, num. 10.
11. *Ibid.*, ch. xvi, num. 14. Cf. ch. xix, num. 5.
12. *Ibid.*, ch. xvi, num. 13. Cf. ch. xix, num. 6.
13. *Ibid.*, ch. xviii. Cf. ch. xix, num. 7, 8, 9.

les bulles consistoriales qui ne sont souscrites que par le pape et les cardinaux selon une formule constante[1].

Les lettres synodales des évêques comportent également de nombreuses souscriptions ; la formule varie dans le détail avec chaque individu, mais, dans la plupart des cas, les évêques ne font pas suivre leurs souscriptions de l'indication de leur siège, contrairement à l'opinion de Papenbroeck[2].

Les diplômes royaux sous les Mérovingiens et Carolingiens sont quelquefois aussi consentis par de nombreux personnages. À l'époque capétienne, cela devient une règle presque absolue ; après les quatre premiers rois de la troisième dynastie, les cinq grands officiers de la couronne, dapifer, bouteiller, chambrier, connétable et chancelier, sont seuls appelés à approuver de leurs noms les actes royaux. Quand le dapiférat et la chancellerie sont vacants, on supplée aux souscriptions des titulaires défaillants par les formules *Dapifero nullo, vacante cancellaria*. Toutes ces souscriptions sont écrites de la main du notaire qui a rédigé l'acte, et selon une formule stéréotypée. Sous Philippe III et ses successeurs il n'est plus fait mention des officiers[3].

Les rois capétiens eux-mêmes n'ont point cru indigne de la majesté royale de souscrire aux chartes de leurs sujets[4].

Autographes sous les Mérovingiens quelquefois, les souscriptions cessent de l'être sous les premiers Carolingiens : la main du roi n'apparaît plus que dans l'Y du monogramme et dans la croix que jusqu'à Louis le Gros les rois tracent au bas des actes. Après ce roi-ci, il n'y a plus rien d'autographe dans les souscriptions royales, exception faite pour celles de quelques diplômes d'une particulière solennité ; et même Louis XI décide que les lettres « de rebus fisci », auxquelles le roi avait coutume de souscrire, seront signées par l'un des deux scribes du roi[5].

On trouve des usages analogues dans les chancelleries d'Angleterre[6],

---

1. *De re diplomatica*, II, ch. xx, num. 1 et 2.
2. *Ibid.* num. 3, 5-12.
3. *Ibid.*, ch. xxi, num. 1-3.
4. *Ibid.*, num. 4.
5. *Ibid.*, num. 5.
6. *Ibid.*, II, ch. xxi, num. 6, 7 et 8. Sous Richard Cœur-de-Lion, pour les *vidimus*, s'introduisit la formule *Teste meipso* ou *testibus nobis ipsis*, ou *teste Rege*. Pour les privilèges nouvellement concédés ou autres lettres à caractère perpétuel,

d'Espagne et, à partir du XII⁰ siècle, dans la chancellerie impériale[1].

Quant aux chartes privées, il n'en est presque pas qui soient dépourvues de liste de témoins. Tantôt les souscriptions sont placées avant la date ; tantôt après. Celles qui précèdent la date renferment les noms des témoins de la donation ; celles qui la suivent contiennent les noms des personnes présentes à l'investiture qui peut avoir été faite longtemps après la donation et en un lieu différent[2].

Les souscriptions ne sont pas disposées au hasard ; on suit un ordre hiérarchique : les rois, les évêques, les abbés, les grands et autres personnages de moindre importance, en dernier lieu le chancelier[3]. Il y a des dérogations à cette règle tant dans les chartes ecclésiastiques que dans les diplômes royaux et les actes privés ; ces dérogations sont souvent plus apparentes que réelles et s'expliquent dans la plupart des cas par l'habitude qu'on avait de faire approuver ou confirmer les documents par des personnages absents au moment de la rédaction ou par les successeurs de ceux qui avaient déjà souscrit. On utilisait à cet effet les blancs laissés dans l'original[4].

Rechercher les causes qui expliquent la présence des souscriptions non autographes[5], étudier les signes qui revêtent, dans le protocole final, le caractère d'autographes[6] et cela à travers les chartes ecclésiastiques[7], les chartes royales[8] et les chartes privées[9], déterminer le sens exceptionnel de certains termes[10] et de certains usages[11], tel est l'objet du dernier chapitre consacré à cette importante question des souscriptions.

---

on s'abstient de cette formule et les noms des témoins réapparaissent sous la formule *His testibus* (p. 159-160).

1. *De re diplomatica*, num. 9.
2. *Ibid.*, num. 10-12.
3. *Ibid.*, num. 13 et 14.
4. *Ibid.*, ch. xx, num. 2, 4, 6, 7. Cf. ch. xxii, num. 15.
5. *Ibid.*, ch. xxii, num. 1-6.
6. Les souscriptions non autographes dépourvues de ces signes étaient ratifiées par les intéressés soit en touchant de la main la charte, soit en levant la main gauche. (*Ibid.*, num. 14 et 15.)
7. *Ibid.*, num. 9, 10, 11, 12, 18. Cf. num. 22.
8. *Ibid.*, num. 7, 8, 9, 18, 19, 23.
9. *Ibid.*, num. 13, 14, 20.
10. *Ibid.*, num. 17, 23.
11. *Ibid.*, num. 14, 15, 16, 21.

Des quatre caractères proprement diplomatiques que Mabillon s'était proposé d'examiner, il ne restait plus à étudier que les notes chronologiques. C'était là, dans l'œuvre entreprise par le savant homme, la partie la plus compliquée et la plus ardue, parce que les computs ont varié presque à l'infini.

Deux questions priment les autres ; celle du mois par lequel commença l'année chez les divers peuples européens, et celle de l'époque où l'année de l'Incarnation fut reçue en usage par eux[1].

Dans l'antiquité, l'année romaine commença avec le mois de mars, et plus tard avec le mois de janvier, et l'Église adopta cette dernière façon de compter, à moins qu'elle ne se soit servie du style de Noël[2]. Mais, dans la suite, les chrétiens firent coïncider le début de l'année avec l'Annonciation, et les uns le placèrent neuf mois avant la Nativité (25 mars, style pisan) et les autres trois mois après (25 mars, style florentin), créant ainsi, dans leur manière de compter les années, une différence d'une année[3]. Il semble que, d'après Grégoire de Tours, les Francs aux VIe et VIIe siècles faisaient commencer l'année en mars ; mais, sous les Mérovingiens, les chartes et les chroniques ne sont pas datées par les années de l'Incarnation (Annonciation ou Nativité). Sous les Carolingiens on fit usage du style de Noël dans les Annales, et l'année de l'Incarnation apparaît exceptionnellement dans les chartes. Alors se constitua le style gallican, qui est fondé sur le cours de la lune[4]. Dans le style gallican, très usité sous la troisième race de nos rois, et surtout aux XIIIe et XIVe siècles, on prend le point initial de l'année à Pâques[5]. Mais tandis que le reste des Français se servent de ce style, les Aquitains suivent de préférence le style de l'Annonciation, et même dans quelques églises du Nord, comme à Saint-Basle au diocèse de Reims, on adopte un mode particulier de compter : cela justifie l'édit de Charles IX qui imposait à tous le 1er janvier comme le premier jour de l'année[6].

1. *De re diplomatica*, II, ch. xxiii, num. 1.
2. *Ibid.*, num. 2.
3. *Ibid.*, num. 3.
4. *Ibid.*, num. 4 et 5 : « Existimo tamen duplex etiam tunc temporis fuisse anni initium : unum vulgare, commune et ubique receptum, habita ratione anni solaris, quem observabant plerique historici veteres : aliud gallicanum, ratione cursus lunaris, quem pauci sequebantur. » (p. 173.)
5. *Ibid.*, num. 6.
6. *Ibid.*, num. 7, 8 et 9.

Les Germains et les Anglais avaient préféré le calcul romain de la Nativité ; mais les scribes de Liège usaient du style gallican et ceux de Trèves du style de l'Annonciation. Les Grecs, les Siciliens, les Calabrais comptaient les années à partir de la création du monde[1].

A quelle époque les peuples de l'Europe commencèrent-ils à se servir des années de l'Incarnation ?

Grégoire de Tours calcule les années à partir de la mort de saint Martin ; les Francs préfèrent les années de règne de leurs rois dans les actes. Mais pour fixer la Pâque, ils se servent des tables pascales de Victorius d'Aquitaine qu'ils utilisent quelquefois dans leurs histoires et qui partent de l'année 28 du Christ. Au calcul de Victorius, on préféra dans la suite le cycle de 532 ans établi par Denis le Petit, qui fit coïncider l'année 753 (ou 754) de Rome avec la première année du Christ. Bède le Vénérable s'en servit le premier, mais c'est seulement saint Boniface qui l'introduisit en Gaule : les actes des synodes d'Estinnes et de Soissons sont datés suivant les données de Denis, et de là le système dionysien passe dans les histoires[2].

Les Espagnols ont un mode propre de supputation des années, l'ère qui précède l'incarnation de 38 ans et qui demeura en usage jusqu'au XIIe siècle à Tarragone, jusqu'au XIVe s. en Aragon, Castille et Léon, jusqu'au XVe s. en Portugal[3].

On rencontre dans les chartes du Moyen-Age beaucoup d'autres manières pour déterminer l'année : les consulats, l'indiction, les épactes, la lune, les concurrents, le terme pascal, les réguliers, les lettres dominicales[4]. L'indiction est, de toutes, la plus fréquente. C'est, on le sait, une révolution de 15 années. Elle fut en usage chez les Romains dès l'époque de Constantin, chez les Anglais depuis la mission de saint Augustin de Cantorbéry, chez les Francs depuis l'avènement

---

1. *De re diplomatica*, num. 10-12.
2. *Ibid.*, II, ch. XXIII, num. 13.
3. *Ibid.*, num. 14. — Mabillon note (num. 15) que ceux qui comptaient les années à partir de la Nativité ou du 1er janvier, comme ceux qui les comptaient à partir de Pâques, se servaient de la même expression : *anni ab incarnatione* ; (num. 16) que les années de la Passion (*anno gratiae, anno trabeationis* ; cf. *anno circumcisionis*) sont quelquefois confondues avec celles de l'incarnation ; enfin (num. 17) que les années du Christ ont été quelquefois exprimées en abrégé : 51 pour 1351, etc.
4. *Ibid.*, ch. XXIV.

de Charlemagne à l'Empire[1]. Il y avait deux sortes d'indictions : l'*indiction grecque* ou *constantinienne* ou *constantinopolitaine* qui partait du 1er septembre et dont les papes se servirent jusqu'à Grégoire VII, et l'*indiction pontificale* ou *chrétienne* que les papes, après celui-ci, préférèrent et dont ils avaient reporté le commencement au 25 décembre ou au 1er janvier. En Angleterre, on suivait la première; en France, les deux eurent cours, mais, à partir du XIe s., la première tendit à l'emporter sur la seconde[2].

En possession de ces données générales, Mabillon étudie les mentions chronologiques dans les chartes ecclésiastiques, dans les chartes royales et enfin dans les chartes privées.

Les actes émanés de l'autorité pontificale sont datés d'abord par le consulat, l'indiction et même par les années des empereurs, ensuite par les années du pape avec celles de l'empereur, enfin par les années de l'incarnation, de l'indiction et du pontificat[3]. Mais il faut distinguer, entre les instruments pontificaux scellés de la bulle de plomb, ceux qui ont à la fin de la souscription la formule *in perpetuum* de ceux qui comportent la formule *salutem et apostolicam benedictionem*. Dans les premières, il y a deux séries de notes chronologiques : l'une, qui répond au *scriptum*, ne contient que le mois (sans le jour) et l'indiction; l'autre, qui répond au *datum*, présente le jour du mois, l'année du pontificat et celle de l'empire (celle-ci est quelquefois omise, surtout à partir de Grégoire VII[4]), et l'indiction; entre les deux, s'intercale le *Bene valete*, et la seconde est écrite d'une autre main ou tout au moins tracée en caractères différents, car elle est ajoutée plusieurs jours après, comme le montre la différence de l'encre. Dans les petites bulles à salutation et bénédiction apostolique, on ne lit le plus souvent que le *datum* avec le jour du mois, et l'année du pontificat précédés du nom de lieu où le diplôme a été donné : cette indication topographique est généralement omise dans les autres bulles[5]. Enfin

---

1. *De re diplomatica*, num. 2. Mais Mabillon observe qu'on la trouve auparavant dans les diplômes de Pépin et de Charlemagne en Italie, et dans les actes conciliaires.
2. *Ibid.*, num. 2 et 3.
3. *Ibid.*, II, ch. xxv, num. 1.
4. *Ibid.*
5. *Ibid.*, num. 2.

après les années des empereurs, les anciens papes exprimaient quelquefois les années P. C., c'est-à-dire *post consulatum imperatorum*, qui se confondirent avec les années du règne impérial[1].

Mabillon ne connaît pas d'exemple des années de l'incarnation dans les bulles avant Léon IX[2]; et dans les plus anciennes qui contiennent cette donnée chronologique, l'année de l'incarnation est toujours exprimée en chiffres romains, jamais en toutes lettres[3].

Les brefs, qui sont signés de l'anneau du pêcheur, fournissent quelquefois le millésime sans le faire suivre de la mention de l'incarnation ou du Christ, et toujours l'année du pontificat précédée du nom de lieu.

Les lettres pontificales scellées de sceaux à insignes laïcs, ne sont datées que par les années du Seigneur[4].

Les chartes épiscopales d'Italie présentent les plus grandes analogies dans les dates avec les chartes pontificales; toutefois, l'année de l'incarnation apparaît au IXe siècle[5]. Les chartes épiscopales de France sont, sous la première race, datées par les années du règne et par l'indiction. L'incarnation, importée par saint Boniface[6], passe des actes conciliaires aux chartes privées des évêques, et à leurs lettres synodales[7].

En réponse à la doctrine de Papenbroeck sur l'introduction des années de l'incarnation dans la date des actes de nos rois sous Philippe Ier, Mabillon établit que cet élément chronologique ne paraît pas avant que les rois carolingiens ne l'aient employé dans quelques docu-

---

1. *De re diplomatica*, num. 4.
2. *Ibid.*, num. 7 : « Nullum legi Pontificium diploma indubitatum, annis praeditum Incarnationis, ante Leonem IX., qui in quibusdam litteris aerae Christianae calculum apposuit. » (p. 184)... « Porro etsi annos Incarnationis statim ab ipso Pontificatus sui exordio aliquando Leo IX. non tamen semper usurpavit. » Mabillon combat l'opinion de Papenbroeck qui déclarait fausses les bulles, antérieures à Eugène IV, portant l'année de l'incarnation. Et il explique l'introduction de cette indication chronologique par l'origine germanique du pape Léon IX. (num. 4, 7.)
3. *Ibid.*, num. 8, p. 186. Les années de l'incarnation peuvent être comptées selon le style pisan, ou selon ce style étendu à une année pleine avant la Nativité, ou encore selon le style de Pâques. (num. 9, pp. 186-187.)
4. *Ibid.*, II, ch. xxv, num. 8.
5. *Ibid.*, num. 10.
6. *Ibid.*, num. 12.
7. *Ibid.*, num. 11. Ce paragraphe contient la réfutation de l'assertion de Papenbroeck sur la fausseté des conciles d'Estinnes (742) et de Soissons (744).

ments d'intérêt général[1], que, dans les diplômes visant des intérêts particuliers, il fait son apparition sous Charles le Gros et que même encore sous les trois premiers Capétiens il n'est pas de règle absolue[2]. Et, s'il est de l'avis du Bollandiste, que l'indiction ne se montre qu'en 801, il lui conteste le droit de dire que son usage ne s'est pas perpétué ailleurs que dans les actes des princes carolingiens devenus empereurs. Utilisée par tous les rois de la seconde race, l'indiction devient plus rare sous les Capétiens et disparaît sous Louis VII[3].

Cette question résolue, Mabillon étudie dans trois sections particulières les notes chronologiques des diplômes francs des trois races de nos rois[4]. Nous dirons bien volontiers avec lui : « Non sine quadam animi voluptate Regum Francorum diplomata expendere soleo : tum quia in istis omnia regiam majestatem spirant : tum quia illa majori consilio ac ratione, majori item aequalitate constant, quam cetera. Inest quidem suus cuique stirpi characterismus : sed et illud varietatem, adeoque jucundiorem studiosis lectionem praebet[5]. » Mais ce qui remplit d'aise l'illustre diplomatiste, est ce qui nous empêche ici de le suivre pas à pas. Laissons donc de côté tout ce qui concerne l'étude particulière des dates de chaque roi et des formules spéciales, et tenons-nous en aux généralités.

Les Mérovingiens se sont servis de trois formules de dates : *Datum quod fecit mensis... dies... anno... regni nostri, Compendio in Dei nomine feliciter.* — *Datum sub die V. kal.*, etc. — *Facta cessio sub die*, etc. Les deux premières seules se rencontrent dans les diplômes qui nous sont parvenus, et la première est la plus usitée[6]. Les rois de la première dynastie expriment leur *Datum* à la première personne du pluriel ; ceux de la seconde race, à la troisième personne, comme si c'était le chancelier ou le notaire qui eût parlé. Les princes mérovingiens se servent du seul mot *Datum* ; les Carolingiens emploient

---

1. Mabillon cite la lettre de Charlemagne placée en tête du capitulaire ajouté à la loi des Lombards (801), le testament de cet empereur (811) et la charte de division de l'Empire sous Louis le Pieux (817). *De re diplomatica*, ch. xxvi, num. 4, p. 189-190.
2. *Ibid.*, ch. xxvi, num. 2-4.
3. *Ibid.* num. 5.
4. *Ibid.*, II, ch. xxvi, pp. 191-205.
5. *Ibid.* num. 1, p. 189.
6. *Ibid.* num. 6.

Datum et *Actum* dans la même charte, et les deux mots répondent à une dualité d'action [1]. Les Mérovingiens ne font pas suivre le nom de lieu des mots *villa publica*, ni même, sauf exception sous les derniers rois de la dynastie, du mot *palatio*.

Sous la troisième race, il n'est plus possible d'établir de règles, tant la variété est grande. De temps en temps, l'année incarnative fait son apparition. Les années du règne sont quelquefois omises. Il n'est pas rare de trouver l'année de l'incarnation sans le mois et le jour. D'autres fois, il n'y a ni année du Christ ni année du règne, la pièce (généralement de peu d'importance) n'est datée que du jour du mois. Enfin les rois, en indiquant le lieu où leur diplôme a été fait, disent : *in curia Pentecostes, in curia Epiphaniæ* [2].

Quand il eut encore examiné les dates des diplômes impériaux, des préceptes des rois d'Aquitaine, de Germanie, de Lorraine, d'Italie, d'Angleterre et d'Espagne [3]; traité quelques points particuliers [4]; étudié les dates des chartes privées [5] et défini quelques expressions qu'elles présentent [6]; signalé quelques irrégularités [7] et parlé de l'emploi des chiffres romains et des chiffres arabes dans les documents diplomatiques [8], Mabillon considéra que son exposé diplomatique était achevé, « expositis iis, quæ cum ad veritatem, tum ad falsitatem in re diplomatica retegendam necessaria videbantur [9] ».

---

1. Mabillon constate que Pépin le Bref tantôt conserve la vieille formule, tantôt institue la nouvelle avec cette particularité qu'il dit encore *regni nostri* (*Ibid.* num. 10); et que Charlemagne a conservé les deux formules de date de son père jusqu'à son avènement à l'Empire (*De re diplomatica*, num. 13).

2. *Ibid.*, num. 24' (il y a deux paragraphes qui portent le même numéro), pp. 201-202. — A la fin de ce chapitre (num. 31), Mabillon parle des *ambasciatores*, c'est-à-dire de ceux à l'intervention desquels était due la charte.

3. *Ibid.*, II, ch. xxvii, num. 1-9.

4. *Ibid.*, num. 10 : du mot *publice*, qui apparaît sous les deux premières races et devient fréquent sous la troisième; num. 11 : des diplômes originaux demeurés imparfaits; num. 12 : de la formule *Actum Aquisgranensi palatio in Dei nomine feliciter* (*Amen*).

5. *Ibid.*, ch. xxviii, num. 1-4, 9.

6. *Ibid.*, num. 5, 6, 8.

7. *Ibid.*, num. 7, 12, 13, 14, 15.

8. *Ibid.*, num. 10, 11, 12. — Mabillon signale ici des confusions à éviter : I pris pour L, II pris pour V ou inversement, VI et XI faciles à confondre. Il signale aussi l'ἐπίσημον (G) et sa valeur : VI.

9. *De re diplomatica*, liv. III, ch. 1, num. 2, p. 217.

Livre III. — Le livre III est en grande partie une application des principes établis, dans les deux premiers, aux chartes qu'invoquaient ou que condamnaient les adversaires de Mabillon, et aussi une réfutation de leurs arguments en même temps qu'une défense des archives de Saint-Denis et de l'ordre Bénédictin [1]. C'est ainsi que, dans le diplôme de Saint-Maximin de Trèves, pris comme type des diplômes mérovingiens par Papenbroeck, Mabillon ne relève pas moins de dix fautes contre les règles vraies de la diplomatique [2]; ou que, sans vouloir défendre l'authenticité des deux diplômes d'immunité de Dagobert Ier en faveur de Saint-Denis, il montre l'insuffisance des principaux arguments invoqués contre eux par ce jeune homme qu'il ne veut pas nommer et qu'il n'aurait même pas mentionné s'il n'eût cru ne pas pouvoir dissimuler les erreurs que ce critique inexpérimenté avait commises dans sa censure des diplômes incriminés [3]. Et cela même est le charme de cette œuvre de patience et de science, que jamais le lecteur n'y trouvera de personnalités choquantes ; si même Mabillon combat les accusations d'un mort contre les Bénédictins, il s'en excuse, mais, ajoute-t-il, « il n'y a pas plus prescription de la fausse accusation contre les innocents qu'il n'y a prescription de l'erreur contre la vérité [4] ».

A la polémique courtoise, succède bientôt de nouveau l'exposé serein qui constitue la seconde partie du troisième livre et qui développe ou complète ce que Mabillon n'avait fait qu'indiquer sur les notices et les cartulaires [5].

Il y a deux sortes de notices : les notices authentiques et publiques et les notices privées. Les premières sont d'un usage très ancien : on en lit dans le recueil de Marculf. Les secondes se montrent rarement avant le XIe siècle.

---

1. *De re diplomatica*, III, ch. 1, 11, 111. Cf. liv. I, ch. vi.
2. *Ibid.*, III, ch. 1, num. 2, p. 217-218.
3. *Ibid.*, num. 6 : « Non jam attingo rem ipsam, neque de his duobus diplomatibus judicium ferre in animum induxi : sed tantum inquiro in modum ac fundamentum censurae » (p. 224). Faute d'avoir attaché assez d'importance à cette phrase, l'Anglais Hickes accusa Mabillon d'avoir défendu l'authenticité de deux documents indéfendables. Cf. Ruinart, *Praefatio*, num. 1, [p. vii].
4. *Ibid.*, ch. iii, num. 19 : « At quemadmodum nulla est praescriptio falsitatis contra veritatem, sic nulla est falsae accusationis contra innocentes. » (p. 231.)
5. *Ibid.*, I, c. ii, num. 9.

Les notices privées furent instituées à triple fin : comme narration historique d'un acte juridique accompli sans écrit ; on y mentionne les témoins pour qu'ils puissent être appelés par les juges en cas de contestation pendant les trente années après lesquelles la prescription était acquise ; — comme récit étendu d'un fait attesté par une charte, pour honorer ceux qui présidèrent aux négociations ; — comme substitut de la charte authentique pour valoir en justice. Les notices de cette dernière catégorie, écrites par les notaires des églises ou des monastères, quelquefois souscrites par les donateurs au moyen d'une croix, contiennent des noms de témoins, et ont une valeur juridique [1].

Les cartulaires, qui sont un recueil des anciennes chartes appartenant à une église, à un monastère ou à une famille, n'apparaissent guère avant le Xe siècle. A leur place on se servait de censiers (*libri censuales* ou polyptyques) qui contenaient la liste des possessions d'une église ou d'un monastère, et l'on se contentait de faire des copies isolées (*exemplaria*) des documents les plus importants.

Il y a trois sortes de cartulaires : les cartulaires historiques, comme le cartulaire de Folquin de Sithiu ; les cartulaires authentiques qui renferment des transcriptions authentiquées par des notaires publics ; et les simples collections de chartes transcrites par des scribes privés. Ces derniers sont les plus nombreux. Les uns et les autres peuvent revendiquer une certaine autorité ; et si, dans beaucoup de cartulaires, il y a des chartes fausses, ce n'est pas une raison suffisante pour condamner en bloc toutes les chartes qu'ils renferment : « non ex alio de aliis judicandum [2] ».

Quelques compléments et corrections ajoutés au livre VI sous forme de corollaires [3] achevaient de mettre au point la doctrine de Mabillon, — comme le livre IV consacré aux palais et villas royaux où furent

1. *De re diplomatica*, III, ch. IV.
2. *Ibid.*, ch. V, et spécialement num. 12 : « Eadem in his cautela ac prudentia adhibenda est atque in testium suffragiis. Non omnes testes veraces sunt, non omnes falsi : sed quidam falsi multos inter veraces. Ex eorum tamen testimonio pendent plurimae causae, etiam gravissimae. De eorum qualitate judicant prudentes arbitri : nec eorum suffragia rejicere possunt, nisi aliunde refutentur aut infirmentur. » (p. 238.)
3. Voir ces quatre corollaires et les additions, pp. 622-635.

rédigés les diplômes et qui est en majeure partie l'œuvre de Dom Michel Germain [1], le livre V qui renferme de nombreux fac-similes, et le livre VI qui contient les pièces justificatives, achevaient de faire du *De re diplomatica* le précieux instrument de travail que les plus éminents diplomatistes ont considéré comme leur livre de chevet.

Le Supplementum. Mais si, de nos jours, la doctrine de Mabillon n'est plus contestée dans son ensemble, elle trouva du vivant même de Mabillon des détracteurs. Le bel exemple d'humilité chrétienne et d'abnégation scientifique donné par Papenbroeck ne fut pas suivi par tous les Jésuites, et dans la société du collège Louis-le-Grand s'élabora une réfutation du *De re diplomatica* qui parut en 1703 sous le nom de Germon [2]. Cette réfutation était maladroite : de ce qu'il y a des documents faux, on jetait la suspicion sur tous les autres et l'on demandait à Mabillon à quels caractères il avait reconnu les chartes authentiques et celles qui ne l'étaient pas ; on laissait entendre que Mabillon n'avait pas eu d'autre but que de sauver les archives de Saint-Denis d'une condamnation méritée ; on affirmait que rien n'autorisait à poser des règles de critique qui permettraient de faire le départ entre les actes vrais et les faux. On se refusait à croire que des matières aussi fragiles que le papyrus ou le parchemin aient pu parvenir jusqu'à nous, échapper à la moisissure ou à la dent des souris, quand des monuments de marbre ou d'airain n'ont pas survécu. Et, ajoutait-on, comment des diplômes de Dagobert ont-ils pu échapper à l'anonyme qui écrivit les *Gesta Dagoberti*, ou à Doublet qui fit le corpus des documents san-dionysiens ? Question perfide, qui insinuait, sans le dire, que les textes

---

1. *De re diplomatica*, IV, Argumenti expositio, num. 5 : « Suam, inquam, potius quam meam. Nam valetudine aliisque rebus impeditus, hanc in eum operam trans-tuli, utpote qualiumcumque studiorum meorum participem : quam ille hau gravate suscepit, atque impigre exsecutus est ad omnia, praeter locos de Carisiaco et Silvaco, quos aliquando alia occasione illustraveram. Sed jam ipse verbis suis edisserat. » (p. 244.) Ruinart ajoute à la liste de ces palais celui de Lorris en Gâtinais (*Appendix nova*, 6, p. 641-644).

2. P. Germon, *De veteribus regum Francorum diplomatibus et arte secernendi antiqua diplomata a falsis ad R. P. J. Mabillonium disceptatio*. — Paris, 1703, in-12. Cf. Ernest Babelon, *Une querelle scientifique entre Jésuites et Bénédictins, origine de la Diplomatique (1675-1750)*, dans *Le Contemporain*, 1878, pp. 297-320.

publiés par Mabillon et qui légitimaient sa doctrine avaient été fabriqués depuis l'année 1625 où Doublet avait publié son Histoire de Saint-Denis.

Mabillon bondit sous l'outrage. « Si quis vero eo audaciae deveniat, ut ea post Dubletum conficta dicere vel suspicari pergat, propterea quod in ejus collectione locum non habeant ; hunc tamquam insignis calumniae reum ad aequos judices provocamus[1]. » Et lorsque plus loin il publie de nouveaux diplômes tirés encore des archives de Saint-Denis, il écrit : « Hic forte nos sistet versutus aliquis inquisitor, ac dicet : Unde tanta istic authenticorum copia post Dubletum ? unde vero nova haec archetypa post editos rei Diplomaticae libros ? Scilicet illa conficta sunt post Dubletum a nostris ! ego haec nova fabricatus sum post primam Operis diplomatici editionem, charta nimirum corticea ex Ægypto recens advecta ! aut certe ego ipse vel fraudis nescius, vel stolidus et imperitus, qui figmenta pro veris in publicum ingesserim ! Si quis est qui tam maligne, seu de nostris, seu de me sentiat, si non hominum, certe Dei judicium portabit quisquis sit ille [2]. »

Le grand et bon savant eût pu mépriser une attaque aussi malveillante, et laisser au temps le soin de venger d'une méchante et pauvre critique son œuvre qui avait recueilli les suffrages des plus grands savants de l'époque, Baluze, Du Cange, Antoine Hérouval, Cotelier, sans compter Papenbroeck[3]. Mais il a craint que la superbe de son adversaire n'en imposât aux esprits peu versés dans l'étude des chartes, que le discrédit fût jeté sur les précieuses archives de Saint-Denis, sur tous les documents sincères qui montraient dans le passé la grandeur de l'ordre Bénédictin et qui, permettant d'écrire l'histoire, n'avaient pas tous perdu leur valeur primitive d'acte juridique. Il composa son Supplément aux six livres de la Diplomatique.

Il reprend ici, avec de plus amples développements, des questions qu'il avait déjà traitées, pour légitimer ce qu'il avait dit sur l'utilité des anciennes chartes, sur la nécessité de l'*ars diplomatica*, sur l'expérience et les qualités nécessaires au diplomatiste [4]. Il montre avec quel

---

1. *De re diplomatica, supplementum*, ch. II, num. 6, p. 8.
2. *Ibid.*, ch. XII, num. 1, p. 52.
3. *Ibid.*, ch. I, num. 2, p. 2.
4. *Ibid.*, ch. I, num. 1-4.

soin nos ancêtres conservaient leurs archives que malheureusement les guerres, les incendies et autres désastres, quelquefois aussi le défaut de vigilance des gardiens ont laissées rarement entières. De toutes les archives de Gaule, Mabillon n'en connaît pas de mieux conservées que celles de Saint-Denis[1]. Et à ceux qui nient la possibilité de posséder encore des chartes anciennes sur papyrus, il répond, comme le philosophe grec qui marchait pour prouver le mouvement, en montrant ces chartes : « Factum constat. Frustra de impossibilitate causaris. Oculis tantum hic opus est. Sed oculos volo peritos, minime malignos, nullo affectos praejudicio[2]. » C'est par des faits qu'il prouve la résistance du papyrus et du parchemin, l'antiquité de l'écriture mérovingienne, comme c'est sur les textes eux-mêmes qu'il étudie de nouveau l'orthographe et le style des anciens instruments diplomatiques[3]. Il a soin de distinguer, entre les divers genres d'actes corrompus, les documents interpolés des faux proprement dits[4] qui sont les chartes refaites, les chartes altérées et les chartes forgées de toutes pièces[5]. Les diplômes qu'il a publiés précédemment, comme les nouveaux qu'il publie, échappent à tout soupçon[6]. Débrouiller la chronologie et la généalogie des rois mérovingiens qui avaient déjà fait l'objet de recherches antérieures[7], préciser et expliquer quelques dates carolingiennes et capétiennes[8], rectifier ou compléter ce qu'il avait dit sur les bulles pontificales, sur les diplômes des rois francs et leurs bulles d'or ou de plomb, sur les actes des rois d'Angleterre et autres, sur les signes particuliers des souscriptions, sur les palais[9] ; ajouter un paragraphe nouveau sur les instruments, style et plumes, dont les scribes se servaient[10] ; défendre enfin la sincérité et l'autorité

---

1. *De re diplomatica, Supplementum*, ch. II, num. 1-3.
2. *Ibid.*, num. 4, p. 6.
3. *Ibid.*, ch. III.
4. *Ibid.*, ch. IV, num. 2 : « Magnum discrimen inter falsa et interpolata. Falsa enim nullo pacto excusari possunt ; sed interpolatio ut plurimum venialis est » (p. 16).
5. *Ibid.*, num. 1-5. Mabillon annonce un sixième paragraphe qu'il n'a pas composé, mais dont nous connaissons l'essentiel. Cf. *De re diplomatica*, l. III, ch. III, num. 18.
6. *Supplementum*, ch. V et VI, et ch. XII.
7. *Acta sanctorum ordinis sancti Benedicti*, saec. II, praefatio, pp. XLIII-XLVI ; et saec. III, praef. pp. III-XII. — *Supplementum*, ch. VII et VIII.
8. *Supplementum*, ch. IX et X.
9. *Ibid.*, ch. XI.
10. *Ibid.*, num. 7.

des vieux manuscrits [1], voilà ce qui constitue la partie neuve du *Supplementum*, que suit une série de fac-similes complétée par les documents de l'appendice.

III. Valeur de la méthode et mérites de l'ouvrage.

Par cette analyse du *De re diplomatica*, — trop longue sans doute au gré de ceux qu'elle ne dispensera pas de lire l'œuvre de Mabillon, trop courte aussi pour contenir tout l'essentiel de la doctrine diplomatique du savant Bénédictin, suffisante peut-être pour donner une idée de l'incomparable érudition et de la haute conscience du diplomatiste, — j'espère avoir livré à mes lecteurs le moyen de contrôler par eux-mêmes ce que je dirai de la méthode de Mabillon et des mérites de son livre.

La méthode de Mabillon est fondée sur la comparaison des documents de même nature émanés d'une même chancellerie ou rédigés sur des formulaires en usage. Elle conduit à l'établissement de règles qui reposent sur la persistance des mêmes caractères à travers toute une série d'actes authentiques qui constituent une catégorie déterminée dans une période donnée. De là, la nécessité de dresser tout d'abord une classification générale des chartes, subdivisée en catégories d'après leur nature.

Les règles diplomatiques ne sont que la constatation d'usages courants dûment observés. Pour en dresser avec certitude le *corpus plenum* avec toutes les exceptions qu'elles comportent, il faudrait connaître en originaux tous les documents diplomatiques de chaque catégorie; malheureusement beaucoup de chartes sont perdues ; la majeure partie, pour les époques anciennes, ne sont connues que par des copies, et beaucoup ne présentent que des garanties insuffisantes ou nulles. Force est de ne se servir que de celles dont l'authenticité est au-dessus de tout soupçon. Mais alors, avant qu'aucun critérium n'ait été posé, comment pouvait-on établir le *discrimen veri ac falsi* puisqu'il ne peut l'être que par la comparaison d'une pièce avec une autre qui est considérée

---

[1]. *De re diplomatica*, ch. XIII.

comme authentique?[1] Qu'est-ce qui prouvait l'authenticité de celle-ci ¿
Ici Mabillon nous dit lui-même que ni l'ingéniosité et la finesse du
jugement, ni la rencontre fortuite de quelques documents, ni leur examen qui eût été téméraire ou précipité ne suffisaient (et il y a là une
critique indirecte de la méthode de Papenbroeck); c'est seulement en
dépouillant les vieux manuscrits, en scrutant les archives, en lisant les
collections des chartes éditées, qu'on acquiert l'expérience nécessaire
qui permet de distinguer les instruments authentiques des faux[2]. Cet
empirisme, qui est à l'origine de toutes les sciences d'observation, seul
rendait possible la formation d'un recueil de documents qui eussent
quelque chance d'être authentiques; et alors par l'étude de tous les
caractères (et non d'un seul ou de quelques-uns, comme l'avait fait
Papenbroeck) il était possible de se prononcer sur la valeur de celles de
ces chartes[3] qui, constituant « une série de mêmes documents d'une
même chancellerie », offraient constamment les mêmes caractères, et,
par le fait même, étaient authentiques selon toute vraisemblance[4].

On n'arrive qu'à une certitude morale, mais en pareille matière était-il
possible d'atteindre à la certitude métaphysique comme le demandait
Germon? « Qu'on n'exige pas de moi, écrit Mabillon, d'autre raison à
mon opinion sur l'authenticité des diplômes et des instruments ici
proposés comme vrais et sincères, que celle-ci : la forme de l'écriture,
le style et tous les autres caractères portent la marque la plus certaine

---

1. *De re diplomatica, supplementum*, ch. I, num. 3. « Ad hoc enim discrimen certo
statuendum, unum cum altero comparari debebit, quorum alia pro indubitato
auctoris fetu habeantur prae aliis. »

2. *Ibid.*, ch. I, num. 2 : « Neque enim solo proprii ingenii ac judicii ductu, non for-
tuita quorumdam instrumentorum inspectione, non temerario praecipitive examine..., sed longo usu et diuturna experientia, post annorum scilicet fere viginti
spatium, quam revolvendis et perscrutandis antiquis codicibus et archivis, legen-
disque veterum instrumentorum editis collectaneis operam et studium contulis-
sem. Deinde non unius dumtaxat ecclesiae aut monasterii, nec unius tantum
provinciae, sed multarum ecclesiarum ac regionum veteres libros, chartularia et
authentica monumenta et alia cum aliis contuli et expendi, quo non levem
tantum ac tenuem, sed quam accuratissimam et peritissimam obscuri antehac argumenti notitiam comparare possem, » (p. 2). — Cf. num. 3 : « Sic in discernendis
authenticis instrumentis a falsis experientia necessaria est, quae ingenui ac rationis
sola sagacitate suppleri non potest. » (p. 3).

3. *De re diplomatica*, III, ch. VI, num. 2 : « Non ex sola scriptura neque uno solo
characterismo, sed ex omnibus simul de vetustis chartis pronuntiandum. » (p. 241.)

4. M. Prou, *Leçon d'ouverture*, p. 20.

des temps où ces documents furent composés... En un mot, qu'on n'exige pas, pour établir un jugement de cette nature, une raison ou une démonstration métaphysique, mais une raison morale, celle que comporte la matière, et qui n'est pas moins certaine en son genre que la raison métaphysique... Du reste, cette certitude morale ne peut être acquise que par une longue et persévérante observation de tous les faits et circonstances qui peuvent conduire à la vérité recherchée[1]. » Pour atteindre à cette certitude morale, il convenait de déterminer quels avaient été, selon les temps et selon les lieux, les matières subjectives de l'écriture, les encres, les divers genres d'écritures, le style, les subscriptions, les sceaux, les divers modes des dates. Ce sont là les sections du plan général, nous l'avons vu, de la partie proprement diplomatique du traité de Mabillon, chacune d'elles comportant, suivant la classification générale des actes, l'examen successif des chartes ecclésiastiques, des chartes royales et des chartes privées.

L'ouvrage a donc une grande unité de composition. Il est une synthèse puissante qui suppose l'analyse méticuleuse d'une masse considérable de documents; et l'on ne peut s'empêcher d'admirer la vaillance de l'homme qui entreprit le travail gigantesque de patiemment recueillir et d'étudier tant de textes. Mabillon, arrivé au terme de son œuvre, nous dit lui-même que, s'il eût pu concevoir, dès le début, telles qu'il les avait reconnues par l'expérience, les difficultés de sa tâche, il ne lui fût jamais venu à l'esprit de s'aventurer sur ce terrain ardu[2].

Cependant, malgré toute sa diligence, malgré les concours qu'il trouva[3] et plus particulièrement celui de D. Michel Germain, l'infatigable chercheur, Mabillon confessait humblement qu'il n'avait pas tout vu et tout observé de ce qui eût été nécessaire à son œuvre. Aussi demande-t-il qu'on n'interprète pas « severo ac summo jure » les règles qu'il avait établies. Admirable probité de savant qui craint de propager l'erreur, qui met en garde ses lecteurs contre lui-même et les invite à poursuivre ses recherches, à compléter les

---

1. *Supplementum*, num. 2 et 3, pp. 2-4.
2. *De re diplomatica*, III, ch. vi, p. 241.
3. D. Claude Estiennot, le président de Harlay, Vyon d'Hérouval, Baluze, Magliabecchi et surtout Du Cange.

résultats acquis, à corriger les imperfections, à supprimer les incertitudes.

L'ouvrage de Mabillon était, en effet, ni complet, ni exempt d'erreurs ; et l'insistance que le Bénédictin mettait à défendre son ordre semblait sur quelques points donner barre contre lui aux adversaires de sa doctrine, aux Germon, Lallement, Fontanini, Lazzarini, Gatti, et même Hickes qui, s'il ne contestait pas l'ensemble des principes posés par Mabillon, y faisait des objections de détail dont quelques-unes au moins étaient fondées. Et Quicherat lui-même a pu dire avec une apparence de raison que, chez Mabillon, les préoccupations du Bénédictin obscurcissaient parfois la vue si perçante du diplomatiste. J'aime mieux croire à l'entière bonne foi de l'auteur du *De re diplomatica* qui, n'ignorant pas les falsifications dont les vieux moines s'étaient rendus coupables, n'a pas cherché à atténuer leur faute : mais il s'est trompé souvent ; et ses disciples eux-mêmes, D. Ruinart, D. Constant ont commencé, en précisant quelques règles, l'œuvre de correction à laquelle il les avait conviés ; depuis l'époque déjà lointaine où, chez nous, Benjamin Guérard ramenait les érudits à l'étude du *De re diplomatica*, qui avait été remplacé sur la table des savants par le *Nouveau traité de diplomatique* de D. Tassin et D. Toustain, on n'a pas cessé d'apporter à la doctrine de Mabillon des améliorations.

L'étude plus attentive des chartes émanées d'une même chancellerie, rendue plus facile par les publications d'actes qui se sont multipliées surtout en Allemagne et en France, a conduit à rendre plus varié, plus souple, plus riche l'*ars diplomatica*. Les diplomatistes modernes ont amélioré la classification des chartes royales ; ils ont rayé du nombre des matières subjectives de l'écriture l'écorce d'arbre qui, à l'examen microscopique, s'est révélée papyrus, et le papier de coton. L'étude des écritures, la comparaison des documents similaires et de même origine ont été poussées à un degré de précision tel que des actes jusqu'alors considérés comme authentiques ont été reconnus faux ou que de prétendus originaux sont regardés aujourd'hui comme des copies figurées, contemporaines des originaux ou de peu postérieures, quelquefois même comme d'habiles falsifications. Ainsi une critique plus pénétrante, prudente pourtant, devait permettre d'amender et de compléter dans toutes ses parties la doctrine de Mabillon. Il faudrait refaire ici l'histoire détaillée de la diplomatique pour montrer ce qu'est devenue cette science deux siècles après que le *De re diplomatica* en eut jeté les fondements : nous n'y pouvons songer. Quelques exemples suffiront à notre propos.

En faisant usage de documents qui, présentement, sont tenus pour des faux avérés, comme le diplôme de Clovis 1er pour Saint-Mesmin de Micy, comme le testament de Perpétue, ou comme les bulles fausses de Saint-Denis et de Fulda, Mabillon contaminait les règles les mieux établies par lui-même, au point d'admettre au nombre des souscriptions authentiques celle de Clovis et celle de l'évêque Eusèbe : *Ita fiat ut ego Clodoveus volui,* — *Eusebius Episcopus confirmavi.* Il n'avait point, en outre, reconnu en tête des diplômes mérovingiens et carolingiens, et dans les souscriptions des rois mérovingiens le chrismon ou invocation monogrammatique. On a également pu préciser ce qu'il avait écrit sur les formules de notification ou sur l'annonce des signes de validation, comme l'on doit aussi redresser ce qu'il dit de l'ordre des souscriptions dans les diplômes et chartes de la première race, en considérant que très souvent la souscription du chancelier précède celle du roi au lieu de la suivre. En allant plus loin que Mabillon dans l'analyse des textes, les savants modernes ont, dans la teneur des diplômes francs, distingué trois parties : le préambule, l'exposé, le dispositif, qui méritaient chacune un examen particulier, et ils en ont étudié avec une méticuleuse attention les formules. Les érudits ont, de leur côté, apporté d'importantes corrections à la chronologie et à la filiation des rois mérovingiens que Mabillon avait établies ; ils ont fixé avec une exactitude plus rigoureuse les points de départ des règnes pour traduire avec plus de précision les dates des chartes ; ils ont ajouté aux deux indictions signalées par l'érudit du XVIIe siècle, l'indiction égyptienne ou de Bède qui commence au 24 septembre et qui fut surtout en usage à l'époque carolingienne. La lecture des notes tironiennes a fourni des éléments de critique nouveaux. Nous pourrions multiplier ces exemples ; mais à quoi bon ? Ne suffit-il pas de dire que, dans tous les domaines de la diplomatique, royale, pontificale, privée, des légions de travailleurs se sont mis à l'œuvre pour parfaire ce que Mabillon, avec le secours de quelques amis seulement, avait osé commencer ; car, comme le disait un maître ès-diplomatique, « le vaste champ d'exploration qu'il laissait à ses successeurs, c'est lui qui l'avait ouvert ; les erreurs qu'il avait commises, c'est à l'aide des règles qu'il avait posées qu'il était possible de les corriger »[1]. Et, par là, le *De re diplomatica* vaut qu'on ne cesse point de recourir à lui.

Mais il mérite encore d'être consulté, parce que, s'il a vieilli sur bien des points, il est aussi resté jeune sur beaucoup d'autres. La perspicacité de Mabillon lui avait souvent fourni des solutions qui, après avoir été contestées ou oubliées, ont retrouvé, après une enquête nouvelle, la faveur ou l'approbation des savants les plus avertis des choses de la diplomatique. Faut-il rappeler, par exemple, que Mabillon avait reconnu, dans le libellé des dates carolingiennes, une dualité d'action : le *datum* correspondant à l'accomplissement de l'acte juridique consigné dans la charte, l'*actum*, à la confection du document ; qu'il a suffi à M. de Sickel de reprendre cette observation pour en étendre l'application et trouver en elle le dénoûment de difficultés autrement insolubles ; et que Giry, après avoir longtemps hésité à la faire sienne, a fini par s'y rallier ? Faut-il encore rappeler, à titre d'exemple, que l'opinion de Mabillon sur l'usage des bulles de métal dès l'époque de Charlemagne en France, contestée par M. de Sickel, est en définitive, et avec raison, adoptée par Giry ? Mais ce sont là des observations de détail ; il y a plus et mieux dans l'œuvre du Bénédictin : des pages entières ont encore maintenant la fraîcheur qu'elles avaient quand la plume de Mabillon les traçait sur le papier. Qu'on relise spécialement les lignes consacrées à la chancellerie des rois mérovingiens : l'on y retrouvera tout l'essentiel de ce qu'ont pu dire sur ce sujet les plus compétents des historiens des institutions, les Waitz, les Jules Tardif et les Brunner : on n'a pas mieux défini, et en termes meilleurs, les attributions des référendaires et chanceliers ; nul n'a pu pénétrer plus avant dans l'organisation de la chancellerie mérovingienne, et ceux-là mêmes qui, sans tenir compte de ses avertissements, ont tenté de dresser des catalogues des référendaires de la première race, se sont vu reprocher d'avoir composé des listes « qui ne présentent pas de garanties suffisantes pour être d'une grande utilité[2]. » Non seulement « elles ne sont pas fondées sur une étude critique approfondie de tous les documents auxquels leurs noms (des chanceliers) sont empruntés », mais encore, nécessairement incomplètes, elles ne peuvent distinguer

---

[1]. Giry, *Manuel de diplomatique*, p. 63.
[2]. *Ibid.*, p. 709.

dans la plupart des cas les référendaires, chefs de la chancellerie, de leurs subordonnés, les notaires ou chanceliers qui ont souscrit les diplômes. Sur un seul point, en l'espèce, Mabillon est en défaut : c'est quand il croit à la possibilité de reconnaître les simples chanceliers à l'emploi du mot *jussus* dans leur souscription. En effet, voici un diplôme de Clovis III qui mentionne les quatre référendaires Vulfolaicus, Aiglus, Chrodberethus, Vualdramnus[1] : il est du 28 février 694. Or le premier de ces personnages souscrivait sous Thierry III dans un diplôme du 30 octobre 688[2], et de même sous Childebert III, dans un diplôme du 13 décembre 694/695 : *Vulfolaecus jussus optolit*[3]. Mais si Mabillon s'est trompé dans son interprétation, a-t-on jusqu'à présent fourni à ce petit problème une solution satisfaisante ?

Je n'ai pas cité cette erreur du vieux Bénédictin pour le plaisir de surprendre son érudition en défaut[4] ; mais pour faire ressortir un autre mérite de son œuvre : elle pose des questions, invite à en reprendre la discussion et fournit, comme dans le cas présent, au lecteur toutes les ressources pour faire la critique des opinions émises quand Mabillon a cru pouvoir en formuler. L'œuvre de science est aussi une œuvre de conscience : Mabillon ne se contente pas de donner des conseils aux débutants[5], de recommander aux autres la prudence, la sincérité, pour les prévenir du danger de l'hypercritique ; il prêche encore d'exemple. La droiture du savant en avait imposé à ses adversaires mêmes : Germon ne déclare-t-il pas, en 1708, qu'il honorait et estimait véritablement Mabillon, et qu'il aura « tousjours pour la mémoire de l'illustre défunt... l'estime et le respect que je dois[6] ? »

Pour conclure, je suis tenté d'écrire du *De re diplomatica* ce qu'on a dit de l'histoire : Vérité dans le général, erreur dans le détail. Quelles que soient les insuffisances et les erreurs de la doctrine, l'œuvre a pu braver les efforts de la critique ; l'étude et la mise en œuvre d'innombrables documents ont fait subir à la méthode de Mabillon l'épreuve

---

1. Tardif, *Monuments historiques*, p. 26, n° 33.
2. *Ibid.*, p. 20, n° 25.
3. *Ibid.*, p. 27, n° 34.
4. Il a lui-même publié les diplômes de Thierry III (p. 471 n° xiii), de Clovis III (p. 475 n° xix) et de Childebert III (p. 476 n° xx) que je viens de citer.
5. Cf. *De re diplomatica*, III, ch. vi, et *Supplementum*, num. 3 et 4.
6. Cf. *Bibliothèque de l'École des Chartes*, lxvii (1906), p. 589.

décisive, et nous pouvons dire avec les auteurs du *Nouveau traité de diplomatique* : « Son système est le vrai, quiconque voudra se frayer des routes contraires à celles qu'il a tracées ne peut manquer de s'égarer : quiconque voudra bâtir sur d'autres fondements bâtira sur le sable[1]. » Les plus savants ont confirmé ce jugement[2] ; et les meilleurs diplomatistes de notre temps, Sickel, Bresslau, Mühlbacher, Tangl, Rietsch, Erben, etc., en Allemagne ; Quicherat, Mas-Latrie, Giry, Julien Havet, L. Delisle, Prou, etc., en France ; Cesare Paoli, en Italie ; Reussens, en Belgique ; ont été ou sont des disciples de celui qui a mérité d'être appelé le *Père de la Diplomatique*. Le *De re Diplomatica* restera toujours pour les diplomatistes le Discours de la méthode.

---

1. *Nouveau traité de diplomatique*, I, préface, p. XXI. — Cf. Giry, *Man. de diplom.*, p. 63, à qui j'emprunte en la modifiant légèrement la phrase qui précède la citation.

2. Voir entre autres les témoignages de Guérard (*Bibl. de l'École des Chartes*, XVII, p. 2), de Léon Gautier (*Quelques mots sur l'étude de la paléographie et de la diplomatique* (Paris, 1864, in-12, p. 76), de Léopold Delisle, *Le cabinet des manuscrits de la Bibliothèque nationale* (Paris, 1874, in-4, t. II, p. 63).

LA PUBLICATION

DES

« Annales Ordinis Sancti Benedicti »

Par M. Maurice LECOMTE

La Publication

DES

« ANNALES ORDINIS SANCTI BENEDICTI »

Par M. Maurice LECOMTE

La réforme de Saint-Maur, outre son caractère religieux, eut en même temps pour but d'exercer une influence sur les études historiques et littéraires. Les chefs de la Congrégation songèrent d'abord aux travaux qui intéressaient l'histoire de l'Ordre bénédictin. Dom Tarisse prescrivit, le 13 novembre 1647 et le 8 mars 1648, la recherche, la transcription et l'analyse des pièces de tout genre relatives à cet objet, afin d'établir : une histoire générale de l'Ordre, des histoires particulières de tous les grands monastères et un recueil des vies des saints bénédictins. Une *Méthode pour la recherche des manuscriptz* et diverses instructions furent rédigées pour les religieux. La direction de l'entreprise était confiée au pieux et savant Dom Luc d'Achery, dont le programme tenait en quatre rubriques : 1° histoire générale de l'Ordre ; — 2° histoire des origines et du développement de la Congrégation de Saint-Maur ; — 3° recueil des vies des saints bénédictins ; — 4° nouvelles éditions des auteurs qui avaient illustré l'ordre au Moyen-Age.

Ce plan fut exécuté dans ces parties essentielles. Les *Acta Sanctorum*, les *Annales Ordinis Sancti Benedicti*, l'*Histoire littéraire de la Congrégation de Saint-Maur* et les éditions des Pères, en sont des témoignages durables et glorieux.

Dès les premiers temps de la Congrégation, les supérieurs, en vue de faire travailler à l'histoire générale de l'Ordre, avaient envoyé des religieux dans les provinces pour fouiller les bibliothèques et les archives des monastères et y rechercher les originaux des Vies des Saints, et tous les actes et les mémoires pouvant servir à la réalisation de ce vaste projet. Comme les Actes des Saints en sont le fondement, Dom Luc d'Achery et Dom Claude Chantelou avaient travaillé à les transcrire et les mettre en ordre; mais ce dernier étant mort et le premier devenu âgé et infirme, Dom Jean Mabillon fut choisi pour mettre au jour ces monuments avec des observations et des préfaces. Ce savant homme rendit aussitôt compte de son dessein par une lettre circulaire qui fut imprimée en 1667 sous le nom du P. d'Achery et le sien.

Il s'appliqua avec tant d'assiduité à ce travail que, l'année suivante, paraissait le premier tome des *Acta Sanctorum Ordinis Sancti Benedicti*...

Ce fut le premier grand ouvrage qui ait été publié suivant le programme primitif. Les neuf volumes que Luc d'Achery et Jean Mabillon en ont donnés au public de 1668 à 1701 embrassent la période comprise entre la vie de saint Benoît et la fin du XI° siècle. Une grande partie des matériaux destinés à la poursuite de l'entreprise forme les manuscrits latins 11780-11786 de la Bibliothèque Nationale.

Les Bénédictins ne recueillirent pas seulement les Vies des Saints de leur Ordre, mais encore beaucoup de vies de Saints étrangers à la grande famille de saint Benoît, bien que les Bollandistes eussent, pour ceux-ci, entrepris un ouvrage justement célèbre. Les copies des Bénédictins, pour ces monuments, forment les manuscrits latins 11760-11779 de la Bibliothèque Nationale.

Parmi ces matériaux manuscrits, se trouvent les éléments destinés par Mabillon au tome X° par lui laissé en état d'être mis sous presse.

Parallèlement aux *Acta*, Mabillon composa les *Annales*, qui auraient suffi à immortaliser son nom et qui sont l'un des chefs-d'œuvre de l'érudition française.

Dès le mois d'octobre 1677, à l'instigation de Dom Simon Bougis, plus tard général de l'Ordre, il rédigeait et faisait circuler dans toutes les maisons mauristes un « Avis pour ceux qui travaillent aux histoires des monastères de la Congrégation Saint-Maur[1] », dans lequel était arrêté un plan uniforme pour ces histoires particulières. Dom Michel Germain avait voulu, à défaut de la rédaction de ces ouvrages, faire connaître, par des notices particulières accompagnées de planches,

---

1. Exemplaires aux Archives Nationales, mss., n° 1548 (L. 815 n° 12). Document publié dans les *Ouvrages posthumes* de Mabillon, t. II, p. 91.

les maisons qui avaient accepté la réforme des Mauristes. Il avait, dans cette vue, amassé des matériaux dont une partie est conservée dans les manuscrits latins 11818 et 11819 de la Bibliothèque nationale et dont les 169 planches ont été publiées en 1869-1870 par Peigné-Delacourt. On peut apprécier ce qu'aurait été le *Monasticon Gallicanum* dont le privilège fut donné à la date du 6 mars 1687. La publication n'eut pas lieu, mais les matériaux en tout cas furent utilisés pour les *Annales*. Ils devaient l'être plus largement encore et ils restent les matériaux destinés à la continuation de l'ouvrage, suivant un article du programme de d'Achery et de Mabillon.

Mabillon commença à travailler aux *Annales* en juillet 1693, suivant une note de Dom Poirier, l'un des derniers Mauristes [1].

La composition des *Annales* imposa à Mabillon et à son fidèle compagnon Dom Thierry Ruinart, champenois comme lui, un voyage en Alsace et en Lorraine (1696), que celui-ci a conté en latin dans son *Iter Lotharingicum* [2], puis en Touraine et Anjou (1698), en Champagne (1699), en Normandie (1700). Toujours désireux de ne point perdre de temps en visites de pure curiosité, il ne veut pas rester plus d'un jour auprès du célèbre évêque d'Avranches, Daniel Huet, retiré dans son abbaye de Fontenay.

Vers la fin de septembre 1701, nouveau voyage, mais, cette fois, pour revoir deux des plus célèbres monastères de France, Saint-Benoît de Fleury-sur-Loire et Saint-Bernard de Clairvaux, que Mabillon n'avait pas visités depuis de longues années, et surtout pour prier aux tombeaux de saint Benoît et de saint Bernard. Mais au retour, une grande maladie de Mabillon entrava la publication du premier volume, qui ne vit le jour qu'au mois de mars 1703.

Ces courses, renouvelées sans cesse, tantôt à pied, tantôt à cheval ou dans de mauvais coches, imposaient à Mabillon, déjà vieillard, de dures fatigues. L'incessante compagnie de Dom Ruinart ne pouvait les lui adoucir que dans une faible mesure. Mabillon mit donc dix années environ à préparer le premier volume, puisqu'il se mit à

---

1. Bibliothèque Nationale, manuscrits, nouvelles acquisitions françaises, 808, fol. 763 (note de Mercier de Saint-Léger sur un exemplaire annoté de l'*Histoire littéraire de la Congrégation de Saint-Maur*.

2. Cf. E. de Broglie, *Mabillon et la société de Saint-Germain-des-Prés*, 1888, I, 310, notes sur ce voyage.

l'œuvre le 13 juillet 1693 et que ce volume parut en 1703. Il en était, au 28 octobre 1695 à l'année 690, et le 7 juillet 1696 à l'année 780, et il prenait « beaucoup de plaisir à cet ouvrage, quoiqu'il n'y ait guère d'apparence (écrivait-il), qu'à l'âge où je suis je le puisse asseoir[1] ».

Il avait en effet 63 ans. Bien que, suivant une lettre de Dom Hilarion Monnier à Mabillon, il semble qu'on ait eu l'intention de ne laisser paraître les *Annales* qu'après l'établissement de la paix dans l'Église de France[2], Mabillon toutefois poussait l'œuvre avec toute l'ardeur dont il était capable. Le 28 janvier 1702 il écrivit et adressa aux monastères de l'Ordre une lettre pressante de rappel. Deux mois après, l'imprimeur était à l'œuvre pour le premier volume qui parut en juillet 1703[3].

« Nous achevons cette semaine le premier tome de nos *Annales*, qui devait être achevé il y a longtemps », écrit Mabillon à Dom Guillaume Fillastre le 2 juillet 1703[4].

L'épître dédicatoire à Charles-Maurice Le Tellier, archevêque de Reims, datée de mars 1703, est suivie d'une longue préface adressée aux abbés, aux supérieurs et à tous les religieux de l'Ordre. Mabillon y rend compte exactement de son dessein et expose les motifs de l'entreprise, qui se résument en la glorification de l'Église et de l'Ordre. Les précurseurs dans le même genre de travail reçoivent des louanges ; les personnes qui ont procuré des secours et fourni des mémoires sont remerciées avec gratitude.

Guillaume, abbé de Saint-Paul de Rome, au XIVe siècle, Dom Hugues Ménard, Gabriel Bucelin, Gilles Crambeck, auteur du précieux *Kalendarium Benedictinum*, l'Anglais Thomas Maihew, Clément Reinier, Antoine Yepes, ont été d'utiles exemples. Dom Grégoire Tarisse, Dom Jean Harel, Dom Bernard Audebert, Dom Vincent Marsolle, Dom Benoît Brachet, Dom Claude Boistard, tous Mauristes, ont préparé, par l'impulsion donnée aux études dans la Congrégation, la voie que Mabillon a, grâce à eux, suivie sûrement :

1. Bibliothèque Nationale, ms. français 19659, fol. 130.
2. Henri Jadart, *Dom Thierry Ruinart* (1886), p. 155.
3. L'approbation est de la veille des nones de février 1702 ; le privilège du 7 mai, enregistré le 11 ; la permission du 11 juillet. — Les volumes II, III et IV parurent avec les mêmes approbation, privilège et permission, dans les années 1704, 1706, 1707, soit du vivant de Mabillon.
4. Vanel, *les Bénédictins de Saint-Germain-des-Prés et les Savants lyonnais*, p. 373.

Les Oratoriens Le Cointe et Thomassin, aussi bien qu'Etienne Baluze, ont élevé des monuments utiles.

Le modeste religieux n'omet pas de citer ceux qui lui ont fait des apports importants : Dom Hugues Lantenas, Dom Erasme *a Caiela*, du Mont-Cassin, Dom Hyacinthe Allyot, abbé de Moyenmoutier, Dom Barthélemi Senoc, Dom Mathieu Petitdidier, abbé de Senones, les moines de Cluny, les abbés allemands Adalbert et Georges Geyssert, Dom Hermann Schenk, bibliothécaire de Saint-Gall, et aussi Dom Simon Guillemot, sous-prieur de Saint-Ghislain, Dom Joseph Perez, professeur de théologie à l'académie de Salamanque, et Antoine Wion d'Hérouval, savant maître des comptes[1]. Quelques-uns sont morts et Mabillon a pour eux l'expression d'un souvenir ému. Il n'oublie pas ce qu'il doit à leur labeur et à leur science. Mais il ne cite pas Dom Thierri Ruinart, le disciple, le fidèle *socius*, dont la part principale dans le premier volume est l'apologie de la mission de saint Maur en France, composée d'abord en français par l'élève et traduite en latin par le maître.

Les personnes érudites et pieuses accueillirent avec faveur le fruit de labeurs et de veilles, et le pape fit écrire à Mabillon des encouragements.

En France, l'ouvrage fut accueilli avec une vive expression de sympathie. « Il fallait, écrit Bossuet à Mabillon, un aussi profond savoir et une main aussi adroite que la vôtre pour faire un aussi bon tissu. Je prie Dieu qu'il vous fasse la grâce de le pouvoir achever. »

Le *Journal de Leipzig* eut des éloges très vifs ; sa rédaction était éminente.

Au mois de novembre 1704, Dom Simon Bougis informe Dom Martène que « l'édition de D. Jean Mabillon va d'une grande force ; cinq à six feuilles par semaine[2] ».

Il s'agit du tome deuxième, qui parut la même année avec l'approbation, le privilège et la permission déjà imprimés dans le tome premier[3].

1. Les manuscrits et documents de M. d'Hérouval furent légués à la bibliothèque de Saint-Germain en 1709 par M. Petit, chanoine et aumônier de l'église cathédrale de La Rochelle.
2. Bibl. Nat., ms. fr. 25537, fol. 55 v°.
3. Notes critiques, en latin, sur le fond du tome deuxième dans le ms. fr. 17099 (fol. 12 à 20) de la Bibliothèque nationale.

Le troisième parut de la même manière en 1706[1] et présenta, comme les précédents, outre l'histoire monastique, celle de l'Eglise et des Etats d'Occident.

Le quatrième volume publié en 1707 conduisit l'histoire de l'Ordre jusqu'à l'an 1066.

La publication de ce tome fut facilitée et accélérée par l'abbé Bignon.

La préface est brève ; le pieux moine ne l'a pas écrite sans émotion. Il sent la vieillesse le gagner et le pressentiment d'une fin prochaine le hante déjà, bien qu'il n'en ait pas la crainte. « Absit enim ut ab hac regula veritatis, matre inquam Ecclesia, umquam dissentiam, cujus judicio ac censurae quaecumque hactenus scripsi, vel posthac scripturus sum, lubens, volens et ex animo submitto : in cujus sinu et fide semper vixi, et constanter, adjuvante Deo, emori exopto. » Ainsi termine-t-il, par un acte de foi, la préface de son dernier volume publié ; et la même année 1707, le 27 décembre, disparut celui qui restera l'honneur même de l'Ordre de Saint-Benoît et qui disait des *Annales* : « Ultimum hoc vigiliarum mearum opus[2]. »

Ses suprêmes efforts avaient été en effet pour cette entreprise dont il fut publié de son vivant quatre volumes en l'espace de cinq années à peine, à la suite d'une préparation commencée en 1693, et dont il fut publié après sa mort deux volumes seulement en l'espace de trente-deux ans, et ceux-ci avaient à peu près exclusivement été composés à l'aide des matériaux laissés par Mabillon !

Ce n'est pas seulement l'extraordinaire courage du religieux, et encore la documentation riche et précise de ses œuvres qu'il convient d'admirer, mais encore la forme, principalement de ses grands ouvrages d'érudition, *Acta, Annales, De re Diplomatica*, écrits sans la moindre apparence de peine, en une belle et pure langue latine qu'il

---

1. Notes semblables sur ce volume dans le même manuscrit, fol. 3-12. Ces observations et celles indiquées à la note précédente ont été adressées à Dom Mabillon en 1706 par Dom Pierre Laurens, religieux du monastère de Saint-Allyre, au diocèse de Clermont.

2. Ce fut peu de temps après la publication du quatrième volume que Mabillon fut atteint pour ne plus se relever, au cours d'un voyage fait le 1ᵉʳ décembre (1707) à l'abbaye de Chelles, sans la compagnie de Dom Thierry. Il passa forcément plusieurs jours à Chelles et faillit y mourir. (Bibl. Nat., ms. fr. 19639, fol. 14, lettre de l'abbesse de Chelles à Dom Ruinart sur Mabillon, du 22 janvier 1708.)

maniait avec une aisance et une gravité fortes. Cette habileté à se servir d'une langue morte a été si particulière à lui qu'on a souvent et justement comparé sa manière d'écrire le latin à l'admirable langage de Bossuet, et dit qu'il écrivait en latin comme M. de Meaux en français.

Mabillon a laissé manuscrit le tome V^e des *Annales* et la majeure partie des matériaux destinés à un volume suivant. Toutefois, il n'avait presque rien laissé pour le XIIe siècle et les suivants[1].

Si toutefois les matériaux accumulés pour la continuation ne permettaient de composer que deux ou trois volumes, le savant moine avait laissé à l'Ordre, à la Congrégation, presque un autre lui-même en Dom Thierry Ruinart. Si l'élève n'avait pas été à l'honneur de voir son nom inscrit aux titres et même simplement indiqué dans les préfaces, il avait été à la peine des recherches et au labeur de la mise en œuvre.

En possession des matériaux de Mabillon, dont une partie forme les manuscrits français 17696, 17698, 17699 et 17716 de la Bibliothèque Nationale, catalogués *Papiers de Mabillon*, il continua le célèbre mauriste. Il fut de suite considéré comme le directeur des entreprises laissées inachevées par Mabillon.

Les nombreuses lettres de condoléances relatives à la mort de celui-ci[2] furent, en grande partie, adressées à Dom Ruinart, à qui l'on écrivait notamment : « On serait inconsolable si vostre sainte et savante Congrégation n'élevoit dans son sein plusieurs Doms Mabillons, lesquels, avec le secours du ciel qu'elle éprouve continuellement, répareront la brèche et rempliront le vide furieux qu'elle vient de souffrir[3] ».

Le choix de Dom Ruinart par ses supérieurs pour la continuation de l'ouvrage était motivé d'autre manière. Il avait su se faire une réputation par son savant ouvrage, encore si estimé aujourd'hui, des *Acta Sincera Martyrum*.

Mabillon, mort brusquement, n'avait pas eu le loisir de distribuer le quatrième volume. Dom Ruinart en adressa un exemplaire au pape le samedi 13 février 1708, et data sa lettre « e museo Mabilloniano » ; d'autres envois suivirent immédiatement : à Mgr Fontanini, à Rome, au Cardinal Coloredo, à Dom Guillaume Laparre, procureur de l'Ordre

---

1. Bibl. nat., fr. 17680, fol. 245, lettre à Dom de Vic, à Rome, 16 avril 1714.
2. Elles forment une partie du ms. fr. 19639 de la Bibliothèque Nationale.
3. Bibl. Nat., ms. fr. 19639, fol. 149.

à Rome, à Dom Erasme Gattola, prieur du Mont-Cassin, à Dom Anselme Fischer, du monastère de Peterhausen ; à Dom Jacob Eckhausen à Saint-Maximin dans le Luxembourg, à Dom Jacques Boyer, au monastère de Chantenge[1], à Juste Fontanini à Rome, etc. Tous ces envois sont accompagnés de lettres qui attestent la reconnaissance de Dom Ruinart pour les services rendus, les communications faites[2].

Suivant l'usage, Dom Ruinart fit appel aux bonnes volontés pour l'aider dans la suite de l'œuvre. Il s'adressa aux anciens correspondants de Mabillon, et au mois de mars 1709 envoya, par ordre du Père Général, à toutes les maisons de l'Ordre une lettre circulaire spécifiant les articles sur lesquels devaient porter les recherches. Grâce à ses efforts personnels, il pouvait annoncer, le 5 mai 1709, au savant italien, ancien correspondant fidèle de Mabillon, Magliabechi, qu'il commençait l'impression du cinquième volume des *Annales* et qu'il travaillait à continuer la suite de ce grand ouvrage[3].

Mais Dieu ne permit pas que l'élève de Mabillon continuât l'entreprise, et Dom Ruinart mourut prématurément le 29 septembre de la même année, et c'est à son successeur, Dom Massuet, que la plupart des destinataires de la circulaire du mois de mars envoyèrent les renseignements et documents demandés avec précision. Dom Ruinart avait eu le temps, outre divers travaux, d'achever presque, avant sa mort, le IVe volume des *Acta Sanctorum O. S. B.*[4]. Son dernier voyage d'études, au cours duquel il mourut en l'abbaye d'Hautvillers, avait été pour sa province natale, la Champagne, et il avait eu communication sur Saint-Pierre d'Avenay, abbaye de femmes, d'une partie de l'histoire de cette maison, commencée par M. Maucroix, chanoine de Notre-Dame de Reims. Les collaborateurs occasionnels de Mabillon et de Ruinart furent assez nombreux, et l'on peut, sans tenter, ce qui serait chose difficile, d'en dresser une liste importante, sinon

---

1. Il communiqua notamment la liste et les sommaires et textes d'actes des archives de cette abbaye, sise au diocèse de Saint-Flour, qui sont aux fol. 79-82 du ms. fr. 17699 de la Bibliothèque Nationale.
2. Bibl. Nat., ms. fr. 19665, fol. 51-66, 70 etc.
3. *Correspondance inédite de Mabillon et de Montfaucon avec l'Italie*, par Valery, III, 194.
4. Bibl. Nat., ms. fr. 18817, fol. 187 v°.

complète, relever particulièrement les noms suivants avec l'indication des années où la collaboration s'effectua ; car la brève liste donnée par Mabillon lui-même dans la préface du tome premier ne vise que les personnalités les plus éminentes parmi celles qui répondirent favorablement aux circulaires. Il convient donc de citer : Dom Du Laura, en l'abbaye de Montmajour ; Dom Pierre Du Buisson, à Saint-André de Villeneuve-lez-Avignon ; Dom Louis Butin, à Saint-Nicaise de Reims ; Dom Charlet, prieur d'Ahun-lez-Dijon ; Dom H. de Channivet, prieur du Val-d'Osne ; M. Chevalier, chanoine de Saint-Amable de Riom ; Dom Pierre Cordier, à Corbie (1709) ; Dom Pierre Cosson, à Evron (1709) ; Dom R. Coughenier, prieur de l'Abbaye cistercienne de Barbeau (1693) ; Dom Etienne Deschamps, au monastère de Vitré (1707) ; Dom Henry Egel, à Saint-Remy de Reims (1708) ; Dom Jean Gellé, au Mont-Saint-Quentin ; Dom Mathieu Gilbert, à Saint-Benoît-sur-Loire (1708) ; M. Gillot, à Reims ; Herluison, aumônier, bibliothécaire de l'ancien évêque de Troyes, à Troyes (1701-1709) ; Dom Claude Du Pré (notes sur l'abbaye d'Aulnay en Normandie, près de Caen, 1707) ; — M. Le Brun des Marettes, à Orléans (1707) ; Dom Charles Le Couteulx, à la Chartreuse de Gaillon, 1709 ; Dom Denys Nageon, en l'abbaye de Ferrières en Gâtinais, 1706 ; etc.

Et la liste est certainement fort incomplète. On peut ajouter ce que Mabillon et Ruinart ont dû, tant pour les *Acta*, que pour les *Annales*, à Mgr Claude de Saint-Georges, archevêque de Lyon[1].

Dom Ruinart était à peine décédé que le souci de ne pas laisser en suspens les *Annales* fit immédiatement choisir son successeur en la personne de Dom René Massuet, alors âgé de 43 ans[2], religieux de l'abbaye de Saint-Germain-des-Prés, où il enseignait la théologie[3].

Le choix de Dom Massuet donna satisfaction à la majorité des savants,

---

1. M. l'abbé Vanel, *les Bénédictins de Saint-Germain-des-Prés et les Savants lyonnais*.
2. Il était fils de Louis Massuet, avocat au parlement de Rouen, et de Magdelaine Le Grand et avait été baptisé le 1ᵉʳ septembre 1666, en l'église paroissiale de Saint-Ouen de Mancelles. Il eut pour parrain René Massuet et pour marraine Magdelaine Massuet, femme du sieur des Aulnest (Bibliothèque Nationale, ms. fr. 19664, fol. 32, copie de l'acte de baptême délivrée le 3 octobre 1681.
3. La partie de sa correspondance antérieure à la fin de 1709 qui est conservée dans le ms. fr. 19664 de la Bibliothèque Nationale concerne la théologie. On trouve notamment à ce point de vue aux fol. 91-109, une intéressante correspondance de Dom Louis Clouet, de Caen, 1706-1707.

religieux ou autres, qui appréciaient beaucoup l'élu et connaissaient déjà de lui des travaux importants[1].

Chargé par le P. Simon Bougis, supérieur général, de continuer les *Annales*, il comprit l'étendue et la difficulté de ce travail. Nous savons, par Dom Martène, qu'il eut grand'peine à se mettre à l'œuvre. Il éprouvait quelque répugnance, parce que telles n'avaient pas été jusqu'alors ses études. Il consacra six années à lire des manuscrits et des ouvrages imprimés dont le dépouillement était utile. Son application ne s'arrêtait qu'à une heure avancée de la nuit, et sa santé en fut ébranlée, malgré la robustesse de sa constitution. Il mourut le dimanche 16 janvier 1716, sans avoir pu mettre au jour le tome VI, qui parut vingt-trois ans plus tard, le tome V étant déjà composé et l'impression commencée, bien qu'interrompue, lorsqu'il prit en main les *Annales*. Ce dernier volume, publié par Massuet en 1713[2], conduisait les annales de l'Ordre de l'an 1067 à l'an 1116. Mabillon, véritable auteur, parut ici écrire plutôt l'histoire générale que l'histoire d'une collectivité religieuse.

La préface et le long discours qui renferme en abrégé la vie de Mabillon et celle de Ruinart sont seuls entièrement de la main de Dom Massuet. Quelques additions, dans le cours du volume, parurent utiles ; mais elles ne diminuent pas l'attribution principale à Mabillon et à Ruinart. Il est en effet sous le nom de Mabillon, mais la permission d'imprimer du supérieur général des Mauristes, Dom Arnoul de Loo, en date du 31 mars 1713, est donnée à Dom Massuet, et le censeur a été l'abbé Eusèbe Renaudot. En outre, le volume est orné au commencement d'un portrait de Mabillon vu de profil à droite. Cette tournure est motivée. Dom Massuet, qui avait bien connu Mabillon et conservait dans son souvenir comme une photographie du célèbre Bénédictin, s'étonnait que Dom de Vic eût pu, à Rome, adjoindre à sa traduction de la vie du religieux, un portrait qui ne manquât pas de ressemblance. « On m'a dit que vous aviez fait graver de nouveau son

---

1. On trouve aux Archives Nationales, manuscrits, n° 1296, une dissertation autographe de Dom Massuet, « De l'ordination des évesques en Angleterre depuis le changement de religion arrivé en cette isle », qui n'est pas mentionnée parmi les œuvres imprimées de ce religieux par l'*Histoire littéraire de la Congrégation de Saint-Maur* et qui doit être inédite.

2. Privilège du 21 mars 1711, enregistré le 15 avril ; approbation du 19 mars 1713, permission du 31 mars.

portrait; je ne sais sur quel dessin. Mais je puis vous dire que si le graveur ne l'a pas tourné de profil, il n'aura pas réussi. Tous ceux qui l'ont peint ou gravé ici et l'ont tourné de deux tiers ou de trois quarts, ont échoué, à cause de la bouche, qui fut malheureusement gastée par celui qui le tira en plastre après sa mort. C'est un mal auquel il n'a pas été possible de remédier autrement qu'en tournant le visage de profil¹ ».

Ce n'est pas dans la préface, toute biographique, que Dom Massuet a pu expliquer la manière dont il a conduit l'entreprise. Un document précieux montre sa conception : c'est la lettre circulaire en date à Saint-Germain-des-Prés du 21 juillet 1710, dont il envoya des exemplaires à tous les anciens correspondants encore vivants de Mabillon et de Ruinart et à toutes les maisons de l'Ordre.

Il convient d'en donner le texte².

†

Pax Christi

Reverende Pater,

Coeptos ab inclytae memoriae Reverendo Patre Domno Joanne Mabillon Annales Ordinis nostri, et ad quintum usque tomum, id est usque ad annum Christi 1157, feliciter perductos, continuandos sibi cum suscepisset optimi magistri discipulus optimus Domnus Theodoricus Ruinart, immatura morte consumptum, rem intactam infectamque dimisisse, satis, puto, notum tibi. Gravis quidem bonis omnibus ea fuit jactura; sed eo gravior Superioribus nostrae Congregationis, quo resarcire difficilius erat. Ne tamen imperfectum maneret opus Ordini Benedictino simul et Ecclesiae utilissimum, aliquem tanti nominis Scriptoribus, qui coeptos Annales prosequeretur, eruditione licet et coeteris animi dotibus longe inferiorem sufficere maluerunt, quam nullum. Id si sibi literis meis significem, quintumque tomum, quem proelo paratum reliquit Mabillonius statim subjiciendum atque turbidior, jam tempestas paullùm resederit, gratum me facturum putem. Sed cùm ordinis historia generalis ab accurata rerum uniuscuiusque monasterii notitia maxime pendeat, operare pretium est ut monasteria omnia ad totius Ordinis gloriam conspirantia, historicos de rebus suis commentarios nobiscum communicent : eo magis ad institutum nostrum

1. Bibl. Nat. ms. fr. 17680, fol. 245 v°.
2. Bibl. Nat., mss. fr. 17699, fol. 2, brouillon raturé; 17680, fol. 242, copie au net; ces deux pièces de la main de Dom Massuet, la seconde datée et signée.

necessarios, quo pauciora ac rariora occurrunt tum in editis libris, tum in scriniis Mabillonianis monasticae historiae posterioris aevi monumenta. Quam ob rem R. P. Superioris Generalis nomine te rogamus, Pater Reverende, ut unum vel plures è tuis deligas, qui dictos commentarios conficiant, eaque omnia, quam accurate fieri poterit, colligant, quae tum ad monasterii tui, tum ad aliorum Ordinis nostri viciniorum, seu virorum, seu sanctimonialium historiam spectant. Id ut fieret, jam non semel Priores monasteriorum nostrorum hortati sunt Superiores Generales nostrae Congregationis; rogaverat et piae memoriae Domnus Theodoricus Ruinart, scriptis ad singula monasteria nostra encyclicis epistolis: sed hactenus res non omnino successit ex sententia felicius sub manus tuas successuram spirat is, qui modo notrae congregationi praest R. P. Superior Generalis, majorique studio, quam antea, negotium, quod sibi maxime cordi est, promotum iri. Porro commentariorum quibus indigemus initia duci debent ab anno duntaxat Christi millesimo. Praecipua vero de quibus confici optamus, haec sunt.

I. Quis monasterii finis; qua in dioecesi constitutum; cui urbi, fluvio aut rivo vicinius; et in cujus honorem dedicatum?

II. Monasterii fundatio, si anno millesimo posterior fit; à quo et qua occasione facta, qui priores disciplinam regularem in monasterium induxerunt, et unde vocati? qui praecipui ejusdem Benefactores et quae eorum nomina, gens, familia ac beneficia? Hic exscribenda sunt praecipua quaeque tum fundationis, tum donationum instrumenta, accurate notatis tum adscripta die, anno et indictione; tum subscriptionibus, chirographis ac sigillis, servataque eadem prorsus orthographia et scribendi ratione, barbara licet, soloecismisque referta.

III. Quae fuerint, aut etiamnum sint monasterii jura et privilegia et a quibus concessa et confirmata? An in controversiam aliquando venerint, et quomodo finita? Ubi etiam eadem ratione describendae sunt Summorum Pontificum Bullae, Regum ac Principum diplomata, episcoporum literae, aliaque ejusmodi instrumenta, quae historiae fidem conciliare possint.

IV. An aliquod excidium passum aliquando fuerit monasterium; à quibus, quo anno, et qua occasione? Quis restauraverit, et quo anno?

V. An aliis monasteriis olim praefuerit, et quo jure? Qui prioratus ab eo pendeant, et in qua regione ac dioec i siti? a quibus fundati? ubi etiam exscribenda si haberi possint, fundationum instrumenta qui ex iis conventualis olim exstiterint et quamdiu? an aliqui ab ordine distracti, et quando?

VI. Diligenter notanda sunt praecipua quaeque, quae monasterio seu bene, seu male evenerint; varii, quos experta est disciplina regularis, casus; instituta, usus et consuetudines quae ibi viguere. Si quae vero abbatia à regulari ad saecularem statum defecerit habenda, si fieri possit, Bulla quam vocant *saecularisationis*.

VII. Viri illustres, qui seu pietatis, seu eruditionis laude floruerint, vel alia quacumque ratione nomen sibi fecerint. Quo loco ac genere nati, et quo anno mortui? quid ab eis gestum scriptumve fuerit? an edita eorum opera, an adhuc manuscripta, et in qua bibliotheca asservata? Et si qui in album sanctorum relati fuerint, an sincera vitae acta nondum edita vel ab editis diversa habeantur; et a quibus et quando scripta? Nec omittendi qui ex eo monasterio ad Pontificales insulas, vel ad alia regenda, fundanda aut reformanda monasteria variis temporibus, diligenter notandis, vocati sunt.

VIII. Accurata ac continua Abbatum, Priorum aut abbatissarum series, cum praecipuis uniuscujusque seu bene, seu male gestis, ac die et anno obitus.

IX. Sepulturae insigniores, cenotaphia, epitaphia, inscriptiones, ac vetera quaeque monumenta: quae etiam si quis delineandi peritus deformare posset, gratissimum certe faceret; ex enim iis historia non parum illustrari potest.

X. Praecipuae sanctorum relliquiae, quae ibi olim asservatae fuerunt, vel nunc etiam asservantur, a quo, et qua occasione illuc delatae?

Haec fere sunt, Reverende Pater, quae in commentarios referri debent. Coetera scriptorum diligentiae atque prudentiae dimittimus, ut nimirum ea omnia colligere et annotare non pigeat, quae ad rem nostram facere posse videbuntur. Non exigimus vero, ut facta simul contexant, historiamque continua ac cohaerenti oratione scribant; commentarios, historiae generalis argumentum postea futuros, scribere sufficiat. Id unum duntaxat efflagitamus, ut suos quibusque factis et eventis, quàm accurate poterint, assignent annos et indictiones, ut in veteribus instrumentis, certisque monumentis occurrent, nec quidquam unquam referant, nisi citatis ad marginem auctoritatibus, quae narrationis fidem adstruant. Si quae etiam apud vos, vel amicos, exstarent Mabillonii epistolae, magnam a nobis gratiam iniretis, si earum apographa ad nos transmittere dignareris: ut luce aliquando donari possint, quae digniores videbuntur. In ea porro omnia curas tuas conferas, negociumque acriter urgeat, maximopere oro atque obtestor. Id a benegnitate tua consequuturum se sperat

REVERENDE PATER

† Humillimus obsequentissimusque servus

Frater RENATUS MASSUET M. B.

Parisiis in monasterio Sancti Germani a
Pratis die 21 julii 1710.

Dom Eugène Massart, religieux de Saint-Gérard, au palais épiscopal à Namur (1711), se chargea de faire passer la circulaire dans les monastères belges.

Dom R. Massuet ne se contenta pas de faire, au moyen des lettres circulaires, un pressant appel à tous les abbés et prieurs de la Congrégation. Il fit aussi des appels individuels à des bénédictins étrangers notamment à Dom Bernard Pez, savant bibliothécaire du monastère de Mölk [1], qui publia en 1716 une utile *Bibliotheca Benedictino-Mauriana, seu de viris et scriptis Patrum e congregatione S. Mauri*, et à Dom Maurice Müller, bibliothécaire de Saint-Gall [2]. Ce sont les plus actifs correspondants étrangers de Dom Massuet. Il semble résulter de la lettre à Dom Bernard Pez que, suivant l'impression intime de Dom Massuet, son appel pourrait être utilement suivi d'un rappel.

Les correspondants et collaborateurs du religieux de Saint-Germain sont nombreux. Aussi convient-il d'en esquisser une liste, avec l'indication de l'époque pendant laquelle ces secours littéraires furent adressés et, parfois, de l'objet même des communications [3].

Tout d'abord, il faut citer Dom *Edmond Martène*, plus tard le continuateur de l'œuvre, et Dom *Ursin Durand*, tous deux à Paris, qui envoyèrent à Dom Massuet le plus de communications ; puis, parmi les Français et les étrangers :

Dom *Jacques Jouvelin*, moine en l'abbaye du Bec, 1712 : notes relevées dans les anciennes abbayes du Bec et de Saint-Evroul sur Guillaume de Merula, auteur d'homélies, XIIe siècle, etc. ;

Dom *Eloi Ledoux*, en l'abbaye du Bec, 1710 ;

Dom *François Levacher*, de Saint-Remy de Reims : documents et notes sur les maisons religieuses de Reims et des environs, notamment : un extrait de la vie de saint Ulric en 3 livres ; extraits des chartes de Saint-Thierry ; extraits d'une trentaine de chartes de Saint-Remy ; histoire entière de cette dernière abbaye, avec, à la suite de chaque abbé, les sommaires des pièces justificatives ; un cahier de l'histoire de l'abbaye de Saint-Pierre de Reims. — Le laborieux bénédictin rémois eut grand'peine à obtenir communication de pièces, des maisons de femmes ;

M. *Gillot*, régent de l'Université et chanoine de la cathédrale de Reims, étant muni d'une clef du chartrier du chapitre, y releva tous

---

1. Bibl. Nat., ms. fr. 17680, fol. 244, lettre en latin, minute non datée ni signée.
2. *Ibid.*, fol. 283, lettre de Dom Müller à Dom Massuet, 30 septembre 1713.
3. Les éléments de cette liste sont presque uniquement recueillis dans les mss. français 19664 et 19666 de la Bibliothèque Nationale.

les abbés qui avaient signé leurs chartes et dont les noms n'étaient pas rapportés dans le *Gallia Christiana*, article de Reims ;

Dom *G. N. Levesque*, religieux de Saint-Pierre-sur-Dives, 1710 : note sur une médaille de 1524, armoriée, d'un abbé René que ne citent pas la *Gallia* ni la *Neustria pia* ;

Dom *Jacques Moré*, sous-prieur de l'abbaye de Corbigny, 1710 : liste de 16 bulles (XI°-XVI° siècles) originales et scellées, du chartrier de cette maison, concernant les disputes avec l'abbaye de Flavigny[1].

Gaspard Juénin (1650-1713), chanoine à Tournus, oratorien, ancien professeur de théologie à Dijon, puis à Saint-Magloire de Paris, 1710, 1711, par l'intermédiaire de Dom Claude Guérin, religieux de Saint-Denis, puis directement ; — Observations sur les erreurs commises par le R. P. Chifflet et répétées par Mabillon dans sa *Diplomatique*, en ce qui concerne des chartes royales et des bulles relatives à l'abbaye de Tournus[2] ;

Dom *Gabriel de Lacodre*, à Saint-Germain d'Auxerre, 1710 : copies de chartes tirées des chartriers de Clamecy, des XII° et XIII° siècles et concernant l'abbaye de Molesme ;

Dom *Jérôme Deidien*, sous-prieur de Saint-Chinian, 1712, notes rectificatives sur un abbé de cette maison *Reginaldus*, souvent appelé Raymond XIV et sur l'abbaye de Saint-Sever-Cap-de-Gascogne ;

Dom *Louis Fillastre*, à Bayeux ;

Monsieur *Coüet*, ami du P. Fouquet, supérieur de Saint-Magloire, à Paris ;

M. *Baron*, docteur en théologie de la Faculté de Paris, chanoine de l'église cathédrale de Sens et promoteur du diocèse, auteur d'une édition grecque des ouvrages de saint Grégoire de Nazianze, 1708, etc.[3] ;

Dom *Denis Briant*, religieux de la Couture au Mans, et historien de cette abbaye, alors en l'abbaye de Saint-Vincent de cette ville, 1711 ;

Dom *Bridou*, à Pontlevoy, 1711 ;

Dom *Urbain Chatel*, prieur de l'abbaye de Saint-Mihiel, 1712 ; abrégé de l'histoire de ce monastère jusques et y compris Dom Hila-

---

1. Dom J.-B. Delpierre aurait travaillé pour Dom Massuet si Dom Moré n'avait pu le faire.
2. Mss. fr. 19666, fol. 51-60 ; et 19664, fol. 166-169.
3. On peut voir sur lui ms. fr. 18817, fol. 191, 209, dons à la bibliothèque de Saint-Germain-des-Prés.

rion Monnier, prieur, prédécesseur de Dom Châtel, et que Dom Mabillon prisait hautement : notes sur les ouvrages de ce religieux (ms fr. 19664, fol. 87). — Deux ans après, Dom Châtel envoie à Dom Massuet la copie de tous les titres de son monastère et lui explique le monogramme ou abréviation v. t. (= vidit) employée en Franche-Comté comme en Brabant et dans les pays wallons et mise à la fin des placets [1] ;

Dom *Fabry*, prieur de Malmédy-en-Ardennes, 1711 : mémoires sur cette abbaye ;

Dom *Pierre-Emmanuel Navarro*, docteur de Salamanque et professeur, 1711, 1712, 1713 ;

Sœur *Agnès Temple de l'Enfant-Jésus*, prieure du couvent des Bénédictines Anglaises du Champ de l'Alouette ;

Dom *Melchior de Morales*, général des Bénédictins d'Espagne, 1713-1715 ;

Dom *Placide Heiden*, religieux de l'abbaye de Niger-Altaich ou l'Inférieur, en Bavière, docteur et professeur en théologie et en droit canon, 1711, 1712 ;

Dom *Hyacinthe*, abbé de Saint-Etienne d'Herbipolis, en Franconie, 1711 : notes sur l'origine et la fondation de ce monastère et sur 23 des 92 livres manuscrits qui sont conservés dans sa bibliothèque [2] ;

Dom *Bernard Pez*, bibliothécaire de l'abbaye de Mölk en Autriche, 1711-1715 : mémoires sur les monastères de Sainte-Marie de Schiren (Bavière) et sur de nombreux monastères d'Allemagne, de Bohême, de Pologne et de Hongrie [3] :

Dom *Anselme Schramb*, moine de Mölk, 1710, 1711 : mémoires concernant les annales de ce monastère, envoyés à Dom Ruinart, puis à Dom Massuet [4] ;

Dom *Ildefonse Ruiker*, à Vienne, en Autriche, 1711 : observations sur le monastère de Mölk ;

Dom *Adalbert*, abbé de Dessertines, 1711, 1714 [5] ;

1. Ms. fr. 19664, fol. 88.
2. Ms. fr. 19664, fol. 153-159.
3. Dom Pez fit un séjour avec Dom Massuet à Saint-Germain-des-Prés. — Cinq lettres de Massuet à Pez ont été imprimées dans les *Amœnitates literariæ* de Schelhorn (1731, t. XIV).
4. Ms. fr. 19664, fol. 3, 269-285.
5. Ms. fr. 19664, fol. 33-60.

Dom *Benoît Studer*, religieux de la Trinité de Muri, au diocèse de Constance, 1713, 1714 : résumé de l'histoire de cette maison, d'après des Annales manuscrites du P. Anselme Wisenbach, jadis prieur ;

Dom *Martin de Pelsendre* (?) religieux de Saint-Adrien de Gérardmont en Flandre, 1715 : documents hagiographiques de la part de Madame de Beaudequin, sacristine du monastère du Grand-Bigard, près de Bruxelles ;

Dom *Gerold Zurlauben*, abbé de Rheinau, près de Zurich, 1714 ;

Dom *Albert*, abbé de Saint-Paul en Carinthie, 1711 ;

Dom *Maurice Müller*, bibliothécaire et professeur de théologie en l'abbaye de Saint-Gall, 1710, 1711, 1713 : mémoires sur l'histoire et la topographie de ce monastère, ainsi que sur celui de Mölk en Allemagne[1] ;

Dom *Innocent Müller*, moine de Saint-Gall, 1710 : mémoires sur cette maison, en reconnaissance de quoi Dom Massuet lui envoie un portrait gravé de Mabillon ;

Dom *Placide Vettin*, prieur du monastère de Petershausen, au diocèse de Constance, 1710 : mémoires sur cette maison, envoyés à Dom Ruinart et ensuite à Dom Massuet ;

Dom *Félix Egger*, moine de Petershausen, près Schaffouse, 1711, 1712, 1713 : mémoires sur cette abbaye (d'après le P. Gebhard, son récent historiographe), sur l'abbaye de la Nouvelle-Corbie en Saxe, sur les abbayes de Tous-les-Saints et de Sainte-Agnès à Schaffouse ;

Dom *Frowin Christen*, prieur de l'abbaye du Mont des Anges ou Notre-Dame d'Engelberg, en Suisse, 1712 : importante compilation sur ce monastère ;

Jean-George Köning, bibliothécaire à Bâle, aussi correspondant de l'abbé Bignon, 1711 ;

Dom *Erasme*, abbé de Saint-Mathias de Trèves, 1712, borne son concours à renvoyer Dom Massuet au tome Ier, pp. 454-1099, de l'*Italia Sacra* de Dom Julio Lucenti, en ce qui concerne l'histoire de l'évêché du Mont-Cassin.

Les savants religieux de Saint-Germain n'avaient pas à compter sur un grand secours de leurs frères d'Italie. La régularité et les labeurs des Mauristes français édifiaient Clément XI et lui faisaient regretter

---

1. Ms. fr. 19664, fol. 4-5, 18, 204-250 (intéressante série de lettres).

(1713) d'autant plus amèrement le peu de courage et d'entrain des Cisterciens d'Italie à continuer l'*Italia Sacra* qu'un de leurs confrères, Ughelli, avait commencée.

Toutefois, grâce à Dom *Claude de Vic*, qui s'occupait de recueillir sur les abbayes bénédictines d'Italie les éléments utiles à la continuation des *Annales*, Dom Massuet put avoir des correspondants utiles quoique peu nombreux.

Mgr *Fontanini* envoya d'importants mémoires sur l'abbaye de Pescara et quelques autres, car Dom Massuet était « en général assez destitué de monumens particuliers sur les abbaies d'Italie » ; et il ne comptait guère, à leur égard, que sur les imprimés, par exemple la notice des abbayes d'Italie du P. Lubin.

Les mémoires relatifs au monastère de Saint-Michel de *Monte Cavesso* ont été employés dans le cinquième tome des *Annales*.

Le R. P. *Del Giudice* avait communiqué des mémoires à Dom Ruinart, mais ils paraissent avoir été perdus. Dom Massuet ne les avait pas retrouvés dans les papiers du disciple de Mabillon et le P. del Giudice ne se pressait pas de répondre à l'appel de Dom Massuet.

Dom *Erasme di Gaëlla* ou *à Caeta*, prieur du Mont-Cassin, 1711 : envoya des notes sur Saint-Placide de Messine, sur Mont-Réal en Sicile, et sur le Mont Cassin ; il avait déjà adressé d'importantes communications à Mabillon et à Ruinart, puis à Dom Massuet pour son ouvrage sur saint Irénée.

L'abbé *Juste Fontanini*, savant archéologue italien, auteur d'une importante *Histoire littéraire du Frioul*, aida dans une large mesure Dom Massuet au cours de ses recherches sur saint Irénée, et le continuateur des *Annales* fait appel à son érudition : « Cum...., ad Mabilloniana vocatus fuerim, Annaliumque Benedictinorum continuandorum onus..... » (1711)[1].

Dom *Quirini* fait aussi, paraît-il, des découvertes sur les maisons d'Italie ; mais Dom Massuet constate que l'on en peut faire de semblables sans sortir de sa chambre, et il ne les prend pas au sérieux. Dom Quirini ne fut donc pas un collaborateur utile pour le Bénédictin français[2].

Les moines du Mont-Cassin firent une exception à l'indolence géné-

---

1. Ms. fr. 19664, fol. 9-10, 20, 21.
2. Ms. fr. 17680, fol. 247.

rale des religieux italiens pour les études. Ils s'occupaient sérieusement des travaux historiques et, un peu plus tard, le procureur des Bénédictins à Rome, Dom Maloet, informait avec satisfaction ses confrères de Saint-Germain-des-Prés, le 12 février 1727 : qu'un religieux du célèbre monastère italien venait de traduire en leur langue l'*Année bénédictine* de M*me* de Blémur ; qu'un abbé d'un des monastères de la Congrégation du Mont-Cassin allait faire imprimer une *Bibliotheca Benedictino-Casinensis, aliàs Congregationis Sanctæ Justinæ Patavianæ* : histoire, par ordre alphabétique, de tous les religieux de cette congrégation qui se sont illustrés par leurs dignités, leurs talents, leurs ouvrages et leur piété. Il pensait que cet ouvrage serait utile à Dom Thuillier, qui travaillait alors aux *Annales* et surtout à Dom Antoine Rivet, s'il persistait dans son dessein de finir le dictionnaire de l'Ordre auquel il travaillait depuis si longtemps. Cet ouvrage ne vit pas le jour, occupé que fut Dom Rivet jusqu'à sa mort à l'*Histoire littéraire*.

Dom Massuet ne reçut pas la copie de toutes les pièces les plus importantes du chartrier du Mont-Cassin et des chartriers de tous les monastères de la même congrégation. Les supérieurs de ces maisons trouvaient beaucoup d'inconvénient à donner ces pièces au public et par suite à les communiquer même à un confrère qui aurait pu en tirer parti plus largement qu'il ne leur aurait paru convenable. Ce scrupule éclata surtout lorsque le P. Gatola, abbé du Mont-Cassin, manifesta l'intention de publier les pièces les plus importantes du chartrier. Il revint de ses préventions, car il donna au public un recueil considérable de documents.

Dom *Gaspard Erhardt*, — qui n'avait reçu qu'à la fin de 1712 la circulaire de Dom Massuet avec une lettre du 21 juin 1710 et qui répondit le 13 décembre 1714, du monastère de Ratisbonne, — déclina doucement l'invitation parce que l'établissement d'une bonne histoire du monastère exigerait non quelques mois, mais quelques années. Il faudrait que le Bénédictin français prît patience, car Dom Erhardt n'avait pas assez de loisir pour faire autre chose que de souhaiter une longue et glorieuse existence à un Ordre qui possédait un si vaillant historien.

Au mois de juillet 1712, on finissait à peine l'impression du tome cinquième des *Annales* et Dom Massuet avait pris soin de la correction des épreuves. Ses correspondants lui adressaient des éléments nombreux pour les *errata* du tome quatrième, et Dom Jacques Jouvelin, religieux du Bec, s'était montré un liseur attentif, un censeur sévère. Ses notes portaient principalement sur des faits historiques de son abbaye normande, et l'on peut s'assurer, au vu de la page 831 du tome V, que Dom Massuet ne tint pas compte des nombreux errata communiqués par Dom Jouvelin[1].

L'apparition du cinquième volume ne fut, dans le monde des savants et des lettrés, guère moins qu'un événement. On l'attendait, et Dom Massuet eut des termes d'une grande simplicité pour noter le fait dans une chronique contenant les « choses mémorables arrivées en l'abbaye de Saint-Germain-des-Prez-les-Paris depuis l'an 1696[2] ».

On y lit à l'année 1713 : « Les études grâces au Seigneur fleurissent toujours en ce monastère et nos confrères continuent de travailler avec la même application et le même succez. Au commencement de cette année, Dom René Massuet, chargé de continuer les Annales de notre Ordre, commencées par Dom Mabillon, a publié le cinquième tome, que ce Père avoit laissé presque en état de paroistre. Il l'a revû exactement auparavant et y a fait les additions et les changements qu'il a crus nécessaire. Il en a composé la préface, à laquelle il a ajouté un abrégé de la vie de Dom Mabillon et de Dom Thierri Ruinart, dont le public a paru content. Pour le corps de l'ouvrage, il a été receu avec les mesmes applaudissements que les volumes précédents. Les tables de ce cinquième volume sont de la façon de Dom Pierre Sabbatier, compagnon d'études de Dom Massuet ».

Dom Massuet mourut le 26 janvier 1716, et son successeur, dans la conduite des *Annales*, fut Dom *François Le Texier*, alors âgé de 32 ans, ancien professeur de philosophie à Marmoutier, puis à Saint-Vincent du Mans. Il avait été associé à Dom Massuet sur la demande expresse de celui-ci, mais trop peu de temps pour que le nouveau collaborateur fût assez au courant de l'entreprise pour la diriger seul aussi bien que ses prédécesseurs. Il n'y travailla sans doute seul que pendant un an à peine en même temps qu'aux *Acta*, où il s'occupa des saints bénédic-

---

1. Bibl. Nat. ms. fr. 19664, fol. 162.
2. Chronique écrite par Dom Ruinart jusqu'au commencement de 1709, puis par Massuet [jusqu'au folio 243‴, 18 mai 1714], ensuite par Dom Edmond-Jean-Baptiste Duret (Bibl. Nat. ms. fr. 18817, second volume de cette intéressante chronique).

tins du XII⁰ siècle et des suivants. Il avait même fait l'article de Pierre le Vénérable. Les matériaux pour cette période avaient été presque tous recueillis par les successeurs de Mabillon, parce que ses portefeuilles, *scrinia*, étaient assez dépourvus pour les temps postérieurs au XI⁰ siècle.

En raison du peu d'aptitude de Dom Le Texier pour la conduite des *Annales* et des *Acta*, le premier ouvrage fut confié ensuite (1717) à Dom *Vincent Thuillier*, âgé de 32 ans, qui, préoccupé d'autres travaux, se contenta de continuer les recherches, mais, pour ainsi dire, en ses loisirs. L'histoire de la *Constitution* l'occupait exclusivement. Il mourut le 10 janvier 1736. Les *Annales*, durant cette période (1717-1735), n'avaient pas été abandonnées, et ce fut une grande satisfaction pour les Mauristes que, peu de jours après la mort de Dom Thuillier, Dom Edmond Martène suppliât (*suppliciter oravi*) le vicaire général de l'Ordre d'être chargé de l'œuvre et reçut immédiatement de lui le sixième volume inachevé. Dom Martène lut et relut l'ouvrage et établit pour les cinq premiers volumes de nombreuses et importantes additions et corrections qui occupent environ soixante pages du sixième. Ce fut le travail de quelques mois.

L'auteur du *Thesaurus novus anecdotorum*, du *Voyage littéraire*, de l'*Amplissima collectio*, du *De antiquis Ecclesiæ ritibus*, était qualifié pour mener à bien les *Annales*. Pour cette dernière entreprise comme pour ses autres ouvrages, il trouva un érudit et constant collaborateur dans Dom *Ursin Durand*, qui fut son compagnon de voyage.

Mabillon avait amassé à peine quelques matériaux pour le sixième volume qui englobe la période 1117-1157 de l'histoire de l'Ordre ; Ruinart et Massuet apportèrent des compléments ; Dom Martène l'acheva, mais il n'eut pas la satisfaction de le voir répandu dans le public, car il mourut le 20 juin 1739 et le volume parut la même année[1]. Au même temps il travaillait à ajouter deux tomes aux *Acta Sanctorum*.

---

[1]. Privilège du 18 juillet 1720 pour tous les ouvrages de Mabillon, enregistré le 30 ; approbation du 10 mai 1737, de Lancelot, censeur ; permission du 5 mai 1738.

Les *Annales* furent réimprimées avec des additions, à Lucques, par Venturini, en 6 vol. in-folio, 1736-1745.

Les additions de Dom Martène au sixième volume sont insérées entre deux crochets. Celles données à la fin du cinquième volume sont des corrections et des suppléments pour ce volume et les quatre premiers. Parmi les soixante-neuf pièces qui servent de preuve au sixième volume, Martène a donné la préface, qu'il a aussi mise en tête du cinquième volume de ses *Anecdotes* et dans laquelle il retrace l'histoire d'Abélard.

Le titre du tome sixième porte toujours comme nom d'auteur Mabillon, mais avec indication que celui-ci l'a laissé inachevé, et comme nom d'éditeur Dom Martène, à qui le permis d'imprimer a été accordé le 5 mai 1738 par Dom René Lanceau, supérieur général.

La préface, rédigée par Martène, indique la part de Mabillon, de Ruinart et de Massuet dans l'entreprise. La haute probité littéraire de Dom Martène ne pouvait être ici mise à l'épreuve.

Mabillon avait pensé pouvoir renfermer en six volumes la matière des *Annales*. Mais il n'avait pas songé que l'histoire de l'Ordre devenait d'autant plus abondante et riche que l'on avançait dans les siècles. Aussi Dom Martène envisagea-t-il l'opportunité de préparer un septième volume, pour dépasser l'année 1167.

Les matériaux qui pouvaient servir à la continuation sont épars dans un très grand nombre de manuscrits, parmi lesquels les numéros 11818-11821, 12658-12708 et 12777-12780 du fonds latin de la Bibliothèque Nationale, soit cinquante-neuf volumes formant le *Monasticum Gallicanum* de Dom Germain et le *Monasticum Benedictinum*[1]. On y retrouve des notes et mémoires de Dom Etienne Dulaura, Dom Chantelou, Dom Yve Gaigneron, Dom Anselme le Michel, Dom Jacques Boyer, Dom Gérard Bimel, Dom Claude Cotton, Dom Mabillon, Dom Martène, Odo de la Motte, Dom Jérôme Déidier, Dom Gaspard Dumas, Dom Laurent Dumas, Dom Ambroise Frégerat, Dom Jean Hardouyneau, Dom Simon Guillemot, Dom René Boisgautier, Dom Jacques du Chemin. Parmi ces religieux, nous reconnaissons des correspondants des divers auteurs des *Annales*.

Les manuscrits latins 12777 à 12780 renferment des documents sur diverses abbayes de France recueillis par Dom Anselme Le Michel,

---

1. Dépouillement par M. L. Delisle des numéros 12658-12704 dans la *Revue des bibliothèques* (1897, pp. 241-267).

Chantelou, Mabillon, etc. Tous ces volumes proviennent de Saint-Germain-des-Prés, ainsi que tous les volumes des deux *Monasticon*[1].

Loin de dormir inutiles et vains, tous ces matériaux ont été employés pour l'édition nouvelle de la *Gallia* (1716, etc.). Ce recueil contenait l'histoire des évêques de chaque diocèse et de brèves notices sur les abbayes. Les Bénédictins projetaient de consacrer, dans les *Annales*, un travail important et approfondi à chaque abbaye, comme ont fait Dom Martène sur Marmoutier, Dom Bouillart sur Saint-Germain-des-Prés, Dom Félibien sur Saint-Denis, Dom Pommeraie sur Saint-Ouen de Rouen, Dom Jean Huynes sur Saint-Florent de Saumur et sur le Mont Saint-Michel, Dom Noël Mars sur Saint-Laumer de Blois. On connaît les remarquables ouvrages que forment celles de ces notices qui ont vu le jour, soit du vivant de leurs auteurs, soit au XIXᵉ siècle. C'est à cette dernière époque seulement que, sous les auspices de la Société archéologique de Tours, la notice de Martène sur la célèbre abbaye tourangelle fut publiée.

Le sort des monographies restées inédites de Dom Germain a fait l'objet de recherches de M. Léopold Delisle, qui en a exposé le résultat dans la préface du *Monasticon* de Peigné-Delacourt, montré l'utilisation d'un certain nombre par divers Bénédictins notamment pour la *Gallia* (nova). On en retrouve même dans des manuscrits étrangers au deux *Monasticon*, par exemple dans les manuscrits latins 12747, 15659, 17127, 17139, 17254, etc.

Ces monographies étaient au nombre de 178 ; on en connaît cent quatorze ainsi éparses, toutes rédigées suivant un programme que M. Delisle a aussi publié dans la préface du précieux ouvrage de Peigné-Delacourt, resté un complément nécessaire des *Annales* et de la *Gallia*.

La plupart des notices étaient rédigées et la plus grande partie des planches étaient gravées, quand la mort de Dom Germain, survenue le 3 janvier 1694, porta à l'entreprise un coup dont elle ne se releva qu'au siècle passé grâce à la libéralité de Peigné-Delacourt.

Les nombreux matériaux destinés à la continuation des *Annales* n'ont certes pas été inconnus, en ce qui concerne les établissements

---

1. Les notes de Dom Le Michel sont disséminées dans beaucoup de manuscrits provenant de Saint-Germain ; il y en a un nombre considérable dans le n° 11777 du fonds latin de la Bibliothèque Nationale.

bénédictins, des religieux chargés des histoires des provinces de Bourgogne, Bretagne, Champagne, Flandre, Franche-Comté, Languedoc, Lorraine, Périgord, Picardie, Poitou, Touraine, Vexin.

Ces religieux ne se crurent pas toutefois dispensés de faire de nouveau dans les monastères des investigations minutieuses et des copies de pièces. On peut juger de l'importance de leur travail par les inventaires et les catalogues de ces collections provinciales, qui ont été publiés ou qui sont actuellement en préparation par MM. Léopold Delisle, Maréchal, A. de Villefosse, Ph. Lauer, etc.

L'effort des Mauristes en vue de faire connaître l'origine et le développement si large de l'Ordre de Saint-Benoît reste un exemple admirable et utile. Aussi peut-on s'associer sans réserve à l'expression du profond sentiment d'orgueil patriotique de Dom Charles de l'Hostallerie, général de l'Ordre, qui, le 30 mai 1718, voulant mettre sous les yeux du roi de France les plus importants ouvrages dus depuis une quarantaine d'années à l'universelle érudition des Bénédictins, cite : « Acta Sanctorum Ordinis nostri, Annales Benedictinos, Commentarios in regulam sanctissimi Patris nostri, Dissertationes ad tuenda propugnandaque monasteriorum jura[1]. »

C'était le programme de Dom Tarisse, suivi par Dom Luc d'Achery, Mabillon et autres savants moines et dont l'exécution, interrompue et gênée, s'impose encore à l'admiration des savants et leur est un magnifique exemple de courage et de patriotisme. Il est glorieux pour Mabillon que le nom de ce modeste religieux n'en puisse être jamais séparé.

Maurice Lecomte.

1. Ms. fr. 12803, fol. 293.

UN AMI DE MABILLON
DOM CLAUDE ESTIENNOT

Par A. VIDIER

UN AMI DE MABILLON
DOM CLAUDE ESTIENNOT

Par A. VIDIER

Entre tous les confrères de Mabillon, il en est un dont il eût vu certainement avec joie le nom associé au sien dans l'hommage que lui adressent les érudits, si cet hommage avait pu lui être présenté de son vivant. Ce confrère, qui prêta pendant trente années à Mabillon un concours scientifique aussi zélé que désintéressé et qui lui donna toutes les preuves d'amitié et de dévouement dont Mabillon était digne, est Dom Claude Estiennot. L'éloge de Dom Estiennot a été publié par ses confrères Dom Vincent Thuillier[1] et Dom Tassin[2]; de nos jours, M. l'abbé Vanel[3] et les membres de la Société agricole et scientifique de la Haute-Loire[4] ont esquissé sa biographie; l'histoire détaillée de sa vie et de ses travaux prendra place en tête d'un Catalogue de ses papiers qui est depuis longtemps en préparation. En attendant que ce travail ait pu voir le jour, je souhaiterais retracer succinctement l'histoire des relations de Dom Estiennot avec Mabillon.

Dom Claude Estiennot de la Serre, né en 1639 à Varennes au diocèse d'Autun, fit profession à Vendôme en 1659, il étudia la philosophie et la théologie à Saint-Lomer de Blois; de là il adressa en 1666 une pièce de vers latins à d'Achery[5]. Il vint en 1669 à Saint-Germain-des-Prés, et là, au cours d'un séjour d'un peu moins d'une année, il se

---

1. *Ouvrages posthumes de Mabillon et de Ruinart*, t. I, p. 338-341.
2. *Hist. litt. de la Congrég. de S. Maur*, p. 177.
3. Abbé J.-B. Vanel, *Les Bénédictins de Saint-Germain-des-Prés et les savants lyonnais d'après leur correspondance inédite*. (Paris, 1894, gr. in-8, p. 163 et ss.)
4. *Mémoire et Procès-verbaux*, t. V, 1re partie, p. xciii-cxxviii, 259-262, 267-359.
5. *Reverendo in Christo Patri Domno D. Lucae d'Achery, bibliothecae Sangermaniensi custodi perpetuo et vigilantissimo, f. Claudius Estiennot, theologiae Salaunomarae studiosus altitudinem divitiarum sapientiam nempe et scientiam Dei et an. milles. sexcent. sexag. sext. Q.F.F.Q.S.* Bibl. nat. ms. fr. 17685, fol. 314-315.

lia avec Mabillon au point que celui-ci pendant un voyage en Bourgogne fut reçu par le frère et par l'oncle d'Estiennot, et que l'abbé Thiers, curé de Verrières, écrivant le 7 janvier 1670 à Mabillon, désigne Dom Claude, dont il a oublié le nom, par l'expression *son coadjuteur*[1]. En 1670, Estiennot devint sous-prieur de Saint-Martin de Pontoise, et c'est là qu'il commença de dépouiller les archives et de colliger des documents historiques sur les conseils et les encouragements des amis et protecteurs qu'il s'était faits à Saint-Germain-des-Prés. Dès ses premières lettres il manque rarement de saluer Mabillon ; ainsi le 17 juillet 1670, écrivant à d'Achery, il ajoute en post-scriptum : « Je vous prie mon R. P. de saluer de ma part Dom Jean Mabillon et François Pommeraye et Dom Nicolas Wiriot[2] » ; le 14 août 1671, dans une lettre à Dom François Pommeraye, il adressa encore des salutations à divers confrères, dont d'Achery et Mabillon[3].

Le séjour d'Estiennot à Saint-Martin de Pontoise dura jusqu'en 1672 ; il fut consacré au travail d'archives et de bibliothèques. Dès le 26 octobre 1670, écrivant à Dom Claude Martin, assistant du supérieur général de la Congrégation, il fournit, en vue de l'édition qu'on prépare, des renseignements détaillés sur des manuscrits des sermons de saint Augustin, mais il se plaint de n'avoir pas de livres pour faciliter son travail. Ces envois de renseignements vont se poursuivre dès lors sans discontinuer pendant 30 années et porteront sur les innombrables collections qu'il visita. Estiennot ne se borna pas du reste à se montrer un obligeant correspondant, il se révéla en même temps comme un passionné chercheur de documents, et il entreprit d'écrire l'histoire de Saint-Martin de Pontoise, puis celle de Maubuisson.

Je me suis appliqué sérieusement, dit-il à Dom Claude Martin dans la lettre déjà citée, du 26 octobre 1670, à notre petite histoire et en suis présentement en l'an 1500. J'ay quelque chose d'assez curieux pour la noblesse du pays, mais je n'ay trouvé personne qui m'aye pu ayder, et, n'ayant point, ou que peu de livres, il fault que je demeure bien souvent. Le R. P. Dom Jean Mabillon m'escrit que V. R. ne treuve pas mauvais que j'entreprenne

---

1. Vanel, p. 165.
2. Lettre sans adresse, mais où il est question du *Spicilegium*. Bibl. nat. ms. fr. 19644, fol. 1. Cf. une lettre de d'Achery à Estiennot du 11 novembre 1670 publ. par Dom Tassin, *Hist. litt. de la Congr. de Saint-Maur*, p. 181.
3. Vanel, p. 166, d'après ms. lat. 11645, fol. 74.

l'histoire de Maubuisson. Je le feray volontiers si Madame me veut envoyer les chartres dont j'auray besoing comme elle a fait avec RR. PP. Siméon Maubeillard et D. Antoine Livet[1]...

Le manuscrit de l'histoire de Saint-Martin de Pontoise forme 3 volumes dédiés au cardinal de La Tour d'Auvergne actuellement conservés à la Bibliothèque de Pontoise[2]. Estiennot, qui les avait laissés dans l'abbaye, les crut perdus dans la suite[3]. Le 2ᵉ livre de cette histoire existe en deux états : l'un est le 3ᵉ volume de l'histoire de Saint-Martin de Pontoise dédié en 1672 à François d'Aguillancy, grand vicaire de Pontoise ; l'autre forme les *Antiquitates Veliocassium*, dédiées la même année à Vyon d'Hérouval, actuellement ms. lat. 12741 de la Bibliothèque nationale[4].

Quant à l'histoire de Maubuisson, Estiennot en offrit le premier livre à la princesse Palatine Louise de Bavière, abbesse de Maubuisson, le 1ᵉʳ juillet 1671 ; le 2ᵉ livre était alors en préparation. Il existe à la bibliothèque de Pontoise[5] deux copies de ce travail, l'une d'une écriture féminine, et l'autre exécutée par le chanoine Cossart. M. Depoin, qui s'est livré à une étude minutieuse de tous les documents concernant Maubuisson, fait remarquer combien la scrupuleuse brièveté d'Estiennot fait ressortir la verbeuse amplification du chanoine Cossart[6].

En 1672, Dom Estiennot quitta Saint-Martin de Pontoise et fut adjoint à Mabillon pour l'accompagner dans une tournée d'archives et de bibliothèques en Flandre, tournée dont on trouve le compte rendu dans deux lettres de Mabillon qu'a publiées M. l'abbé Vanel[7].

---

1. Bibl. nat. ms. fr. 19644 fol. 2. — Cf. une autre lettre dans Dom Tassin, *Hist. litt. de la Congreg. de Saint-Maur*, p. 181.

2. *Historia regalis monasterii S. Martini supra Viosnam prope et extra muros Pontis Isarae in Vulcassino Franciae*. Bibl. de Pontoise, ms. 16-18 (1558-1560).

3. A propos de l'histoire de Nouaillé, il écrit de Rome le 19 novembre 1686 à Dom Cl. Porcheron : « Je ne sçaurais dire si cette histoire est à Saint-Germain ny si on n'aura pas fait d'elle à Nouaillé ce qu'on a fait à Pontoise de nostre histoire du Vexin où j'avois ramassé tout ce que j'avois trouvé des familles, épitaphes, testamens, etc., c'est à dire qu'on l'a prestée ou donnée ou bruslée en sorte qu'elle ne paroit plus » (Bibl. nat. ms. fr. 19644, fol. 58).

4. Depoin, *Cartulaire de Saint-Martin de Pontoise*, p. v.

5. *Histoire de la royalle abbaye de Sainte-Marie dite de Maubuisson* (Bibl. de Pontoise, ms. 22).

6. Depoin, *Cartul. de Maubuisson*, p. 293.

7. Bibl. nat. ms. fr. 19649, fol. 22 ; fr. 19659, fol. 124.

Il sut probablement au cours de ce voyage faire apprécier ses capacités d'érudit et son goût pour les recherches historiques par celui qui était passé maître en ces matières et dont l'influence était grande à Saint-Germain-des-Prés. Mabillon songeait alors à entreprendre les *Annales historiques* de l'ordre de Saint-Benoît, mais un travail préalable s'imposait : la mise en ordre des archives des monastères, la confection de catalogues, la transcription d'extraits de documents judicieusement choisis. La santé médiocre de Mabillon, la charge que lui imposaient ses multiples travaux ne lui permettaient pas de procéder lui-même à cette besogne préparatoire. Tout au plus pouvait-il, quelques années plus tard, rédiger, à l'intention de ses confrères peu habiles à arranger leurs archives et à en tirer parti, son *Avis pour ceux qui travaillent aux histoires des monastères*[1], instructions que peuvent seules faire oublier celles qu'un savant non moins illustre rédigea trois siècles plus tard pour les correspondants du Comité des travaux historiques.

On peut, sans trop de hardiesse, supposer que c'est Mabillon qui, après avoir encouragé les travaux d'Estiennot sur le Vexin, après l'avoir vu à l'œuvre en Flandre, le désigna au choix du supérieur général éclairé qu'était Dom Marsolle pour procéder à la vaste enquête jugée nécessaire dans les archives et les bibliothèques monastiques de la France entière. Le caractère officiel de cette mission ressortirait, d'après M. l'abbé Vanel, de notes de d'Achery, qu'il cite malheureusement avec une cote inutilisable ; à défaut de ces notes, l'on a le témoignage de Mabillon lui-même dans sa biographie de Dom Marsolle[2] et dans une lettre écrite beaucoup plus tard, le 29 avril 1700, après la mort d'Estiennot, et adressée au prieur de Nouaillé ; Mabillon dit en effet dans cette lettre que le R. P. Dom Marsolle, général de l'ordre, avait chargé Estiennot « de faire des recueils partout pour composer les Annales de notre Congrégation[3] ». Plus tard Dom Vin-

---

1. *Ouv. posth.* II, p. 91-95.
2. Haec ultima fuit peregrinationum mearum [iter Lotharingium] quarum occasionem identidem optimus pater mihi suppeditabat ad revolvenda archiva et scrinia monasteriorum aliarumque ecclesiarum. Quarum peregrinationum prima instituta

cent Thuillier, qui avait continué l'œuvre de Mabillon après que celui-ci l'eut abandonnée pour se consacrer tout entier aux *Acta Sanctorum*, crut, pour témoigner de tout ce que devaient à Estiennot les auteurs des *Annales*, devoir insérer son éloge dans l'édition qu'il donna des *OEuvres posthumes* de Mabillon[1].

En 1673, Estiennot se met en route : il se rend d'abord en Berry et en Poitou ; il est à Chezal-Benoît jusqu'en juin 1674, d'où il se rend à Nouaillé avec le titre de sous-prieur, puis à Solignac en qualité de prieur : il est en 1676 à la Chaise-Dieu et y demeure jusqu'en octobre 1676 ; il est de nouveau à Solignac en novembre 1676, puis se rend à Ambournay en 1677 comme sous-prieur. En 1678, devenu secrétaire de Dom François Girod, visiteur de la province de Toulouse, il reprend l'existence voyageuse qu'il avait déjà menée et qui lui avait procuré tant d'heureuses découvertes dans les archives ; pendant quatre années il parcourt tout le midi, et ce n'est qu'en 1681 qu'il retrouve une résidence au moins provisoire, pour deux années, à Orléans, comme prieur de Bonne-Nouvelle, où il reçut la visite de Mabillon en 1682[2], et d'où il explora toutes les archives de l'Orléanais, du Blaisois, du pays Chartrain et de la Touraine. Enfin en 1684, il est nommé procureur général de la congrégation à Rome : une existence toute nouvelle va commencer pour lui, il cesse de voyager, il demeure à Rome de 1684 à 1699, date de sa mort.

De 1672 à 1684, soit en mission scientifique, soit comme sous-prieur d'Ambronay, soit enfin comme secrétaire du visiteur de la province de Toulouse, Estiennot visita tous les monastères du centre, du sud-est et du sud-ouest de la France[3], se tenant en rapport avec Mabillon par une correspondance qui nous a été en grande partie conservée et qui constitue un véritable journal de ses travaux. Plein d'ardeur à l'ouvrage « gai, content et gaillard », comme il l'écrit[4], il clas-

---

1. T. I, p. 338-341.
2. « Illic [Aurelianis] salutato nostro Claudio, qui prioris officium in monasterio B. Mariae de Bononuntio tunc gerebat, colligendis vicinarum ecclesiarum antiquitatibus indefessus incumbens. » *Itinerarium Burgundicum*, Ouvr. posth., p. 32.
3. On remarquera que Mabillon avait visité ou devait visiter lui-même la Flandre, la Picardie et la Champagne, la Bourgogne et l'Allemagne.
4. Lettre à Mabillon, de la Chaise-Dieu, 15 oct. 1676. (Bibl. nat. ms. fr. 19644, extr. dans Vanel, p. 175.)

sait, analysait et copiait durant huit heures par jour, dressait des listes de manuscrits[1], signalait à Mabillon ceux qui lui paraissaient intéressants, le consultait sur l'opportunité de copies ou de collations.

Je suis Dieu merci, écrit-il à Mabillon, en bonne santé, quoique dans mon voyage j'ai travaillé autant qu'on le peut et que plusieurs jours, je n'ai mangé qu'à sept heures du soir, afin de pouvoir travailler tout le jour. Mais je suis si fort attaché à l'antiquaille que j'y passe sans peine dix à douze heures par jour quand je trouve de quoi les employer[2].

Cette brillante santé et les joies de l'antiquaille ne faisaient pas oublier à Estiennot l'état maladif de son ami; sa préoccupation constante dans ses lettres est d'avoir de fréquentes nouvelles de sa santé. Les hasards de ses pérégrinations ayant mis Dom Estiennot en rapport avec un certain prieur de Chabrières si expert médecin qu'il avait été sollicité par le Grand Seigneur de se rendre à Constantinople pour le soigner, aussitôt il ne songe à rien moins qu'à faire venir Mabillon de Paris à Avignon pour qu'il se mette entre les mains de cet habile médecin[3].

Le zèle d'Estiennot, il faut bien le dire, ne fut pas toujours secondé par la libéralité de ceux qui détenaient les documents recherchés avec tant d'ardeur. Toutes les maisons ne lui furent pas d'un accès également facile.

Dans les abbayes même de l'ordre, si les archives du couvent lui étaient ouvertes, il n'en était pas toujours de même de celles des abbés; force était parfois à Estiennot de partir sans avoir rien vu d'un trésor dont les moines n'avaient pas la clef. Du moins avait-il le soin de laisser à quelque confrère diligent des instructions pour profiter des moments favorables. Témoin cette curieuse lettre qu'adressa, de Solignac, Dom René Du Cher à Estiennot, où il lui rapporte que les moines ont enfin vu leur abbé, que celui-ci a consenti à leur montrer ses archives, qu'il y a constaté des vols et les ravages des rats, les par-

---

1. Liste des mss. de Saint-Allyre dans une lettre à Mabillon du 5 juillet 1676 (Bibl. nat. ms. fr. 19644, fol. 6); liste des mss. des Dominicains de Clermont, lettre à Mabillon du 27 septembre 1676 (Bibl. nat. ms. fr. 19644, fol. 10). — Cf. *Catal. gén. des mss.*, XIV, p. XXIII.

2. Lettre du 9 mars 1681, de La Mourguié, ms. fr. 17679, cité par Vanel, p. 219.

3. Lettre du 20 nov. 1678, de la Mourguié de Narbonne, ms. fr. 19644, fol. 25. Voy.

chemins ont du moins été épargnés, et il lui énumère une série de diplômes carolingiens originaux et toute une série d'autres documents postérieurs[1].

Si les voleurs et les rats ont passé à Solignac, ailleurs ce sont les gardiens des titres qui s'en sont débarrassés : tel ce chanoine de Saint-Gilles qui a brûlé une partie des archives pour désencombrer le chartrier des pièces inutiles[2].

Si Estiennot rencontrait des difficultés pour les monastères bénédictins, c'était bien autre chose encore pour les maisons appartenant à d'autres ordres. A Clermont, les Carmes ne veulent pas laisser dresser la liste de leurs manuscrits, sous prétexte qu'ils sont connus par une liste de Labbe ; les Chartreux ne peuvent rien communiquer sans l'autorisation de leur supérieur ; dans le Midi, un travailleur indélicat a emprunté un manuscrit, il ne l'a pas rendu, et tous les travailleurs deviennent suspects ; des historiens locaux détiennent par devers eux des documents empruntés qu'Estiennot voudrait voir, mais les détenteurs sont absents[3].

Il n'est pas même jusqu'aux supérieurs d'Estiennot qui ne mettent un frein à son zèle ou suspectent ses procédés. D'Ambronay, il voudrait bien aller à Genève ; il s'est procuré des lettres de recommandation de catholiques notables, même de l'archevêque de Lyon, pour MM. de la République, mais le supérieur n'est pas favorable à cette visite en terre protestante. Estiennot insiste auprès de Mabillon[4], il fait même valoir que les auteurs des lettres d'introduction seront fâchés si on ne

---

1. 27 novembre 1676. Bibl. nat. ms. fr. 19644, fol. 199. — Cf. *Bull. de la Soc. archéol. du Limousin*, XLIII, p. 633.
2. Lettre d'Estiennot à Mabillon, Avignon 1ᵉʳ mars 1679 (Bibl. nat. ms. fr. 19644, fol. 29).
3. Estiennot à Mabillon, La Mourguié de Narbonne 20 novembre 1678 : « Il y a icy un jeune homme bourguignon et qui a veu touttes les archives de Saint-Just, Saint-Paul et de la maison de ville ; il a mesme chez luy les plus considérables et ayme fort l'antiquité, j'attends son retour des Estats, ou le mien après Pasques, pour voir tout ce qu'il aura. » (Bibl. nat. ms. fr. 19644, fol. 25.)
4. Lettre du 17 juillet 1677 à Mabillon, Bibl. nat. ms. fr. 19644, fol. 17 et 19. Il insiste encore dans une lettre du 22 novembre 1677, et d'autant plus qu'il pensait combiner ce voyage avec une visite à sa mère : « Ne vous imaginez pas que j'ayme plus mes parens que ny la religion ny vous, dans l'occasion je seray bien aise de leur tesmoigner amitié, mais je seray toujours le maistre de la passion que je pourrais avoir pour eux. » Lettre à Mabillon (Bibl. nat. ms. fr. 19644, fol. 23).

les utilise pas. Ailleurs Estiennot, ne trouvant pas d'autre moyen pour pénétrer dans certains dépôts que de lier partie avec les historiens locaux délégués par l'intendant, est soupçonné par Mabillon lui-même d'abandonner ses confrères pour d'autres collaborateurs. Il s'en défend, mais non sans une pointe d'amertume :

> Le R. P. secrétaire a cru que j'avois eu la pensée de m'engager pour travailler à l'histoire royalle avec mons^r l'intendant, elle n'est jamais entrée dans mon esprit, et j'ay cru faire un assés bon marché en m'accordant de voir avec eux les archives de Nismes, Narbonne et Carcassonne où sont tous les plus beaux titres du Languedoc à condition d'y prendre ce qui seroit à mon dessein et leur marquer ce qui serviroit au leur, puisque sans eux je ne pourrois pas y avoir d'entrée, ny à Nismes où ils sont presque tous hérétiques, ny à Carcassonne où un de nos pères ayant enlevé un ms. ce qu'on a su, sa conduitte y a rendu tous les aultres suspects, mais il arrive quelquefois que les meilleures intentions ne sont pas prises en si bonne part. Je n'en veux point d'aultre exemple que de vous [1].

En dépit des difficultés qu'il rencontra sur sa route, Dom Estiennot accomplit en une quinzaine d'années une besogne énorme, dont tout le profit devait être pour ses confrères et pour les érudits modernes. De 1671 à 1684 en effet, il réunit plus de 40 volumes in-folio d'extraits de tous genres où puisèrent les auteurs des Annales de l'histoire de Saint-Benoît, les éditeurs des Historiens des Gaules et de la France et auxquels chaque jour encore les érudits modernes ont recours pour publier des monographies ou des cartulaires [2].

Les Antiquités du Vexin datent de 1671-1672 (B. N. lat. 12741); celles de Bourges, de 1673-1674 (B. N. lat. 12742-12744); celles de Poitiers, Maillezais et Luçon, de 1673-1675 (B. N. lat. 12755-12758); celles d'Angoulême et de Saintes, de 1675 (B. N. lat. 12753-12754); celles de Limoges et de Tulle, de 1675-1676 (B. N. lat. 12746-12748); celles de Clermont, du Puy et de Périgueux, de 1676 (B. N. lat. 12745,

---

1. Lettre à Mabillon, Avignon 1er mars 1679 (Bibl. nat. ms. fr. 19644, fol. 29).
2. Voy. par exemple l'édition des *Antiquités Vellaves* dans Soc. agricole et scientifique de la Haute-Loire, *Mémoires et Procès-verbaux*, t. V, 1re partie; l'introduction du *Recueil des chartes de Saint-Benoît-sur-Loire* publié par M. Prou et moi ; mes *Obituaires du diocèse d'Orléans*; la bibliographie des *Obituaires français* d'Aug. Molinier, où l'on rencontre de nombreux renvois aux recueils de Dom Estiennot; et la notice de l'abbé Degert : les *Papiers de Dom Estiennot et l'histoire gasconne* dans la *Revue de Gascogne* de 1904, p. 289-321.

12749, 12759); celles de Saint-Flour, de Lyon et de Belley, de 1677 (B. N. lat. 12750, 12740); celles de la Gascogne, du Languedoc et de la Provence, de 1680 (B. N. lat. 12751-12752, 12760-12762); celles de l'Orléanais enfin, de 1682 (B. N. lat. 12739). A côté de cette collection, qui comporte généralement des notices historiques avec preuves, Estiennot réunit sous le titre de *Fragmenta historica* 17 volumes d'extraits de tout genre concernant la région comprise entre la Loire, les Pyrénées et le Rhône (Bibl. nat. lat. 12763-12776, Bibl. de l'Arsenal 1007-1009). Le premier volume de ces *Fragmenta* est daté de 1675; le dernier fut achevé à Rome, il est daté de 1684. Dans l'une et l'autre de ces deux séries, écrites entièrement de la main d'Estiennot sauf quelques fragments copiés par Dom René Du Cher, on trouve non seulement des chartes proprement dites, mais encore des chroniques, des procès-verbaux de visites, des obituaires, des martyrologes. Ces derniers documents faisaient l'objet d'un examen tout spécial de la part d'Estiennot et, à l'intention de Mabillon, il compila de 1673 à 1676 un *Hagiologion* dans lequel il fit passer la matière de 34 manuscrits examinés par lui. Ce recueil intéressant pour l'hagiographie et la liturgie du centre de la France fut adressé à Mabillon en 1677, il est conservé à la Bibliothèque nationale. On y trouve, classés suivant l'ordre du calendrier, des noms de saints avec référence aux manuscrits d'où ils sont tirés et notes critiques. En tête de cette compilation on lit une épître dédicatoire à Mabillon avec description des manuscrits utilisés. Cette préface, qui nous a conservé le souvenir de manuscrits hagiographiques intéressants, est imprimée entièrement ci-après.

Une fois installé à Rome, Estiennot entretint avec Saint-Germain-des-Prés une correspondance hebdomadaire, chaque courrier ou ordinaire portant parfois plusieurs lettres, les unes à Bulteau, ou au prieur, les autres à Mabillon. Une partie, mais une faible partie seulement, de cette correspondance a été publiée par Valery[1] et par Gigas[2], et quand on en a parcouru les originaux, on ne peut que souhaiter de la voir publier intégralement quelque jour. On trouve en effet dans les lettres d'Estien-

---

1. *Correspondance inédite de Mabillon et de Montfaucon avec l'Italie* (Paris, 1846, 3 vol. in-8).

2. *Lettres des Bénédictins de la Congrégation de Saint-Maur* (Copenhague, 1892-1893, 2 vol. in-8°). Voy. aussi quelques lettres des secrétaires d'Estiennot publiées par A. Dantier dans les *Archives des Missions*, tome VI.

not, à côté d'une foule de détails sur ses recherches d'érudition, des nouvelles abondantes et parfois confidentielles sur les affaires politiques et surtout ecclésiastiques[1] du temps, la chronique de la ville, et jusqu'au compte rendu souvent piquant des mascarades du Carnaval. Il ne faut pas au surplus s'en tenir pour cette correspondance aux lettres signées d'Estiennot, il faut y joindre aussi celles que, au moins au début de son séjour à Rome, il adressa au prieur de Saint-Germain-des-Prés avec l'adresse complémentaire « pour M. Corsain à Corsain », en les signant de noms d'emprunt, tels que « Varennes », du 13 novembre 1685 au 14 mai 1686[2], nom de son pays natal, ou « Corsain », du 18 juin 1686 au 1er avril 1687[3]; toutes ces lettres sont de la main d'Estiennot, et il attachait quelque importance à leur contenu, puisqu'il recommanda dans une lettre sans adresse du 4 décembre 1686 de brûler les lettres « Corsain »[4]. Il faut aussi y joindre celles des secrétaires qu'il eut au cours des 14 années que dura son séjour à Rome ; ces secrétaires furent Dom Jean Durand jusqu'à la fin de juin 1687, Dom Jean Guillot jusqu'en 1696, puis Dom Guillaume Laparre, qui était en fonction à la mort d'Estiennot en 1699[5]. L'abondance de la correspondance d'affaires[6] et de la correspondance littéraire que Dom Estiennot devait entretenir tant avec Saint-Germain-des-Prés même qu'avec les prieurs des monastères français, les érudits laïques, notamment Baluze, les cardinaux, les religieux et les nombreux amis qu'il s'était faits à Rome et dans l'Italie entière, l'avait obligé à se décharger sur son compagnon pour

---

1. Par exemple pour le Conclave de 1691, une chronique au jour le jour.
2. 15 lettres, dont deux sans date, ms. fr. 19644, fol. 169-170, et 13 datées soit de l'année, du mois et du jour, soit seulement du mois et du jour, 13 nov. [1685], ms. fr. 19644, fol 173 ; 20 nov. 1645, fol. 171 ; 27 nov. 1685, fol. 158 ; 4 déc. 1685, fol. 160 ; 12 déc. 1685, fol. 161 ; 1 janv. 1686, fol. 162 ; 22 janv. 1686, fol. 167 ; 29 janv. 1686, fol. 164 ; 12 fév. 1686, fol. 165 ; 19 fév. [1686], fol. 175 ; 19 mars [1686], fol. 168 ; 2 avril 1686, fol. 166 ; 14 mai 1686, fol. 176.
3. 11 lettres, ms. fr. 19644. 18 juin 1686, fol. 177 ; 28 juin 1686, fol. 178 ; 1er juillet [1686], fol. 183 ; 2 juillet [1686], fol. 184 ; 5 nov. [1686], fol. 185 ; 13 nov. [1686], fol. 186 ; 19 nov. [1686], fol. 187 ; 16 déc. 1686, fol. 179 ; 14 janv. [1687], fol. 181 ; 29 mars 1687, fol. 180 ; 1er avril [1687], fol. 193.
4. « Je croys que V. R. ferait bien de brusler les lettres à M. Corsain quand elle les aura fait veoir à ses amys. » Bibl. nat. ms. fr. 19644, fol. 59.
5. Vanel, op. cit., p. 228.
6. Voy. par exemple la correspondance de Mabillon avec Estiennot à propos de l'affaire de l'exemption monastique de Rebais de 1693 à 1696. (Vanel, *Bossuet et les Bénédictins de Saint-Maur à propos de Rebais*, dans la *Revue Bossuet*, IV (1903), p. 28.)

la narration des nouvelles courantes[1]; beaucoup de lettres furent ainsi écrites par son ordre : quelques-unes portent, de sa main, un *postscriptum* plus ou moins étendu, parfois limité à quelques mots de salutation.

Si Estiennot avait accepté d'aller se fixer à Rome, ce n'était pas seulement pour y représenter sa congrégation et y prendre soin des intérêts des diverses maisons de l'ordre, c'était avec l'espoir et peut-être la mission d'y poursuivre dans les riches collections manuscrites conservées dans cette ville les recherches d'archives et de bibliothèques auxquelles il s'était passionnément adonné durant les 14 années qu'il avait parcouru la France dans tous les sens. A peine arrivé, il écrit le 2 décembre à Mabillon :

> Nous avons fait nos visites de devoir et de bienséance, où nous avons esté bien reçus ; par tout le reste de notre temps nous l'avons passé aux bibliotèques vaticane et de la reyne de Suède. Nous avons vu dans la Vaticane tous les martyrologes et légendaires dont nous avons fait quelques extraits que vous aurez dans nostre 17ᵉ tome de fragmens et nous verrons ensuitte les historiens qu'on voudra nous laisser voir et copier, car il y a des ordres assés rigoureux pour celà depuis que depuis peu de temps il a paru en Hollande quelques traittés tirés de la Bibliotèque vaticane et qui ne sont pas tout a fait favorables au Saint-Siège... Dans la bibliothèque de la reine de Suède nous sommes bien plus au large, nous voyons les manuscrits les uns après les autres et nous y trouvons beaucoup de bonnes choses pour l'histoire de France et de nos monastères dont ils ont esté presque tous tirés, mais comme monsieur Bellory qui en est bibliotéquaire est fort vieil et qu'il y a près d'une heure de chez nous à cette bibliotèque nous ne pouvons y aller qu'une fois ou deux la semaine et n'y pouvons estre que deux ou trois heures au plus.

Il joint à cette lettre le texte de l'épitaphe du comte Eccard et une liste de pièces contenues dans les collections manuscrites de la reine Christine de Suède[2]. Le 23 décembre, écrivant à Bulteau, il le charge de dire à Mabillon qu'on travaille au tome XVI des *Fragmenta*, et il ajoute : « nous lui enverrons ce qu'il y a de meilleur à la bibliothèque

---

1. Lettre de Dom Jean Durand à Bulteau, 24 avril 1685 : « Le R. P. procureur se trouvant quelquefois trop chargé de lettres et ne pouvant facilement satisfaire à toutes m'a ordonné de vous escrire dorénavant le peu de nouvelles que nous pouvons apprendre de ce pays-ci ». (Bibl. nat. ms. fr. 19643, fol. 14.)
2. Bibl. nat. ms. fr. 12689, fol. 61.

de la sérénissime reine de Suède¹ », et le 30 décembre il écrit directement à Mabillon en lui souhaitant la bonne année et en lui envoyant une liste de 34 manuscrits :

> J'ai vu les mss. de celle [la bibliothèque] de la reine et en ai tiré douze ou quinze cartulaires, chroniques, etc., que vous aurez dans nos tomes de Fragments. On m'a prêté le catalogue des manuscrits de presque toute l'Italie, mais je ne l'ai que d'hier et n'ai pu encore faire des extraits... J'apportai hier neuf ou dix manuscrits de la Bibliothèque de la reine, qui sont chroniques de monastères, volumes de lettres, etc., nous en tirerons ce qui ne sera pas imprimé... Dom Jean Durand qui vous salue aime autant que moi l'étude, nous y passons assez souvent sept à huit heures par jour. Cela nous occupe, nous divertit et ne vous sera pas inutile².

Dans une autre lettre adressée à Bulteau, le 9 février 1685, Estiennot vante l'obligeance de « M. Bellory bibliotéquaire de la R. de Suède et nostre bon amy » :

> Quand nous allons tirer des manuscrits de sa bibliotèque nous sommes obligés de prendre un carrosse tant pour sa commodité que pour pouvoir apporter nos manuscrits car nous n'en apportons jamais moins de huit ou dix. Saluez je vous prie pour moy Dom Jean Mabillon, s'il imprime l'épitaphe du comte Echard, il me fera plaisir de dire quelques mots obligeants de la bibliotèque de la seren. Reyne de Suède et de l'honnesteté du seigneur Pietro Bellory bibliotéquaire³.

A la Bibliothèque Vaticane même enquête diligente de la part d'Estiennot :

> Nous n'avons pas à la vérité la permission d'emporter chez nous les manuscrits parce qu'il y a des bulles qui le défendent, mais nous y restons seuls depuis huit heures du matin jusqu'à six heures du soir toutes fois et quantes que nous voulons⁴.

Cependant le zèle que déployait Dom Estiennot à s'enquérir des bibliothèques, l'habileté qu'il mettait à s'en faire accorder l'accès et l'ardeur avec laquelle il dépouillait les collections, prenait des notes et faisait des copies, n'avaient pas été sans exciter des jalousies ; des rumeurs ou des plaintes étaient à ce sujet parvenues jusqu'à Saint-

---

1. Bibl. nat. ms. fr. 17679, fol. 9 ; Valery, I, 45.
2. Bibl. nat. ms. fr. 17679, fol. 10 ; Valery, I, 47.
3. Bibl. nat. ms. fr. 19644, fol. 39.
4. Lettre à Bulteau du 3 mars 1685 ; Valery, I, 53.

Germain-des-Prés, où l'on s'en était ému. Dom Estiennot protesta, avec beaucoup de dignité, de sa discrétion et de sa prudence ; le passage suivant d'une lettre qu'il adressait à Bulteau montre bien qu'il entendait, avec toute l'autorité d'un homme qui a la conscience tranquille, qu'on le laissât seul juge en cette matière et qu'il ne voulait plus être à ce sujet en butte à des suspicions :

> Nous gardons ici toutes les mesures que nous pouvons et nous voyons plutôt trop peu que trop. Pour le reste, mes amis et vous pouvez être en repos. Monseigneur le cardinal m'a dit plus d'une fois que je pourrais étudier en toute sûreté, voir les bibliothèques, etc. Nous n'allons à celle du Vatican que rarement, ni à celle de la Reine qu'une fois le mois, et on se plaint que nous n'y allons pas assez souvent. Je n'en sache point dans Rome qu'on ne nous ait ouverte ou qu'on ne nous ait invité d'aller voir ; j'ai été prié plusieurs fois d'aller à celle d'Altemps avant que d'y aller. Ainsi nous garderons toutes les mesures que la petite prudence pourra nous suggérer, et je ne prévois rien qui nous puisse faire de l'embarras. Presque tous les jésuites français qui sont ici me viennent voir et m'invitent à leurs cérémonies ; ayant même témoigné au R. P. Assistant que je souhaitais voir une bulle dont j'avais besoin, lui même m'apporta leurs privilèges, etc., et je les ai encore. Ainsi de ce côté là ni du côté des cours je ne vois rien qui nous puisse faire obstacle. Il a fallu autrefois pour avoir un manuscrit de saint Augustin de la bibliothèque de la Reine, employer des cardinaux ; je lui ai demandé cette grâce à elle-même et elle me l'a accordée très obligeamment ; j'en jouis paisiblement et on m'en donne plus quelquefois que je n'en veux... Je vous dis cela une bonne fois pour toutes afin que vous soyez sans appréhension. Grâce à Dieu depuis que je suis en charge je ne me suis point fait d'affaires et je ne commencerai pas... [1] »

Cette ardeur au travail, cette exploitation au profit des laborieux bénédictins de la congrégation de Saint-Maur des richesses de toutes les bibliothèques de Rome par leur Procureur général, donnait de tels résultats qu'Estiennot désirait voir Mabillon reconnaître lui-même les trésors littéraires qui s'offraient à leur labeur. Dès la fin de l'année 1684, Estiennot sollicite Mabillon de venir à Rome, et, l'idée de ce voyage faisant son chemin, Estiennot emploie tous les arguments qui pourront décider Mabillon ; le 30 décembre il lui écrit :

> On parle ici aussi bien qu'à Paris de votre voyage d'Italie, et Monseigneur

---

1. Lettre à Bulteau du 3 mars 1685 ; Valery, t. I, p. 53 ; d'après un ms. particulier, aujourd'hui, Bibl. nat. ms. fr. 17679, fol. 15.

le cardinal Casanata, que je fus voir jeudi, me dit qu'il fallait absolument que vous vinssiez voir les bibliothèques de ce pays-ci... nous vous donnerons cellule, pain, vin, etc., l'hospitalité entière et vous serez *padrone della casa* [1].

Le 6 janvier 1685, il rappelle à Mabillon qu'il lui a déjà marqué dans cinq ou six lettres toutes les notes qu'il a déjà prises, qu'il travaille infatigablement à faire des recueils et qu'il aura d'assez bonnes pièces à lui faire présent ; il insiste pour qu'il vienne au printemps, il lui rappelle que ce voyage est désiré par le cardinal Casanata et par le cardinal d'Estrées, qu'il aura tout ce qu'il voudra dans la bibliothèque de la reine Christine ; il doit cependant compter sur un peu moins de libéralité à la Vaticane :

On vous donnera avec quelque réserve ce que vous demanderez de la bibliothèque vaticane... le livre de M. Maimbourg est ici traité d'hérétique, et il fera peut être qu'on sera encore plus réservé à nous faire voir tout dans la bibliothèque vaticane ; il y a une infinité d'espions, mais il y en a bien qui ne sont pas pour le Saint-Siège.

Estiennot a déjà pu se procurer l'index des manuscrits grecs de la Vaticane, mais il n'a pas encore celui des manuscrits latins ; par contre il a celui d'une partie des manuscrits de Venise ; à Florence, Mabillon verra tout ce qu'il voudra : « le Mont Cassin vous sera ouvert, on me l'a promis » ; ils pourront chercher ensemble dans les bibliothèques Barberini, Altemps, Chigi, etc. Estiennot énumère à plaisir toutes les bibliothèques de Rome dont il fait pour ainsi dire miroiter les noms devant les yeux de Mabillon pour le décider à venir [2]. Estiennot n'était pas le seul à insister auprès de Mabillon pour qu'il vînt en Italie, et à préparer son voyage en lui fournissant d'utiles renseignements préalables. E. Bigot le 25 février 1685 et Thévenot envoyèrent à Mabillon et à Dom Germain des indications dont ils devaient faire leur profit [3].

Enfin le voyage est décidé, et Estiennot, dans une lettre non datée adressée à Bulteau en marque toute sa satisfaction :

J'apprends avec bien de la joye le voyage du P. Mabillon ; il jugera icy de

1. Bibl. nat. ms. fr. 17079, fol. 10 ; Valery, I, 48.
2. Bibl. nat. ms. fr. 17079, fol. 14 ; Valery, I, 51.
3. Gigas, II, 75, 83.

nostre conduitte et de nostre travail et s'il y trouvé quelque chose à corriger nous tascherons de le faire[1].

D'autre part les amis de Mabillon ont mis en jeu toute leur influence pour lui procurer des recommandations auprès des personnages influents ; l'abbé Renaudot, Baluze et surtout Estiennot se sont multipliés dans ce but.

Monsieur l'abbé Renaudot a écrit à ses amys, et Monsieur Baluze à monsgr le cardinal Casanatta le voyage de Dom J. Mabillon ; ce cardinal me dit qu'il avoit écrit au royaume de Naples et donné ordre de lui envoyer un estat des maisons où il y a des manuscrits pour les indiquer à Dom Jean ou les faire apporter à Rome ; on n'oseroit pas avoir refusé cela à nos dits seigneurs ; nos pères du Mont Cassin ont pourtant résolu de n'en plus envoyer et s'ils l'avoient fait il y a 200 ans leur bibliothèque en vaudrait mieux de la moitié, car leurs plus anciens et plus beaux manuscrits sont à la bibliothèque vaticane[2].

La réserve des religieux du Mont-Cassin ne visait pas spécialement Mabillon, l'accueil qu'il y reçut plus tard le prouve abondamment ; mais en d'autres milieux on ne voyait pas d'un bon œil la venue de Mabillon, témoin cet avis que donna Dom Estiennot à Bulteau le 26 avril 1685 :

Monseigneur le cardinal Casanatta me fit hyer voir une lettre qu'on luy escrit par laquelle on luy mande que D. Jean Mabillon vient par ordre du Roy, à ses fraiz, pour acheter des livres et manuscrits pour sa bibliotèque, que nous nous serions bien donné garde de publier si cela avoit dépendu de nous, crainte que cela ne donnât de l'ombrage à des gens qui en sont naturellement remplis[3].

Enfin Mabillon s'est mis en route, mais Estiennot, qui en a été averti, n'a pas été avisé de son itinéraire, ce qui l'empêche d'envoyer les lettres d'introduction qu'il s'est procurées ; il s'en ouvre à Ruinart dans une lettre du 1er mai 1685 :

Je vous suis obligé de me donner avis du départ du R. P. Mabillon, vous m'auriés fait plaisir, ou luy, de me marquer sa route car j'ay des lettres de

1. Bibl. nat. ms. fr. 19644, fol. 150.
2. Lettre d'Estiennot à Bulteau, 10 avril 1685. Bibl. nat. ms. fr. 19644, fol. 46.
3. Bibl. nat. ms. fr. 19644, fol. 47.

recommandation pour luy aux cardinaux Visconti à Milan, Barbarigo à Padoue, Pignatelli à Boulogne, monseigneur l'archevesque à Florence, et je ne sçays où les lui envoyer[1].

Une lettre de Dom Hugues Lantenas à Estiennot, du 6 avril 1685, donne une idée de l'accueil que reçut Mabillon dans les maisons de son ordre qu'il visita en traversant la France pour gagner l'Italie. Dom Lantenas, bien qu'il eût à remercier Estiennot de lettres d'indulgences obtenues par ses bons soins, se serait abstenu encore de lui écrire pour ne pas augmenter une correspondance déjà très chargée, mais le passage trop rapide de Mabillon l'oblige à envoyer à Estiennot, afin qu'il la note à Mabillon, la relation d'une trouvaille archéologique dont il n'a pu l'entretenir; il s'agit d'une cuve baptismale sculptée retrouvée à Saint-Germain d'Auxerre sur l'emplacement de l'ancien réfectoire ruiné par les calvinistes; il voudrait bien que sa cuve figurât dans l'*Iter italicum* qui sera probablement rédigé comme l'on a fait pour le voyage d'Allemagne, comme l'on fera sans doute aussi pour un d'Angleterre qu'on lui a notifié de Paris, et il craint que sa cuve ne soit ensevelie dans un fatras de notes; il la recommande à Estiennot et lui raconte la réception faite à Mabillon à Saint-Germain d'Auxerre le 2 avril précédent :

> J'obtins nonobstant la retraite du saint temps de caresme, sur l'avis qu'on nous avoit donné de Paris du jour et de l'heure de son passage, de sortir de la ville pour aller au devant de luy, mais si sa compagnie du coche ou de diligeance n'avoit pas eu plus de complaisance pour nous que luy d'envie de voir le monastère nous aurions esté privés de l'honneur de l'accompagner du carrosse dans Saint-Germain. Il se laissa donc aller au torrent d'une fort honeste compagnie qui vinrent tous sans en excepter un visiter le tombeau de notre grand saint Germain et de tant d'autres qui l'environnent. J'avois tant de choses à luy dire, mais il me répéta tant de fois qu'on les mettoit à la nuict, qu'ilz avoient encore cinq lieues à faire, qu'il s'étoit retiré fort tard le jour précédent, qu'il falloit par ceste route se lever dès les deux heures, que le sommeil estoit nécessaire, qu'enfin il fallut me contenter de le voir, de le faire saluer à quelques uns de nos confrères qui avoient demandé cette grâce et de luy faire et à toute sa compagnie prendre les légers rafraichissemens que la chaleur et la fatigue du voiage peuvent permettre dans le saint temps de caresme[2].

1. Bibl. nat. ms. fr. 19644, fol. 48; Valery, I, 59.
2. Bibl. nat. ms. fr. 19644, fol. 203.

Sans reprendre ici en détail le récit du voyage d'Italie fait par Mabillon lui-même dans l'*Iter italicum*, je voudrais montrer par quelques emprunts faits à la correspondance de Dom Estiennot que ce n'est pas seulement à la plume si vive et si alerte de Dom Michel Germain que l'on devrait emprunter le commentaire d'une nouvelle édition critique de l'*Iter italicum* qui serait si désirable. Le 19 juin 1685, Estiennot annonce à Ruinart que Mabillon est arrivé le samedi précédent à cinq heures du matin ; on se proposait d'aller au devant de lui, mais on ne l'attendait que le soir, ce fut donc une réception que la modestie de Mabillon fit manquer. Dès l'arrivée, Estiennot, qui reçoit ses deux confrères dans sa maison du Pincio [1], se préoccupe de l'état de la santé de Mabillon :

Nous avons fait prendre aujourd'hui une petite médecine à Dom Jean car nous l'avons trouvé un peu échauffé [2].

Dom Estiennot et Dom Durand se font de suite les cicerone de leurs confrères, ils les accompagnent dans leurs visites. L'accueil reçu est partout satisfaisant. « On ne peut faire à Dom Jean plus d'amitié qu'on lui fait... il verra tout à Rome et au Vatican », dit Estiennot [3]; « nos voyageurs sont ici fort caressés, et visités jusqu'à l'accablement », écrit-il encore [4].

Les mois de juillet, août et septembre furent consacrés au travail :

Nous sommes tous en paix, en santé et occupés à nos bibliothèques et antiquailles à l'ordinaire. Nous aurons soin de nos voyageurs et nous les renverrons, Dieu aidant, en santé et contents des gens de lettres et des bibliotécaires de Rome [5].

1. *Iter italicum*, p. 47. « Junii quinta decima die, quae feria sexta erat, urbem ingressi, divertimus ad hospitium duorum e nostris, qui Romae versari solent, ad clivum Trinitatis, id est in monte Pincio, susceptique ab eis sumus plenissimo caritatis et amoris officio, non solum communis patriae causa et religiouis sed peculiaris necessitudinis, quae dudum inter nos invicem ratione studiorum intercessit. Unus ex illis Claudius Stephanotius non semel a nobis alias laudatus, alter Johannes Durandus, ambo virtuti et litteris dediti qui non tantum congregationis nostrae negotiis quae in Urbe sane exigua sunt, quantum studiis nostris juvandis et promovendis otii impendunt. »
2. Bibl. nat. ms. fr. 19644, fol. 49 ; Valery, I, 65.
3. Lettre du 26 juin à Bulteau ; Valery, I, 67.
4. Lettre à Bulteau, 3 juillet 1685 ; Valery, I, 72.
5. Lettre d'Estiennot à Ruinart du 30 juillet 1685, Bibl. nat. ms. fr. 19644, fol. 50 ; Valery, I, 88.

La mi-octobre arriva, et Mabillon et Dom Michel Germain durent se résoudre à quitter Rome sans avoir achevé toutes les recherches qu'ils souhaitaient faire ; ils s'en rapportaient à Estiennot pour parfaire leur travail : « Le P. Procureur et son compagnon sont d'habiles levriers qui ne manquent ni d'appétit ni d'adresse pour continuer ces prises », écrit Dom Germain à Ruinart[1].

Le 15 octobre, les PP. Mabillon, Germain, Estiennot et Durand quittent Rome :

Nous partons ce matin, le P. Mabillon, D. Michel et moy pour le Mont Cassin, et comme nous serons peut estre obligés de nous séparer pour aller veoir différents monastères, nous menons nostre commis avec nous pour tenir compagnie aux uns et aux aultres. Dom Jean est bien dans le dessein d'envoyer par diverses balles et en plusieurs voyages ses collections, il en a mesme fait un estat, afin que si elles se perdent nous puissions avoir recours aux manuscrits dont nous les avons tirés ; mais il n'a pu encore rien envoyer, parce qu'il trouve quelquefois les mesmes pièces en divers manuscrits et on est bien aise de les conférer[2].

En fin octobre, Mabillon est à Naples, où il est bien reçu[3] ; vers le 20 novembre il est avec Dom Germain au Mont Cassin :

Ils arrivent samedy soir au Mont Cassin où je crois qu'ils feront au moins huit ou dix jours de séjour, nous ne les attendons qu'au commencement du mois prochain[4].

Ce n'est effectivement que le 4 décembre que Mabillon et Germain furent de retour à Rome[5]. Ils y font un nouveau séjour :

Ils ont ici encore à voir les bibliotèques du cardinal Chigi, Barberine, Capranica et la Vaticane ; cette dernière sera celle dont apparamment ils auront le moins[6].

1. Lettre du 20 octobre 1685, Bibl. nat. ms. fr. 17679, fol. 161.
2. Lettre d'Estiennot à Dom Claude Bretagne, 15 octobre 1685, Bibl. nat. ms. fr. 19644, fol. 52.
3. Lettre d'Estiennot à Bulteau s. d. de mois, 1685, Bibl. nat. ms. fr. 17679, fol. 17 ; Valery, I, 156.
4. Lettre d'Estiennot à Dom Porcheron, 20 novembre 1685, ms. fr. 19644, fol. 53.
5. Lettre d'Estiennot, de Durand et de Mabillon à Bulteau, 4 déc. 1685 ; Valery, I, 175.
6. Lettre d'Estiennot à Bulteau de [fin oct.] 1685, ms. fr. 17679, fol. 17 ; Valery, I, 156.

Au printemps Mabillon avait quitté Rome ; le 16 mai 1686, Estienno lui accusait réception de lettres écrites de Florence, 19 avril et 2 mai[1] ; et le 4 juin, il informait Bulteau que les dernières nouvelles des voyageurs dataient de Venise du 18 mai[2]. Le 16 juillet enfin, il répondait à Mabillon qui lui avait écrit de Lyon le 26 juin, et il l'engageait à se méfier de sa correspondance ; on lui a montré une lettre de Florence où on reproche à Mabillon d'être Français et comme tel attaché à la doctrine gallicane, irrévérencieuse pour le Saint-Siège[3].

Cette suspicion de la Cour de Rome pour tout ce qui était français, Estiennot n'eut pas seulement l'occasion de la constater lorsqu'il eut à traiter des affaires de la Congrégation, il se heurta encore à elle lorsqu'il voulut, à la sollicitation de quelque ami, voire même de quelque prélat, accomplir quelque recherche dans les collections du Vatican, tant à la bibliothèque[4] qu'aux archives. Lorsqu'après la mort de la reine Christine sa collection de manuscrits fut incorporée à la Vaticane, Estiennot se vit privé des grandes facilités de travail dont il jouissait, et cela lui fut particulièrement sensible lorsqu'il eut besoin de consulter quelqu'un de ces volumes qui furent distraits de la bibliothèque proprement dite pour être placés dans les archives[5]. Combien significatif est le passage d'une lettre qu'il écrivait à F. De Camps, évêque de Pamiers, en réponse à une demande de renseignements :

> Vous avés sçu que les manuscrits de la bibliotèque de la Reyne ont esté dispersés, une partie est dans la bibliotèque du cardinal Ottobon et l'aultre dans la Vaticane. Je verray où se treuvera le registre de Clément IV pour en copier les lettres de ce pape à saint Louys et à un abbé de Pamiez. Ce que je crains est que ce registre n'ayt esté mis dans l'archive du Vatican avec les aultres registres des papes que Paul V ordonna d'estre tirés de la bibliotèque et estre mis dans un archive qu'il fit bastir pour cela. Vous sçavés que ce n'est pas une affaire à un bon françois et connu pour tel dans la con-

---

1. Bibl. nat. ms. fr. 17679, fol. 19 ; Valery, I, 253.
2. Valery, I, 271.
3. Bibl. nat. ms. fr. 17679, fol. 21 ; Valery, I, 295.
4. Il écrit le 4 mai 1688 à Mabillon : « Nous avons gagné en ce que le R. P. Leandre est cardinal mais nous avons perdu en ce qu'il n'est plus bibliotécaire. Celui qui lui a succédé lui ressemble comme le blanc au noir, il faut lui laisser passer son temps et voir celui qui viendra après lui quel homme ce sera. » (Bibl. nat. ms. fr. 17679, fol. 27 ; Valery, II, 143.)
5. G. de Manteyer, *Les mss. de la Reine Christine aux archives du Vatican* (4 fasc. in-8° extr. de *l'Ecole française de Rome, Mélanges d'archéologie et d'histoire*).

joncture des temps et des affaires d'y avoir entrée et d'y feuilleter ces registres. S'il est dans les bibliothèques je vous en envoyeray une copie ; s'il est dans l'archive je feray ce que je pourray mais je ne puis pas vous promettre de reussir.

En des circonstances plus graves Estiennot dut multiplier ses démarches et user de toute son influence pour éviter à Mabillon une censure ecclésiastique.

En 1698, malgré l'avis contraire de l'un de ses protecteurs, le cardinal Colloredo, Mabillon se décida à publier sous forme anonyme un traité sur le culte des saints inconnus[2] où il s'élevait énergiquement, au nom de la vérité, sur l'abus de prétendues reliques des martyrs tirées des catacombes. Le moment était mal venu pour une pareille manifestation, alors que le pape inondait le monde entier de ces reliques suspectes. Les cardinaux amis de Mabillon, Colloredo, Casanata, appréciaient toute la science de Mabillon, mais ils déplorèrent l'effet produit par cette publication, la foi allait s'en trouver atteinte, et Dom Estiennot, communiquant à son ami l'opinion de ses protecteurs, ne lui dissimula pas combien lui-même trouvait son acte inopportun ; il lui laissa entendre qu'il était bien inutile de s'élever contre des abus qui ne vous touchent pas, lorsqu'on n'est pas en mesure de les faire cesser. Au surplus Estiennot restait tout dévoué à son ami et s'emploierait de son mieux à le défendre. Mabillon, mécontent des réponses dilatoires des cardinaux amis et de la désapprobation d'Estiennot, écrivit à celui-ci une lettre que nous n'avons pas retrouvée, mais qui devait renfermer des reproches assez vifs si l'on en croit une nouvelle lettre d'Estiennot où on lit le touchant passage suivant :

Je vous croys le meilleur amy ou l'un des meilleurs et plus syncères que j'aye au monde, je croys que vous estes persuadé que j'ay pour vous les

---

1. Bibl. nat., ms. nouv. acq. fr. 7391, fol. 53.
2. *Eusebii Romani ad Theophilum Gallum epistola de cultu sanctorum ignotorum*, Parisiis, 1698, in-4°. — *Traduction de la lettre d'Eusèbe Romain à Théophile françois sur le culte des saints inconnus* [par M. de Boin] (Paris 1698, in-12. Sur le traducteur voy. une lettre de lui dans *Ouvr. post.* I, 312). — Il parut en 1705 une 2ᵉ édition de la lettre d'Eusèbe, et une traduction française par L. [Le Roy] de cette deuxième édition ; le texte latin a été réimprimé en 1724 dans le t. II des *Ouvrages posthumes*. — Cf. *Réponse à une lettre de Dom Jean Mabillon sur les saints inconnus* (Cologne, 1698, in-12) et *In epistolam Eusebii Romani ad Theophilum Gallum de cultu sanctorum ignotorum anacrisis... auctore Alexandro Plouverio* (Romæ 1700, in-8°). Ce dernier ou-

mesmes sentimens *de corde bono et in fide non ficta* et sur ce principe je croys aussi que tout ce que j'ay pu vous dire et vous escrire sur la dissertation ne vient que parceque vos interests me sont encore plus chers que les miens[1].

Retracer tout au long l'histoire des polémiques que souleva la lettre d'Eusèbe et traiter des dangers de censure que courut Mabillon m'entraînerait bien au-delà des limites de cette notice; l'affaire durait encore au moment où mourut Estiennot. Qu'il me suffise présentement de dire que de février 1698 à juin 1699 cette affaire, que vint compliquer celle du Quiétisme[2], fut l'objet des soucis constants d'Estiennot, soucis que reflète sa correspondance avec Mabillon[3].

Celui-ci, pleinement rassuré sur le dévouement d'Estiennot dont il avait momentanément douté, et comme pour lui témoigner son regret de l'avoir suspecté, présenta la défense de la lettre d'Eusèbe sous la forme de Lettre à Dom Estiennot.

Dom Claude, qui le 1ᵉʳ juillet avait renouvelé ses réserves amicales sur l'opportunité de la lettre d'Eusèbe, tout en convenant qu'elle aurait pour résultat de rendre plus prudente la distribution des reliques[4], reçut, le 29, l'écrit intitulé : *Fr. Johannis Mabillon commonitoria epistola ad D. Claudium Estiennot procuratorem generalem Congr. Sancti Mauri in curia Romana super epistola de cultu sanctorum ignotorum*, daté du 5 de nones de juillet 1698 et dont le caractère impersonnel est bien marqué par le fait que l'*Epistola* était jointe à une lettre personnelle datée du 8 juillet. Estiennot approuva pleinement le texte de la réponse de Mabillon et lui annonça qu'il allait en faire faire des copies pour les distribuer aux vrais amis[5], et, le 9 septembre 1698, il

---

1. Bibl. nat. ms. fr. 17679, fol. 44.
2. Voy. Fénelon, *Œuvres* (Paris, 1851), t. IX, p. 250, 257, 274, 315, etc. Estiennot, quoique hostile à Fénelon n'adopta pas vis-à-vis de lui une attitude violente.
3. 4 lettres du 18 février au 12 août 1698 ont été publiées dans les *Ouvr. posthumes* de Mabillon, t. I, p. 309, 310, 316, 318, 331 ; trois d'entre elles existent en original dans le ms. fr. 17679 de la Bibliothèque nationale. Valery, t. III, p. 8, 14, 19, 35, 40, a publié 5 autres lettres également conservées dans le même manuscrit. Ce recueil contient encore 10 autres lettres d'Estiennot restées inédites et relatives à la même affaire. Cf. encore des lettres de mai-juin 1699 dans le ms. latin 11662, fol. 11, 13 et 14. Tous ces documents permettront quelque jour de compléter la notice consacrée à cette affaire par Dom Vincent Thuillier (*Ouv. posth.*, introd. p. v).
4. Bibl. nat. ms. fr. 17679, fol. 53 ; Valery, III, p. 8.
5. Bibl. nat. ms. fr. 17679, fol. 58 ; Valery, III, p. 19.

écrivit à Mabillon qu'il avait communiqué l'ouvrage à quelques amis qui en avaient pris copie[1]. L'*Epistola* ne fut publiée que dans le tome I des *Ouvrages posthumes* de Mabillon avec quelques-unes des lettres d'Estiennot ; Dom Vincent Thillier, éditeur de l'ouvrage, plaça à la suite l'éloge d'Estiennot dont on a parlé ci-dessus.

En compensation des soucis que lui causaient ces affaires délicates, et pour lui faire oublier la longueur d'un exil qui durait depuis près de 15 années, Estiennot eut à l'automne de 1698 la satisfaction de recevoir deux de ses confrères, Dom Bernard de Montfaucon et Dom Brioys. Ces visiteurs devaient lui fermer les yeux. C'est du reste à son zèle toujours aussi constant à rendre service à ses amis qu'Estiennot dut de mourir moins seul. En effet au mois de septembre Montfaucon et Brioys travaillaient à la Vaticane, aux bibliothèques Ottoboni et Barberini et à Saint-Basile[2], et Estiennot, désireux d'utiliser le concours d'aussi érudits collègues, fit durer leur séjour le plus longtemps qu'il put, en avril il les retenait encore auprès de lui et en donnait les raisons à Mabillon :

Je garderay ici nos pères, si nos supérieurs m'en veulent croire, tant qu'ils trouveront à y travailler, ils employent bien le temps, eux et nous passons trois jours par semaine à la Bibliothèque vaticane depuis les 8 heures du matin jusques à 5 heures du soir ; c'est à mon avis ce qu'on peut faire les aultres jours dans d'aultres bibliothèques. J'ay retranché les visites actives et passives autant que j'ay pu, ainsi ils emploient fort bien leur temps[3].

En juin 1699, dix jours seulement avant sa mort, il écrit encore à Mabillon pour lui faire part de l'espoir qu'il nourrit d'exploiter pour lui une mine tout à fait nouvelle de documents : les manuscrits et les chartes des monastères basiliens de l'Italie méridionale et de la Sicile. Déjà en 1695 Estiennot avait demandé pour Mabillon au Père Procureur des Basiliens la copie de quelques traités manuscrits de saint Basile conservés dans la bibliothèque de l'archimandritat de Messine[4]. En 1699 c'est de l'imprévu qui arrive à Estiennot de ce côté. Voici en quels termes il en rend compte à Mabillon :

---

1. Bibl. nat. ms. fr. 17679, fol. 64 ; Valery, III, p. 35.
2. Lettre à Mabillon du 23 septembre 1698, ms. fr. 17679, fol. 65 ; Valery, III, p. 40.
3. Lettre du 14 avril 1699. Bib. nat. ms. lat. 11662, fol. 8.
4. Lettre à Mabillon du 8 mars 1695. Bibl. nat. ms. fr. 17679, fol. 32.

Le R.me Père Général de Saint-Basile vient de faire ses visites dans les monastères de son ordre de la Calabre, de la Sicile et de ce que l'on appelait autrefois la *Magna Graecia*, il en a rapporté bon nombre de manuscrits grecs et de diplômes aussy grecs; comme il n'arrive que la veille de la Pentecoste, j'ay cru devoir faire rester icy nos pères encore quelques jours pour pouvoir voir ces diplômes et ces manuscrits s'ils arrivent bientost; il y en a plus de 60 volumes et ils viennent par mer. Nos RR. Pères a ce que je croys ne le treuveront pas mauvais, il ne se peut que dans un si grand nombre de pièces et de manuscrits il ne se trouve quelque chose de bon, ce sont d'ailleurs des diplômes qui n'ont jamais esté ny leus ny examinés par des gens lettrés[1].

Ce n'était pas Dom Estiennot qui devait examiner ces manuscrits. Le 19 juin, rapporte Dom Tassin :

Dom Estiennot fut saisi d'un froid horrible qui dura 14 heures et qui fut suivi d'un chaud extrême et d'une grosse fièvre. Un médecin provençal en qui il avait confiance l'étant venu voir et lui ayant fait donner de l'eau de vie, le malade ne l'eut pas plutôt prise que les yeux lui tournèrent dans la tête; il n'eut précisément que le temps qu'il lui fallait pour recevoir les derniers sacrements et il mourut entre les mains de Dom Bernard de Montfaucon[2].

Cette mort était un véritable deuil pour la Congrégation et pour les nombreux amis d'Estiennot; tel est le sentiment qu'exprimait Montfaucon deux semaines plus tard en écrivant à Bacchini :

Verum novas diuturnioris morae causas adtulit nobis inexspectatus R. P. D. Claudii Estiennot obitus qui contigit 20 mensis junii. Non est quod tibi, vir clarissime, recenseam quanto nos dolore adfecerit tanta jactura quae nec opinantibus accidit, nam 19 junii celebrato missae sacrificio morbum lapsus in sequenti die extinctus est et magnum nobis aliisque omnibus notis et amicis sui desiderium reliquit. Noveras clarissimum virum tuique amantissimum, nec dubito quin frequentem ejus memoriam praesertim in sacrificiis tuis facturus sis[3].

L'un de ceux que la mort d'Estiennot devait le plus toucher était certainement Mabillon, et il n'eut pas la suprême consolation de

---

1. Lettre à Mabillon du 9 juin 1699. Bibl. nat. ms. lat. 11662, fol. 14.
2. Cité par Valery, t. III, p. 66, note.
3. Lettre du 4 juillet 1699.

fermer les yeux de son ami, comme il l'avait fait en 1694 pour Dom Michel Germain [1]. Aussi est-ce à lui tout d'abord que la triste nouvelle fut communiquée par deux lettres, l'une de Montfaucon [2] et l'autre de Dom Laparre, le compagnon ou secrétaire du Procureur Général. La douleur de Mabillon fut grande, on en a la preuve dans le post-scriptum éploré mis par Mabillon à la fin d'une lettre de Ruinart à Gattola du 23 juillet 1699 :

Vacuam hanc pagellam meis verbis et obsequiis replere cupit animus qui tibi tuisque, immo et nostris Casinatibus totus addictus est. Ubinam eos vel una vice revisere et denuo alloqui mihi liceret ! At nunc alia vota postulat haec aetas, quae ad finem, id est ad aeternitatem tendit quo noster Stephanotius insperata pervenit [4].

et le 24 août 1699 Mabillon écrivait encore à Gattola :

Credo te nescire obitum amantissimi nostri Stephanotii cujus obitus multo me dolere affecit [5].

1. *Arch. des Missions*, VI, p. 317.
2. Bibl. nat., ms. fr. 17080 ; Vanel, p. 230.
3. Bibl. nat., ms. lat. 11662 ; Vanel, p. 231.
4. Valery, III, p. 71.
5. *Ibid.*, III, p. 74.

APPENDICE

Hagiologion Gallicanum, ex variis martyrologiis kalendariisque manuscriptis contextum et compilatum, agens de sanctis in Galliis maxime qui olim vivere aut quorum sacrae reliquiae ad ipsas translatae fuerunt. Collegit asceta benedictinus congregationis sancti Mauri annis MDCLXXIII, et MDCLXXIV, LXXV et LXXVI in monasterio Sancti Petri de Casali Benedicto in tractu Chevrensi aliisque suavem sub obedientiae jugo vitam degens et in studiis venerandae antiquitatis occupatam [1].

Reverendo Patri domino D. Joanni Mabillon F. Claudius Estiennot S. P. D.

Hagiologion ex manuscriptis martyrologiis consarcinatum tibi, ut puto, profuturum mitto, pater amantissime, quo tuum me esse probem, et in scrutandis eruendisque antiquitatum monumentis totum esse intelligas, non ut te assequar quidem, sed ut sequar. Manuscriptis vero martyrologiis quibus in eo conficiendo usus sum ut fidem quam merentur adhibeas, cujus aevi sint, quantum conjicere licuit, expono. Sed te prius certum monitumque velim ea me impigre scrutatum fuisse, et quae legi fide syncera et non ficta retulisse.

I. Martyrologium Casalis Benedicti [2] saeculo XI scriptum et exaratum opinor, faventque sententiae meae tum characteres tum sancti ab XI saeculo, quorum nomina recentiori manu superaddita illi fuere; copia mihi videtur antiquioris et Sancti Florentii Salmuriensis et e Corneliaco [3], Pontelevicnsi [4] coenobio vicino, quod incoluere monachi Sancti Florentii statim a fundatione ipsius, ut narrat author libri de Castro Ambasiae. Mutuati fuere nostri Corneliacenses et ad Casale Benedictum usque paulo post accessit copia. Sed et in bibliotheca Pontelevicnsi extat altera item vetusti martyrologii, omnino exemplari Casalis Benedicti similis, de qua postea.

II. Lemovicense manuscriptum martyrologium appellavi, tum quia sanctos Lemovicensis dioecesis plures ex professo recenset, tum quia illud

---

1. B. N. lat. 12587 (anc. S.-Germ.-des-Prés n° 484 ; Rés. S.-Germ. 114 n° 1 ; R. 310).
2. Chezal-Benoît, Cher, arr. Saint-Amand, cant. Lignières. — Cf. Molinier, *Les Obituaires français*, n° 456, qui cite des extraits du nécrologe par Dom Estiennot (Bibl. nat. ms. lat. 12744, p. 162).
3. Cornillé, Maine-et-Loire, arr. Baugé, cant. Seiches.
4. Pontlevoy, Loir-et-Cher, arr. Blois, cant. Montrichard.

ab asceterio Grandimontensi[1] abductum opinor. Illud mihi cessit V. C. dominus D. Catherinot, regius in urbe Bituricensi advocatus[2], et de re litteraria bene meritus. Quingentorum annorum ut puto aetatem habet, si quidem in eo SS. Bernardus, Willelmus archiepiscopus Bituricensis, Stephanus Grandimontensis et alii bene multi recentiori manu superaddit fuere.

III. Hagiologion parthenonis Sancti Laurentii Bituricensis[3] misit ad me piissima domina Anna de Fauvelet, regalis hujus coenobii abbatissa, eoque usus sum tum quia P. Labe nonnulla omiserat, alia quaedam mutaverat, tum quia similis, et idem fere, cum Lemovicensi aliisque mihi visum fuit ; copia est vetustioris et ut conjicio Navensis[4] et ab annis quadringentis exarata.

IV. E kalendario Noindriacensi nonnulla excepi, quippe illud satis antiquum ex vetustiori transcriptum visum fuit, et a kalendario Sancti Austregesilli[5] de castro Bituricensi ut traditio asserit. Porrho Nondriacum ordinis forte Benedictini primitus coenobium fuit, et postea Augustiniani, situm est ad confluentias Noindriaci fluvioli et Fuzonis prope Graciacum[6] in valle peramoena et pingui. Jam a multis annis semel canonici (qui antea bis erant) facti sunt. Restauravit hanc domum Raimbaldus, e familia DD. de Gracès oriundus et sacerdos ; circa annum MC memoratur in necrologio domus, kalendis septembris [1 sept.] his verbis : « anniversarium pro Raimbaldo sacerdote, hujus templi primo fundatore.... ». E quo quidem necrologio pauca subjungo ne pereant :

« III kal. septembris [30 aug.] dedicatio hujus templi...

XV kal. martii [15 febr.] ordinatio sancti Austregesilli.

V kal. februarii [28 jan.] obiit Reginaldus de Sancto Palladio, Vastinensis dominus.

Kal. Februarii [1 febr.], vigilia purificationis et missa de vigilia.

VII kal. martii [23 febr.] obiit bonae memoriae Hervaeus de Graciaco, miles etc... »

V. Kalendarium Graciacense suppeditavere domini decanus et canonici beatae Mariae Graciacensis. Haec basilica, quam modo canonici possident, olim monachos habuit. Nonnulla supersunt rudera quae quantis ab annis extiterint satis ostendunt ; circa annum MC et citius canonicos suscepit. Kalendarium vero quo usus sum copia est antiquioris, et ut opinor Masciacensis[7].

1. Grandmont, Haute-Vienne, commune de Saint-Sylvestre.
2. Historien berrichon, auteur de nombreux opuscules dont on trouvera le détail dans le *Catalogue général* de la Bibliothèque nationale, t. XXIV, col. 1147 à 1162. Voy. sur sa biographie les *Mém. de la Soc. hist., litt., artistique, etc., du Cher*, 2ᵉ série, I, p. 63.
3. Saint-Laurent de Bourges.
4. Naves, Corrèze, arr. et cant. Tulle.
5. Saint-Oustrille de Bourges.
6. Graçay, Cher, arr. Bourges, sur le Foizon.
7. Massay, Cher, arr. Bourges, cant. Vierzon.

E necrologio ejusdem ecclesiae nonnulla refero :

« x kal. februarii [23 jan.] obiit nobilis vir dominus Johannes de Graciaco, hujus ecclesiae prior.

vii kal. martii [23 febr.] obiit bonae memoriae domnus Hervaeus de Graciaco miles.

ii id. martii [14 mart.] commemoratio dominae Margaritae de Sancto Palladio, dominae de Graciaco.

xvi kal. aprilis [17 mart.] anniversarium Reginaldi de Graciaco, dominus Domus fortis (vulgo Maisonfort les Gracey).

xiii kal. aprilis [20 mart.] dedicatio hujus basilicae.

xi kal. aprilis [22 mart.] anno incarnati verbi MVII viam universae carnis ingressus est Reginaldus, Castri Graciaci princeps, qui hanc construxit basilicam.

Stemma gentilitium DD. Graciacensium multis in locis apud Graciacum visitur et tale est : *d'azur au lyon rampant d'or.*

Duo alia ibidem olim erant monasteria ordinis Benedictini, videlicet Sancti Phaletri[1] et Sancti Martini, at sunt modo prioratus simplices a Masciaco dependentes.

VI. Barzellense[2] martyrologium in paucis a Lemovicensi differt, ab annis ut puto CD exaratum, si quidem de sanctis Willelmo, Francisco et aliis ab anno MCC nullum verbum facit, aut si memoria eorumdem occurrat recentiori manu addita fuit. Porro Barzella monasterium est ordinis Cisterciensis, non longe a Valenciaco[3] situm ad ripam fluvioli de Rhenaon Landesii[4] filia, de quo coenobio vide partem Iam Antiquitatum nostrarum ordinis Benedictini in dioecesi Bituricensi[5].

VII. Exoldunense[6] hagiologion in multis convenit cum martyrologiis Lemovicensi, Sancti Laurentii Bituricensis, Casalis Benedicti, etc. Ejusdem aevi fere ac Barzellense et Lemovicense ; de sanctis ab anno MCL ne verbum quidem facit, aut recentiori charactere addita fuere nomina Bernardi, Willelmi Bituricensis archiepiscopi, et aliorum. Ab annis quingentis vel circiter illud exaratum fuisse opinor, et martyrologio Usuardi (sicut et alia quae supra recensuimus) additamenta quaedam adjungit. In his quippe omnibus pene totum martyrologium Usuardi transcribitur et saepe quidem etiam de verbo ad verbum. De Exoldunensi vero abbatia fuse agimus in Antiquitatibus nostris dioecesis Bituricensis Benedictinis.

VIII. Martyrologium Ponteleviense omnino convenit cum hagiologio

---

1. Saint-Phalier, Cher, comm. de Graçay.
2. Barzelle, Indre, arr. Issoudun, entre le Naon et le Foizon.
3. Valençay, Indre, arr. Châteauroux.
4. Le Landais, Indre, comm. de Ménétréols-sous-le-Landais.
5. Bibl. nat. ms. lat. 12742.
6. Issoudun, Indre.

Casalis Benedicti et utrumque, ut conjicio, ex vetustiori et Sancti Florentii Salmuriensis transcriptum fuit. In Ponteleviensi extant embolismi quatuor qui desunt in Casalensi. Ab annis quingentis aut circiter scriptum est, ut opinor, ac recentiori manu addita sunt nomina sanctorum Bernardi, Willen..., etc.

IX. Kalendarium Casalis Benedicti in manuscripto codice bibliothecae Casalinae cui titulus est : *Libellus Sacramentorum* reperi. Jam a quingentis et amplius annis descriptus est hic codex, in quo bene multa continentur, rithmi, in praecipuis anni festivitatibus evangelia, collectae, ordo celebrandi sacri in quo peculiaria haec sunt : Post « memento 1us et haec verba et omnium circumstantium » addit « sed et omnium fidelium christianorum quorum tibi fides cognita est tantum dicto Agnus Dei fiebat commixtio et consecratio », cum hac oratione « Haec sacrosancti commixtio corporis et sanguinis Domini nostri Jesu Christi fiat mihi et omnibus sumentibus salus mentis et corporis et ad vitam capiendam aeternam praeparatio salutaris. Parce (?) Domine Jesu Christe fili Dei vivi qui ex voluntate Patris etc. Placeat tibi sancta Trinitas etc. » Deinde ultimo « Percepto corporis tui Domine Jesu Christe... prosit mihi ad tutamentum mentis et corporis Agnus Dei qui occisus est et veneratur ab omni populo integer perseverans.... ». In eodem manuscripto codice ante vetus kalendarium xii folia abscissa fuere et cum xii media pars kalendarii ab aliquo ut opinor qui ut citius notis suis faceret satis et labori parceret secare maluit quam scribere. Idem contigit in aliis bibliothecae nostrae manuscriptis codicibus; de quodam maxime doleo, a quo avulsa fuerunt epistolae Yvonis Carnotensis et aliorum non paucae.

Tribus item aut quatuor aliis ejusdem bibliothecae manuscriptis kalendariis usus sum, inter quae mihi antiquius visum fuit illud quod manuscripto notato 22 et missali praemittitur.

X. Kalendaria tria ms. SS. Crucis Pictavensis reperi in tabulario nobilis hujusce parthenonis et ante annos CCCC exarata. His usus sum nonnullis in locis sicut et consuetudinario seu ordinario festorum a quadringentis saltem annis descripto.

XI. Ex hagiologio item manuscripto S. Trinitatis Pictavensis [1] nonnulla excepi. Copia est antiquioris, quam quidem cum necrologio conjunctam et ex autographo desumi jussit anno MDLI Joanna de Clermont abbatissa, ut in praejudicio (sic) ms. legitur.

XII. Antiquum et annos fere D natum kalendarium Sancti Cypriani Pictavensis aliqua suppeditavit.

XIII. Hagiologium Podiae [2] bene multa suggessit ; ab annis D exaratum videtur. Podiae parthenon est sanctimonialium Fontis Ebraldi duabus

---

1. Ce ms. est conservé à la bibliothèque de Poitiers (Molinier, *Les obituaires français*, n° 580).

2. Lappuie, Vienne, arr. Châtellerault, cant. Pleumartin. Cf. Molinier, *op. cit.* n° 576, d'après des extraits de Dom Estiennot. Bibl. nat. ms. lat. 12755.

leucis ab oppido Sancti Savini [1] distans de eo vide Antiquitates nostras in dioecesi Pictavensi benedictinas.

XIV. Nonnulla ex duobus Kalendariis manuscriptis bibliothecae Nobiliacensis [2] erui, quorum alterum quadringentorum, alterum trecentorum vel circiter annorum est.

XV. Kalendario item S. Trinitalis Pictaviensis usus sum. Satis antiquum apparet ac fere obituarium ac ordinarium dici potest, quippe varios obitus notat et ea quae in quolibet danda erant sanctimonialibus notat.

XVI. Martyrologium Solemniacense [3] saltem ab annis D conscriptum convenit in multis cum Lemovicensi, de quo supra, sed cum Pontelevii et Casalis Benedicti hagiologiis omittit sanctos Bernardum, Guillelmum aliosque anno MC recentiores. Non est contemnendus hic codex.

XVII. Hagiologion manuscriptum Sancti Martialis Lemovicensis [4], ab annis saltem quingentis exaratum, pecularia bene multa refert, et in nonnullis cum martyrologiis Ponteleviensi ac Casalis Benedicti convenit. Eidem subjungitur in manuscripto codice necrologium Sancti Martialis, in quo defunctorum tum abbatum ac monachorum Sancti Martialis tum aliorum precum societate junctorum nomina referuntur. Utrumque suppeditavit V. C. dominus Verrier, ejusdem basilicae canonicus.

XVIII. Martyrologium Sancti Stephani Lemovicensis, ineunte seculo X et forte citius compilatum videtur, illud communicavit V. C. D. N. de Verthamont, ejusdem Sancti Stephani ecclesiae metropolitanae canonicus et praecentor. Codex est optimae notae.

XIX. Aliud item Sancti Martialis hagiologion vetus quidem, et ante annum MC ut conjicio scriptum, transmisit R. P. Bonaventura a Sancto Amabili, Carmelita discalceatus, Aquitaniae provinciae definitor, qui Lemovicensem historiam molitur et apologiam pro apostolatu sancti Martialis fusam hoc anno edidit Claromonti apud Nicolaum Jacquart [5].

XX. Artigiense [6] martyrologium occurrit in bibliotheca domini de Perière, praepositi de Seychères, ante annum MCC exaratum videtur. In eodem volumine habentur statuta ordinis Artigiae, quae leges Fragmentorum nostrorum historiae Aquitanicae parte I[a].

1. Saint-Savin, Vienne, arr. Montmorillon.
2. Nouaillé, Vienne, arr. Poitiers, cant. la Villedieu.
3. Solignac, Haute-Vienne, arr. et cant. Limoges.
4. Deux martyrologes obituaires du XIIe siècle, provenant de Saint-Martial de Limoges, sont conservés à la Bibliothèque nationale : mss. lat. 5257 et 5243 (cf. Molinier, *op. cit.*, n° 496). Voy. Leroux, *Doc. hist. sur la Marche et le Limousin*, I, p. 1, 63, et Ch. de Lasteyrie, *L'Abbaye de S. Martial de Limoges*, p. 246.
5. *Histoire de saint Martial, apôtre des Gaules et principalement de l'Aquitaine et du Limousin, ou la Défense de son apostolat contre les attaques du temps... divisé en douze livres*, par le R. P. Bonaventure de St-Amable. Clermont, impr. de N. Jacquart, 1676-1685, 3 vol. in-fol.
6. Prieuré de l'Artige, au diocèse de Limoges. — Bibl. nat., ms. lat. 12763.

XXI. Vetustissimum mihi visum fuit martyrologium Sancti Michaelis archangeli de Castro, vulgo S' Angel[1], et annos fere DCC natum, quippe in eo non recensentur sancti qui ineunte saeculo XI vixere. Hunc manuscriptum codicem multi facio.

XXII. Obazinense[2] hagiologion necrologio mixtum ante annos CCCC exaratum pauca habet notanda praeter obitum sancti Stephani Obazinensis et alia quaedam quae leges in Antiquitatibus nostris dioecesis Lemovicensis benedictinis parte I^a.

XXIII. Ejusdem aevi ejusdemque meriti mihi visum fuit hagiologion Bonae Saniae[3] cunjunctum obituario, e quo nonnulla excepta leges Antiquitatibus nostris citatis.

XXIV. Hagiologion Comodoliacense Sancti Juniani ad Vigennam[4], ante annos quingentos haud dubie exaratum est, sed pauca de pago Lemovicino refert; illud suppeditavit D. D. de Noyon, canonicus Comodoliacensis cum chronico Stephani Maleu, quod leges in parte II^a Fragmentorum nostrorum historiae Aquitanicae, tabulas item eburneas, in quibus apparent effigies duorum consulum et alia.

XXV. Vetus Kalendarium Podiense[5] suppeditavit bibliotheca Casaedensis e quo nonnulla eruimus.

XXVI. Kalendarium Kamalariense in ipso Kamalarii coenobio[6], ad ripam Ligeris sito, et Calmeliacensi asceterio[7] subjecto, reperi, e quo item nonnulla leges.

XXVII. Ex manuscripto quoque hagiologio Casaedensi[8] et variis Kalendariis quaedam excepimus.

XXVIII. Ex Kalendario vetusto Kamalariensis abbatiae de Castro juxta civitatem Arvernorum ad Scationem fluviolum[9] nonnulla eruimus.

XXIX. E Brageacensis[10] quoque parthenonis manuscripto hagiologio quaedam excepi, ante annos CCCC exaratum videtur, pauca tamen habet tum de parthenone tum de sanctis Arvernensibus.

---

1. Saint-Angel, Corrèze, arr. et cant. Ussel. Cf. des extraits du nécrologe de Saint-Ange du Chastel, par Dom Estiennot, ms. lat. 12746, p. 733 (Molinier, op. cit. n° 493).

2. Aubazine, Corrèze, arr. Brive, cant. Beynat. — Extraits du nécrologe par Dom Estiennot, ms. lat. 12746, p. 645-647 (Molinier, op. cit., n° 491).

3. Bonnesagne, Corrèze, comm. de Combressol.— Extraits du nécrologe par Dom Estiennot, ms. lat. 12746, p. 506 et 715 (Molinier, op. cit., n° 484).

4. Saint-Junien, Haute-Vienne, arr. Rochechouart, ch.-l. cant. — Cf. ms. lat. 12764. Peut-être le martyrologe obituaire des Frères Mineurs conservé à la Bibliothèque nationale ms. n. acq. lat. 213 (Molinier, op. cit., n° 494).

5. Le Puy, Haute-Loire.

6. Chamalières, Haute-Loire, arr. Le Puy, cant. de Vorey.

7. Saint-Chaffre, auj. Monastier, H^{te}-Loire, arr. Le Puy, ch.-l. cant.

8. La Chaise-Dieu, Haute-Loire, arrond. Brioude, ch.-l. cant.

9. Chamalières, Puy-de-Dôme, arr. et cant. Clermont-Ferrand.

10. Brageac, au dioc. de Clermont.

XXX. E variis Sancti Illidii Claromontensis kalendariis nonnulla habui.

XXXI. Optimae notae mihi visum fuit ecclesiae Sanctae Mariae cathedralis Claromontensis hagiologium, e quo bene multa excepi, ante annos quingentos scriptum videtur eique commixtum est necrologium. In eodem manuscripto codice leguntur antiquae canonicorum regulae, videlicet synodi Aquisgranensis statuta pro canonicis, hoc autem maxime dolui quod historiam oecumenii concilii Claromontensis in dicto metropolis tabulario diu asservatum hoc ipso seculo quo vivimus quis surripuit et nondum restituit.

XXXII. Multi habeo quoque vetus hagiologion Biliomense[1] illudque annum MC anteire opinor ; convenit in multis cum hagiologio ecclesiae cathedralis Claromontensis, cujus filia est principalis haec ecclesia S. Sirenei Bilionensis collegiata, ut loquuntur cartae domus ; hanc quippe saeculo X fundavit aut restauravit omnino Stephanus, Arvernorum episcopus, ut leges in ipsius litteris tomo IV Fragmentorum nostrorum historiae Aquitanicae[2].

XXXIII. Excellit inter multa martyrologia ms. hagiologion Calmiliacense[3], quod mihi communicavit humanissimus dominus D. Thomas de Barbon, coenobii Sancti Theoffredi monachus et caput scholae, juvandis litteris natus, cujus beneficio chronicon Calmeliaci et alia multa excepi (*en marge* : Chronicon Calmeliacense leges tomo III Fragmentorum nostrorum historiae Aquitanicae).

XXXIV. Diu et frustra hagiologia manuscripta Sancti Juliani Brivatensis[4], canonicorum item regularium veteris Brivatae ad ripam Elaveris[5], alterius quoque coenobii item canonicorum regularium Bajassae juxta Elaverim[6] inquisivi, at excidere, et quidem Brivatense a paucis annis. In tabulario tamen Sancti Juliani reperi kalendaria tria ante annos CCCC exarata e quibus nonnulla excepi.

XXXV. Quaedam suppeditavere kalendaria duo parthenonis Sancti Petri de Belli Monte[7] juxta Gergoviam, ante annos quingentos ut puto scripta. De hoc autem nomine Belli Montis dicam quid sentio : eo in loco olim Arverni Romanos vicere, ea que de causa victoriae titulos vicis imposuere ideoque circa Gergoviam in nominibus oppidorum haec significantur :

« Romani hac cursu, cum dolo, in belli monte male intrantes, obiere »,
— 1 Romaniae, 2 Caurse, 3 Condole, 4 Beaumont, 5 Malintrat, 6 Obiere[8].

1. Billom, Puy-de-Dôme, arr. Clermont-Ferrand, ch.-l. cant.
2. B. N. ms. lat. 12766.
3. Saint-Chaffre-le-Monastier. Cf. ms. lat. 12765..
4. Saint-Julien de Brioude.
5. Vieille-Brioude, Haute-Loire, arr. et cant. de Brioude.
6. La Bajasse, sur la rive droite de l'Allier, entre Auzon (arr. de Brioude, ch.-l. cant.) et Azerat.
7. Beaumont, Puy-de-Dôme, arr. et cant. Clermont.
8. On trouve autour de Clermont les localités de Romagnat, Gondole, Beaumont, Malintrat, Aubière (anc. Obière).

Quod autem oppidum illud aliud sit Avitaco[1] cujus meminit Sydonius Apollinaris opinor.

XXXVI. Vetulae civitatis modo Sancti Pauliani[2], olim ac diu Vellavorum sedis, hagiologion a paucis annis periit quod multum dolui. Kalendaria nonnulla supersunt sed recentiora e quibus vix quidquam habui.

Tu vero pater amantissime meis laboribus, si quidquam prosint, utere ac fruere. Quae sine fictione didici, sine invidia communico ac jamdiu te ex antiquo monui, iterum moneo :

« Nescio quod certe est quod me tibi temperat astrum
.... Bene nata fidelibus hora
Dividat in geminos concordia fata duorum. »

Vive nestoreos annos tu quem musae quas colis non sinent mori.

Datum in asceterio Casaedensi, kalendis Januariis anni nascentis MDCLXXVII. Q.F.F.F.Q.S.

---

1. Voy. C. R. Crégut, *Avitacum, essai de critique sur l'emplacement de la villa de Sidoine Apollinaire* (Clermont-Ferrand, 1890, in-8°; *Mém. de l'Acad. de Clermont*, 2ᵉ série, III). Cf. *Revue d'Auvergne*, 1895, p. 287 et 321.

2. Saint-Paulien, Haute-Loire, arr. Le Puy, ch.-l. cant.

DOM JEAN MABILLON

ET

l'Académie des Inscriptions

Par A. de BOISLISLE

DOM JEAN MABILLON
ET
L'ACADÉMIE DES INSCRIPTIONS

Par A. de BOISLISLE

Quoique bien peu digne de m'associer aux érudits qui se sont unis pour célébrer la mémoire du fondateur de la Diplomatique, je n'ai pas su me soustraire à cet honneur. Sur deux points seulement j'étais à peu près en mesure de donner un contingent de quelque valeur. L'un ayant été traité avec toute l'autorité du diplomatiste et du graphologue dans une des notices qui ouvrent le présent volume[1], et exigeant d'ailleurs, à mon sens, des développements trop considérables, d'une étendue disproportionnée, j'ai dû y renoncer. Celui auquel je me résigne n'est pas nouveau : les documents sont connus en grande partie, épars dans les biographies dont Mabillon a été l'objet, depuis Dom Ruinart et Dom Tassin, jusqu'aux écrivains modernes, comme Chavin de Malan, M. Jadart, l'abbé Vanel, le prince Emmanuel de Broglie ; car Mabillon est une de ces personnalités sur lesquelles les redites ne lassent point. Ce que je pourrai faire sera seulement de rassembler les principaux textes, d'en ajouter quelques autres, et de faire connaître par cet ensemble dans quelles conditions Mabillon, abdiquant malgré lui son humilité, fut appelé à prendre place au sein d'une Académie royale, dans quelle mesure il s'associa aux travaux de cette Compagnie, et comment aussi ses confrères ou ses successeurs ont voulu, à plusieurs reprises en deux siècles, honorer sa mémoire impérissable.

*
**

C'est un lieu commun que de rappeler la modestie, le désintéresse-

---

1. La notice de M. J. Depoin : *Une expertise de Mabillon*.

ment du religieux qui, parvenu au comble de l'illustration, répétait en mourant sa devise : *In omnibus humilia te*. Alors même que les savants de tous pays, dans l'Europe entière, surtout en Italie et en Allemagne, le proclamaient « prince de l'érudition », jamais son admirable et sainte humilité ne lui avait permis, même en idée, de briguer, ni dans le monde, ni dans sa congrégation, le moindre honneur, la moindre apparence de distinction. Jamais non plus il n'avait voulu se laisser porter sur cette liste des pensions de Gens de lettres où son nom eût si dignement représenté l'érudition historique. Tout au plus accepta-t-il, avant ou après sa présentation à Louis XIV par Bossuet et par l'archevêque de Reims, qui n'est peut-être qu'une légende[1], que le Roi l'aidât à faire ses deux voyages d'exploration dans les bibliothèques et archives d'Allemagne, puis d'Italie[2].

En 1701, une occasion s'offrit, non pas d'acquitter, mais de reconnaître la dette contractée depuis tant d'années envers lui ; nous croyons sans peine les contemporains qui racontent que l'ordre de ses supérieurs parvint seul à obtenir qu'il s'y prêtât :

> *Doctrina magnus, magnus pietate modesta,*
> *Quod stupeas, major simplicitate fuit.*

*
* *

Depuis près de quarante ans il existait, à côté de l'Académie française, et comme sortie de son sein, une commission de quatre hommes de lettres, puis de huit, que Colbert avait formée de sa propre autorité et sous ses auspices particuliers, sans que le Roi eût jamais rien assuré que son approbation. A peine l'ère du gouvernement personnel s'était-elle ouverte, que le ministre avait entrevu dans un avenir prochain toute une suite d'« exploits » si admirables, qu'il

---

1. Voir cependant ci-après, p. 345, et ci-dessus, p. 132.
2. Pour le premier de ces voyages, en 1683, il lui fut attribué une somme de mille livres sur le fonds des Gens de lettres, et Colbert y ajouta de son propre mouvement deux mille cinq cents livres (P. Clément, *Histoire de Colbert*, éd. 1874, t. II, p. 286, et *Lettres et mémoires de Colbert*, tome V, p. 497) ; il est parlé de cette subvention au début de l'*Iter germanicum*. Pour Colbert, c'était une façon de vaincre les répugnances de Mabillon, qui venait encore, en 1682, de refuser la pension de deux mille livres. La subvention avait un tout autre caractère, un but déterminé. Après Colbert, l'archevêque de Reims s'entremit pour la pareille mission en Italie.

serait urgent de les célébrer par toutes les manifestations propres à en transmettre le souvenir jusqu'aux générations les plus reculées. Comme premier admirateur de son maître et comme ordonnateur de ses Bâtiments, c'est-à-dire de tout ce qui était fêtes, monuments, décorations pompeuses, il voulut s'assurer des collaborateurs dignes de l'entreprise, et, de concert avec Chapelain, dont il estimait au-dessus de tout le goût et le sens en ces matières, il forma « une espèce de petit conseil qu'il pût consulter sur toutes les choses qui regardaient les Bâtiments, et où il pût entrer de l'esprit et de l'érudition ». C'était en 1663. Le conseil fut composé, pour commencer, de Chapelain lui-même, des abbés de Cassagnes et de Bourzeis, également membres de l'Académie française, et de l'helléniste et linguiste François Charpentier ; puis, un peu plus tard, on leur adjoignit Charles Perrault, comme premier commis des Bâtiments. Colbert les présenta aussitôt au Roi. « Messieurs, dit celui-ci, vous pouvez juger de l'estime que je fais de vous, puisque je vous confie la chose du monde qui m'est la plus précieuse, qui est ma gloire. Je suis sûr que vous ferez des merveilles ; je tâcherai, de ma part, de vous fournir de la matière qui mérite d'être mise en œuvre par des gens aussi habiles que vous l'êtes[1]. »

Telle fut l'origine de la Compagnie que l'on qualifia courtoisement de Petite Académie, mais qui, tout en étant vue avec faveur par le Roi, resta jusqu'en 1701 un simple comité consultatif de la Surintendance des Bâtiments, une modeste « colonie » de l'Académie française, sans attache directe avec le gouvernement royal, sans autre indemnité que les gratifications par lesquelles le surintendant reconnaissait leurs services ; et, durant tout ce temps, Colbert, puis ses successeurs à la Surintendance, jusqu'au comte de Pontchartrain le père, employèrent la Petite Académie, doublée en nombre par Louvois, aux travaux dont l'étroit programme leur avait été proposé : choix des sujets de l'histoire du Roi à représenter en médailles, en médaillons ou en jetons ; rédaction des devises latines, des inscriptions pour les tapisseries ou pour les fêtes, des plans et des vues de maisons royales, ou de places prises sur l'ennemi : tragédies en musique et opéras, qui, eux-mêmes, devaient concourir à la glorification de Louis XIV. A part l'approbation cour-

---

[1]. *Mémoires de Perrault*, p. 26-27.

toise que nous avons dite, et la permission que Louvois lui valut de tenir ses séances bi-hebdomadaires dans la même salle du Louvre que les Quarante, la « Petite Académie pour les médailles du Roi », — ainsi continua-t-on de la dénommer[1] — n'avait aucun des caractères d'une institution d'État, d'un « corps constitué », et ses attributions restaient très étroitement et modestement délimitées, quoique les savants dont elle se composait fussent tous capables de rendre de plus importants services à la littérature classique, aux études antiques, à l'histoire : chaque jour ils en faisaient la preuve. Le dernier ministre à qui le département académique revint après Seignelay et Louvois, Louis Phélypeaux de Pontchartrain, celui qui revêtit en 1699 la simarre de chancelier, donna au travail de Messieurs des Médailles un tel regain d'activité et un si bon renom, que le moment vint où leur Compagnie mérita d'être sacrée officiellement académie, et académie royale. Ce ne fut pas cependant par elle que cette transformation commença ; ce fut par une Compagnie similaire que Colbert avait créée, également de son autorité privée, mais en 1666 seulement, pour l'avancement des sciences, et que le même Pontchartrain fit élever, en janvier 1699, au rang suprême d'Académie royale des Sciences. Jusqu'alors la publication quasi officielle de l'*État de la France* ne reconnaissait que l'Académie française et, après elle, les cinq académies royales qui s'étaient fondées en province : Arles (1669), Soissons (1675), Nîmes (1684), Angers (1685), Villefranche-de-Beaujolais (1695).

L'élévation de la Petite Académie ne fut pas uniquement due à la bonne volonté de M. de Pontchartrain, dont l'histoire, soit dit en passant, n'a pas suffisamment reconnu le goût pour tous les travaux de littérature et d'érudition, mais aussi, je dirais même surtout, à son neveu le savant et actif abbé Bignon, dont il avait fait son *alter ego* dans le monde des érudits et des travailleurs littéraires[2]. Que Messieurs des Sciences, cadets de ceux des Médailles, fussent les premiers érigés en académie royale, avec un beau règlement en cinquante articles, une division officielle en quatre classes ou catégories, un appartement au Louvre et

1. *Journal de Dangeau*, année 1688.
2. L'abbé Jean-Paul était ainsi devenu membre de l'Académie des Sciences, puis de l'Académie française. Depuis février 1701 il possédait le titre le plus haut auquel pût aspirer un ecclésiastique, celui de conseiller d'État d'Église. Voir son éloge par Fréret, en 1743.

une subvention pécuniaire assignée sur l'Épargne, c'était un passe-droit auquel les aînés ne pouvaient se résigner[1], quoi que l'Académie française pensât d'une concurrence si audacieuse de la part de gens de lettres. Toutefois, par prudence, on dissimula d'abord les prétentions, et l'abbé Bignon, qui connaissait mieux que personne le labeur spécial et les mérites particuliers de chacun des huit académiciens, mena habilement les travaux d'approche. Le 18 juin 1701[2], il put leur exposer qu'ayant tout récemment terminé la préparation des « Médailles du Roi » pour lesquelles Colbert les avait réunis en 1663, et ayant rempli cette tâche à la satisfaction du public et du Souverain[3], eux aussi, tout comme l'Académie des Sciences, et pour le plus grand bien de l'érudition, devaient obtenir une constitution, un règlement, qui fixassent sur des bases solides l'existence trop précaire de leur Compagnie, assurassent à jamais la continuation et l'extension des travaux communs, missent le nombre des membres et leurs spécialités diverses plus en rapport avec les progrès de la science. Il pouvait affirmer que son oncle, les ayant toujours honorés de ses encouragements comme secrétaire d'État avant de passer ces fonctions à son fils, ne manquerait point de les appuyer comme chancelier de France, et s'occuperait d'eux aussi bien qu'auparavant.

Les membres de la Petite Académie eussent voulu obtenir des lettres patentes comme l'Académie française en avait depuis Louis XIII; mais il est à croire que celle-ci montra du dépit : Bignon, qui était un des Quarante tout en dirigeant les travaux des huit membres de la Petite et en présidant l'Académie des Sciences, fit observer que le Roi refuserait de donner des lettres telles qu'on les désirait, qu'il fallait se contenter d'un règlement pareil à celui de l'Académie des Sciences. On se résigna ; l'abbé Tallemant, comme secrétaire, fut chargé de rédiger un mémoire en ce sens, pour M. de Pontchartrain fils, et ce fut fait dans les trois jours (21 juin). « L'Académie royale des Inscriptions[4], y était-il dit, reçoit tous les ans une marque des bienfaits du Roi ; mais

---

1. Bignon se souvint qu'il avait débuté tout d'abord dans l'Académie des Sciences pour en organiser les travaux, et qu'il n'était entré aux Inscriptions, avec la même mission, qu'en 1693.

2. Je prends ces dates et détails dans les registres originaux de l'Académie.

3. *Mémoires de Saint-Simon*, éd. des *Grands écrivains*, tome X, Appendice, p. 474-476.

4. Ainsi, comme par anticipation.

elle est la seule qui manque d'un titre authentique pour son établissement et pour son emploi. Au contraire, toutes les Académies [1] ont des lettres d'établissement et des privilèges, et celle des Sciences vient d'obtenir un nouveau règlement, avec un appartement séparé au Louvre [2], et, outre les pensions personnelles à ses membres, des jetons de présence comme ceux de l'Académie françoise.... » Cependant aucune de ces Compagnies « ne s'est appliquée à célébrer aussi particulièrement la gloire du Roi que l'Académie des Inscriptions, toujours et uniquement attentive aux admirables événements du règne, ne songeant qu'à les transmettre à la postérité la plus éloignée en or, en argent, en airain, sur le marbre, sur le bronze et sur la pierre, enfin sur le papier par le moyen de la gravure en taille-douce, qui étoit ignorée des anciens, et par la narration exacte des faits qui y sont contenus [3]. »

Le 2 juillet on sut que le Roi acceptait la proposition présentée par M. de Pontchartrain fils, et que le règlement viendrait au premier jour. Aussi, dès la réunion suivante du mardi, se hâta-t-on, en témoignage de gratitude, de nommer trois commissaires pour hâter l'impression de l'*Histoire par médailles*, puisque le manuscrit était prêt, et Tallemant communiqua presque aussitôt son projet de Préface ; les bibliophiles et les curieux savent quels singuliers scrupules le firent désapprouver et rejeter.

L'impatience était générale ; comme on la manifestait plus vivement le 16 juillet, Bignon put seulement dire que l'acte nouveau de la munificence royale serait pareil au règlement de l'Académie des Sciences quant à la composition du corps, et que l'attribution fondamentale de l'Académie, élargie à son désir, serait de travailler sur toute espèce de littérature et d'étude des temps antiques aussi bien que des modernes. « Les assemblées n'auroient peut-être pas le même agrément, mais plus de profit pour les lettres et le public. » Le règlement fut enfin apporté et lu le 19 juillet ; Pontchartrain y avait joint une lettre adressée à l'abbé Bignon en qualité de président en exercice, et qu'il

---

1. L'Académie française et les académies de province nommées plus haut, p. 318.
2. Les Huit n'avaient que par tolérance l'usage de la salle de l'Académie française.
3. Le rédacteur a oublié que l'Académie était même consultée sur les sujets d'opéra.

n'est pas inutile de reproduire à nouveau [1], quoique le texte en ait été imprimé partout, comme celui du règlement :

Monsieur, le Roi, désirant continuer à donner des marques de son affection à l'Académie royale des Inscriptions et autres monuments [2], et lui témoigner la satisfaction qu'il a du travail auquel elle s'est appliquée jusques à présent, a bien voulu, suivant sa demande [3], lui accorder le règlement que je vous envoie, par lequel elle se trouve plus autorisée qu'elle n'a été, et reçoit une forme plus noble et plus stable. S. M. m'a chargé en même temps de vous mander qu'elle vous confirme, autant que besoin est, en la qualité d'académicien honoraire, et qu'elle a choisi, pour remplir les autres places d'honoraires [4], neuf personnes de distinction, à chacune desquelles j'ai écrit par son ordre [5] : qu'elle désire que vous restiez président pendant le courant [6] de cette année et la suivante [7] ; et, pour les places de pensionnaires, S. M. conserve, en tant que de besoin, MM. Charpentier, l'abbé Tallemant, Despréaux, de Tourreil, l'abbé Renaudot, de La Loubère, Dacier et Pavillon, et nomme pour les deux autres places MM. l'abbé Boutard et Félibien ; M. Despréaux directeur, M. de Tourreil sous-directeur pour cette année et la suivante ; M. l'abbé Tallemant secrétaire, et M. Félibien trésorier.

À l'égard des places d'associés, S. M. a choisi dix sujets [8] d'une érudition singulière, à chacun desquels j'ai écrit suivant ses ordres [9].

Pour les places d'élèves, S. M. m'a ordonné de vous recommander d'en faire faire incessamment la nomination à l'Académie.

Je vous prie de dire à Messieurs les Académiciens en général, et à tous en

---

1. D'après la transcription officielle du registre de la Maison du Roi O¹ 362, folio 244 v°. Il y avait eu une première rédaction, qui est au folio 241 v°.
2. On remarquera cette dénomination bien vague ; dans les lettres individuelles adressées à chaque membre, ce fut : *Académie royale des Inscriptions*. L'usage s'établit tout aussitôt d'ajouter : *et Médailles* ; et même, sur le titre de l'édition de l'*Histoire par médailles* qui parut en 1702, on lit : *Académie royale des Médailles et des Inscriptions*. C'est seulement en 1716 qu'un arrêt du Conseil changea ce second nom en *Belles-Lettres*. Alexis Monteil a fait une sortie humoristique, dans le tome VII de son *Histoire des Français des divers états*, p. 292, contre les appellations des diverses Académies, ou insuffisantes, ou erronées, ou ridicules.
3. Ces trois mots, qui ont leur importance, manquaient dans la première rédaction.
4. Ici, au lieu de *neuf personnes de distinction*, la première rédaction donnait tous les noms, en commençant par les ecclésiastiques et religieux.
5. Ces huit mots manquaient dans la première rédaction.
6. *Le commencement*, dans la première rédaction.
7. Ici, dans la première rédaction, *et M. l'abbé de Caumartin vice-président*.
8. Ici encore, la première rédaction énumérait les noms, en commençant par les gens d'Église.
9. Ces neuf mots manquaient dans la première rédaction.

particulier, que je suis très aise que le Roi m'ait chargé de l'expédition de ce règlement, que j'ai dressé avec plaisir, et avec une intention très sincère de rendre mes services, dans les occasions, à cette Académie, que j'honore parfaitement. Je suis, Monsieur, entièrement à vous.

PONTCHARTRAIN.

Dans toute cette organisation de 1701, certains dessous se laissent soupçonner. Quoique, à l'origine, aucun acte royal n'eût consacré la constitution de la Petite Académie[1], Louis XIV ne voulait pas admettre qu'un corps de cette nature pût avoir vécu en dehors de lui et de l'État, ce qui était tout un ; cela se voit, non pas dans le règlement de juillet 1701, mais dans des lettres patentes postérieures, de février 1713, où il s'exprima ainsi, sans y mettre toute l'exactitude qui eût été désirable :

Le soin des lettres et des beaux-arts ayant toujours contribué à la splendeur des États, le feu Roi, notre très honoré seigneur et père, ordonna en 1635 l'établissement de l'Académie françoise.... *Nous choisîmes en 1663*, parmi ceux qui composoient cette Académie, un petit nombre de savants les plus versés dans la connoissance de l'histoire et de l'antiquité, pour travailler aux inscriptions, aux devises, aux médailles, et pour répandre sur tous les monuments de ce genre le goût et la noble simplicité qui en font le prix. Tournant ensuite plus particulièrement nos vues du côté des sciences et des arts, *nous formâmes en 1666 une Académie des Sciences*.... Ces deux Académies, assemblées par notre protection et soutenues par des bienfaits que la difficulté des temps n'a jamais interrompus, remplirent si dignement nos espérances, que, quand la paix de Ryswyk eut rendu la paix à l'Europe,... nous leur accordâmes des règlements, signés de notre main, pour déterminer l'objet, l'ordre et la forme de leurs exercices, et, par une distinction encore plus singulière, nous voulûmes que leurs conférences se tinssent au Louvre[2]....

Tandis que l'Académie des Sciences avait été constituée à raison de vingt membres par chaque classe de pensionnaires, d'associés et d'élèves, en dehors des honoraires, chaque classe des Inscriptions nouvelles n'en comptera que dix.

1. C'est à tort que, sur la foi d'Isambert ou de ses collaborateurs, on répète encore qu'il y avait eu un édit d'institution ou de confirmation en décembre 1663 : M. Aucoc (*l'Institut de France*, p. IV, note) a expliqué et rétorqué cette erreur. D'ailleurs, une institution de ce genre ne se créait pas par un édit, mais par des lettres patentes suivies de règlement.

2. Cela fut fait par un ordre du 26 décembre 1701.

Les associés nommés par le Roi sont : Thomas Corneille, auteur dramatique, surtout historien et géographe, membre de l'Académie française depuis plus de quinze ans; Fontenelle, l'auteur de la *Pluralité des mondes*, membre aussi de l'Académie française, vulgarisateur plutôt que créateur, mais, en outre, secrétaire perpétuel de l'Académie des Sciences; le célèbre numismate et voyageur Foy-Vaillant, secrétaire de M. le duc du Maine; l'helléniste et hébraïsant Pouchard, qui avait fait l'éducation du fils unique de M. de Caumartin; Charles Rollin, représentant de l'enseignement classique comme historien plutôt que comme critique, professeur et ancien recteur. Puis, quatre hommes d'Église : Jean-Baptiste Couture, fils d'un matelot normand, antiquaire et professeur au Collège de France, qui avait enseigné l'éloquence latine à l'abbé de Caumartin; l'oratorien Quiqueran de Beaujeu, historien et grand convertisseur; le prédicateur Lamarque de Tilladet, aussi oratorien, professeur et philologue; un simple curé de village, mais éloquent lecteur, l'historien Auber de Vertot, ancien religieux de Prémontré. Le dixième enfin était un numismate, Marc-Antoine Oudinet, qui avait mis en ordre le riche cabinet du Roi.

La classe des honoraires, création toute nouvelle, ne devait comprendre que dix personnages « recommandables par leur érudition dans les belles-lettres et leur intelligence en fait de monuments ». Louis XIV les choisit à raison de deux dans les gens de cour, deux dans la haute robe, deux parmi les ecclésiastiques du premier ordre, deux parmi ceux du second ordre, et deux dans les religieux appartenant à une congrégation ou société régulière.

Gens de cour : le duc d'Aumont, grand amateur de numismatique, chez qui se tenaient des conférences fort suivies ; le marquis de Beringhen, premier écuyer du Roi, possesseur d'une très estimée collection d'estampes. — C'est à propos de M. d'Aumont que le secrétaire perpétuel, ayant à faire son éloge en 1704, caractérisa ainsi la classe des honoraires : « Il est si rare de voir les personnes du premier rang s'occuper d'autre chose que de la guerre, ou de leur ambition, ou de leurs plaisirs, qu'on ne peut trop louer ceux qui, au milieu des plus brillants emplois, montrent de l'amour pour les lettres, caressent les savants, et ont du goût pour ce qui sert à cultiver l'esprit. » Quant à M. de Beringhen, lui aussi tenait chez lui une sorte de petite académie que le Roi se plaisait à consulter sur bien des points.

Gens de robe : M. Le Peletier de Souzy, conseiller d'État, directeur général des fortifications et du corps du génie royal, frère cadet du ministre Claude Le Peletier, passant pour connaître mieux que personne Cicéron, Horace, Tacite ; le procureur général Daguesseau, à qui son éloquence et son grand rôle dans la magistrature valurent plus tard la dignité de chancelier ; — mais, pour des raisons que nous ne connaissons pas, il refusa d'aller siéger à l'Académie, et, dès le mois suivant, on dut élire à sa place Foucault, conseiller d'État et intendant de la généralité de Caen, qui était aussi versé dans l'histoire, les lettres et l'archéologie que dans la jurisprudence.

Ecclésiastiques du premier ordre : M. de Rohan, alors coadjuteur de Strasbourg, plus tard évêque et cardinal, amateur de beaux livres, Mécène magnifique, qui entra aussi à l'Académie française en 1704 pour l'élégance de son latin, homme d'esprit, d'érudition et de lecture, et qu'on supposait tenir au Roi par sa mère la belle Soubise ; M. Brûlart de Sillery, évêque de Soissons, poète, théologien, écrivain fécond, un peu archéologue, « se piquant de beau monde, de belles-lettres, de beau langage [1] ».

Ecclésiastiques du second ordre : l'abbé de Caumartin, ce membre de l'Académie française si connu pour la réception qu'il avait faite à l'évêque de Noyon en 1694, collectionneur de manuscrits, de généalogies et d'anecdotes [2] ; l'abbé Bignon, dont la situation dans l'Académie n'avait pas été bien définie jusque-là quoiqu'il y jouât en quelque sorte le rôle de protecteur en même temps que de président. — L'abbé de Caumartin avait le même crédit que Bignon auprès des gens de lettres et dans les bureaux des ministres. C'était aussi un familier de Saint-Germain-des-Prés.

L'article X disait : « Nul ne pourra être proposé à S. M., s'il est régulier attaché à quelque ordre de religion, si ce n'est pour remplir quelque place d'académicien honoraire. » Comme personnalités et comme rôle dans le monde ou dans les affaires religieuses, les deux religieux qui furent choisis par le Roi en 1701 présentaient le contraste le plus frappant qu'on pût imaginer : Mabillon, et le P. de la Chaise ! Celui-ci,

1. Il représentait une des bonnes académies provinciales, celle de Soissons, et entra en 1705 à l'Académie Française.
2. Le secrétaire d'État, son grand ami, lui écrivit une première lettre à part, le 13.

ancien professeur de philosophie et de théologie, était devenu, par sa fonction de confesseur du Roi, l'arbitre des consciences de la cour, des choix de l'épiscopat, même de la politique générale, par conséquent un intermédiaire tout désigné entre l'Académie et le Souverain ; Mabillon n'était qu'un simple moine, et le plus modeste entre les humbles. Autrement, ces deux confrères, de situations si différentes, étaient faits pour sympathiser, puisque les contemporains impartiaux reconnoissoient au jésuite confesseur du Roi « un bon caractère, juste, droit, sensé, sage, doux et modéré, judicieux et précautionné, bon homme et fort religieux[1] ». Ses titres à la qualité d'honoraire étaient le goût de la numismatique, des médailles, des gemmes. Le Roi voulut qu'il présidât l'Académie après Bignon, en 1706 ; seuls les honoraires pouvaient être appelés à cet honneur.

On voit que le choix du Roi avait été habilement dirigé par Pontchartrain et par Bignon. Point de ces intrus des générations qui suivirent, et dont parle Saint-Simon[2] : « Gens considérables, mais qui ne l'étoient que par leur naissance ou leurs emplois, sans lesquels les lettres ne les auroient jamais admis dans une société littéraire ; et ces personnes eurent la petitesse de s'imaginer que la qualité d'académicien les rendoit académiques ! » Les honoraires de 1701 se recommandaient tous, à des degrés divers et dans des voies différentes, par des goûts et des connoissances auxquels d'autres occupations les empêchaient seules de se livrer plus entièrement[3].

Pour la suite des temps, le Roi, non sans peine, et il ne tarda pas à le regretter, avait consenti que l'Académie présentât à sa nomination un, deux ou trois noms, selon la classe, pour remplir les places qui viendraient à vaquer.

On a vu que le secrétaire d'État avait été chargé de prévenir chacun des membres nouveaux[4]. Quoique sa lettre à Mabillon et la réponse de celui-ci aient été publiées plus d'une fois[5], on comprendra que je

---

1. *Saint-Simon*, édition nouvelle, tome XVII, p. 46-47.
2. Addition au *Journal de Dangeau*, tome XV, p. 148, 17 mai 1714.
3. Alfred Maury, *l'Académie des Inscriptions*, p. 126.
4. La transcription officielle de toutes ces lettres est dans le registre O¹ 362.
5. Dans les *Œuvres posthumes de Mabillon*, tome I, p. 526 ; dans sa Vie, par Chavin de Malan ; dans *l'Amateur d'autographes*, année 1868, p. 120-122, par le regretté Louis Courajod, grand admirateur des Bénédictins, et qui, croyant les deux lettres inédites,

ne puisse omettre deux textes si intéressants pour la biographie du Père. La lettre du jeune secrétaire d'État n'était qu'une notification officielle, mais variant de formules et de style selon le caractère de chaque destinataire. A Mabillon il disait[1] :

> Votre grande réputation a donné lieu au Roi de vous choisir pour un des académiciens honoraires de l'Académie royale des Inscriptions. S. M. ne doute pas que vous ne vous distinguiez dans ce genre d'étude, de même que vous l'avez fait dans toutes les autres sciences que vous possédez si éminemment.
> Je suis, mon Révérend Père, entièrement à vous.
>
> Pontchartrain.

Cette lettre était du 15 juillet. On croit que Mabillon ne se décida à accepter que sur l'ordre de ses supérieurs ; voici sa réponse du 18, transcrite d'après le brouillon original, ou plutôt la première rédaction corrigée[2], et avec son orthographe, ses corrections, sa ponctuation, même ses fautes :

> Monseigneur
>
> J'ay reçu avec un tres-profond respect l'honneur qu'il a plû a Sa Majesté[3] de me faire en me mettant au nombre des Academiciens honoraires de l'Academie royale des Inscriptions. J'avouë que j'ay esté surpris qu'un si Grand Roy ait[4] bien daigné jetter les yeux sur une personne obscure telle que je suis, et qu'il ait eu la bonté de me[5] donner place dans une Compagnie si illustre. Heureux, si je pouvois correspondre en quelque façon aux glorieux desseins de S. M. Mais je sens bien qu'il me[6] sera bien[7] [plus] facile de profiter des lumieres de tant d'illustres et eclairez[8] Academiciens que de presumer de pouvoir[9] leur en donner de nouvelles. Je feray nean-

les publia de nouveau d'après les originaux conservés dans la correspondance de Saint-Germain-des-Prés.

1. Copie dans le registre O¹ 362, fol. 243 ; original dans le ms. 17656, fol. 128.
2. Ms. fr. 18659, fol. 191-192.
3. *Que Sa Majesté a eu la bonté* corrigé en *qu'il a plû a Sa Majesté*.
4. Après *ait*, il a biffé *jetté*.
5. Les cinq derniers mots sont en interligne, au-dessus de *bien voulu me*, biffé.
6. Ces six mots sont en interligne, au-dessus d'*il me*, biffé.
7. Après *bien*, le Père a biffé par erreur *plus*, et ajouté en interligne un *beaucoup* inutile.
8. Les mots *et eclairez* ont été ajoutés en interligne.
9. Ces trois derniers mots sont en interligne, au-dessus de *pouvoir reussir a*, biffé.

moins mon possible pour n'estre pas tout a fait indigne[1] de cet honneur. Je vous rens de tres humbles actions de graces Monseigneur de ce que V. G. a bien voulu m'en faire expedier les lettres. Je les [2] conserveray pretieusement comme un illustre monument de la bonté d'un si Grand Roy à l'egard d'un de ses tres humbles et tres obeissans sujets, et comme des arres, si je l'ose dire, de votre protection, que je prie V. G.[3] de vouloir bien m'accorder. Je scay ce que je dois en tout cecy a Mr l'abbé Bignon et j'espere qu'il me fera bien encore la grace[4] de me presenter a V. G. pour vous temoigner mes tres humbles et tres sinceres reconnoissances et la profonde veneration avec laquelle je suis

Monseigneur

Votre tres humble tres obeissant et tres obligé serviteur.

fr. J. M.

A Paris ce 18e juillet.

Le bagage littéraire de Mabillon comprenait alors, pour ne citer que ses principales publications[5] : les *OEuvres de saint Bernard*, les *Analecta*, les *Acta sanctorum ordinis sancti Benedicti*, commencés par Dom Luc d'Achery, le capital *De re diplomatica* de 1681, qui avait répandu sa renommée dans toute l'Europe, la *Liturgia gallicana* de 1685, le *Musœum italicum* de 1687, la *Lettre sur le culte des Saints inconnus* de 1698. Il était en pleine préparation des *Annales ordinis sancti Benedicti*; on le considérait à juste titre comme fondateur de la diplomatique et de l'hagiographie. Quelques-uns cependant s'étonnèrent que ses travaux tout spéciaux et son humilité monastique le conduisissent à l'Académie[6]. Chacun aussi savait quelles polémiques retentissantes avaient soulevées soit son *Traité des Études monastiques* et ses *Saints inconnus*, qui tendaient à la destruction de tant de légendes, soit surtout sa participation, purement scientifique, à la misérable production des feuillets du cartulaire de Brioude, qui se trouvaient, pré-

---

1. *Digne* corrigé par addition en *indigne*.
2. *Que je* corrigé en *Je* précédé d'un point, et *les* ajouté en interligne.
3. Les initiales *V. G.* ont été ajoutées en interligne, et le pronom *vous* biffé avant *prie*.
4. Les six derniers mots sont en interligne, au-dessus d'*aura bien encore la bonté*, biffé.
5. Depuis qu'en 1865 on l'avait fait revenir de Saint-Denis pour aider d'Achery et Chantelou. Voir sa notice dans le Nécrologe, et, dans les Annales de l'Abbaye, un tableau de l'ensemble des travaux des Pères en 1691.
6. Peut-on rappeler que le pape Alexandre VII appelait Saint-Maur *una Academia di pietà e di doctrina*?

cisément en 1701, déférés à la chambre criminelle de l'Arsenal[1]. Dans cette dernière affaire et dans les suites qu'elle eut encore pendant plusieurs années, le Révérend Père ne pécha, c'est chose sûre, que par imprudence, par entraînement, par charité peut-être pour son ami Baluze, par égard pour les hautes dignités du cardinal de Bouillon, en ne poussant pas aussi loin qu'il aurait convenu, c'est-à-dire au-delà de l'aspect matériel et externe des documents, l'examen auquel il s'était laissé engager ; mais bien des apparences étaient contre lui, et, comme on le voyait encore maintenir ses conclusions de 1695, prodiguer les certificats à toute la coterie du cardinal comme à Baluze, le principal coupable, s'entremettre même auprès des magistrats en faveur de l'infime faussaire, personne n'avait désarmé : les épigrammes calomnieuses, les factums virulents, les chansons continuaient à courir par tout Paris[2]. Or, le Roi n'était pas du tout pour le cardinal de Bouillon ; combien puissantes durent donc être l'influence de l'abbé Bignon, que les libelles avaient aussi associé aux partisans de cette Éminence, et celle de l'abbé de Caumartin, dont les attaches avec le faussaire lui-même étaient encore plus étroites, pour obtenir que les mérites littéraires de Mabillon et son renom incontestable de sincérité fissent passer par-dessus les soupçons, les accusations même répandues de tous côtés contre quiconque avait trempé dans l'examen et dans l'approbation des documents produits par J.-P. de Bar! Bignon et Caumartin, gens politiques autant que Mabillon était indifférent à de pareils calculs, se plurent peut-être à prouver indirectement que le souverain n'avait ni souci ni rancune, et à bénéficier pour eux-mêmes de cette absolution tacite[3]. L'Académie accueillit Mabillon comme si jamais elle n'avait entendu parler du cartulaire de Brioude ni des

---

1. Voir la notice ci-dessus de M. J. Depoin, et le tome XIV de la nouvelle édition des *Mémoires de Saint-Simon*, Appendice, p. 537-542 et 550-552.
2. On ne peut s'empêcher de rappeler que ses propres ouvrages l'entraînèrent dans de multiples polémiques et qu'il les soutint toujours avec persistance et vaillance, mais sans aigreur. Son confrère dom Roussel a dit de lui, dans une prose carrée de 1708 :

In ipsis etiam litterariis disceptationibus
Quas plurimas cum viris clarissimis habuit,
Nemini asper,
Neminem laesit, etiam laesus.

3. Il faut dire que la cour venait aussi de soutenir Mabillon contre Rome dans la querelle sur *les Saints inconnus*.

compromissions avec le cardinal de Bouillon, et Mabillon, devenant académicien, resta comme par le passé l'expert impeccable à qui recouraient toutes les cours de justice, le rénovateur dont la *Diplomatique* avait réhabilité les diplômes et les chartes contre toute l'école adverse des Papebroch, des Germon, des Hardouin.

∴

Je vais suivre Mabillon jusque dans les séances de l'Académie ; mais les procès-verbaux sont peu fournis de détails, et chacun sait que le Révérend Père ne se complaisait ni aux assemblées nombreuses, ni au travail en commun. Quand il eut vu l'Académie pendant quelques semaines, il écrivit à un de ses amis[1] :

...Si j'étois plus jeune, ou plutôt si j'étois moins vieux, je pourrois espérer de profiter d'une si belle occasion ; mais il y a bien de l'apparence que je n'aurai pas le temps d'en tirer beaucoup d'avantage, et qu'ainsi je serai également inutile aux autres et à moi-même.

S'il parlait ainsi, c'est que les séances n'avaient roulé jusque-là que sur le blason à adopter pour la Compagnie et sur la devise *Vetat mori*, ou sur les mesures à prendre pour commencer, comme le Roi le désirait, l'exigeait, une Histoire métallique du règne de Louis XIII ; à peine, de temps en temps, trouvait-on l'occasion de parler de quelque médaille ancienne.

Disons tout de suite que les membres honoraires n'étaient aucunement astreints à l'assiduité[2], et que rarement on en voyait plus de deux ou trois aux réunions régulières, même aux assemblées publiques du printemps et de l'automne. Après la première séance où fut lu le règlement (19 juillet), séance à laquelle assistaient les honoraires Bignon, Beringhen, Monsieur de Soissons et Mabillon, j'ai voulu compter les présences du Père, et n'ai relevé son nom que six fois dans le second semestre de 1701, treize fois en 1702, cinq fois en 1703, trois fois

---

1. Minute du 24 août 1701 : ms. fr. 19649, fol. 295 v° ; publiée par Courajod. Le destinataire était un commissaire général des armées navales.
2. Boileau-Despréaux se fit nommer vétéran peu après pour recouvrer la liberté que lui enlevait sa qualité de pensionnaire, et pour ne plus se rendre aux séances que quand il le voudrait, sans aucun souci de toucher pension ni jetons.

en 1704, cinq fois en 1705, six fois en 1706, quatre fois en 1707. Dans la dernière de ces années, celle où il s'éteignit, il siégea aux assemblées publiques du 3 mai et du 15 novembre. En ces occasions solennelles, sa robe de religieux ne manquait pas de provoquer la curiosité respectueuse des assistants : « Tous les yeux se tournaient vers lui ; il ne levait jamais les siens. »

Le mardi 15 novembre 1701, pour la Saint-Martin, eut lieu la première de ces assemblées, et le succès en fut grand[1]. Comme il convenait le président Bignon eut soin de prévenir les assistants qu'ils ne devaient pas s'attendre aux « tours d'éloquence si ordinaires à Messieurs de l'Académie françoise, à qui ils conviennent souverainement ; que ce seroit entreprendre sur leurs droits, et chasser en quelque sorte sur leurs terres, que de vouloir parler leur langage dans le temps même qu'on empruntoit d'eux le lieu où l'on était assemblé ; qu'à la vérité, Messieurs de l'Académie royale des Inscriptions et Médailles n'étoient pas incapables de parler en orateurs, puisque même quelques-uns d'entre eux avoient été tirés du sein de l'Académie françoise, qu'on doit regarder comme la source de l'éloquence, mais qu'en la qualité qu'ils prenoient en cette occasion il ne leur étoit point permis d'employer les fleurs et les ornements de la rhétorique ; que c'étoit assez pour eux de parler noblement et solidement, d'avoir de la netteté, de la justesse, de la précision et de l'exactitude dans leurs expressions et dans leurs pensées ; que l'esprit de la Compagnie alloit à faire des recherches curieuses et à bien connoître l'antiquité, de sorte qu'il étoit du devoir des particuliers qui la composent de bien étudier les belles-lettres grecques et latines, de s'appliquer à tout ce qui peut servir à donner du relief aux belles actions et à immortaliser la mémoire des grands hommes, de quelque profession qu'ils puissent être[2]... »

---

[1]. C'est seulement après cette réunion que le Roi donna à l'Académie une salle du Louvre contiguë à celle des Quarante, où, depuis Louvois, elle avait tenu ses séances par tolérance.

[2]. Les lectures furent de Pouchard, sur « les inscriptions, l'origine des lettres et la manière d'écrire des anciens », et de Vaillant, sur une médaille de l'empereur Trajan ; une ode latine de l'abbé Boutard à Louis le Grand fondateur de l'Académie, avec traduction française par le nouvel « élève » Moreau de Mautour. Le même Boutard demanda la permission de lire en outre une ode latine en l'honneur du cardinal de Richelieu ; mais le dernier orateur, Henrion, n'eut plus assez de temps pour achever entièrement un discours sur l'utilité des médailles.

Il y avait deux de ces séances publiques chaque année. La première de 1702 eut lieu le 25 avril, toujours sous la présidence de Bignon, et débuta par un discours, qui dura près d'une heure, de l'abbé de Lamarque-Tilladet, secrétaire suppléant, sur « le véritable esprit et la portée réelle des travaux communs ou particuliers des académiciens ». Dom Mabillon lut ensuite une trop brève dissertation sur « les anciennes représentations de nos Rois[1] ». — Nécessairement, il débuta par un hommage indirect au souverain qui l'avait nommé[2], et nous verrons plus loin qu'un temps vint où cet hommage coûta cher à l'Académie ; mais, pour le fond, la matière choisie par lui répondait à ses goûts de critique, puisque Pharamond allait se présenter en tête, et que Chifflet avait cité une « ancienne généalogie » qui plaçait la sépulture de ce premier roi sous les murs de Reims, en un lieu appelé en latin *Pyramides*, mais dont le nom vulgaire était « les Arènes ». Le Père fit toutes réserves que de droit, quoique fort courtoises pour les partisans qui restaient fidèles à Pharamond, sur l'existence réelle de ce chef de la dynastie[3], puis sur Chifflet et son « ancienne généalogie », enfin sur le prétendu emplacement de la prétendue sépulture. Au contraire, les tombes récemment découvertes de Chilpéric ou Childéric Ier à Tournay, de Childéric II à l'abbaye même de Saint-Germain-des-Prés, enfin les sépultures de Carloman et de Charlemagne étaient tout autant de sujets excellents. Parlant de l'épitaphe de l'empereur, Dom Jean toucha un point que, si je ne me trompe, on discute encore de nos jours. « C'est, dit-il, la première épitaphe que nous trouvions de nos Rois ; ce prince est le dernier aussi qui ait pris la qualité d'homme illustre, *vir illuster*, qualité dont tous les Rois ses prédécesseurs s'étoient servis dans leurs lettres, mais que ses successeurs ont quittée quoique les Papes, écrivant à nos Rois, les aient encore qualifiés du nom d'*inluster*

---

1. Elle fut imprimée pour la première fois dans le tome II des *Ouvrages posthumes*, p. 43-58, mais est transcrite dans le registre de l'Académie. Ce sujet dut rappeler que Mabillon, dans son court séjour à Saint-Denis, avait été chargé d'en montrer les sépultures et le trésor aux visiteurs.

2. « La gloire de nos Rois doit faire la principale occupation de l'Académie. »

3. Voir, dans le tome I de l'*Histoire de l'Académie*, p. 299-301, une dissertation de Vertot sur « l'époque de la monarchie françoise en 420. » « N'entrons, dit Mabillon, dans la difficulté qui partage sur Pharamond, à qui on a donné depuis très longtemps le premier rang selon Prosper, quoique ni Grégoire de Tours ni Frédégaire n'en fassent aucune mention... »

longtemps après, jusqu'à ce qu'enfin ils leur ont donné par préciput ce titre de Très-Chretien dont ils avoient déjà honoré le roi Pépin, Charlemagne son fils, et plusieurs autres de leurs successeurs.... »

En mars 1703, Mabillon entretint l'Académie de la mise au jour de deux importantes bornes milliaires récemment découvertes, l'une dans le diocèse de Soissons, l'autre en Bourgogne.

La première[1] avait été trouvée tout près de Soissons même, au château de l'abbé de Saint-Médard, qui était alors un fils cadet du ministre Pomponne, l'ancien aumônier du Roi nommé ambassadeur à Venise l'année suivante. L'inscription, sur laquelle dissertèrent les académiciens présents, fut interprétée ainsi :

Imperatori Cæsari Marco Aurelio Antonino Pio Augusto Britannico Maximo Tribuniliæ Potestatis Decimo Quarto Imperatori Secundo Consuli Quarto Patri Patriæ Proconsuli. Ab Augusta Suessionum Leucis Septem[2].

Huit jours plus tard[3], on donna lecture d'une lettre de Dom Jean Élie, prieur de l'abbaye bénédictine de Bèze, au diocèse de Langres, diplomatiste et historien très actif. Mabillon avait fait obtenir pour ce religieux, par l'abbé Bignon, un ordre de tirer de terre et de mettre en lieu sûr une autre borne milliaire, de l'an 42, 43 ou 44, dont il avait signalé l'existence sur le territoire de Sacquenay[4]. Dès l'arrivée des ouvriers, les paysans de cette paroisse accoururent pour s'opposer à l'enlèvement, et leur curé vint appuyer la résistance, en objectant que cette colonne devait être transformée en pilier de croix pour leur usage. Appelé de Dijon par le prieur, un hoqueton de l'intendant ne put avoir raison des séditieux malgré l'ordre formel du Roi, et, la pierre étant restée en leur pouvoir, Dom Jean Élie s'adressait à l'abbé Bignon comme président de l'Académie : « Il n'y a rien que je ne fasse, disait-il, pour découvrir tout ce qu'il y a d'antiques inscriptions en ce pays ici, afin d'avoir occasion de donner par là à toute votre illustre Compagnie des marques de mon estime et de mon attachement, et de contribuer en quelque chose à la gloire de notre invincible monarque,

---

1. Séance du 9 mars 1703.
2. *Corpus Inscriptionum latinarum*, tome XIII, 2ᵉ partie, p. 684, n° 9028. Cette borne, dit le *Corpus*, est encore au château où elle avait été trouvée.
3. Séance du 16 mars 1703.
4. Arr. Dijon, comm. Selongey.

qui, tout occupé qu'il est des affaires de la guerre[1], ne laisse pas d'avoir soin que les sciences fleurissent en même temps. »

Cette lecture amena une discussion sur la mesure des lieues romaines, et Mabillon cita un passage de la Vie de sainte Afre imprimée à Nüremberg ; puis, à la séance suivante, Moreau de Mautour, un des « élèves » de l'Académie, se dit prêt à rédiger une explication historique de l'inscription dont il fit effectivement la lecture le 22 juin ; elle parut dans les *Mémoires de Trévoux*[2].

Nos registres ne donnent pas la suite de ce curieux incident de Sacquenay, qui d'ailleurs se répéta plus d'une fois pour d'autres bornes milliaires, à ce que me dit mon confrère M. Héron de Villefosse ; mais il est certain que les agents de l'autorité royale ne purent avoir raison des paysans, puisque le monument resta dans leur cimetière paroissial et n'est entré qu'en 1834 au musée de Dijon, où il passe pour un des plus intéressants de cette catégorie[3].

Une dernière communication de Mabillon n'eut pas la même valeur ; c'est d'ailleurs sous toutes réserves que, le 18 avril 1704, il présenta un soi-disant « caillou de rivière » qu'on disait avoir été trouvé dans le lit de la Seine à Paris, au-dessus de la porte Saint-Victor, et qui portait une inscription, ou plutôt ce qu'on appelle maintenant un *graffite*. Le scribe de l'Académie en a si bien défiguré le texte, que je n'ose reproduire sa lecture. La Compagnie estima que ce n'était même pas un galet de rivière, mais un composé artificiel de quelque mastic.

Sauf erreur, c'est là tout ce que le dépouillement des registres de l'Académie donne pour la contribution de Mabillon aux travaux communs. J'ajouterai, mais sans préciser, qu'il aurait été chargé une fois d'aller présenter le compliment annuel de ses confrères à l'Académie des sciences[4]. Gros de Boze doit donc avoir amplifié par courtoisie cette partie de l'œuvre du Père, en disant[5] :

Lorsqu'il plut au Roi d'augmenter l'Académie des Inscriptions, Dom

1. La campagne du Rhin, troisième année de la guerre de la Succession d'Espagne.
2. Septembre 1703, p. 1647-1660.
3. *Corpus Inscriptionum*, même tome XIII, n° 9044 ; Lejay, *Inscriptions de la Côte-d'Or*, p. 195-198.
4. Dom Ruinart, dans la *Vie*, p. 289.
5. Dans l'éloge de Mabillon, au tome I des *Mémoires de l'Académie*, p. 366.

Mabillon fut nommé entre les académiciens honoraires, et il fallut d'abord prendre des mesures pour vaincre sa délicatesse sur cette distinction ; mais personne, dans la suite, ne fut plus attaché aux intérêts, et, si l'on ose dire, à la gloire de cette Compagnie. Une de nos premières assemblées publiques fut célèbre par la dissertation qu'il donna sur les anciennes sépultures de nos Rois. Il se trouvoit souvent aux assemblées particulières, et c'étoient autant de jours de fête pour l'Académie : sa présence y inspiroit une noble émulation, et chacun avoit les yeux attachés sur cet homme simple, qui ne les levoit presque jamais. Nous eûmes encore le plaisir de le voir peu de jours avant qu'il tombât malade de la maladie qui nous l'a enlevé...

Nous n'oublierons jamais que, dans ses derniers moments, il marqua à un de nos confrères (l'abbé Renaudot), dans les termes les plus vifs et les plus tendres, son estime, sa reconnoissance et son attachement pour cette Académie.

Si le Père reculait souvent devant l'obligation de traverser la Seine pour siéger deux heures au Louvre, c'est que la préparation d'un de ses plus grands et beaux recueils le retenait alors dans sa cellule : les *Annales ordinis Sancti Benedicti*, dont les matériaux venaient affluer de toutes parts sur sa table, ou à la bibliothèque abbatiale. Le tome I parut en 1703, le tome II en 1704, le tome III en 1706, le tome IV en 1707, peu avant sa mort, alors qu'étaient déjà presque prêts un cinquième volume, que Dom Massuet acheva en 1703, et un sixième, que Dom Martène fit paraître en 1739. En outre, Dom Jean travaillait à un Supplément de la *Diplomatique*, et entretenait avec la France et avec l'étranger, partout où la République des lettres avait des représentants, cette correspondance énorme qui devrait être intégralement publiée.

∴

Quoique j'aie dit mes raisons de ne point revenir sur les rapports de Mabillon avec Baluze et avec le cardinal de Bouillon, il me faut expliquer maintenant qu'ils eurent une intime connexion avec sa mort en 1707 ; peut-être même ne me tromperais-je pas en disant qu'ils furent la cause déterminante de sa dernière maladie.

L'assistance des deux bénédictins Dom Thierry Ruinart et Dom Jean Mabillon avait été trop précieuse au Cardinal, en 1695, pour qu'il leur donnât depuis lors aucun répit. De l'étranger, ou bien du fond de cet exil si mérité que le retint pendant dix ans en Bourgogne, il ne leur prodiguait pas seulement ses assurances de respectueuse gratitude et de profonde vénération, mais aussi des rappels incessants, des invitations instantes à signer de nouveaux témoignages en sa faveur. Pour lui Mabillon était le premier auteur du succès de la généalogie fabuleuse qui devait pourtant coûter si cher à tous les inventeurs d'une audacieuse chimère[1]. En 1701, il commença à les persécuter, lui et Ruinart, pour qu'à défaut de Baluze, qui refusait de se compromettre de nouveau (on était en pleine instruction du procès des faussaires), les deux bénédictins donnassent une confirmation en forme de leur déclaration de 1695 et du procès-verbal livré au public dix mois plus tard. Ils y consentirent, et attestèrent que l'examen paléographique des feuillets s'était fait sans qu'il y eût eu aucun fait de pression, en pleine conscience et sans précipitation ; « Nous avons toujours cru, et nous croyons encore que ces pièces sont bonnes ; nous persistons à soutenir le jugement que nous en avons porté dans le procès-verbal, parce que, effectivement, c'est la vérité telle que nous la reconnoissons et la croyons... Vous pouvez faire voir cette lettre pour fermer la bouche à ceux qui voudroient dire le contraire... » Mais cela ne suffisait pas au Cardinal, et, dans les premiers jours de l'année 1705[2], il chargea son neveu l'abbé d'Auvergne d'aller à l'Abbaye avec Baluze, et d'obtenir de Mabillon et de Ruinart une déclaration signée qui portât que les pièces en question rattachant Géraud de la Tour à Acfred Ier d'Auvergne, et la lettre de saint Louis transcrite au petit cartulaire (c'étaient les documents capitaux entre tous, mais aussi les plus contestés) ne pouvaient avoir été fabriquées par J.-P. de Bar, le condamné de l'Arsenal ; que, quand bien même celui-ci s'en serait reconnu le fabricateur devant les magistrats, pour eux ils n'admettraient jamais que des parchemins dont l'écriture remontait à quatre cents ans pussent être sortis de sa main et de sa plume : autrement, ce serait proclamer qu'il n'y

---

1. Avant de partir pour Rome, et venant de faire donner la coadjutorerie de Cluny à son neveu, il écrivait au Père, dans une lettre du 23 avril 1697 : « C'est vous qui, comme le plus habile homme de ce siècle dans ces sortes de matières qui regardent l'antiquité, avez attesté la vérité des titres qui prouvent que nous descendons des ducs d'Aquitaine fondateurs de l'abbaye de Cluny, et cette vérité n'a pas peu contribué à cette postulation unanime... Je ne doute pas de la joie que vous aurez d'avoir contribué indirectement, par la justice de votre témoignage, à un événement qui m'est si agréable et si avantageux, aussi bien qu'à toute ma maison... » (Ms. fr. 19650, fol. 318.)

2. Papiers Bouillon, R{s} 73, aux Archives nationales.

avait plus ni règles ni principes pour juger de l'antiquité des titres et des écritures. Cette déclaration, le Cardinal la conserverait secrète pour n'en user que le jour où la justice oserait de nouveau rejeter l'attestation primitive signée de trois savants d'une si grande valeur ; jusque-là, personne, absolument, n'en connaîtrait l'existence.

Cette nouvelle attestation n'était pas encore ce qui tenait le plus au cœur du Cardinal : avec la puérile ou maladive obstination qui ne le quittait plus un instant, sa volonté était que les trois « complices » de 1695 donnassent encore leur visa aux feuillets supplémentaires rapportés, trois ans après, du chartrier de Brioude, par de Bar lui-même, et dont on avait fait alors tant de bruit, sans qu'un expert autorisé les eût soumis à aucune vérification. Ces feuillets, il voulait les joindre, mais bien authentiqués, au fameux « petit cartulaire » que personne n'avait jamais vu, par la bonne raison qu'il ne s'en dessaisissait jamais un instant et l'emportait dans tous ses déplacements[1]. Pour obtenir des bénédictins et de Baluze cette nouvelle concession, plus compromettante que jamais au lendemain de l'arrêt de l'Arsenal, il eût fallu que tous trois vinssent rejoindre l'Éminence soit en Bourgogne, où elle était retenue par son ban de relégation, soit au moins à mi-chemin ; mais ils se refusaient toujours à faire un voyage doublement difficile, impossible même, pour des religieux absorbés par leurs travaux, et pour un professeur au Collège de France, ou un membre de l'Académie royale, tous deux responsables de leurs actes envers le Roi. Cependant il vint un temps, en 1707, où le Cardinal obtint la permission, sinon de rentrer à Paris, au moins de se rendre à son abbaye de Saint-Ouen de Rouen en tournant tout autour de la capitale dans un rayon de trente lieues. Pour l'été, il s'établit aux portes de Rouen, où un ami lui prêtait le joli château de Quevilly. Alors, ce furent de nouvelles instances, à l'adresse de Baluze d'abord : ils avaient à discuter nombre de points de détail sur lesquels l'entente ne s'établissait point à distance, et cela retardait l'achèvement et l'impression de l'*Histoire de la maison d'Auvergne* entreprise depuis 1696. D'autre part, des bruits de cour permettaient de croire que le Cardinal rentrerait prochainement en grâce. Quoique souffrant et tout vieilli, Baluze s'exécuta, alla passer une quinzaine de jours à Quevilly, en disputes sou-

---

1. *Mémoires de Saint-Simon*, tome XIV, Appendice, p. 538-543.

vent oiseuses et futiles de la part du Cardinal, puis rentra à Paris avec une « fluxion » sur le genou droit et un rhumatisme aux reins, double conséquence des terribles chaleurs de l'été ; mais il s'était refusé absolument à délivrer une attestation de l'authenticité et de l'origine des feuillets appartenant, lui disait-on, au petit cartulaire. Le Cardinal en appela alors aux Bénédictins[1].

Depuis près de dix ans, il n'y avait eu entre eux et lui qu'un échange de lettres ; celles-ci, aussi chaudes de part que d'autre, permettaient de croire que leur dévouement n'avait pas faibli. Dom Mabillon consentit à se rendre à Quevilly avec son ancien « complice » et fidèle compagnon Ruinart ; mais, tout comme Baluze, ils refusèrent, au moins pour l'instant, de satisfaire à la réquisition de leur hôte. — Était-ce le fait d'une désillusion de la dernière heure, qui, à la fin, leur ouvrait les yeux sur toute la machination dont ils avaient été dupes si longtemps faute de raisonner autrement qu'en diplomatistes et en paléographes ? Jusqu'ici aucun document n'éclaire ce point. — Quand ils eurent repris le chemin de l'Abbaye, le Cardinal, navré de la double défection de Baluze et des religieux, mais ne lâchant pas prise, adressa encore cette suprême adjuration à Mabillon[2] :

A Rouen, ce 7° octobre 1707.

J'ai reçu, cher Père, votre lettre du 4° de ce mois, et, puisque M. Baluze fait difficulté de donner son certificat d'une chose qu'il sait être très vraie, et qu'il ne peut pas même révoquer en doute depuis la connoissance qu'on lui donna de la même vérité il y a plus de dix ans, il ne faut plus lui en reparler ; mais vous vous contenterez de donner (sur cette vérité que vous avez reconnue et vérifiée par vous-même conjointement avec Dom Thierry Ruinart) votre témoignage, signé seulement par vous deux, conforme au projet que vous en fites ici[3], et lequel témoignage je ferai mettre, lorsque vous me l'aurez envoyé, dans la copie du petit chartulaire de Brioude que je fis faire, il y a environ onze ans, et que vous eûtes pour lors la bonté de collationner tous deux sur l'original conjointement avec M. Baluze ; mais il sera bon, avant que vous donniez ce certificat, que vous voyiez Dom Guil-

1. Voir ci-dessous la lettre du 7 octobre.
2. Original, dans le ms. fr. 19650, fol. 340 ; publié par le prince Emmanuel de Broglie, mais sous la date de 1701 au lieu de 1707. La lettre n'est pas de la main du Cardinal, dont l'écriture était illisible, mais de celle de son gentilhomme Serte, sauf la souscription et la signature.
3. C'est ce passage qui atteste le voyage à Rouen.

laume de Saint-Laurent, que je ferai avertir de vous aller voir afin qu'il puisse vous dire à tous deux comme ces fragments du petit chartulaire de Brioude furent trouvés dans une grande quantité de papiers comme de rebut, jetés sans ordre dans le chartier de Brioude, et me furent remis à Lyon, et remis par moi, en 1697, en présence des députés du chapitre de Brioude, dont Dom Guillaume de Saint-Laurent vous pourra même dire les noms puisqu'il y étoit présent, dans le petit chartulaire original, que j'emportai avec moi à Rome, où j'allois.

Tout à vous deux, très cordialement.

LE CARDINAL DE BOUILLON, doyen du S⁶ Coll⁶.

Je ne saurais dire par supposition ce que les deux religieux purent répondre, ni l'expédient qu'il proposèrent ; mais, une douzaine de jours plus tard, le Cardinal leur écrivit cette autre lettre [1] :

Rouen, ce 18ᵉ octobre 1707.

Je reçois dans ce moment votre lettre commune du 15ᵉ de ce mois, dont je vous suis sensiblement obligé, et encore plus de celle souscrite par vous deux, qui étoit renfermée dans le même paquet.

Je n'ai pas encore reçu la lettre de M. Baluze ; mais, quand je la recevrai avec le chapitre de Robert Dauphin surnommé *le Fou*, je lui ferai une réponse conforme à vos conseils, qui ne pourra que lui faire plaisir, en me remettant entièrement à lui sur ce chapitre et sur le reste de son ouvrage, le priant seulement d'agréer que je lui propose ce que je pense pour le mieux. Croyez-moi, je vous prie, entièrement à vous deux.

Une troisième lettre, autographe celle-là [2], prouve qu'il y eut un envoi de l'Abbaye :

A Rouen, ce 20ᵉ novembre 1707.

Pour que vous et le Père D. Jean Mabillon ne soyez pas empeine (*sic*) de la réception de votre lettre du 9ᵉ de ce mois et du papier qui étoit contenue (*sic*) dans le même paquet, dont je vous suis infiniment obligé, comme de toutes les autres vérités que vous avez bien voulu l'un et l'autre certifier sans vous mettre empeine de vous attirer les puissants ennemis et envieux de la gloire de ma maison, je vous écris ce mot dans le moment que je reçois votre paquet, par une voie particulière et sûre, pour vous en donner avis, en vous assurant l'un et l'autre, etc.

Sans doute le Cardinal n'avait pas encore eu satisfaction, ou bien

1. Ms. fr. 19650, fol. 343.
2. Ms. fr. 19665, fol. 148.

il dut se rendre aux arguments des religieux : après avoir hésité plus de deux mois à risquer une démarche qui le plongeait dans la plus affreuse perplexité, il permit que son fidèle abbé d'Amfreville emportât le petit cartulaire et les feuillets, avec mission d'en faire faire un nouvel examen. L'abbé était porteur de cette lettre à Dom Thierry Ruinart[1] :

A Rouen, ce 20ᵉ décembre 1707.

J'envoie tous les jours, cher Père, savoir à Saint-Ouen si l'on n'a pas des nouvelles de la santé de notre cher et illustre Père Dom Jean Mabillon, et, quoiqu'on puisse bien augurer du silence qu'observent sur son sujet les lettres qui sont venues de Saint-Germain-des-Prés depuis celle que vous m'aviez écrite pour me faire savoir l'accident fâcheux qui lui arriva dans l'abbaye de Chelles, je vous avouerai néanmoins que je suis dans de continuelles craintes d'apprendre de fâcheuses nouvelles de ce très savant, très vertueux et, en tous genres de mérite personnel, très méritant religieux, que j'aime tendrement. C'est pourquoi vous me ferez un grand plaisir de me retirer de cette inquiétude du moment qu'il sera hors de péril, comme je le souhaite ardemment et en prie Dieu instamment.

M. l'abbé d'Amfreville, qui part d'ici demain, avec mon neveu le duc d'Albret, pour s'en retourner à Paris, est chargé par moi de vous entretenir, aussi bien que Dom Jean Mabillon, s'il se trouve en état de cela, sur les pièces dont je l'ai chargé pour les faire joindre, en votre présence, à la copie authentique que nous avons fait faire en (date en blanc) du petit chartulaire de Brioude dans lequel est transcrite la lettre de saint Louis ou de Louis VIIIᵉ, son père, écrite audit chapitre à l'occasion de l'élection de Guillaume de La Tour à la prévôté de ladite église. Tout à vous et à Dom Jean Mabillon, du meilleur de mon cœur.

Le précieux paquet, « trésor des trésors », et son porteur trouvèrent Mabillon à l'agonie, s'éteignant au milieu d'une foule éplorée. C'est dans une course au monastère de Chelles que le mal, une rétention d'urine datant peut-être du voyage en Normandie, s'était déclaré, et, à grand'peine, on avait pu ramener le Père dans la litière du cardinal d'Estrées.

La correspondance où ont puisé amplement tous les derniers biographes permet de suivre les progrès de la maladie. Dom Thierry ne quittait son cher compagnon que pour envoyer des nouvelles aux

1. Ms. fr. 19665, fol. 150.

admirateurs, aux amis du Père. A Dom Guillaume de la Parre, qui avait remplacé Dom Claude Estiennot, en 1699, comme procureur général à Rome, il écrivait, le 19 décembre[1] :

Pax Christi.

Mon Révérend Père,

Je ne doute pas que l'on n'ait déjà mandé à Votre Révérence la très fâcheuse maladie dont le R. P. Dom Jean Mabillon a été attaqué depuis quelque temps, et qui ne lui a pas encore donné de relâche. Il m'a chargé d'écrire à M{sr} le cardinal Colloredo, n'espérant point pouvoir être en état de le faire lui-même si tôt, et de prier en même temps Votre Révérence de vouloir bien présenter la lettre à cette Éminence. Il vous prie aussi de vouloir bien voir encore de sa part les autres personnes que Votre Révérence croira être à propos, et en particulier M. l'abbé de Polignac, qui a toujours eu tant de bonté pour lui, M. l'abbé Fontanini, et tous les autres que Votre Révérence sait. Pour ce qui regarde sa maladie, il y auroit espérance d'une prompte guérison, s'il pouvoit rendre quelque chose sans la sonde ; mais je ne sais si cela viendra si tôt, et tout est à craindre dans une si cruelle maladie. Cependant M. Finot, notre médecin, qui, assure-t-on, est un des plus habiles, dit qu'assurément il guérira. Je ne saurois vous exprimer quelle inquiétude tout Paris témoigne pour la santé de cet illustre malade : depuis les premiers jusqu'au dernier, tout le monde s'y intéresse. Je fais plus de fonds sur les bonnes prières que sur toute autre chose. Je prie Votre Révérence de vouloir bien joindre les siennes et celles de votre R. P. compagnon Dom Charles, à qui nous faisons bien nos compliments l'un et l'autre. Je vous prie particulièrement de porter nos vœux aux tombeaux des saints Apôtres ; Dom Jean Mabillon le recommande très particulièrement à Votre Révérence, aussi bien que pour tant d'autres Pères...

Au cardinal Colloredo lui-même[2], il exprimait le regret du malade de manquer à leur habituel échange de souhaits pour l'anniversaire de la Nativité, et il racontait comment le mal, d'abord soigné à Chelles, pendant huit longs jours, par des médecins ignares, avait eu quelque rémission depuis la rentrée à Paris, et ne serait peut-être pas mortel quoique long :

Faxit Deus ut quod illi bene ominantur, ac viri quique boni peroptant, brevi contingat, quidquid ille ipse æger sentiat in contrarium, ad cœlestia

---

1. Ms. fr. 19665, fol. 46.
2. Ibidem, fol. 42-43.

anhelans, cupiensque dissolvi et esse cum Christo, quod hoc sibi multo melius esse existimet, potissimum his iniquissimis temporibus quibus non modo regna et provinciæ, sed ipsa etiam vera Religio et Ecclesia catholica variis calamitatibus vexantur...

Le 2 janvier suivant, nouvelle lettre annonçant à Colloredo que tout est consommé[1] :

Eminentissime Domine, id accidit quod verebar : Dominus Johannes Mabillon, vir doctrina et pietate insignis, qui Eminentiam Vestram summopere venerabatur, et quem Vestra Eminentia sincera charitate diligebat, excessit e vivis, ac lucerna illa lucens super candelabrum sanctum, quæ tamdiu ordinem nostrum, immo Ecclesiam universam, splendore suo illustraverat, exstincta est. Fallor! vivit adhuc Mabillonius, vivit in scriptis quæ reliquit post se, vivit in hominum piorum memoria, qui ejus virtutum exempla admirari numquam cessabunt; et, quod majus est, vivit in gloria cum Christo, cui semper in vita adhæsit, cujusque in osculo et caritate defunctus est. Scripseram equidem, ante aliquot dies, Eminentiæ Vestræ cum dissolutionem sui corporis optare, quam brevi eventuram, etiam priusquam in morbum incideret, nescio quo divino instinctu permotus, frequenter mihi ingeminabat : at sperabam Deum nostra potius quam ejus vota exauditurum, maxime cum, divulgata ejus ægritudinis fama, preces ad Deum ferventissimæ pro ejus incolumitate in variis locis funderentur. Verum ipse nobis fortior prævaluit, ac, morbo, qui periculi dicebatur expers, ingravescente atque in dies magis ac magis urgente, oppressus est. Mirum est quanta animi constantia, immo et alacritate quadam cordis, accutissimos continuosque dolores quibus divexabatur toleravit, Deo, qui pœnas augebat, augente patientiam ut ei corona gloriosior tribueretur, et, purgatus ab omni labe, purior ex hac vita exiret. Et quidem, suscepto sacro Viatico, atque extrema unctione munitus, in agone per duos aut tres ferme dies perseveravit, quibus iterum atque iterum sacra corporis dominici Eucharistia refectus, cum adhuc, ea ipsa die qua vitam finivit, cum summo fidei, spei et caritatis ardore cibum illum divinum degustasset, diemque reliquam in gratiarum actionibus, benedictionibus laudibusque Dei transegisset, placide tandem ac pie, deficiente halitu inter orationum verba, vivere desiit die 27 decembris, hora, secundum nostrum computandi in Gallia modum, circiter 5ᵃ post meridiem. Mortui facies non immutata est, nisi quod paulo post serenior visa fuerit, et quasi hominis Deum attente contemplantis. Mox ejus morti fama per Urbis compita convolante, nemo non doluit tantum virum obiisse, et alter alteri dicebat ubique virum illum sanctum fato functum fuisse. Affuere ejus exsequiis viri ex omnibus ordinibus pii et docti, tam sæculares quam religiosi; atque inter illos erant non pauci dignitatibus, tam ecclesiasticis quam civilibus, illus-

1. Ms. fr. 19665, fol. 47 v° et 48.

tres; nec defuit illustrissimus abbas Passioneus[1], qui, ut ceteri, a lacrymis temperare non potuit. Corpus ejus sepultum est in oratorio Beatæ Mariæ intra monasterium, et nullus impositus est qui vel ejus nomen exprimeret tumulo lapis, id vetantibus Instituti nostri moribus : quod ægre ferunt plerique omnes, veriti ne tandem tanti viri sepulturæ locus obliteretur. Si Sanctissimus Pontifex, Eminentiæ Vestræ interventu, lapidem apponi juberet, et lex sarta tecta servaretur, et hominum piorum votis, ac maxime posteritatis commodo fieret satis. Id indicasse satis est. Interim, ut defunctum sacrificiis et orationibus Eminentia Vestra adjuvet, et memetipsum suo patrocinio favere non dedignetur, totis cordis mei medullis efflagito.

.˙.

D'une simplicité obligatoire, mais relevée par l'affluence qu'indique Dom Thierry, les obsèques avaient eu lieu le mercredi 28, à trois heures, et furent complétées, le jour suivant, par un service matinal.

Le chœur, dit Dom Tassin, était rempli à déborder de religieux, d'ecclésiastiques, de séculiers de haut rang, et l'église de monde ; chacun voulait s'approcher du cercueil et contempler la sérénité du visage du défunt, baiser ses pieds et ses mains. A l'inhumation, des larmes coulèrent de tous les yeux.

Suivant la règle sévère de l'Ordre, une simple pierre devait ne porter que la date de la mort; mais, au reçu de la supplique de Ruinart, le Saint-Père permit que, par exception, on y inscrivît le nom de Mabillon, et qu'on plaçât la plaque de marbre dans un lieu distinct :

Hic jacet
R. P. D.
Joannes Mabillon.
Obiit
27 decembris
1707
.˙.

En raison du chômage de la nouvelle année, la notification officielle

---

1. Dominique Passionei, grand lettré, qui fut plus tard nonce, cardinal et bibliothécaire du Vatican. Sa lettre à Colloredo et la réponse de celui-ci furent insérées dans le recueil des *Lettres posthumes de Mabillon*, tome I, p. 541-548.

du décès ne fut faite que tardivement à l'Académie. C'est seulement le 8 janvier 1708, dit le procès-verbal, qu'on parla de la perte que l'Académie avait faite en la personne de Dom Mabillon, mort le 27 décembre dernier. « M. l'abbé Renaudot[1] s'est fort étendu sur ce sujet, et cet académicien, qui n'étoit pas moins recommandable par les qualités du cœur que par celles de l'esprit, est universellement regretté. On a arrêté que son service se fera samedi prochain en l'église des RR. PP. de l'Oratoire, en la manière accoutumée. M. Félibien[2] s'est chargé d'envoyer des billets à chacun de Messieurs. »

Les académiciens donnèrent à Mabillon un successeur choisi dans un tout autre ordre de l'Église, mais très goûté des érudits comme bibliothécaire du Roi, et membre de l'Académie française depuis 1706 : l'abbé de Louvois, fils du grand ministre, « homme d'esprit, savant, aimable, que les Jésuites empêchèrent d'être placé, dit un juge redoutable, et qui eût été un très digne évêque, et qui auroit honoré et paré l'épiscopat ». Il fut aussi de l'Académie des sciences. Mabillon et lui avaient été en fort bons termes. Son élection eut lieu le vendredi 20 janvier[3].

A l'assemblée publique d'après Pâques, le 25 avril 1708, le secrétaire perpétuel Gros de Boze lut l'éloge académique qui était d'usage depuis 1704[4]. L'abbé Bignon voulut qu'une exception fût faite pour son ami vénéré sous la forme d'une impression spéciale, et le bénédictin Jean Hervin en exécuta une traduction en latin à l'intention des savants étrangers[5].

Parmi toutes les lettres de condoléance qui furent envoyées à Saint-Germain-des-Prés[6], je ne reproduirai que celle qui vint du cardinal de Bouillon ; du moins, par une formule sincère, espérons-le, mais un peu banale, si l'on considère que Mabillon avait été son « martyr », il sut éviter que rien ne transpirât de son immense dépit de perdre *in extremis* une garantie sur laquelle lui et les siens avaient

---

1. Ci-dessus, p. 334. Eusèbe, petit-fils de Théophraste, membre de l'Académie française et de celle des Inscriptions, grand polyglotte et orientaliste, avait appartenu pendant un temps à la congrégation de l'Oratoire, mais n'entra jamais dans les ordres.
2. Trésorier perpétuel de l'Académie.
3. *Mercure galant*, février 1708, p. 86-91, et registres de l'Académie.
4. Imprimé dans le tome I des *Mémoires de l'Académie*, p. 355-368. Ce fut le septième éloge de cette série; le premier avait été lu en 1704 pour le duc d'Aumont.
5. Dom Tassin la reproduisit dans son *Histoire littéraire*.
6. Voir Chavin de Malan, M. Jadart, le prince de Broglie.

fait tant de fond. De Rouen, où il était encore pour plusieurs mois, il écrivit à Ruinart, le 1ᵉʳ janvier[1].

Je viens, cher Père, mêler ma douleur à la vôtre, toute des plus justes et des plus vives, causée par la mort du très savant et très vertueux Dom Jean Mabillon, et je vous prie d'être persuadé que, si vous n'avez pas en moi un ami de son savoir et de son mérite, au moins en avez-vous un qui a pour vous le même cœur, rempli de la même estime et de la même tendresse.

Le cardinal de Bouillon, doyen du Sᵉ Collᵍᵉ.

P. S. Quoique que je ne croie pas que ce grand serviteur de Dieu, dont la sainte mort a mis le comble de la perfection de sa sainte vie, ait eu grand besoin de prières de ses fidèles pour jouir plus promptement de sa béatitude œternelle (sic), j'ai, en mon particulier, offert le saint sacrifice pour lui, et, participé à celui qui a été offert à Saint-Ouen pour demander à Dieu la consommation de sa béatitude œternelle, dans laquelle j'espère que Dieu nous fera la grâce de revoir ce saint religieux. Je vous demande pour cela le secours de vos saintes prières.

Ne perdait-il pas en Mabillon un serviteur dévoué qui, illustre entre tous, lui avait bravement donné l'appui de son nom pendant douze ou treize ans de lutte, sans jamais l'abandonner quoi qu'on dît et fît? Cette mort ne devait-elle pas lui être encore plus cruelle au lendemain de la disparition de l'abbé Galloys, autre ami de tout dévouement, autre soutien de sa cause?

La Congrégation fit notification de cette perte irréparable à toutes les maisons de Saint-Benoît, suivant la vieille coutume des rouleaux mortuaires qui, au moyen âge, circulaient d'abbaye en abbaye, de prieuré en prieuré, pour recueillir prières et hommages. A la lettre, qu'écrivit sans doute Ruinart avant de faire la notice pour le Nécrologe de l'Abbaye[2], il fut répondu par une foule de pièces latines ou françaises, en vers ou en prose carrée[3]. Quelle douceur ce dut être pour un si tendre ami, compagnon de travail du Père pendant vingt-cinq ans, et son disciple le plus respectueux, de réunir toutes ces pièces dans un

1. Ms. fr. 19639, fol. 42.
2. Le Nécrologe a été publié par l'abbé Vanel, et la notice de Mabillon enrichie d'un très précieux et très émouvant commentaire.
3. C'est sous cette dernière forme que Mabillon, tout jeune, avait composé en 1666, sur la mort de la Reine mère, une pièce intitulée : *Galliæ ad Hispaniam lugubre nuntium*.

volume spécial de la correspondance bénédictine[1] ! Quelques-unes furent imprimées en *Epitaphia*[2].

Laïques aussi bien que gens d'Église ou que moines, prélats ou personnages de cour, savants de France, d'Italie ou d'Allemagne, illustres ou humbles travailleurs s'associèrent à ce deuil général, et leurs lettres sont émouvantes à toucher, à lire. C'est là qu'on rencontre le beau témoignage, dans son élan spontané, qui vint de Louis XIV lui-même : l'archevêque de Reims, protecteur en titre de l'Abbaye et de tous ses moines, mais plus particulièrement affectionné à Mabillon, était arrivé à Versailles, pour annoncer la mort « du plus savant et du plus pieux religieux du royaume, l'honneur du règne »; il n'avait pas encore prononcé le nom, que le Roi s'écria : « C'est donc le P. Mabillon ! C'est grand dommage, car on m'a toujours dit que c'était un homme d'un grand mérite[3] ». Et à l'appui de l'hommage royal, un bien ancien ami de Mabillon, le ministre Claude Le Peletier[4], envoya du fond de sa retraite ce souvenir personnel[5] : « Lorsque je le consultois sur les affaires de conscience du Roi, je lui trouvois toujours la gaieté et la religion d'un saint Charles, la bonne et solide politique d'un cardinal Richelieu... »

Avec leurs condoléances éplorées, d'autres amis et admirateurs s'empressèrent d'adresser à Ruinart tout ce qui pourrait l'aider à retracer l'existence, si glorieuse dans son humilité, d' « un des plus grands hommes de l'Ordre, et peut-être de toute l'Église ». C'est le duc de Perth[6], un des plus respectables familiers de l'Abbaye, qui demanda à Dom Thierry de composer une *Vie abrégée*[7], et, encouragé par un

---

1. Ms. fr. 19639, fol. 302-409.
2. Bibl. nat., Imprimés, Ln²⁷ 13106. Cet exemplaire, auquel on a joint deux billets d'invitation aux obsèques du 28 décembre, se termine par une épitaphe qu'une note manuscrite attribue à Antoine Lancelot, *ipso die funeris*. On peut donc supposer que l'impression fut faite par ce savant lui-même, qui entra à l'Académie en 1719 et devint un chartiste éminent. La principale pièce de prose carrée en l'honneur de Mabillon fut celle de Dom Guillaume Roussel, imprimée à Reims le 5 avril 1708, et que Tassin qualifia de chef-d'œuvre. L'original, avec la lettre d'envoi, est dans le ms. fr. 19639, fol. 330-337.
3. Ms. fr. 19639, fol. 402.
4. Voy. ci-dessus, p. 324.
5. Lettre du 7 février, au duc de Perth, communiquée par celui-ci à Ruinart.
6. Le principal personnage de la cour jacobite réfugié à Saint-Germain-en-Laye.
7. On eut quelque peine à obtenir la permission d'imprimer et le privilège.

neveu du Pape régnant[1], Dom de Vic, résidant alors à Rome, en fit une traduction latine, que la cour du Vatican reçut avec applaudissement[2] ; le Pape en fut attendri jusqu'aux larmes.

.·.

Mabillon n'était plus ; mais son influence, son esprit de labeur prodigieux, sa direction scientifique devaient subsister pour toujours dans la Congrégation. Ne furent-ils pas ses disciples, de génération en génération, ces Pères qui, travaillant sur les bases, établies par lui, de l'histoire documentaire, honorèrent pendant tout le reste du XVIIIe siècle l'Abbaye, Saint-Maur et tant de maisons où chacun coopérait à l'œuvre commune sans que jamais rien se perdît du butin des moindres moissonneurs ? Montfaucon, pour la paléographie et l'archéologie antique ; Martin, Bouquet, pour les textes des chroniqueurs ou des anciens historiens des Gaules et de la France ; Rivet, Taillandier, Clémencet, pour l'histoire littéraire de la France, Bouillart et Tassin pour celle des Bénédictins eux-mêmes ; Denis de Sainte-Marthe, Martène, Taschereau et leurs continuateurs, pour la *Gallia christiana* ; Clément, pour la Chronologie ; ces autres grands travailleurs qui s'étaient partagé nos provinces, et dont l'œuvre, représentée par les beaux in-folio ou par des centaines de volumes de documents, reste encore aujourd'hui une mine inépuisable, le fondement de tout travail sérieux : Grenier et Caffiaux en Picardie, Lobineau et Morice en Bretagne, Lenoir en Normandie, Vaissète et de Vic en Languedoc, Col en Limousin, Rousseau et Taillandier en Champagne, Félibien à Paris, Calmet en Lorraine, Fonteneau en Poitou, Housseau en Touraine, Devienne en Guyenne, Verninac et Turpin en Berry. Pour qui connaît un peu l'histoire ou la science historique, tous ces noms, et tant d'autres, représenteront à jamais les colonnes maîtresses de l'édifice.

Aucune défaillance ne se produisit, si ce n'est que le nombre des

---

1. Don Alexandre Albani, qui n'entra dans l'Église qu'en 1713 et ne fut créé cardinal que par le pape Innocent XIII, en 1721.

2. Dom de Vic a raconté, dans ses *Annales Sancti Mauri* (ms. lat. 12790, fol. 42, 87, 88, 94, etc.), comment il fit cette traduction malgré les efforts contraires du P. Daubenton, et la distribua, imprimée à Padoue, en septembre 1714.

travailleurs se trouva réduit quelque peu aux approches de la tourmente. L'Abbaye ne comptait plus qu'une cinquantaine de religieux lorsque la Révolution, en supprimant tous les ordres monastiques, proscrivit du même coup le travail en commun, cet adjuvant si précieux pour la production historique. Pourtant quelques braves fidèles demeurèrent à leur poste, même durant les plus mauvais jours ; à côté de l'église fermée par le décret du 13 février 1792, Dom Lièble ouvrait encore au public la splendide bibliothèque, et Dom Levrault continuait la *Gallia*, lorsque l'incendie du 19 août 1794[1] anéantit en partie les trésors dont ils étaient si fiers, ou les dispersa à tous les vents.

.·.

De leur côté, les Académies avaient été frappées, et le nom de Mabillon est précisément un de ceux que, entre tous, les proscripteurs avaient dénoncés à la vindicte révolutionnaire. Mirabeau, s'étant chargé du réquisitoire, l'avait fait préparer par un renégat, jadis enfant chéri de la cour et du monde lettré, l'ancien secrétaire du prince de Condé puis de Madame Élisabeth, un des Quarante, le successeur de notre Sainte-Palaye à l'Académie française : c'était Chamfort. Chamfort fit à Dom Jean l'honneur de relever dans sa lecture à la séance publique d'avril 1792 cette criminelle formule de gratitude envers Louis XIV : « La principale occupation de l'Académie des Belles-Lettres doit être de louer le Roi. » La mort priva Mirabeau de prononcer son réquisitoire à la tribune de l'Assemblée législative ; mais des Compagnies convaincues en bloc de « mettre le Roi au-dessus de la Nation » ne pouvaient plus subsister : après un an de répit, la Convention les abolit le 8 août 1793, comme ayant « la prétention d'accaparer la gloire, de s'arroger le privilège exclusif des talents, d'établir une sorte de prééminence entre des hommes qui ne doivent reconnaître de prééminence que celle du talent... »

Cependant les restes de Mabillon, ce grand coupable, demeurèrent en paix, à côté de ceux de son ami et disciple Montfaucon[2], sous les dalles

---

1. Provoqué par l'explosion de quinze milliers de salpêtre qu'on avait entassés sous le Réfectoire.
2. Mort en 1741.

de la chapelle de la Vierge, quoique, depuis l'incendie de cette partie de l'Abbaye, elle fût devenue un magasin de charbon de terre ou de salpêtre. Les matières amoncelées dissimulaient l'une et l'autre plaque de marbre, et leurs inscriptions si modestes. Cinq années se passèrent encore ; le jour vint où la voirie voulut ouvrir une rue à travers les débris du chef-d'œuvre de Pierre de Montereau et de la bibliothèque. Les démolisseurs vinrent ; mais, heureusement, un compatriote de Mabillon, l'abbé Bouillot, veillait : instruit de l'existence des tombes bénédictines, Treilhard, qui était alors membre du Directoire, demanda au ministre de l'Intérieur un ordre pour que les restes vénérables de deux apôtres de l'humilité et de la science fussent recueillis dans le seul asile que la Convention eût institué à cet effet, le musée des Petits-Augustins. Le ministre, c'était Quinette, et l'excellent Alexandre Lenoir, conservateur du musée, s'y prêtèrent, Lenoir ayant représenté Mabillon comme l' « auteur d'écrits lumineux, entre autres celui très estimé intitulé : *la Diplomatique* », et Montfaucon comme « illustre par ses savantes recherches sur les monuments anciens, particulièrement sur ceux de la Nation ». Dom Poirier, jadis un des membres les plus laborieux de la Congrégation, et que Louis XVI avait nommé, en 1785, associé libre résident de l'Académie des inscriptions [1], aida à retrouver les deux dalles d'après les indications du Nécrologe. Par-dessous apparurent des débris de modestes cercueils en bois de sapin, des vestiges de vêtements, enfin des ossements bien conservés [2].

Conformément aux instructions du ministre, Lenoir avait fait préparer pour ses nouveaux hôtes, au milieu de l'ancien jardin conventuel déjà encombré de monuments funéraires ou autres [3], planté de cyprès et de peupliers d'Italie, deux sarcophages de pierre dure, « très sobres comme ornementation, et complètement dépourvus d'attributs religieux ». Il garnit seulement celui qui était destiné à Mabillon d'inscriptions anciennes, en mémoire de la science que le Père avait honorée et

---

[1]. Il avait continué à travailler dans les ruines de la bibliothèque tant que le besoin ne le força pas à chercher asile dans une maison d'indigents.

[2]. L'abbé Bouillot détacha du corps de Mabillon un fragment de côte, pour en doter l'église de Saint-Pierremont, leur pays natal à tous deux.

[3]. Y figuraient le tombeau de Dagobert Ier, celui du connétable Anne, celui d'Abélard, etc. À cause des tombes, on appelait cette partie de l'enclos le « Jardin-Élysée ».

pratiquée[1]. Quant aux dalles funéraires, elles furent, selon l'habitude, transportées dans les magasins de la ci-devant abbaye de Saint-Denis, où le baron de Guilhermy les copia de notre temps, lorsqu'il préparait son recueil des *Inscriptions du diocèse de Paris*[2].

Le musée des Petits-Augustins subsista jusqu'à la Restauration ; mais la fabrique de Saint-Germain-des-Prés devenu église paroissiale, n'avait pas attendu ce temps pour réclamer ce qu'elle considérait comme son bien légitime. Elle échoua dans une première tentative faite en 1805 pour reprendre au Jardin-Élysée les restes de Mabillon et de Montfaucon[3]. La Restauration survint ; comme le musée de Lenoir n'avait plus aucune raison d'être lorsqu'il aurait rendu aux ayants-droit les monuments qui avaient trouvé asile dans son enceinte[4], et serait transformé en École des Beaux-Arts, le curé et les fabriciens[5], appuyés par l'Académie des Inscriptions, eurent gain de cause en 1817. Le ministre Decazes et le préfet, M. de Chabrol, délivrèrent, le 26 mars 1818, une permission de procéder au retrait et au transfert dans l'église dès qu'un monument convenable y aurait été préparé, et il fut décidé que le cercueil de René Descartes, apporté jadis de Sainte-Geneviève au musée, serait traité comme les restes de Mabillon et de Montfaucon. La cérémonie, d'un caractère à la fois officiel et populaire, eut lieu le 26 février 1819. A l'exhumation des restes, l'Académie des Inscriptions était représentée par son président, le baron Sylvestre de Sacy, et par son vice-président, Petit-Radel, assistés de douze de leurs confrères : le comte Alexandre de Laborde, Bernardi, Vanderbourg, Rémusat, Émeric-David, Dureau de la Malle, Quatremère, Dom Bétencourt et Dom Brial, ces deux derniers anciens bénédictins[6] ainsi qu'un autre assistant, Dom Bévy, et un quatrième,

1. Je résume les pièces officielles de septembre 1799 publiées par M. Jadart dans son livre si complet, p. 138-141 et 225-230.
2. Tome I (1873), p. 352-354. Ces reliques ne pourraient-elles être rendues au jour?
3. Voir les très curieux documents de la fabrique même publiés par l'abbé Vanc- à la suite de la notice de Mabillon dans le *Nécrologe*.
4. C'est ainsi que Saint-Germain-des-Prés recouvra le mausolée des Douglas, celui des Castellan, et celui du roi Jean-Casimir de Pologne.
5. Curé, M. de Kéravenant ; fabriciens, MM. de Colonia, Dupré, Péan de Saint-Gilles, Ricatte et Taillandier.
6. Dom Brial était entré à l'Académie en 1805, et continuait les deux grandes entreprises bénédictines de l'*Histoire littéraire de la France* et des *Historiens*.

Dom Nainville, qui célébra la messe. En l'honneur de Descartes, l'Académie des Sciences avait délégué quatre de ses membres : Delambre, Girard, Fourier et Cauchy. Des membres de la famille de Descartes et un parent de Montfaucon étaient présents, mais personne de la famille de Mabillon, qui cependant subsiste encore de nos jours.

Après l'exhumation, et dans la grande salle du musée, le président de l'Académie des Inscriptions prononça un discours philosophique au nom de sa Compagnie[1] ; la translation des Petits-Augustins à l'église se fit ensuite sur un corbillard à quatre chevaux, que suivaient les membres de l'Institut[2]. L'emplacement pour le monument de commémoraison et d'expiation avait été désigné dans une des chapelles absidiales de droite, alors consacrée à saint François de Sales[3] : monument des plus simples, plaqué contre le mur latéral et encadrant dans les arcatures de minces colonnettes de marbre trois tables de marbre noir. Sur chacune de ces tables, gravées en lettres d'or, les trois inscriptions qu'avaient rédigées en collaboration Quatremère, Petit-Radel et Dom Brial. Celle de Mabillon est ainsi conçue :

MEMORIAE
D. J. MABILLON
PRESBITERI MONACHI
ORDINIS S. BENEDICTI
ACADEMIAE INSCRIPTIONUM HUMANIORUMQUE LITTERARUM
SOCII
PIETATE DOCTRINA MODESTIA
ELAPSO JAM SAECULO
CLARI
BIBLIOTHECARUM
TUM NOSTRATIUM TUM EXTERARUM
DILIGENTISSIMI INDAGATORIS
IN DIPLOMATUM SINCERITATE
DIIUDICANDA
FACILE PRINCIPIS
ACTORUM ANNALIUMQUE
ORDINIS SUI
COLLECTORIS CONDITORIS.

1. Ce discours fut inséré au *Moniteur*, ainsi que les autres documents officiels, et M. Jadart a reproduit le tout dans l'Appendice de son *Mabillon*, comme l'abbé Vanel l'a fait ensuite dans le *Nécrologe*, pour les documents de la fabrique.

2. *Journal des Débats* du 27 février.

3. Depuis, chapelle du Sacré-Cœur, et actuellement de saint Benoît-Labre. Les

Au pied du monument, qui subsiste tel qu'en 1819, mais est presque invisible dans l'obscurité profonde de la chapelle, court une autre inscription qui rappelle la part prise par l'Académie à l'acte de réparation de 1819 :

Quorum cineres, religiose primum loculis suis conditos, dehinc communi fato per XXV annos inter profana exules, quum terrae sacrae, renovata piarum exequiarum pompa, redderentur, regia Inscriptionum et Humaniorum Litterarum Academia titulis adscriptis serioribus aetatibus commendavit. XXVI. Febr. M. DCCC. XIX.

L'acte du 26 février 1819 avait été précédé de deux ans par un hommage de l'édilité parisienne à la mémoire des Bénédictins : dans le lotissement de l'ancienne halle de l'Abbaye, on avait attribué[1] à six rues nouvelles des noms célèbres du siècle précédent, et Mabillon en était, avec les Pères de Montfaucon, Félibien, Toustain, Lobineau, Clément ; mais des années encore devaient s'écouler avant que la Congrégation pût se reformer sur le sol français, qui lui avait été si propice, encore que quelques religieux, comme on l'a vu tout à l'heure, s'y fussent maintenus à titre privé ou comme prêtres séculiers, et que certains comptassent déjà dans les plus actifs agents d'une nouvelle renaissance des études historiques. C'est en 1833, époque, aussi, du grand épanouissement de ces études, que l'ordre de Saint-Benoît reparut au grand jour, avec ses traditions séculaires. Le génie créateur d'un grand moine, le généreux appui de l'évêque du Mans, la haute bienveillance du pape Grégoire XVI eurent raison des difficultés qui, jusque-là, avaient fait échouer quelques efforts isolés. Acquis par un petit groupe de prêtres du diocèse, doté d'une constitution régulière, l'ancien prieuré de Solesmes fut érigé en abbaye par le Saint-Siège en 1837, et le prieur Dom Guéranger élevé au rang de Supérieur général de la Congrégation des Bénédictins de France. Puis, en 1864, Ligugé, où saint Martin avait fondé le plus ancien monastère de notre pays, reprit une vie active grâce à Dom Chamard. Jusqu'à la fin du XIXe siècle, les deux maisons, rivalisant de labeur, de science, de fécondité, firent admirer de nouveau, dans toutes les branches de l'histoire, religieuse,

---

restes de Boileau furent rapportés de même le 14 juillet suivant, et déposés de l'autre côté de l'abside, dans la chapelle Saint-Paul.

1. Ordonnance de 1817.

littéraire, générale, les bienfaits de ce travail à la fois collectif et divisé dont les moines de Saint-Benoît nous rapportaient le principe et le secret. Mais ce ne fut que pour un temps : ainsi en décida la politique moderne.

Vinrent les décrets de spoliation, de dispersion, d'expulsion. Chassés en octobre 1901 de ces monastères qu'ils avaient fait renaître avec les souvenirs et les monuments merveilleux du passé, privés de ces humbles cellules où chacun donnait l'exemple du labeur fructueux, de ces bibliothèques qui étaient leur seul trésor et leur arsenal de travail, moines de Solesmes et moines de Ligugé, successeurs des grands ancêtres de Saint-Maur, de Saint-Vanne et de Saint-Germain-des-Prés ont dû demander asile aux pays étrangers, comme tant d'autres congrégations qui professaient, elles aussi, le dévouement aux vertus religieuses, la foi, l'espérance et la charité. C'est donc d'au-delà des frontières françaises, c'est des pieuses retraites où nos voisins ont donné l'hospitalité aux exilés, que Saint-Germain-des-Prés a vu reparaître, pour quelques heures, le 27 décembre 1907, des représentants de l'humble robe noire qui fit si longtemps sa gloire. Ils venaient rendre hommage à Dom Mabillon, et, à défaut du premier centenaire de sa mort qui eût dû être célébré en 1807, ils avaient souhaité, obtenu que le deuxième eût lieu dans l'antique église où furent réintégrés en 1819 les restes de Dom Jean et de son émule.

Ce ne fut pas une pompe officielle ; mais M. le curé de Saint-Germain-des-Prés avait convoqué tous les amis de l'histoire qui n'oublient ni les bons serviteurs du temps passé, ni les continuateurs de l'œuvre, alors même qu'ils n'ont plus d'abri sur le sol natal.

Dom Besse, moine du Ligugé belge d'aujourd'hui, avait pris de longue date l'initiative de cette pieuse manifestation. Sa Grandeur Mgr l'archevêque de Sida, qui n'était encore, pour quelques semaines, que le coadjuteur de notre vénéré Cardinal-Archevêque de Paris, daigna venir présider le service commémoratif, avec l'assistance de M. le Recteur de l'Institut catholique. En face de lui s'assirent les représentants de la Congrégation bénédictine de France : le Révérendissime Dom Cabrol, abbé de l'abbaye française de Saint-Michel de Farnborough, en Angleterre ; à ses côtés, le R. P. Dom Besse, de l'abbaye de Ligugé, Dom Bourgeois, de l'abbaye de Solesmes, Dom Du Bourg, du monastère de Sainte-Marie, et Dom Anger.

N'ayant jamais oublié ni Mabillon, entré le premier dans ses rangs, ni les Bénédictins qui y vinrent après lui, et dont elle s'honore de continuer les plus belles œuvres, l'Académie des Inscriptions et Belles-Lettres avait répondu avec empressement à l'invitation, et de même les autres classes de l'Institut qui ont l'histoire dans leurs attributions. Étaient présents aussi de nombreux membres des compagnies savantes, Antiquaires de France, Anciens élèves de l'École des chartes et de l'École des hautes études, Sociétés de l'Histoire de Paris et de l'Histoire de France. Au milieu de cette foule recueillie, tous les regards, comme jadis quand Mabillon assistait aux séances de l'Académie, tous les regards se portaient sur celui de nos savants maîtres à qui son labeur prodigieux, aussi son humilité, son désintéressement, la sûreté de sa science, ont valu la respectueuse qualification de « Bénédictin laïque ».

Le service funèbre fut célébré par l'érudit oratorien qui appartient à l'Académie des inscriptions. Puis le R^{me} abbé de Farnborough retraça en chaire l'œuvre immense de Dom Jean Mabillon, consacrée par les deux siècles qui venaient de s'écouler, et les paroissiens restés fidèles à l'Abbaye écoutèrent avec recueillement cette glorification du monastère dont le nom leur reste, et des ouvriers infatigables qui priaient et travaillaient sans relâche à l'ombre de leurs clochers.

Tant d'honneurs eussent été refusés par Mabillon vivant ; c'est à peine s'ils ont suffi au gré des admirateurs du Père dont les rangs n'ont pu que grossir avec le temps, et, le soir même, un des disciples de l'École où le souvenir de Dom Jean et une perspective peinte à fresque de l'Abbaye président encore à l'enseignement de la Diplomatique et de la Paléographie, écrivait ces paroles pleines de cœur : « C'est la preuve que la modestie du savant n'a pu nuire ni à la solidité ni à la gloire de l'œuvre. L'école historique française garde à ce religieux, qui fut grand malgré lui, une gratitude filiale[1]. »

La commémoration sera close enfin le 14 février, par une conférence que le R. P. Dom Besse fera sur « Mabillon, son œuvre, son influence », sous les auspices de M. le Recteur de l'Institut catholique.

1. M. le professeur Dupont-Ferrier, archiviste-paléographe, dans le *Journal des Débats*, 28 décembre 1907.

LE PREMIER OUVRAGE DE MABILLON

Par Dom J.-M. BESSE

Pendant son séjour à Corbie, Mabillon eut pour saint Adhalard, moine de cette abbaye, une tendre dévotion. La confiance qu'il lui témoigna pendant une maladie ne resta pas sans effet. Il attribua pieusement à son intercession l'efficacité des remèdes qu'on lui prescrivit. Afin de témoigner sa gratitude à son bienfaiteur céleste, il composa en son honneur des hymnes, qui furent très goûtées de ses confrères. On l'engagea à chanter de même les louanges de sainte Bathilde, fondatrice de l'abbaye. Tel fut son début dans la vie littéraire. Ses Supérieurs le chargèrent alors de revoir les offices propres de la maison, pour les adapter au Bréviaire monastique en usage dans la congrégation[1]. Dom Tassin mentionne ce recueil en tête des œuvres de Mabillon, sous un titre inexact : *Hymni in laudem S. Adalhardi et Sanctae Bathildis Reginae. Officia Ecclesiae Corbeiensis propria vel nova edita, vel vetera emendata, quae omnia in unum collecta typis vulgata sunt ad ejusdem Ecclesiae usum. Parisiis 1677, in-8*[2].

Les exemplaires du Propre de Corbie sont devenus rares. Il en existe à la bibliothèque d'Amiens, au presbytère de Corbie et à l'abbaye de Saint-Wandrille[3]. Nous publions le calendrier et les deux offices de saint Adalhard et de sainte Bathilde, contenant les hymnes de Mabillon.

Dom J.-M. Besse.

---

1. *Abrégé de la vie de Dom Jean Mabillon*, par Dom Thierry Ruinart, 33-36. Mabillon fut ordonné prêtre à Corbie, le 27 mars 1660. Il quitta ce monastère en 1663 pour aller à Saint-Denys.
2. *Histoire littéraire de la Congrégation de Saint-Maur*, p. 220.
3. Dongelberg, Brabant, Belgique.

OFFICIA PROPRIA

REGALIS MONASTERII SANCTI PETRI CORBEIENSIS

ORDINIS SANCTI BENEDICTI

CONGREGATIONIS SANCTI MAURI

*Ad limam Breviarii Monastici
expolita.*

LUTECIAE PARISIORUM

APUD JOHANNEM BAPTISTAM COIGNARD

Via Jacobaea, sub Bibliis aureis
M. DC. LXXVII.

Cum Superiorum licentia.

FESTA PARTICULARIA
SANCTORUM
MONASTERII REGALIS
S. PETRI CORBEIENSIS.

Januarius.

2. Adhelardi Abbatis, duplex 1. classis.
14. Luciani, Maximiani et Juliani Martyrum, duplex 2. classis.
29. Hilarii Episcopi et Confessoris, semiduplex.
30. Bathildis Reginae, duplex 1. classis cum octava.
31. Martinae Virginis et Martyris, semiduplex.

Februarius.

1. Praecordii Confessoris, duplex 2. classis.
3. Anscharii Episcopi et Confessoris, duplex 2. classis.
4. Blasii Episcopi et Martyris, semiduplex.
6. Octava sanctae Bathildis, duplex.
8. Ignatii Episcopi et Martyris, semiduplex.
9. Amandi et Vedasti Confessorum Pontificum, semiduplex.
14. Valentini Presbyteri et Martyris, duplex 2. classis.

Martius.

1. Albini Episcopi et Confessoris, semiduplex.
6. Coletae Virginis, duplex.
17. Translatio sanctae Bathildis Reginae, semiduplex.
18. Gertrudis Virginis, duplex.

Aprilis.

1. Jacobi Apostoli, duplex 1. classis.
5. Gerardi Abbatis, duplex 2. classis.
Feria 2ª post Dominicam in Albis, Decollatio sancti Johani duplex.
26. Paschasii Radberti Abbatis, duplex 2. classis.
27. Cleti et Marcellini Martyrum, semiduplex.

Maius.

8. Translatio S. Gentiani Martyris, duplex 2. classis.
10. Apparitio S. Michaelis Archangeli, duplex majus.
16. Honorati Episcopi et Confessoris, semiduplex.
24. Laurianae et Agrippinae Virginum et Mart., duplex 2. classis.

Junius.

5. Translatio S. Praecordii Confess. duplex.
6. Claudii Episcopi et Confess. semiduplex.
7. Bonifacii Episcopi et Martyris, duplex.
8. Norberti Episcopi et Confess. semiduplex.
15. Viti, Modesti et Crescentiae Martyrum, duplex.
27. Inventio Sanctorum Gentiani, Fusciani et Victoriae Martyrum, semi-duplex.
30. Commemoratio S. Pauli, duplex majus.

Julius.

Dominica in Kalendis, vel prima post Kalendas Julii, Festivitas SS. Reliquiarum, duplex 1. classis
20. Margaritae Virginis et Martyris, duplex majus.
24. Christinae Virginis et Martyris.
25. Christophori Martyris, semiduplex.
27. Pantaleonis Martyris, semiduplex.

Augustus.

29. Sabinae Martyris.

September.

Dominica post decimam octavam hujus mensis, vel die decima octava si incidat in Dominicam, Dedicatio hujus Ecclesiae, duplex 1. classis cum octava.
22. Mauritii et Sociorum Martyrum, duplex.
26. Firmini Episcopi et Martyris, duplex.

October.

Dominica prima in Kalendis, vel post Kalendas hujus mensis, Festivitas SS. Reliquiarum, duplex 2. classis.
9. Dionysii et sociorum Martyrum, duplex.
10. Elevatio Corporis S. Adhelardi Abbatis, duplex 2. classis cum Octava.
12. De Octava, semiduplex.

13.
17. Octava S. Adhelardi, duplex.
25. Crispini et Crispiani Martyrum, duplex.

November.

6. Leonardi, Confessoris, duplex.

December.

1. Eligii Episcopi et Confessoris, semiduplex.
5. Barbaræ Virginis et Martyris, semiduplex.
6. Nicolai Episcopi et Confessoris, duplex.
11. Gentiani, Fusciani et Victorici Martyrum, duplex 1. classis.
12. Damasi Papæ et Confessoris, semiduplex.
13. Othiliæ Virginis, duplex 2. classis.
14. Nicasii et Sociorum Martyrum, duplex.
16. Luciæ Virginis et Martyris, duplex.

FESTA JANUARII.

DIE II JANUARII, IN FESTO

SANCTI ADHELARDI, ABBATIS.

AD VESPERAS

Antiphona. Sanctus Adhelardus.

Cum reliquis de Laudibus. Psalmi de Dominica ut in primis. Vesperis. Capitulum et Responsorium breve, ut in Communi Confessoris non Pontificis.

Hymnus.

Alma Sanctorum domus et palæstra,
Quas Adhelardus meritis sacravit,
Clara solemni recolenda festo
    Pandite gesta.

Nascitur mundo, bona liliatæ
Portio stirpis, decus affuturum,
Crescit et concors adolescit annis
    Æmula virtus.

Aulicus servat sine labe mores,
Dumque nil Regem sua verba flectunt
Gloriæ vestris peritura condit
    Culmina claustris.

Promptior munus subit hortulani,
Brachiis versat teneris ligonem :
Non valent firmum graviora pectus
    Frangere pensa.

Noxias menti cito pullulantes
Vellicat plantas, lachrymis amoris
Temperat sacras, quibus intus ardet
    Victima, flammas.

O Deus simplex, pariterque Trine,
Qui tuos servas, ubicumque vivant,
Nos Adhelardi facias ad astra
    Esse sequaces. — Amen.

℣. Amavit eum Dominus et ornavit eum.
℟. Stolam gloriæ induit eum.

Ad Magnificat.

Antiphona. O sanctissimum virum, quem aula non corrupit, claustri labor non fatigavit; nec dignitatum gloria superavit.

Oratio. Omnipotens sempiterne Deus, qui Beatum Adhelardum Confessorem tuum inter dignitatum casuumque discrimina impolluto tramite direxisti, præsta, quæsumus, ut inter mundanas varietates, sine offendiculo, ad te transire valeamus. Per Dominum nostrum...

Deinde fit commemoratio circumcisionis et octavæ Sancti Stephani tantum.

AD MATUTINUM

Invitatorum, psalmi, cantica et versus, ut in Communi Confessoris non Pontificis.

Hymnus.

O vigil sacræ stationis actor,
Caste rivalis superum, trophæa
Antelucanis tua prodituri,
    Surgimus choris.

Dum fugis notos tibi curiales,
Claustra Casini penetras latenter :
Lætus ignotæ pretiosa gustas
    Gaudia vitæ.

Sed manet cælo subeundus ordo,
Te Patrem Fratres reducem salutant :
Inde Romanæ moderator aulæ
    Regibus adstas.

Galliam tandem repetens, malorum
Candidus censor, pateris livorem,
Et relegatum peregrina fortem,
    Insula sensit.

Sic vices claris famulantur actis,
Dumque his regno fugitivus exis,
Exteris vitæ jubar expetendum
    Nescius infers.

O Deus Simplex, pariterque Trine,
Qui tuos servas ubicumque vivant,
Nos Adhelardi facias ad astra
    Esse sequaces.

In primo Nocturno.

Antiphona. Beatus Adhelardus in aula constitutus, non abiit in concilio impiorum, sed ambulavit in lege Domini.

Ant. Fremente populo propter Regis divortium, intrepide prædicavit præceptum Domini de castitate conjugali.

Ant. Ipsi Johannis Baptistæ Martyrium non defuisset si in Carolo Herodem invenisset.

Ant. Elegit abjectus esse in domo Domini, magis quam habitare in tabernaculis peccatorum.

Ant. Considerans Filium hominis paulo minus ab Angelis minoratum, non dubitavit fieri servus qui fuerat dominus.

Ant. Oculi ejus pluebant fontem lacrymarum, et palpebræ ejus sine supercilio interrogabant superbiam hominum.

℣. Amavit eum Dominus et ornavit eum.

℟. Stolam gloriæ induit eum.

Lectiones primi Nocturni, de libro Ecclesiastici, Laudemus viros gloriosos. *ut in Communi Confessoris Pontificis.*

℟. j. Sanctus Adelhardus regiis natalibus illustris, non tam sanguine purpuram meruit, quam vitæ integritate. Qui gratiam Dei gratiæ Principum singulari prætulit exemplo.

℣. Beatus vir qui timet Dominum, in mandatis ejus cupit nimis. Qui gratiam...

℟. ij. Regnum mundi et omnem ornatum sæculi contempsi propter honorem Domini mei Jesu Christi * Quem vidi, quem amavi, in quem credidi, quem dilexi. *

℣. Eructavit cor meum verbum bonum, dico ego opera mea regi. Quem vidi...

℟. iij. Sanctus Adhelardus monastico habitu suscepto * Ligonem teneris cœpit versare manibus, quem æstimavit sceptro leviorem.

℣. In jejunio et siti, in labore, in frigore et nuditate. Ligonem teneris...

℟. iiij. Justum deduxit Dominus per vias rectas, et ostendit illi regnum Dei : * Et dedit illi scientiam sanctorum.

℟. Honestavit illum in laboribus et complevit labores illius. Et dedit...

In secundo Nocturno.

Ant. Elongavit se fugiens ab aulicorum iniquâ conversatione, et mansit ignotus in solitudine Casinensi.

Ant. Desiderium cordis ejus tribuit ei Dominus, quia ipsum quem quærebat invenit.

Ant. Diu latere non potuit, quem conscia virtutis fama ubique publicavit.

Ant. Hunc Carolus Imperator Pipino filio dedit in Patrem, quem expertus erat incorruptum oratorem.

Ant. Laudavit Italia justitiam ejus, et viderunt omnes populi gloriam ejus.

Ant. In exilio positus invidos torsit per patientiam, quibus in aula molestus fuerat per vitiorum censuram.

Lectio v.

Adhelardus regia stirpe in Belgio natus, patrem habuit Bernardum, Caroli Martelli filium. Is cum Pipini patrui liberis in aula educatus, liberales disciplinas cum iis virtutibus, quae Principem decent, feliciter conjunxit. A Carolo Magno, optimo loco habitus, numquam adduci potuit, ut approbato ipsius cum legitima conjuge divortio, secundis cum Hildegarde nuptiis subscriberet. Quin seminalis eâ de re querelis et liberiori admonitione incunctanter adhibitâ, dum oscitantem Principis animum ad meliora consilia revocare non praevalet; mundi honoribus et dignitatibus abdicatis, in monasterium Corbeiense, eo vel maxime tempore sanctitatis famâ celebre se recepit : improperium Christi praeferens scandalo suspectae dissimulationis. Ibi viginti annos natus, purpura cum monastico habitu commutata, durum suae vocationis experimentum in laboriosis hortulani officiis a Mordramno Abbate sortitus est. Sed cum maxima omnium admiratione factum est, ut accepto hilariter onere, brevi omnium virtutum tyrocinium expleverit; ingenuo adolescentis animo de faecunditate cum suo horto certante.

ꝶ. Sanctus Adhelardus perfectionis monasticae desiderio succensus, mundanam gloriam permutasse sibi visus est, non perdidisse nisi fugeret * In ignotam regionem.

ỳ. Exivit de terra sua et de cognatione sua. In ignotam regionem.

Lectio vj.

Quo in genere frequentes Procerum Regni salutationes exosus, amore solitudinis, in monasterium Casinense cum altero Adelhardus se subtraxit, ubi delibatis, sub incogniti nominis umbra, vitae in Christo absconditae deliciis, famâ erumpente, Caroli Magni instantiâ, accedente etiam divino oraculo, in Galliam revocatur. Qui coenobii sui Corbeiensis administratione susceptâ, compunctioni et orationi addictus, suorum perfectionem et salutem, sanctis exhortationibus promovere non desistebat : et spiritualibus intentus, sic temporalium rerum curam egit, ut eum nec varietas turbaret nec adversitas. Hoc animi vigore, dignus est judicatus, cui Pipini Italiae Regis minor aetas cum suo regno crederetur; quo in munere, fide fuit in promissis singulari : et eas virtutes, quas in monasterio exercebat, semper illibatas retinuit, maxime liberalitatem in pauperes, et lachrymarum assiduitatem : quas non semel in die, etiam inter Aulicorum frequentiam supernae patriae desiderio profundere visus est : unde Antonii nomen est consecutus.

ꝶ. In monte Casinensi liber ab hominibus liberiori caelo fruebatur * Et solus in superni inspectoris oculis habitabat secum.

ỳ. Sedebat solitarius et tacebat quia levabat se super se. Et solus, etc.

Lectio vij.

Sed eo tandem negotio expeditus, Corbeiam remeare permittitur :

ubi propter eximiam eloquentiæ facultatem, cum Angelica gravitate et benignitate conjunctam, qui prius in frangenda Tyrannorum insolentia, componendisque Beneventanæ et Spoletanæ civitatis dissidiis, felix fuerat, legatione ad Leonem tertium ex condicto Patrum Aquisgranensis Concilii, summa cum laude perfunctus; etiam Carolo Magno in deliciis fuit, a quo pretiosa thecâ sanctarum Reliquiarum in pignus amoris acceptâ, ad Bernardum Pipini defuncti filium, italicis rebus iterum præficiendus dirigitur : sed morte Imperatoris in Galliam iterum revocatus, summis a Ludovico Pio affectus honoribus, incorruptum se exhibuit religionis et justitiæ defensorem. Quare nimia Imperatoris facilitate adulantium flabellis accensa, in insulam sancti Filiberti septennio relegatur : ubi non tam exsilium nactus, quam tranquillitatis portum; admirabilis patientiæ, omniumque virtutum exempla insularibus dereliquit.

ɤ. Vultum exhibebat angelicum, dum Angelorum in choro persolvebat officium. Et numquam a divinis laudibus sine lachrymis recedebat, cum Propheta suspirans * In atria Domini.

ɤ. Quam dilecta tabernacula tua, Domine virtutum, concupiscit et deficit anima mea. In atria.

LECTIO VIIJ.

Verum Imperator postea, facti pœnitens, summa humilitate peccatum suum publica satisfactione in Attiniacensi concilio expiavit, virumque sanctissimum cum suis fratribus novis honoribus auxit. Sed cum jam tum provectæ fieret ætatis, publicis negotiis omissis, ad sui monasterii regimen totum se contulit, et paternæ sollicitudinis exemplo singulari, quadringentorum fratrum nominibus in tabella descriptis, sic omnium necessitatibus invigilabat, ut in qualibet hebdomada nullus esset quem privatim non conveniret. Expandit se totus caritatis ardor etiam ad plagas septentrionales : et duobus itineribus in Saxoniam confectis, jam pridem conceptam novæ Corbeiæ fabricam, obsecundante Imperatoris gratiâ, feliciter absolvit, missis in eam regionem viris apostolicis, Anschario, Autberto, Witmaro et aliis, ut Gentem illam in infidelitatis adhuc tenebris jacentem ad fidei lumen perducerent. Denique triduo ante natalem Dñi febri correptus, invalescente morbo, quotidie in oratorio sancti Martini sacra synaxi reficiebatur, sæpius repetens illud Psalmistæ : Sitivit anima mea ad Deum vivum. Huic in extremis adfuit sancus Hildemannus Bellovacensis Episcopus, quondam ipsius discipulus ; a quo accepto extremo Sacramento, Christi visione recreatus, quarto nonas Januarii, septuagenario sex annis major, migravit ad Dominum, anno octingentesimo vigesimo sexto.

ɤ. Dum Italiæ præesset divini oris arte conciliabat contumaces, misericordia pauperes, justitia universos * Quoniam Dei spiritus erat in eo.

ɤ. Fidelis servus et prudens quem constituit Dominus super familiam suam. Quoniam Dei...

In tertio Nocturno.

AD CANTICA

Antiphona. Adhelardi memoriam celebremus cum gaudiis qui lacrymarum copiam consociabat canticis.

℣. Lex Dei ejus in corde ipsius. ℟. Et non supplantabuntur gressus ejus.

Lectio sancti Evangelii secundum Matthæum.

LECTIO IX

In illo tempore : Dixit Petrus ad Jesum : Ecce nos reliquimus omnia, et secuti sumus te : quid ergo erit nobis? *Et reliqua.*

Homilia Sancti Bernardi Abbatis. Arbitror, *etc. ut in Octava sancti Hugonis in fine Breviarii Monastici.*

℟. Barbarorum Apostolus septentrionalem plagam iterata peregrinatione consecravit ut eam faceret sui spiritus heredem * quam deplorabat fidei exsortem.

℣. Misit operarios in vineam Domini, propugnaculum ædificavit in eâ. Quam...

℟. Sanctus Adhelardus invidorum factione * In exilium actus invenit vitæ solatium, ubi alii sentiunt anticipatam mortis portionem.

℣. Propter veritatem et mansuetudinem et justitiam. In exilium...

℟. Sub extremis vitæ diebus judicia Domini cum pavore meditabatur, convocatisque senioribus anxii cordis patefecit arcana * Non visus est sibi sufficiens ut seipsum discuteret, qui mundum poterat regere universum.

℣. Audite hæc omnes gentes, auribus percipite omnes qui judicatis orbem. Non...

℟. Instante mortis hora sanctus Adhelardus viso Domino * Eadem hora qua Christus vitam reddidit Deo Patri, hanc ipse reddidit Salvatori.

℣. Quam felix triumphus, quem Dominus sua visitatione præparavit. Eadem hora...

Evangelium. Ecce nos reliquimus omnia.

Oratio. Omnipotens, *etc., ut supra in Vesperis.*

Missa. Os justi. *Secreta et Postcommunio ut in festo S. P. N. Benedicti 21. Martii. Commemoratio Octavæ S. Stephani.*

AD LAUDES ET PER HORAS ET IN IJ VESPERIS

Ant. Sanctus Adhelardus, inter lilia numeratus innocentiæ candore semper floruit ante Dominum. *Psalmus.* Dominus regnavit. *cum reliquis de Laudibus.*

Ant. In claustro positus humilitate Deo placuit, et humilitatem obedientia consummavit.

Ant. Per me Reges regnant, et legum conditores justa decernunt.
Ant. Actus in exilium pro persequentibus orabat et sine intermissio Deum benedicebat.
Ant. Post mortem claruit miraculis qui in vita virtutibus effulserat.
Capitulum. Beatus vir. ℟. brev. Amavit.

Hymnus.

Noctis abscedant tenebræ fugaces,
Saxonum sidus radiis ab orbe
Gallico missis, Aquilonis ora
    Discutit umbras.

Dum fatiscentem peragit senectam,
Frigidos lustrat populos, et ipsis
Dæmonum semper furiis timendam
    Instruit arcem.

Quanta virtutum series in uno!
Regibus doctor, populis azylum,
Ordini splendor, fideique Paulus
    Extitit alter.

Jam Deo præsens, Venerande sosp[es]
Hanc domum, nostri memor intuere,
Quæ locus quondam fuit incolatus,
    Membraque servat.

Sentiant cives tibi nuncupati
Dexteram sanctis radiare votis;
Sub tuis signis patrio facessant
    Limite bella.

O Deus simplex, pariterque Trine,
Qui tuos servas ubicunque vivant,
Nos Adhelardi facias ad astra
    Esse sequaces. — Amen.

℣. Justum deduxit Dñus per vias rectas.
℟. Et ostendit illi regnum Dei.

Ad Benedictus.

Antiphona. Ego flos campi et lilium convallium, dedi suavitatem odori[s] domo Domini, quia dilectus meus descendit in hortum meum et d[edit] mihi ubera sua.

Fit commemoratio Octavæ sancti Stephani tantum. In secundis Vesperis.

Ad Magnificat.

Antiphona. Hodie sanctus Adhelardus a Christo Domino ad cœli ga[udia] invitatus animam Deo commendans, hora nona expiravit. Hodie prin[ceps] in cœlo factus est, qui mundi calcavit principatum. Hodie vir hu[jus] exaltatus est. Alleluia.

Fit commemoratio Octavarum S. Johannis et S. Stephani.

DIE XXX JANUAR.

IN FESTO SANCTÆ BATHILDIS REGINÆ. DUPLEX.

AD VESPERAS

Antiphona. Ecce Regibus, cum reliquis de Laudibus infra.
Psalmi, Capitul. et ℟. *breve de Communi nec Virginum nec Martyrum.*

Hymnus.

Antiqua Templi fabrica,
Bathildis olim gloria,
Tuam Bathildem gloriam
Cælo receptam prædica.

Surrexit inter Saxones,
Exorta Regum lineâ,
Mores bibit fidelium,
Inter profanos incolas.

Nutu superno perditis
Captiva facta Barbaris,
Honore salvo vendita
Erchenoaldo serviit.

Pudica Virgo principis
Fugit thorum, divinitus
Servata Regis nuptiis,
Vitâ sacravit regiam.

Excelsa jungit infimis,
Austera lætis computat,
Spretâ corona temporum
Ambit coronas cælitum.

Jesu tibi sit gloria
Per quem triumphant Principes,
Cum Patre et almo Spiritu
In sempiterna sæcula. — Amen.

℣. Specie tuâ et pulchritudine tuâ.
℟. Intende, prospere procede et regna.

Ad Magnif.

Antiph. Ista est Bathildis Regibus venerabilis, quam ubique magnificant opera pietatis : quæ templa Deo condidit, cui Deus templum gloriæ reservavit. Alleluia.

Oratio.

Deus qui inter regales delicias et mundi illecebras sanctam Bathildem virtute constantiæ roborasti; † quæsumus, ut ejus intercessione fideles tui terrena despiciant * et ad cælestia semper aspirent. Per Dñm, etc.

AD MATUTINUM

Invitatorium. Laudemus Deum nostrum * in Confessione beatæ Bathildis.
Psalmus. Venite, exultemus, etc.

Hymnus.

Quæ christianos eximis
Captivitatis legibus,
Tuis aperta laudibus,
Captiva solve pectora.

Viro soluta Galliæ
Infracta pondus sustines,
Regnoque maturans Duces,
Bellum fugas et crimina.

Effecta mundo celsior,
Mundana calcas omnia,
Calamque throno præferens,
Ad astra scalam præparas.

Jactare nescis regium
Nomen vel amissum decus;
Parendo regnas sanctius,
Servire sola gloria.

Ut serviendo Principi
Thronum mereris Franciæ,
Sic mancipata singulis,
Thronum mereris gloriæ.

Jesu tibi sit gloria
Per quem triumphant Principes,
Cum Patre et almo Spiritu,
In sempiterna sæcula. — Amen.

In primo Nocturno.

Ant. Sancta Bathildis in Christiana fide a teneris educata, nihil habuit barbarum nisi patriam, sed candidos mores traxit inter Saxones. *Psalmus.* Domine Dominus noster, *cum reliquis de Communi Virginum.*

Ant. Facta pyratum præda, viliori pretio cessit Erchenoaldo, et in sponsam exoptata se subtraxit, quæ ancillæ ministerium non fuerat dedignata.

Ant. Sic meruit a Dño benedictionem, et Reginam habere Gallia meruit, quam Saxonia indigna perdiderat.

Ant. Specie tua et pulchritudine tua, intende, prospere procede, et regna.

Ant. Adjuvit eam Deus ne vanitatibus seducta deficeret nec solita pietatis prætermisit officia, quæ Deum in tribulationibus adjutorem habuerat.

Ant. Deus in domibus ejus cognoscetur, quas mira pietate et liberalitate fundavit.

℣. Specie tua et pulchritudine tua.
℟. Intende, prospere procede et regna.

Lectiones primi Nocturni de Parabolis Salomonis. Mulierem fortem, *ut in Communi nec Virginum nec Martyrum.*

℟. j. Sancta Bathildis, e Saxonum partibus fœcundandis liliis in Galliam transplantata* Summa humilitate summam meruit dignitatem.

℣. Adstitit Regina a dextris tuis in vestitu deaurato circumdata varietate. Summa humilitate, etc...

℟. ij. Sancta Bathildis, in captivitate posita, viam veritatis non deseruit: et cum esset junior, nihil puerile gessit in opere;* Nata erat ad regnum, nec tamen impatiente tulit Principis famulatum.

℣. Discite a me quia mitis sum et humilis corde. Nata, etc...

℟. iij. Talis ac tanta virtus non potuit diu sub modio contineri. Sed in throno posita est in exemplum* Ut aulam suo influxu sanctificaret.

℣. In solo posuit tabernaculum ejus, nec est qui se abscondat a calore ejus. Ut aulam, etc.

℟. iv. Regina sanctissima ad ortum tantæ dignitatis non deposuit animi modestiam, sed cunctis amabilem se exhibens* Regnavit magis benignitate, quam potentiæ ostentatione. ℣. Dñe, non est exaltatum cor meum, neque elati sunt oculi mei, neque ambulavi in magnis, neque in mirabilibus super me. Regnavit, etc...

In secundo Nocturno.

Ant. Dum Clodoveus in extremis versaretur, sancta mulier nulli pietatis defuit officio, ut exitum ejus Domino commendaret.

Ant. Cadente Rege turbata fuisset Francia, nisi mulierem fortem invenisset.

Ant. Parum erat Regni ærarium, ut misericordiæ satisfaceret : nec cingulo pepercit, eligens amittere insignia dignitatis quam omittere vel unum caritatis officium.

Ant. Cum nihil satis esset quod Dño consecraret, seipsam obtulit Christo in odorem suavitatis.

Ant. Omnibus subesse voluit in monasterio quæ omnium mater erat : summam dignitatem cumulans humilitate singulari.

Ant. Sic iisdem gradibus ascendit ad gloriam, quibus meruerat temporalem coronam.

℣. Adjuvabit eam Deus vultu suo.

℟. Deus in medio ejus non commovebitur.

Lectio v

Bathildis regio Saxonum sanguine illustris, in christiana fide a teneris educata, in Barbarorum manus incidit : a quibus Erchenoaldo Majori domus Franciæ venumdata, in injuncto sibi ministerio ita laudabiliter se gessit, ut mortua conjuge, animi probata modestia et ingenuitate, illam sibi in uxorem cooptaret. Sed cum frustrata Principis voluntate, famosior e latebris emergeret, a Clodoveo secundo Francorum rege in sociam Regni et sponsam insperato assumitur.

℟. Sub regali diademate Christo militans, nullis hujus sæculi corrupta est illecebris : nec substantiam Regni devorabat, sed magis ac magis in Domino semper proficiens* Quas poterat facultates in cælum per manus pauperum transmittebat.

℣. Dispersit, dedit pauperibus, justitia ejus manet in sæculum sæculi. Quas poterat...

Lectio vj

Non inflavit animum tam repentina conditionis mutatio : sed semper suæ captivitatis memor, cum in Deum tota raperetur subditorum necessitatibus sublevandis sic invigilabat, ut Clodoveus conspirans in devotæ conjugis desideria, sanctum Ginesium munificentiæ suæ dispensatorem et adjutorem ei tribueret. Quem pia Regina ad Monasteria et loca sancta dirigebat, ut datis eleemosynis servorum Dei suffragia pro Regis et populi salute reportaret. Quin etiam multos abbates ad strictiorem sanctæ Regulæ observantiam, tum litteris, tum indultis variis immunitatibus, adduxit.

℟. Dilexisti justitiam et odisti iniquitatem * Propterea benedixit te Deus in æternum.

℣. Specie tua et pulchritudine tua, intende, prospere procede et regna. Propterea...

Lectio vij

Rege mortuo, Galliam adeo feliciter administravit, ut Burgundia et Austria regno conciliatis, etiam pestem simoniacam et exactiones hominibus pro filiis impositas penitus extinxerit : cavens insuper, ne captivi Christiani ultra venales haberentur. Sic regni facie in melius commutata, ad reparanda loca sacra, cœnobiaque extruenda se contulit : in quibus Corbeiam, insigne illud monasterium in territorio Ambianensi una cum filio Clotario a fundamentis erexit, anno salutis sexcentesimo sexagesimo secundo : in quo sub Theofredi abbatis e Luxoviensi cœnobio accersiti disciplina laudem Deo perennem instituere volentes, Gotelandi comitatum ad jus regium devolutum, cum omnibus suis titulis, amplissimisque reditibus contulerunt. Iis quoque procurantibus triennio a monasterii erectione, episcopi congregati, inter quos Bertefridus Ambianensis aderat, immunitatem ab omni jurisdictione episcopali concesserunt, variis summorum Pontificum, et episcoporum etiam Ambianensium, litteris postea confirmatam.

℟. Regina sanctissima, beato Eligio admonente, omnem vestium pompam rejiciens, fecit ex eis crucem * Spiritu sancto interius spirante, ut pro cruce haberet quidquid vanitatem redolebat.

℣. Mihi mundus crucifixus est et ego mundo. Spiritu sancto, etc.

Lectio viij

Sed cum piæ Reginæ devotioni nihil satis esset, tentata sæpius mundi et regni abdicatione, annuentibus tandem regni Primoribus ad instantiam eorum qui Sigebrando Episcopo, necem intulerant, quam primum in monasterio Calensi, quod ipsa construxerat, sub sanctæ Bertillæ disciplina seipsam consecravit : ibique inferiori conditione contenta, eximia patientiæ et humilitatis argumenta exhibuit. De mortis suæ instantia certior facta, in scalæ visione quam ad cælum erectam, comitantibus Angelis, conscendere sibi visa est, gravissimo ileos morbo correpta, tertio kalendas Februarii, oculi ac manibus in cælum intentis, obviante sancto Ginesio, migravit ad Dominum, anno salutis circiter sexcentesimo septuagesimo; cujus corpus in Ecclesia sanctæ Crucis conditum est.

℟. Beata es, Bathildis, quæ propter Deum, mundum odisti * Propterea datum est tibi regnum cælorum.
℣. Dilexisti justitiam et odisti iniquitatem. Propterea, etc.

In tertio Nocturno.

AD CANTICA

Antiphona. Sanctæ Bathildis gloriam, lætis canamus mentibus, quæ perennem psalmodiam Dei sacravit laudibus.

Canticum. Obaudite me divini fructus, *cum reliquis de Communi Virginum.*

℣. Elegit eam Dñus, et præelegit eam. — ℟. In tabernaculo suo habitare facit eam.

Homilia S. Gregorii papæ in Evangelium. Simile est regnum cælorum thesauro abscondito, *ut in Communi nec Virginum nec Martyrum.*

℟. ix. Cum sancta Bathildis superior esset mundo, mundum fugit * Ut particeps fieret cælestis conversationis in Cænobio suo Calensi.
℣. Omnibus facta est humilis ancilla, quia non venerat ministrari, sed ministrare. Ut particeps...

℟. x. Regnum mundi, et omnem ornatum seculi contempsi propter honorem Domini mei Jesu Christi * Quem vidi, quem amavi, in quem credidi, quem dilexi.
℣. Eructavit cor meum verbum bonum, dico ego opera mea Regi. Quem vidi...

℟. xj. Obitum suum filiis suis celari voluit, * Ut corpus sine pompa ad terram rediret, dum anima cum humilitate ad cælum ascendebat.
℣. Facta est humilis usque ad mortem, propter eum, qui propter nos usque ad mortem factus est obediens : unde et rogavit. Ut corpus...

℟. xij. O felix femina quam Deus servavit in adversitate, quam protexit in sublimitate, ne perderet in throno justitiam * Quam disponebat ad meliorem coronam.
℣. Bonus est Dominus sperantibus in eum, animæ quærenti illum. Quam disponebat...

AD LAUDES ET PER HORAS

Ant. Ecce Regibus aperitur cælum, cum sancta Bathildis illud ingreditur. *Psalmus.* Dominus regnavit, *cum reliquis de Laudibus.*

Ant. Sancta Bathildis in captivitate non amisit Christi libertatem, nec in throno perdidit Christi servitutem.

Ant. Regina sanctissima voluit mori humilis, ut mereretur exaltari a Domino.

Ant. Servi Domini benedicite Dominum, quos sancta Bathildis ad tam nobile destinavit officium.

Ant. O felix triumphus quem Angelorum instruit exercitus, quem miracula commendant, quem sola virginum turba posequitur.

Capitulum ut supra in Vesperis, ℟. *breve. Specie tuâ, ut in Communi nec Virginum nec Martyrum, sicut et Capitula, Versusque per Horas. Hymnus.* Antiqua templi, *etc. ut supra in Vesperis.* ℣. Diffusa est gratia, *etc.*

Ad Benedictus.

Antiphona. Laudemus Deum nostrum, qui Beatam Bathildem magnificavit in conspectu Regum, et dedit illi coronam gloriæ.

Missa. Gaudeamus, *ut in die Translationis xvij. Martii.*

In secundis Vesperis Antiphonæ, Psalmi, Capitulum, ℟. *breve et Hymnus ut in primis Vesperis.* ℣. Diffusa est gratia, *etc.*

Ad Magnificat.

Antiphonia. O felix captivitas, quæ sanctam Bathildem præparavit ad thronum! O pietas, quæ omnia donavit propter Christum! O felix obedientia quæ scalam ministravit ad cælum! Alleluia.

Deinde fit commemoratio S. Martinæ Virg. et Martyris.

TABLE DES MATIÈRES

R^{me} P. Dom Cabrol, abbé de Saint-Michel de Farnborough : Panégyrique de Mabillon prononcé en l'église de Saint-Germain-des-Prés le 27 décembre 1907 (INTRODUCTION)........................... III

Henri Stein : Bibliographie chronologique des ouvrages relatifs à Mabillon (1707-1907)... XXXIII

Henri Jadart : L'origine de Dom Mabillon à Saint-Pierremont (1633-1656), sa liaison avec Dom Thierry Ruinart (1682-1707).......... 1

Henri Stein : Le premier Supérieur général de la Congrégation de Saint-Maur : Dom Grégoire Tarrisse (1575-1648)................ 49

Léopold Delisle : Dom Jean Mabillon, sa probité d'historien........ 91

H. Omont : Mabillon et la Bibliothèque du Roi à la fin du XVIIe siècle 105

J. Depoin : Une expertise de Mabillon : La filiation des La Tour d'Auvergne.. 125

R^{me} Dom Cabrol : Mabillon et les Études liturgiques............... 145

R. P. Alb. Poncelet : Mabillon et Papebroch....................... 169

P. Ingold : Un document inédit sur la querelle de Mabillon et de l'abbé de Rancé.. 177

L. Levillain : Le *De re diplomatica* 193

Maurice Lecomte : La publication des *Annales Ordinis Sancti Benedicti*... 253

A. Vidier : Un ami de Mabillon : Dom Claude Estiennot........... 279

A. de Boislisle : Dom Jean Mabillon et l'Académie des Inscriptions.. 313

Dom J.-M. Besse : Le premier ouvrage de Mabillon................ 355

LIGUGÉ (Vienne)

Imprimerie E. AUBIN

ARCHIVES DE LA FRANCE MONASTIQUE

ABBAYES ET PRIEURÉS DE FRANCE
NOTICES HISTORIQUES ET BIBLIOGRAPHIQUES
Recueil historique des archevêchés, évêchés, abbayes et prieurés

Par Dom BEAUNIER

Nouvelle édition revue et complétée par les Bénédictins de Ligugé

INTRODUCTION
Congrégations monastiques et canoniales.
1 vol. in-8, xxxii-352 p...... 10 fr.

TOME PREMIER
Provinces ecclésiastiques de Paris (Diocèses de Paris, Chartres, Blois, Orléans et Meaux).
1 vol. in-8, xxiv-396 p...... 10 fr.

TOME DEUXIÈME
Provinces ecclésiastiques d'Aix, Arles et Embrun. (*Sous presse*)... 10 fr.

TOME TROISIÈME
Provinces ecclésiastiques d'Auch et de Bordeaux. (*En préparation.*)

TOME QUATRIÈME
Provinces ecclésiastiques de Narbonne et de Toulouse. (*En préparation.*)

LES MOINES DE L'ANCIENNE FRANCE

TOME PREMIER
Période gallo-romaine et mérovingienne, par le R. P. Dom BESSE.
1 vol. in-8, xii-571 p....... 12 fr.

L'Académie française a décerné à cet ouvrage le prix du baron de Courcel (1907).

TOME DEUXIÈME
Période carolingienne, par le R. P. Dom BESSE.

Les Dépendances de l'Abbaye de Saint-Germain-des-Prés
Par Dom ANGER

TOME PREMIER
Seine-et-Marne.
1 vol. in-8, vii-362 p...... 10 fr.

TOME DEUXIÈME
Seine-et-Oise.
1 vol. in-8, viii-324 p...... 10 fr.

TOME TROISIÈME ET DERNIER (*sous presse*)

REVUE MABILLON
Paraissant tous les trois mois

Prix d'abonnement.. 12 fr.

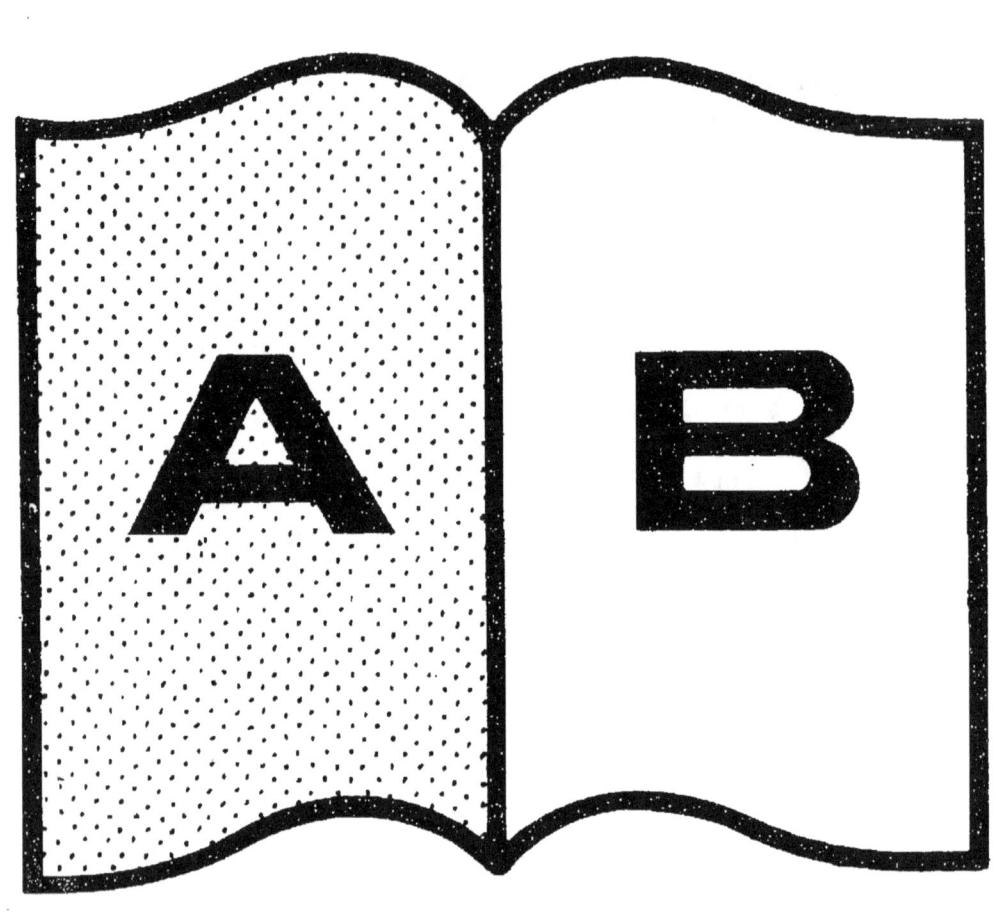

Contraste insuffisant

NF Z 43-120-14

www.ingramcontent.com/pod-product-compliance
Lightning Source LLC
Chambersburg PA
CBHW050921230426
43666CB00010B/2264